"圣贤文化传承与华夏文明创新研究"丛书

（丛书主编　管国兴）

传统文化与圣贤思想传播研究论集

钟海连　著

九 州 出 版 社

JIUZHOUPRESS | 全国百佳图书出版单位

图书在版编目（CIP）数据

传统文化与圣贤思想传播研究论集 / 钟海连著. --
北京：九州出版社，2020.11
（"圣贤文化传承与华夏文明创新研究"丛书 / 管
国兴主编）
ISBN 978-7-5108-9850-1

Ⅰ．①传… Ⅱ．①钟… Ⅲ．①传统文化－中国－文集
②古典哲学－传播－中国－文集 Ⅳ．①K203-53
②B215-53

中国版本图书馆CIP数据核字(2020)第228416号

传统文化与圣贤思想传播研究论集

作　　者	钟海连　著
出版发行	九州出版社
地　　址	北京市西城区阜外大街甲 35 号（100037）
发行电话	(010)68992190/3/5/6
网　　址	www.jiuzhoupress.com
电子信箱	jiuzhou@jiuzhoupress.com
印　　刷	三河市国新印刷有限公司
开　　本	720 毫米 ×1020 毫米　16 开
印　　张	27.25
字　　数	480 千字
版　　次	2020 年 12 月第 1 版
印　　次	2020 年 12 月第 1 次印刷
书　　号	ISBN 978-7-5108-9850-1
定　　价	88.00 元

"圣贤文化传承与华夏文明创新研究"丛书

中盐金坛盐化有限责任公司博士后科研工作站 成果
厦门大学新闻传播学博士后流动站 成果
厦门大学哲学博士后流动站 成果

策划与组稿
中盐金坛盐化有限责任公司企业文化部
厦门大学华夏文明传播研究中心
厦门大学道学与传统文化研究中心

学术委员会
余清楚　朱　菁　王日根　曹剑波　苏　勇　郑称德　周可真

编委会
管国兴　谢清果　钟海连　黄永锋　陈　玲　潘祥辉　黄　诚

主　编
管国兴

副主编
钟海连　谢清果　黄永锋

编辑部（按姓氏笔画排序）
刘育霞　刘晓民　孙　鹏　林銮生　周丽英　郑明阳　赵立敏
荀美子　胡士颍　祝　涛　奚刘琴　董　熠　蒋　银

总序

传统圣贤思想的演进及其天人合德思维特征

丛书编委会

华夏文明推崇的生命境界是圣贤，历代仁人志士皆以"成贤作圣"为其学修的目标和人生价值取向。北宋哲学家周敦颐提出"三希真修"的修身阶次说，"圣希天，贤希圣，士希贤"①，以及"圣人之道，入乎耳，存乎心。蕴之为德行，行之为事业"②的"内圣外王"观。明初文学家宋濂自谓"既加冠，益慕圣贤之道"（《送东阳马生序》）；明代哲学家王阳明将"读书学圣贤"立为人生"第一等事"③。现代哲学家冯友兰亦指出："使人成为精通内圣外王之道的圣人，是中国哲学的一大目标。"④关于何为圣贤、圣贤可学否、如何学以成圣的思想，在中国古代史册典籍中载述丰富，历代先哲对此的阐释亦洋洋大观，在华夏文明历史长廊中蔚为一道标志性的文化景观。

纵观华夏文明史，传统圣贤思想总体上呈现如下演进规律：内涵由才能、德行、修身、治国而及于合道，理论建构由人性论、道德论、治国论而进入宇宙本体论、心性本体论，思维取向由外而内、由身而心乃至身心合一、天人合德，学为圣贤的工夫由修身、立诚转向发明本心、致良知的易简直截之道。传统圣贤思想的演进规律与中国传统文化儒佛道三教合一的发展趋向若合符契。在此以儒家圣贤思想为例，从字义溯源、内涵演变、理论建构、思维取向、治道应用、修养工夫等角度，对传统圣贤思想的形成发展略述如下。

---

① 陈克明点校：《周敦颐集》卷二《通书·志学》，北京：中华书局，2009年，第23页。下引同书只注书名、卷数、页码。

② 《周敦颐集》卷二《通书·陋》，第40页。

③ 陈恕编校：《王阳明全集四·卷三十二·年谱一》，中国书店，2004年，第190页。下引同书只注书名、页码。

④ 冯友兰：《三松堂全集》卷五，郑州：河南人民出版社，2000年，第8页。

一、能力超群：圣贤字义溯源

许慎《说文解字·耳部》解"圣"为"通也。从耳，呈声。"段玉裁注曰："圣，通而先识。凡一事精通亦得谓之圣。"朱骏声《说文通训定声》："圣者，通也。从耳，呈声。按，耳顺之谓圣"，"春秋以前所谓圣人者，通人也。"① 从字义上考据，"圣"是指精通、通达之意。孔安国《尚书正义》引王肃云："睿，通也。思虑苦其不深，故必深思使通于微也。"又言："睿、圣俱是通名，圣大而睿小，缘其能通微，事事无不通，因睿以作圣也。郑玄《周礼注》云：'圣通而先识也'。是言识事在于众物之先，无所不通，以是名之为圣。圣是智之上，通之大也。"（《尚书正义》卷十二《洪范第六》）据以上诸解，"圣"是指"思虑深微，事事无不通达，且识事先于和高于智者、通者"的人。

早在中国上古时代的巫觋文化中"圣"字就已出现。据《国语·楚语下》所载观射父论巫觋："古者民神不杂。民之精爽不携贰者，而又能齐肃衷正，其智能上下比义，其圣能光远宣朗；其明能光照之，其聪能听彻之。如是则明神降之，在男曰觋，在女曰巫。"《尚书》多处提到"圣"，如《洪范》"视曰明，听曰聪，思曰睿。……睿作圣"，《大禹谟》"帝德广运，乃圣乃神"，《冏命》"聪明齐圣"。这几本古书中所提到的"圣"，是指善视、善听、善思、善宣的人，上古时代的巫、觋就是"圣人"，他们在神、民之间起沟通、宣达作用。

"贤"为会意字，在甲骨文中为"臤"，左为"臣"，意为俘虏、奴隶，右为"又"，意为抓持、掌握、管理，整体可理解为对奴隶、俘虏进行很好的掌控。据学者高华平的研究："在现有文献中，从春秋战国到秦朝的'贤'字，主要有三种写法：（1）以《鸟祖癸鼎》、《贤父癸觯》、楚帛书为代表，'贤'字写作'臤'；（2）以《贤簋》、《中山胤嗣铜圆壶》、石鼓文和各种传世文献为代表，'贤'字写作上'臤'下'貝'（賢）；（3）以中山王墓《夒龙纹刻铭青铜方壶》、包山楚简、郭店楚简以及上博简为代表，'贤'字写作上'臤'下'子'（孯）。与此相对应，'贤'字的这三种形态分别代表了三种关于'贤'的价值观念：（1）以'臤'为'贤'，表示此时的'贤'观念指谁的力气大，能将战俘或奴仆紧紧地、牢牢地抓住，谁就是'贤'；（2）以上'臤'下'貝'为'贤'字，表示其'贤'观念指'以财为义也'，谁的财富多，谁

---

① 朱骏声：《说文通训定声》，北京：中华书局，1984年，第880页。

就是'贤';（3）以上'臤'下'子'为'贤'，则表示以具有如初生婴儿般品德的人为'贤'。"①

"贤"字最早见于《尚书·君奭》篇，"在祖乙，时则有巫贤"，这里的"贤"为当时辅佐商王祖乙的大臣之名。《诗经·大雅·行苇》中有言"敦弓既坚，四鍭既钧，舍矢既均，序宾以贤"。"序宾以贤"，即按射箭命中的次序排列宾客的席位，"贤"在此处为射箭的技能之义。

从春秋战国到秦朝，"贤"字由最初含义为力气大、财多、技能高超，逐渐引申出才能、德行的含义。许慎《说文解字·贝部》言："贤，多财也。从贝，臤声。"段玉裁《说文解字注》："多财也。财各本作才。今正。贤本多财之称，引伸之，凡多皆曰贤。人称贤能，因习其引伸之义而废其本义矣。"语言文字学家杨树达在《增订积微居小学金石论丛·释贤》中提出："以臤为贤，据其德也；加臤以贝，则以财为义也。盖治化渐进，则财富渐见重于人群，文字之孳生，大可窥群治之进程矣。"②历史学家顾颉刚在《"圣""贤"观念和字义的演变》中也曾指出，"贤"原来只是多财的意思，才能、德行的含义是后有的③。

通过字义的简要溯源可知，圣、贤二字最初没有德行的含义，主要指能力、财富方面过人，并未言及德性，故最初所谓的圣人、贤人均指能力超群的"能人"，这应当是圣、贤的本义。而将圣人、贤者赋予善治之才、至德之性、人伦之至乃至为天道（天理）的先知先觉者等引申义，始于春秋战国时期儒家孔子、孟子、荀子，《易传》则基于易道（天道），通过推天道以明人事而加以系统化、理论化。

---

① 高华平：《从出土文献中的"贤"字看先秦"贤"观念的演变》，《哲学研究》2008年第3期，第72页。

② 杨树达：《增订积微居小学金石论丛》，上海：上海古籍出版社，2013年，第36页。

③ 顾颉刚：《"圣""贤"观念和字义的演变·释中国》，上海：上海文艺出版社，1998年，第712页。

二、人道之极：儒家崇圣思想的理论建构及其思维取向

据《论语·述而》记载，孔子曾将圣与仁并举："子曰：若圣与仁，则吾岂敢？抑为之不厌，诲人不倦，则可谓云尔已矣。"在此，孔子将"圣"与"仁"并举，但孔子并未明确赋予"圣"以德性内涵。《论语》提到"圣人"的记载只有三次，如孔子曾言"君子有三畏：畏天命，畏大人，畏圣人之言"（《论语·述而》）。鲁太宰问子贡："夫子圣者与？何其多能也？"子贡回答说："固天纵之将圣，又多能也。"（《论语·子罕》）子贡也是从多能角度解释孔子作为圣人的内涵。此外，孔子视圣人为"博施济众"的治国者典范，在《论语》中有明确的记载："子贡曰：如有博施于民而能济众，何如？可谓仁乎？子曰：何事于仁，必也圣乎！尧舜其犹病诸！"（《论语·雍也》）

据《大戴礼记·哀公问五义第四十》记载，孔子曾对鲁哀公讲过他的圣人观："哀公曰：'善！敢问：何如可谓圣人矣？'孔子对曰：'所谓圣人者，知通乎大道，应变而不穷，能测万物之情性者也。大道者，所以变化而凝成万物者也。情性也者，所以理然、不然、取舍者也。故其事大配乎天地，参乎日月，杂于云蜺，总要万物，穆穆纯纯，其莫之能循；若天之司，莫之能职；百姓淡然，不知其善。若此，则可谓圣人矣。'"在这段对话中，孔子认为圣人是智慧能把握大道、才能足以应对万变、能力可洞察万物的真实状态和物性特点的人。且不论此段对话内容的历史真实性，单从内容看，孔子在此亦未将圣人与德行联系起来。

明确地将圣人与德性修养的境界联系起来的是孟子。孟子认为，圣人既是"百世之师也"（《孟子·尽心下》），又是"人伦之至也"（《孟子·离娄上》）。而人伦指的是"父子有亲，君臣有义，夫妇有别，长幼有叙，朋友有信"（《孟子·滕文公上》）这些德行。孟子还认为，只有圣人方能尽得人理，然后可以践其形而无亏歉，故言："形色，天性也。惟圣人然后可以践其形。"（《孟子·尽心上》）也就是说，圣人在人伦（德性）修养上达到最高境界，他能充分、完整地展现人之为人的本性，他是教化民众的师表。孟子的这一观点，使圣人由本义上的能人演变成具备完美道德人格的典范。此外，孟子还将圣人视为能够施行他所期待的"仁政"理想之人物——圣君，"圣人继之以不忍人之政，而仁覆天下矣"（《孟子·离娄上》）。圣人治天下，民有恒产而仁义生，"圣人治天下，使有菽粟如水火。菽粟如水火，而民焉有不仁者乎？"（《孟子·离娄上》）值得一提的是，孟子首次将圣人与天道并举，把圣人视为

合于天道的德性典范，圣人境界就是天人合德的境界，这一思想体现出儒家"天人合一"的理论思维取向。孟子曰："仁之于父子也，义之于君臣也，礼之于宾主也，知之于贤者也，圣人之于天道也，命也，有性焉，君子不谓命也。"（《孟子·尽心下》）孟子认为，父子之间相居以仁，君臣之间相处以义，宾主之间相待以礼，贤者相达于知，此皆于人性各得一偏；惟有圣人才能完满践行"天道"赋予人的仁、义、礼、知之德性，与天道合一。所以朱熹说"圣人立于天道也无不吻合，而纯亦不已焉"①。总之，在孟子看来，圣人是民之出类拔萃者，"圣人之于民，亦类也。出于其类，拔乎其萃"（《孟子·公孙丑上》）。

　　荀子对圣人思想发展的贡献是其以"化性起伪"为理论基础的"圣王"观。荀子认为，圣人不仅是道德意义上的完人，"圣人者，人道之极也"（《荀子·礼论篇》），更是政治意义上的"圣王"——礼仪法度的制定者。荀子说："圣也者，尽伦者也；王也者，尽制者也。两尽者，足为天下极矣。故学者以圣王为师，案以圣王之制为法，法其法以求其统类，类以务象效其人。"（《荀子·解蔽篇》）圣王立礼仪、制法度，是为了引导人的情性归之于正，使社会由不治而治进而合于道，"古者圣王以人性恶，以为偏险而不正，悖乱而不治，是以为之起礼义，制法度，以矫饰人之情性而正之，以扰化人之情性而导之也，始皆出于治，合于道者也"（《荀子·性恶篇》）。而圣王起礼仪制法度，就是针对人性恶的"化性起伪"，其中"性"属于人不可学、不可事的先天禀赋，而"伪"则属于人可学而能、可事而成的后天德性修养——礼仪，"礼仪者，圣人之所生也，人之所学而能，所事而成者也。不可学、不可事而在人者，谓之性；可学而能、可事而成之在人者，谓之伪。是性伪之分也。……圣人化性而起伪"（《荀子·性恶篇》）。

　　经过先秦时期儒家孔子、孟子、荀子等原创性的理论阐发，圣人从本义的善听、善视、善思、善宣的能人、通人，演变为与天道相合的人道之极、至德之人、善治之王，圣人被赋予道德、人伦、政治等多方面的内涵，圣人成为"完人"的代称，被视为天道的人格化身。

　　圣人的内涵经过儒家孔、孟、荀的丰富发展和初步的理论建构，已与天道建立逻辑关系，这是圣人思想演进过程中重要的理论原创成果。但天道的

---

① 朱熹：《孟子集注·尽心章句下》，见《四书集注》，南京：凤凰出版社，2016年，第352页。下引同书只注书名、页码。

具体内涵是什么？天道与人道之间逻辑关系的建立依据是什么？人道如何顺应天道？回答这个问题要求古典思想家、哲学家具备更高的理论思辨水平。被推举为群经之首的《易经》及据传为孔子撰述的《易传》，较早对此问题做出了系统的回答。

《易经·系辞传》指出："易之为书也，广大悉备，有天道焉，有人道焉，有地道焉。"《易传》认为，天道、地道、人道，合称"三才之道"，皆包含在"易"中。《易经·说卦传》则进一步指出，"是以立天之道，曰阴与阳；立地之道曰柔与刚；立人之道曰仁与义"，明确提出"阴阳、刚柔、仁义"，分别为天、地、人三才之道的具体内容。而天地人三才之道，又统摄于"一阴一阳"之"天道"，故《易经·系辞传》言："一阴一阳之谓道，继之者善也，成之者性也。"《易传》作者认为，一阴一阳变化的总规律就是天道的最高层次——"易道"，它既是天地人三才之道的总根源，也是天地万物得以生生不息的根本，天地万物顺继之则为善，天地万物顺因之则为各自之本性；一阴一阳之道神妙莫测，然万物皆由之而得以化育成长，故又称之为"神"，"阴阳不测之谓神"（《易经·系辞传上》），"神也者，妙万物而为言者也"（《易经·说卦传》）。换言之，天道（易道）统领地道、人道，正如乾健坤顺、天尊地卑的位序一样，天地既设尊卑之位，则变化通行于天地间的人道应尊崇天道、效法地道，"知崇礼卑，崇效天，卑法地"（《易经·系辞传上》），故顺天道者得天佑，吉顺而无有不利。《易传》明确天、地、人三才之道的具体内涵为阴阳、刚柔、仁义，并从"天尊地卑，乾坤定矣；卑高以陈，贵贱位矣"（《易经·系辞传上》）的先验逻辑，推衍出人道之仁义根源于一阴一阳之天道（易道）、人道当效法天道的结论，从而为以仁义为内涵的人道确立了理论和逻辑依据。

《易传》的作者认为，圣人是洞悉天地变化之总规律即"易道"的先知先觉者，圣人用卜筮的方式和制作相应的卦象、卦爻辞来向世人呈现神妙莫测的"易道"，促成世间万物合乎天道而运行。《易·系辞传上》言："圣人有以见天下之赜，而拟诸其形容，象其物宜，是故谓之象。圣人有以见天下之动，而观其会通，以行其典礼，系辞焉以断其吉凶，是故谓之爻。……拟之而后言，议之而后动，拟议以成其变化。"同时，《易传》还提出"易有圣人之道四焉"的命题，"易有圣人之道四焉：以言者尚其辞，以动者尚其变，以制器者尚其象，以卜筮者尚其占。"（《易·系辞传上》）圣人通过"尚辞、尚变、尚象、尚占"四种途径，向世人揭示天道"深、几、神"的微妙，"夫易，圣人之所以极深而研几。唯深也，故能通天下之志；唯几也，故能成天下之务；唯神也，故不疾而速，不行而至。子曰易有圣人之道四焉者，此之谓也"（《易·系辞传上》）。而世人通过观象玩辞、观变玩占，从吉凶悔吝之天象的启示中，体会人事的进退变化之道，遵循圣人所指示的天道行事从而获得"吉无不利"的结果，故言："圣人设卦观象，系辞焉而明吉凶，刚柔相推而生变化。是故吉凶者，失得之象也。悔吝者，忧虞之象也。变化者，进退之象也；刚柔者，昼夜之象也。六爻之动，三极之道也。是故君子所居而安者，易之序也；所乐而玩者，爻之辞也。是故君子居则观其象而玩其辞，动则观其变而玩其占，是以自'天佑之，吉无不利'。"（《易·系辞传上》）《易传》从推天道以明人事的思维方向出发，不但在天道与人道之间建构起了清晰的逻辑关系，并把圣人作为宣达天道、阐释天道、引导人类回归天道，进而使天地人三才进入生生不息之化境（易道之境）的最高人格典范，为古典圣贤思想的哲理化奠定了理论框架和范畴、符号体系。

三、德行高人：儒家尚贤思想的形成及其治理之应用

儒家的尚贤思想发源于孔子。西周末期，礼制僭越，"礼乐征伐自天子出"变为"礼乐征伐自诸侯出"，进而"自大夫出"，以至出现"陪臣执国命"的"天下无道"状态（《论语·季氏》）。礼乐的崩坏造成了社会秩序失衡和价值体系的混乱。面对礼崩乐坏的现状，孔子提出以"仁义"为核心内容的"尚贤"思想，并把其"尚贤"思想贯彻于治国理政，一方面继承周礼，一方面倡导维新。

"尚贤"是孔子倡导的仁政的重要组成部分。据统计，仅《论语》中提及"贤"至少24次。《论语·子路》记载："仲弓为季氏宰，问政。子曰：先有司，赦小过，举贤才。曰：焉知贤才而举之？曰：举尔所知，尔所不知，人其舍诸！"由此可见，"举贤才"是孔子所提倡的为政之道。《论语·泰伯》言："舜有臣五人而天下治。武王曰：'予有乱臣十人。'孔子曰：'才难，不其然乎！唐虞之际，于斯为盛。有妇人焉，九人而已。三分天下有其二，以服事殷。周之德，其可谓至德也已矣。'"舜有五贤臣而天下治，武王有九贤臣得以代殷而王，孔子称赞舜、武王能够任用贤能，感叹人才难得，同时强调"尚贤"的重要性。《史记·孔子世家》也有记录："鲁哀公问政。对曰：'政在选臣。'季康子问政，对曰：'举直错诸枉，则枉者直。'"孔子认为选对正直

的人对为政具有积极作用。孔子还对知贤不用贤的行为给予批评，子曰："臧文仲，其窃位者与？知柳下惠之贤而不与立也。"（《论语·卫灵公》）

孔子从性情、行为、言论、财富角度阐述了贤人的超常品格："所谓贤人者，好恶与民同情，取舍与民同统；行中矩绳，而不伤于本；言足法于天下，而不害于其身；躬为匹夫而愿富贵，为诸侯而无财。如此，则可谓贤人矣。"（《大戴礼记·哀公问五义第四十》）《孔子家语·五仪》也有孔子谈论何为贤人的记载："所谓贤人者，德不逾闲，行中规绳，言足以法于天下而不伤于身，道足化于百姓而不伤于本。富则天下无宛财，施则天下不病贫。此贤者也。"上引两段文字，其大意为：贤人之性情与民众相通，是非取舍的标准亦与民众同，但贤人能做到行为合于礼仪节度，言行能够为天下人所效仿；贤人富有但不以积财为目的，贤人可以把自己的财产奉献给社会却并不因此而贫困。

对于何为贤才，孔子认为"德才兼备"是贤才必备的基本条件。朱熹曾为孔子所言的"举贤才"作注："贤，有德者；才，有能者。"[1]此外，《论语》对"贤才"的品质也多有描述，如安贫乐道、知人善任、见贤思齐、贤贤易色等。

孔子虽然把德行纳入了贤才的考量标准，但值得注意的是，他倡导的是"亲亲有术，尊贤有等"的尚贤观。孔子坚持周礼的"君臣父子"之道，延续宗法血缘，把仁作为儒家最高道德规范，而仁的根本在于血缘亲情，"仁者，人也，亲亲为大。义者，宜也，尊贤为大"（《中庸》）。亲爱亲族是最大的仁。孔子所倡导的尊贤、举才，仍是维护封建等级制度的，在孔子看来"百工居肆以成其事，君子学以致道"（《论语·子张》），他认为贤才主要出自君子，即"士"阶层，以"合于道"为修养的目标；而百工则以做好自己的分内职责为成功的标志。

孟子眼中的贤者，应先知先觉，使人昭昭，"贤者以其昭昭使人昭昭，今以其昏昏使人昭昭"（《孟子·尽心下》）；应知当务之急，以亲贤为急务，"知者无不知也，当务之为急；仁者无不爱也，急亲贤之为务"（《孟子·尽心上》）；应知于性命，不失本心，"是故所欲有甚于生者，所恶有甚于死者。非独贤者有是心也，人皆有之，贤者能勿丧耳"（《孟子·告子上》）。

孟子的尚贤思想在继承孔子的基础上有深化拓展，其强调"尊贤使能"对"仁政"具有重要作用，"尊贤使能，俊杰在位，则天下之士皆悦，而愿立于其朝矣"（《孟子·公孙丑章句上》），"尊贤育才，以彰有德。"（《孟子·告

---

[1] 《论语集注·子路第十三》，第137页。

子下》) 孟子认为，好的政治应当尊重、培育贤才，表彰道德高尚的人，国家强盛的关键在于重用人才，"不信仁贤，则国空虚。"(《孟子·尽心下》) 孟子继承了孔子"举贤才"思想，明确提出了尊贤使能的治政主张，强调任用官吏要尊崇贤者，使用能者，让他们在位在职，"贤者在位，能者在职"(《孟子·公孙丑上》)。

孟子还论述了君主识别贤才、任用贤才的重要性："虞不用百里奚而亡，秦穆公用之而霸。不用贤则亡，削何可得与？""君子之所为，众人固不识也。"(《孟子·告子下》) 孟子以秦穆公任用贤才百里奚而得以称霸诸侯的例子论证选贤任能的重要性，同时也指出识别贤才是一项特殊的能力。除识别人才外，还需要举贤养贤，"悦贤不能举，又不能养也，可谓悦贤乎？"(《孟子·万章下》)

较之于孔子，孟子对如何发挥贤者的作用，其观点更为明确，"贤者在位，能者在职"是孟子理想政治的典范。他认为贤明的人身居高位，能干的人担任要职，如此国家才能长治久安。孟子还提出大德与小德、大贤与小贤的关联规律："天下有道，小德役大德，小贤役大贤；天下无道，小役大，弱役强。斯二者，天也，顺天者存，逆天者亡。"(《孟子·离娄上》) 此外，孟子进一步拓展了贤者的来源："舜发于畎亩之中，傅说举于版筑之间，胶鬲举于鱼盐之中，管夷吾举于士，孙叔敖举于海，百里奚举于市。"(《孟子·告子下》) 特别是孟子"左右皆曰贤，未可也；诸大夫皆曰贤，未可也；国人皆曰贤，然后察之，见贤焉然后用之"(《孟子·梁惠王下》) 的察贤举贤的观点，具有古代朴素的民主思想特征。

北宋政治家、文学家司马光说"德行高人谓之贤"(《进修心治国之要札子状》)。朱熹在解读《论语·为政》"君子不器"时提出，圣贤须德才兼备、体用兼尽："若偏于德行，而其用不周，亦是器。君子者，才德出众之名。德者，体也；才者，用也。"[①] "有德而有才，方见于用。如有德而无才，则不能用，亦何足为君子？"(《朱子语类》卷三五) 德才兼备且德行高于常人，是儒家对贤人的共识，司马光和朱熹的概括颇具代表性。先秦儒家所确立的举贤任能之德治思想，此后成为历代明君、思想家、政治家的治国理政思想主流，亦是中国传统圣贤思想应用于国家治理领域的重要理论成果。

---

① （宋）黎靖德编，王星贤点校：《朱子语类》卷二四《为政篇下》，北京：中华书局，2020 年北京第 2 版，第 708 页。下引同书只注书名、卷数、页码。

四、圣贤风范：儒家圣贤气象论及圣贤异同之辨

经过孔子、孟子、荀子等先秦儒家先哲及《易传》的理论建构，圣贤从单一的"能力超群"者向人道之极、至德之人、德行高人、善治之王、天道的化身等多重理想角色演进，学为圣贤成为士、君子的人生价值追求。儒学发展至北宋时期，理学宗主周敦颐吸收《周易》的思想，将圣人之德的具体内容概括为"诚、神、几"，试图对圣贤之德性的具体内涵和特征加以界定。他说："诚、神、几，曰圣人"①，并对此三德做了阐释："诚，无为；几，善恶；发微不可见，充周不可穷之谓神。"②"寂然不动者，诚也；感而遂通者，神也；动而未形、有无之间者，几也。"③周敦颐对圣人之德的新诠释，比较明显地发挥了《易传》"深几神"和"易无思也，无为也，寂然不动，感而遂通天下之故"的思想。但周敦颐进一步将圣人由天道（易道）的化身，转换成人道"诚"的化身："圣，诚而已矣。诚，五常之本，百行之源也。"④"诚者，圣人之本。"⑤同时他还将圣人之道用"仁义中正"⑥四字来概括，从而使圣人作为"天人合德"的人生最高境界变得更为明晰。但系统论述圣贤德性之特征——"圣贤气象"问题的是南宋理学家朱熹和吕祖谦。

所谓"圣贤气象"是指圣贤作为理想人格和人生境界的外在表现，也可称之为圣贤风度、圣贤风范。钱穆先生曾指出，关于"圣贤气象"的论述为"有宋理学家一绝大发明"⑦。朱熹、吕祖谦在《近思录·圣贤气象》（亦作《近思录·观圣贤》）中辑录北宋周敦颐、程颢、程颐、张载四先生的著述时，举列了其所肯定的圣贤之人，为世人树立了参照的榜样。他们认为古往今来的圣人有11人，分别为尧、舜、禹、汤、周文王、周武王、孔子、颜子、曾子、子思、孟子，而认为荀子、扬雄、毛苌、董仲舒、诸葛亮、王通、韩愈这7人有各自缺陷而不能成为圣人，前6人可称为贤人，韩愈则可称为豪杰。此外，朱熹和吕祖谦将周敦颐、程颢、程颐、张载四者也列为圣贤。

在《近思录·圣贤气象》中，程颢独占最大篇幅，表明朱熹、吕祖谦认

---

① 《周敦颐集》卷二《通书·圣》，第18页。
② 《周敦颐集》卷二《通书·诚几德》，第16—17页。
③ 《周敦颐集》卷二《通书·圣》，第17页。
④ 《周敦颐集》卷二《通书·诚下》，第15页。
⑤ 《周敦颐集》卷二《通书·诚上》，第13页。
⑥ 《周敦颐集》卷二《通书·道》，第19页。
⑦ 钱穆：《宋代理学三书随札》，北京：读书·生活·新知三联书店，2002年，第152页。

为程颢是宋朝最具圣贤气象的人物①。据程颐所撰《明道先生行状》、吕大临撰《明道哀词》及二程弟子的记载，程颢的圣贤气象表现为：（1）洞见道体。"博闻强识，躬行力究；察伦明物，极其所止；涣然心释，洞见道体。"②（2）德性充完。"明道先生德性充完，粹和之气，盎于面背，乐易多恕，终日怡悦，从先生三十年，未尝见其忿厉之容。"③（3）善于教化。"先生之言，平易易知，贤愚皆获其益，如群饮于河，各充其量。先生教人，自致知至于知止，诚意至于平天下，洒扫应对至于穷理尽性，循循有序；……教人而人易从，怒人而人不怨，贤愚善恶咸得其心，……闻风者诚服，睹德者心醉。"④（4）为政宽裕。"先生为政，治恶以宽，处烦而裕。……先生所为纲条法度，人可效而为也；至其道之而从，动之而和，不求物而物应，未施信而民信，则人不可及也。"⑤（5）主敬行恕。"先生行己，内主于敬，而行之以恕；见善若出于己，不欲弗施于人；居广居而行大道，言有物而动有常。"⑥这五个方面的生动描述，为慕贤希圣者树立了清晰的典范。

除了阐述圣贤风范，朱熹和明代思想家王阳明还对圣贤之异做了辨析。在朱熹看来，根据气质的不同，人可划分为"生而知之者""学而知之者""困而学之者""困而不学者"四类，"言人之气质不同，大约有此四等"⑦。在此基础上，朱熹阐述了圣人、贤人、众人和下民的区别所在，"人之生也，气质之禀，清明纯粹，绝无渣滓，则于天地之性，无所间隔，而凡义理之当然，有不待学而了然于胸中者，所谓生而知之圣人也。其不及此者，则以昏明、清浊、正偏、纯驳之多少胜负为差。其或得于清明纯粹而不能无少渣滓者，则虽未免乎小有间隔，而其间易达，其碍易通，故于其所未通者，必知学以通之，而其学也，则亦无不达矣，所谓学而知之大贤也。或得于昏浊偏驳之多，而不能无少清明纯粹者，则必其窒塞不通然后知学，其学又未必无不通也，所谓困而学之众人也。至于昏浊偏驳又甚，而无复少有清明纯粹之气，则虽有不通，而懵然莫觉，以为当然，终不知学以求其通也，此则下民

---

① 参见姜锡东：《论圣贤气象——宋代朱熹、吕祖谦〈近思录〉研究之一》，《河北学刊》，2006 的第 1 期，第 171 页。
② 吕大临：《明道哀词》，《二程集》（上），北京：中华书局，1981 年，第 638 页。下引同书只注书名、篇名、页码。
③ 《河南程氏遗书·附录》，《二程集》（上），第 328 页。
④ 程颐：《明道先生行状》，《二程集》（上），第 638 页。
⑤ 程颐：《明道先生行状》，《二程集》（上），第 639 页。
⑥ 程颐：《明道先生行状》，《二程集》（上），第 638 页。
⑦ 《论语集注·季氏第十六》，第 169 页。

而已矣。"①朱熹认为气质之禀清明纯粹、"生而知之者"是"圣人",气质之禀虽清明纯粹然略有渣滓、需"学而知之者"是"贤人",气质之禀多昏浊偏驳而少清明纯粹、"困而学之者"是"众人",气质之禀昏浊偏驳而无清明纯粹、"困而不学者"则是"下民"。

　　如果说朱熹是从气质之禀的不同区别圣、贤、众人、下人,那么,王阳明则从是否与天道相合、能否率性以及天理人欲角度谈圣、贤之异。王阳明根据《孟子·尽心上》和《中庸》的相关论述,认为生知安行者为圣、学知利行者为贤、困知勉行者为普通人,"夫'尽心、知性、知天'者,生知安行,圣人之事也;'存心、养性、事天'者,学知利行,贤人之事也;'夭寿不贰,修身以俟'者,困知勉行,学者之事也"(《传习录中·答顾东桥书》)。王阳明进一步解释说,圣人为生知,知的是"义理",而不是礼乐、名物等具体的才能,"谓圣人为生知者,专指义理而言,而不以礼乐、名物之类,则是礼乐名物之类无关作圣之功矣"(《传习录中·答顾东桥书》)。圣人与天道合一,而贤者尚有缺失,"知天,……是自己分上事,已与天为一。事天,须是恭敬奉承,然后能无失,尚与天为二,此便是圣贤之别"(《传习录上·答徐爱问》)。圣人率性而行即合道,贤者于道则有过或不及,"圣人率性而行即是道。圣人以下未能率性,于道未免有过不及,故须修道。"(《传习录上·答马子莘问》)圣人之心纯为天理而未杂以人欲,如纯金之足色,"圣人之所以为圣,只是其心纯乎天理而无人欲之杂,犹精金之所以为精,但以其成色足而无铜铅之杂也。人到纯乎天理方是圣,金到足色方是精"(《传习录上·答蔡希渊问》)。

　　宋明理学家对圣贤气象和圣贤之异的深入探讨表明,儒家圣贤思想从先秦时期的人伦、德性领域上升至性、理、天、道的宇宙本体层面,且最后归结为心性本体,因此,儒家圣贤思想发展到宋明理学时代,达到新的理论高峰,但其天人合德的思维取向则一以贯之,这也是中国传统哲学"天人合一"理论思维特征的体现。

---

　　① 　朱熹:《论语或问·季氏第十六》,朱杰人、严佐之、刘永翔编:《朱子全书》第六册,上海古籍出版社、安徽教育出版社出版,2002 年,第 871 页。

五、立志修身：儒家学为圣贤的工夫论

自《大学》提出"自天子以至于庶人，一是皆以修身为本"，修身，便成为儒家学为圣贤工夫论的主流观点。《大学》把学为圣贤的工夫概括为三纲领八条目，所谓"三纲领"是"明明德，亲民、止于至善"；"八条目"为"正心、诚意、格物、致知、修身、齐家、治国、平天下"。《中庸》以"诚"为合于天道的最高德行境界，认为圣人是天生的诚者，"诚者，天之道也；诚之者，人之道也。诚者，不勉而中，不思而得，从容中道，圣人也。诚之者，择善而固执之者也"。故圣人不学、不修而与天道相合，自然天成地彰显诚之本性。学为圣人者则为"诚之者"，诚之的工夫是"择善而固执之"，具体为"博学之，审问之，慎思之，明辨之，笃行之"（《中庸》）。

孔子把修身高度凝练为"忠恕"两字，并以之为自己的一贯之道，《论语·里仁》篇载："子曰：'参乎！吾道一以贯之。'曾子曰：'唯。'子出，门人问曰：'何谓也？'曾子曰：'夫子之道，忠恕而已矣。'"朱熹《论语集注·里仁篇》释"忠恕"云："尽己之谓忠，推己之谓恕。"其引程子曰："以己及物，仁也；推己及物，恕也。"① 关于"忠恕"之道的意涵，《论语·卫灵公》篇有："子贡问曰：'有一言而可以终身行之者乎？'子曰：'其恕乎！己所不欲，勿施于人。'"观此可知，"恕"就是"己所不欲，勿施于人"。《论语·雍也》篇又有："子贡曰：'如有博施于民而能济众，何如？可谓人乎？'子曰：'何事于仁！必也圣乎！尧舜其犹病诸！夫仁者，己欲立而立人，己欲达而达人。能近取譬，可谓仁之方也已。'"可见，"忠"即是"己欲立而立人，己欲达而达人"。

孟子提出"求放心"的工夫论，把学为圣贤的工夫由修身转向修心。孟子说"圣人，与我同类者"（《孟子·告子上》），"人皆可以为尧舜"（《孟子·告子下》），他认为人人都具备成长为尧、舜那种圣人的先天潜质，并将其名之曰人的"良知良能"，概括而言就是仁与义。孟子说："人之所不学而能者，其良能也；所不虑而知者，其良知也。孩提之童，无不知爱其亲者；及其长也，无不知敬其兄也。亲亲，仁也；敬长，义也。无他，达之天下也。"（《孟子·尽心上》）至于怎样才可以成为尧、舜那样的圣人？孟子指出的具体路径是"求放心"，即保护好人先天善的德性——仁义礼智之四端。"恻隐

---

① 《论语集注·里仁第四》，第 69 页。

之心，仁之端也；羞恶之心，义之端也；辞让之心，礼之端也；是非之心，智之端也。"(《孟子·公孙丑上》)"学问之道无他，求其放心而已矣。"(《孟子·告子上》)这里的"四端之心"也就是孟子所说的"赤子之心"，圣人就是不失赤子之心者，"大人者，不失其赤子之心者也"(《孟子·离娄下》)。但由于人的此种先天善性在不注意时极易丢失，故必须时时护持好，"故曰'求则得之，舍则失之'"(《孟子·告子上》)。孟子还将"求放心"的德性修养功夫做了生动的描写："故天将降大任于斯人也，必先苦其心志，劳其筋骨，饿其体肤，空乏其身，行拂乱其所为，所以动心忍性，曾益其所不能。"(《孟子·告子下》)求放心、动心忍性是孟子为士人、君子指明的成圣修养方法，如果做不到，则反求诸己，"行有不得者，皆反求诸己，其身正而天下归之"(《孟子·离娄上》)。

周敦颐将学为圣贤之要概括为"无欲"。"或问圣可学乎？曰：可。曰：有要乎？曰：有。请闻焉。曰：一为要。一者无欲也，无欲则静虚动直，静虚则明，明则通；动直则公，公则溥。明通公溥，庶矣乎。"①周敦颐将"无欲"两字提示为圣贤工夫的要领，也就是《中庸》说的"诚之"的要领。在《养心亭说》一文中，周敦颐解释道，只有无欲才能立诚，才能进入"明"与"通"的圣境，"盖寡欲焉以至于无，无则诚立明通。诚立，贤也；明通，圣也"②。

至于立诚（诚之）的工夫，周敦颐认为就是《易经》损、益两卦的要义"惩忿窒欲，改过迁善"③。从立人极的角度，有时他又说"圣人之道，仁义中正而已矣"④，这便是圣学的易简之道；从效法天地的角度，有时又言"圣人之道，至公而已矣。或曰：何谓也？天地至公而已矣"⑤。而公是先对自己的要求，"公于己者公于人，未有不公于己者而能公于人"⑥。正，是指动而合道，"动而正，曰道。"⑦合道之动，动静相即，实为妙万物之神应，"动而无静，静而无动，物也。动而无动，静而无静，神也。动而无动，静而无静，非不

---

① 《周敦颐集》卷二《通书·圣学》，第 31 页。
② 《周敦颐集》卷三《养心亭说》，第 52 页。
③ 《周敦颐集》卷三《养心亭说》，第 52 页。
④ 《周敦颐集》卷二《通书·道》，第 19 页。
⑤ 《周敦颐集》卷二《通书·公》，第 41 页。
⑥ 《周敦颐集》卷二《通书·公明》，第 31 页。
⑦ 《周敦颐集》卷二《通书·慎动》，第 18 页。

动不静也。物则不通，神妙万物"①。"吉凶悔吝生乎动，噫！吉一而已，动可不慎乎？"②

在圣贤工夫论上，朱熹、王阳明均将"立志"作为工夫之本、之首。朱熹言："学者大要立志。所谓志者，不道将这些意气去盖他人，只是直截要学尧舜。"③朱熹还把"立志"与"居敬"合起来，强调"立志"要以"居敬"的态度来保持志之不失于空："人之为事，必先立志以为本，志不立则不能为得事。虽能立志，苟不能居敬以持之，此心亦泛然而无主，悠悠终日，亦只是虚言。立志必须高出事物之表，而居敬则常存于事物之中，令此敬与事物皆不相违。言也须敬，动也须敬，坐也须敬，顷刻去他不得。"④除具备学为圣贤的志向和理想外，朱熹认为只有努力不辍才能修成圣贤，"圣贤直是真个去做，说正心，直要心正；说诚意，直要意诚；修身齐家，皆非空言"⑤。朱熹认为，立志成圣成贤，是因为人皆可以为尧舜，"曾看得'人皆可以为尧舜'道理分明否？……若见得此分明，其志自立，其工夫自不可已"⑥。王阳明在《教条示龙场诸生》中说："志不立，天下无可成之事。虽百工技艺，未有不本于志者。……故立志而圣，则圣矣；立志而贤，则贤矣；志不立，如无舵之舟，无衔之马，漂荡奔逸，终亦何所底乎？"⑦王阳明把立志比喻为种树培根，强调立志贵在专一："种树者必培其根，种德者必养其心。欲树之长，必于始生时删其繁枝；欲德之盛，必于始学时去夫外好。""我此论学，是无中生有的工夫。诸公须要信得及，只是立志。学者一念为善之志，如树之种，但勿助勿忘，只管培植将去，自然日夜滋长，生气日完，枝叶日茂。树初生时，便抽繁枝，亦须刊落，然后根干能大。初学时亦然。故立志贵专一。"（《传习录上·门人薛侃录》）

王阳明对于圣贤工夫论的重要理论贡献在于其致良知学说。王阳明曾直截了当地说："夫圣人之学，心学也。学以求尽其心而已。……圣人之求尽其心也，以天地万物为一体也。"⑧他将"明本心"确立为"圣学之要"："圣人

---

① 《周敦颐集》卷二《通书·动静》，第27页。
② 《周敦颐集》卷二《通书·乾损益动》，第38页。
③ 《朱子语类》卷第八《学二·总论为学之方》，第164页。
④ 《朱子语类》卷第十八《大学五·传五章》，第512—513页。
⑤ 《朱子语类》卷第八《学二·总论为学之方》，第165页。
⑥ 《朱子语类》卷第一一八《训门人六》，第3473页。
⑦ 《王阳明全集四·卷二十六续编一·教条示龙场诸生》，第7页。
⑧ 《王阳明全集壹·卷七之文录四·重修山阴县学记》，第213页。

之学，乃不有要乎？若世儒之外务讲求考索，而不知本诸其心者，其亦可以谓穷理乎？"①《尚书·大禹谟》有"人心惟危，道心为微，惟精惟一，允执厥中"之说，而阳明则借此推导出圣贤之心与人之本心无异的观点："彼其自以为人心之惟危也，则其心亦与人同耳。惟其兢兢业业，常加'精一'之功，是以能'允执厥中'而免于过。古之圣贤，时时自见己过而改之，是以能无过，非其心果与人异也。"这样便为士人、君子学为圣贤开出了通途——改过明本心。"本心之明，皎如白日。……一念改过，当时即得本心。"②

　　接着，王阳明把圣贤工夫论从明本心转为致良知。他阐述道："夫心之本体，即天理也。天理之昭明灵觉，所谓良知也。"③而良知就是孟子说的是非之心，人人皆具，圣愚平等。"是非之心，人皆有之，即所谓良知也。孰无是良知乎？但不能致之耳。"④"是非之心，不虑而知，不学而能，所谓良知也。良知之在人心，无间于圣愚，天下古今所同也。"（《传习录中·答聂文蔚》）若不能认识到这一点，则会走向知行分离，"近世格物致知之说，只一知字尚未有下落，若致字功夫，全不曾道著矣。此知行之所以二也"⑤。由此，在王阳明的心学思想体系中，圣贤工夫由修心、明本心，顺理成章地转换为致良知，除致良知外别无其他功夫，"则知致知之外无余功矣"⑥，"良知之外更无知，致知之外更无学"⑦。而且，这是最简易真切的工夫，"若今日所讲良知之说，乃真是圣学之的传，但从此学圣人，却无有不至者。凡功夫只是要简易真切。愈真切，愈简易；愈简易，愈真切"⑧。

　　王阳明对自己拈出"良知"两字来概括圣学的精髓颇为自得，曾多次说"某近来却见得良知两字日益真切简易。朝夕与朋辈讲习，只是发挥此两字不出。……若致其极，虽圣人天地不能无憾，故说此两字，穷劫不能尽"，"除却良知，还有甚么说得！"⑨"区区所论致知二字，乃是孔门正法眼藏，于此见得真的，直是建诸天地而不悖，质诸鬼神而无疑，考诸三王而不谬，百世

① 《王阳明全集壹·卷五之文录二·与夏敦夫》，第152页。
② 《王阳明全集壹·卷四之文录一·寄诸弟》，第146页。
③ 《王阳明全集壹·卷五之文录二·答舒国用》，第160页。
④ 《王阳明全集壹·卷五之文录二·与陆原静二》，第159页。
⑤ 《王阳明全集壹·卷五之文录二·与陆原静二》，第159页。
⑥ 《王阳明全集壹·卷五之文录二·与黄勉之二》，第162页。
⑦ 《王阳明全集壹·卷六之文录三·与马子莘》，第162页。
⑧ 《王阳明全集壹·卷六之文录三·寄安福诸同志》，第186页。
⑨ 《王阳明全集壹·卷五六之文录三·寄邹谦之书三》，第172页。

以俟圣人而不惑。"①

王阳明还将致良知与《中庸》所讲的"戒慎恐惧"结合起来，他把戒慎恐惧作为致良知的工夫，以确保心之良知不失其昭明灵觉之本体，如此则此心时时处于"动容周旋而中礼、从心所欲不逾矩"的真洒落境界，这就是孔子曾描述的圣人的精神境界。"戒慎恐惧之功，无时或间，则天理常存，而其昭明灵觉之本体，无所亏蔽，无所牵扰，无所恐惧忧患，无所好乐忿懥，无所意必固我，无所歉馁愧怍。和融莹彻，充塞流行，动容周旋而中礼，从心所欲而不逾，其所谓真洒落矣。"②

宋明理学家皆以成贤作圣为人生价值追求。周敦颐基于其太极本体论，提出"诚者，圣人之本"以及"主静"而"立人极"的希圣思想，从性体（天道）上说圣人之本性——诚，其学为圣贤的方法为"立诚"；王阳明则发挥《孟子》"良知良能"和心之"四端"以及《尚书》"人心惟危，道心为微，惟精惟一，允执厥中"的"十六字心传"，从心体上说圣人之本性——良知（是非之心），将学为圣贤的方法简约为"致良知"。周敦颐、王阳明的圣学，既体现了儒学成圣的共同价值取向，但也有着不同的哲思特征，即由用显体与立体达用。两者从思维方式上既坚持了儒学传统的天人合一思维，但又分别融贯吸收了道家老庄虚静、坐忘而返本归真的致思方法和佛教禅学顿悟的思维路径。此为另一话题，在此略而不论。

通观历史，华夏文明演进的主旋律是探寻天地人生生不息之道。历代先哲们在孜孜不倦的求索过程中认识到，天地人"三才"一体共生，万物与人不一不异，人类只有诚意正心，修身养性，由安身立命而达至"与天地合其德，与日月合其明，与四时合其序，与鬼神合其吉凶"，方可进入天地人一体生生不息之化境。正是在这一意义上，《礼记·礼运》说"故人者，天地之心"。五千年来，基于人的德性修养关乎天地人三才的和谐共生与长生久视，华夏文明形成了丰富、宏博的圣贤思想体系，确立了"内圣外王"的人生最高境界，这一源远流长的圣贤思想是华夏文明之魂。如上所述，它在各个领域均产生过深远影响，举凡修身、齐家、治国、平天下，无不渗透了圣贤思想的文化基因。历代皆以圣贤治世、贤良安邦、选贤任能为善治，以慕贤希圣、见贤思齐、修身志贤为价值追求，可以说，传统圣贤思想凝结了华夏文

---

① 《王阳明全集壹·卷五之文录二·与杨仕鸣》，第156页。
② 《王阳明全集壹·卷五之文录二·答舒国用》，第160页。

明关于天地人生生不息之道的理论精华，它矗立于人类文明史的思想高峰，至今仍散发着强大的文化生命力。

编纂"圣贤文化传承与华夏文明创新研究"丛书，主要是想为读者提供一套关于圣贤文化的系统性、研究性读物。本丛书尽量兼顾学术性与可读性、理论与实践的结合，全面解读圣贤文化的理论体系、概念范畴、嬗变脉络、古今实践，结合现代案例，诠释其人文精神、德性修养、治国理政等丰富思想内涵的深层价值，推动圣贤文化在新时代的创造性转化和创新性发展。至于是否达到了这个编撰目标，只能交由读者来回答了。

（钟海连 执笔）

目　录

第一篇　儒家思想与文化研究

论中国传统文化的"天人合一"特色

摘要："天人合一"思想起源于西周，北宋张载首次提出"天人合一"的概念。在古代中国思想发展史进程中，"天人合一""天人相分"时有争论，但"天人合一"论占主流，且"天人合一"思想经儒家孔、孟以及宋明理学家的发展，其理论思维水平高于天人相分论，特别是在人生境界、宗教观两大思想领域，深刻影响了中国传统文化的思维特征和价值取向。儒家基于"天人合一"的思维路径，把人类社会的道德规范之基础构筑在伦理化的"天"上，进而把追求与"天"合一的目标具体化到道德生活的践履中，形成"参赞天地之化育"的人生境界；佛教在中国化的过程中，其宗教观以涅槃——人性之贪、嗔、痴火焰熄灭、佛性完满显发的理想精神境界为终极目标，涅槃的实现途径则是积善去恶、除欲归真的道德践履过程，这与儒家"天人合一"之人道向天道回归异曲同工。透过中国传统文化人生境界与宗教观两个重要思想领域的价值取向与思维特征，可以发现中国传统文化有着明显的"天人合一"特色。

关键词：天人合一；人生境界；宗教观；思维特征

"天人合一"在中国是一个古老而又悠久的话题，它凝聚着中华民族的智慧，映射出先哲们的致思特征，谈论中国传统文化不能不涉及源远流长的"天人合一"思想。

据现有史料记载，"天人合一"观念最早起源于西周时代，周宣王时尹吉甫作《烝民》诗云："天生烝民，有物有则，民之秉彝，好是懿德。"[1]诗中含有人民善良德性来自天赋的意思。孟子更进一步地推出"尽心、知性、知天"的性天相通思想。此后，"天人合一"的思想不断得到到历代思想家的继承和

---

① 程俊英、蒋见元：《诗经注析》，《大雅·烝民》，北京：中华书局，1991年，第895页。

发展。宋代哲学家张载，首次明确提出"天人合一"的概念。他说："儒者则因明致诚，因诚致明，故天人合一。致学可以成圣，得天而始未遗人"。[①] 可以说"天人合一"不仅仅在我国古代哲学、伦理思想中占有重要地位，形成古代思想的一大特色，而且它还辐射到传统文化各方面，以至在一定程度上我们可以说，中国传统文化深深地浸染了"天人合一"的特色。本文拟从概览历史上的天人关系论入手，揭示"天人合一"在人生境界、古代的宗教观等诸方面的影响，并希望借此达窥一斑而见全豹之目的。

一、历史上天人关系论略览

唐君毅先生曾认为：所有中国哲人都以这种或那种形式承认"天人合一"，天的思想之发展，仅仅是"天人合一"观不同形式的变化。[②] 唐先生此说的确一语中的。在古代中国的思想长河中，与"天人合一"并行不悖的，虽然还有"天人相分"论，但毋庸置疑的事实是："天人合一"论一直占据古代天人关系论的主流。只要我们鸟瞰式地回顾一下天人关系论的历史进程，就会发现这个结论无疑是可靠的。

殷代是目前有史料可考的最古时代，殷以前的历史还属于传说时代。而殷代奴隶制是神权统治时代，尊天神重鬼神是这个时代的一大特点，因此人在殷代是没有地位的，天和人的关系在一定程度上说是最高神"上帝"与其奴仆的关系。周代汲取商纣灭亡的经验教训，人的地位大有提高，出现"以德配天""敬天保民"的言论，这无疑是天人关系的一大进步。春秋战国之际，人本主义思潮兴起，典型的代表是儒家创始人孔子及其以"仁"为核心的思想体系。在《左传》中，还首次出现了"天人相感"的肇始。据《左传·昭公二十五年》记载：郑国子大叔在回答赵简子问礼时说："为刑罚、威狱，使民畏忌，以其类震曜其杀戮；为温慈、惠和，以效天之生殖长育"。这里的"天"已经剥去了神秘的人格神之外衣，归还了其自然之本性，因之这虽然还只是一种整体模糊观念，但它在人类探究"天人关系"方面迈出了理性的一步。

传统的天人关系之思想，随着社会的前进，人类思维水平的提高而不断复杂化、多元化，并由初始朴素的"天人相感"论逐渐向哲学方向演进。在

---

① 章锡琛点校：《张载集·正蒙·乾称》，北京：中华书局，1978 年，第 65 页。
② 唐君毅：《中国原始宗教信仰与儒家天道观之关系兼释中国哲学之源》，《理想历史文化》1948 年第 1 期。

先秦，这种演进是沿两条不同的路线进行的：一条路线是以孟子为代表，按人类社会关系来塑造天，然后强调人事的礼仪法规应以这种被塑造了的天为最高根据；另一条路线以荀子为代表，把天看作广阔无限的大自然，强调天道与人事的区别，提出在遵守自然规律的前提下，"制天命而用之"。孟、荀分别开启了后世"天人合一"与"天人相分"之争的先河。此后《中庸》、《易传》、董仲舒以及宋明理学家都不同程度地继承和发展了"天人合一"的思想，而王充、刘禹锡、柳宗元等人则在一定程度上坚持和发展了"天人相分论"，并得出"天人相胜相用"的观点，这不能不说是中国古代天人关系论的精华之一。

我们承认和高度评价古代的"天人相胜相用"思想，但并不认为天人关系论的主流在于"天人相分"。考诸"天人相分"和"天人合一"思想的历史进程我们发现，"天人相分"论自荀子开其端绪以后，理论的顶峰终结于唐代的刘禹锡和柳宗元，在这一发展演变过程中，其思维的模式一直没有超越荀子而创新，相反，"天人合一"的思想自孟子以后，虽中经董仲舒而一度发生方向扭曲，但至宋明理学家那里已经高度抽象化、哲理化，达到了思辨的高峰。从二者的理论水平看，"天人合一"思想无疑要高于"天人相分"论；另外，中国传统文化虽然经历了长期的儒、释、道合流的局面，但不可否认的是儒家一直占主流和统治地位。而在正统的儒家学者那里，"天人合一"的优势无疑高于"天人相分"，这一点我们翻翻历史就可得知。

天人关系在中国古代先哲那里，主要探究的是天与人之间的对立统一问题。诚如我们上面所述，"天人合一"占据了古代天人关系论的主潮流，因此，天人关系所要探讨的，在一定程度上说可归结为天与人之间的统一问题，这和中国古代的辩证法重于统一而轻于斗争有相通之处。具体而言，它包括了"人在宇宙中的地位""天道与人道""人性与天道"等内容，由于本文讨论的重点不在于此，故略而不论。

然而，不管是"天人合一"论抑或"天人相分"论，在承认人在宇宙中的独特地位，肯定天、人之间的某种联系上，二者有共同之处，并由此引发了人生境界的思考。如《中庸》第二十二章提出"能尽其性，则能尽人之性；能尽人之性，则能尽物之性；能尽物之性，则可以赞天地之化育；可以赞天地之化育，则可以与天地参矣"。这种"赞天地之化育"，以及"与天地参"的人生境界，激发了人们探颐求微、追求高尚人生的勇气和信心，对后世影响极大。

不可否认，由于中国古代天人关系论中"天"的道德化、人伦化色彩，使得中国古代哲学表现出与西方哲学大相径庭的格局。由孟子开其端绪，宋明理学家极端发展的"天人合一"思想，不是从自然本身出发把宇宙当作物自体去探求和把握其客观规律，而是从人、人类自身出发，先宣示其人生理想和政治主张，进而追寻其宇宙根据，这样推理的结果，天的世界必然淹没于人的世界中。因此，与其说"天人合一"是一种哲学思辨、毋宁说它更是一种人生境界，这一点不但体现了中、西传统哲学的不同，而且，可以说它也体现了中西传统文化的不同，中国的传统文化，深深地浸染了"天人合一"的特色。下面，我们就人生境界与宗教观两个方面略做剖析。

二、"天人合一"与人生境界

最早赋予"天人合一"以人生境界意义的是孟子。孟子在人性论上主"性善"说，认为人类所禀赋的善性来源于天，人性与天道有同一性，因此他说："尽其心者，知其性也；知其性，则知天矣。"① 这就是说，道德修养的目的在于扩充和完善天赋之"善端"，达到"知天"，同"天"合一的境界。很显然，孟子所说的"天"是一个完善的道德模型，其"性天同一"的理论，为其后的正统儒家把"天人合一"作为人生理想境界奠定了基础。

《中庸》以"诚"作为人生最高境界。关于"诚"的内容，它是这样规定的："诚者不勉而中，不思而得，从容中道，圣人也。"② 即达到"诚"就是圣人，这也是人生道德修养的极致，而这种境界的体现就是思想言行的一举一动，无不合乎先天的道德规范，既不过之也无不及即"中道"，而且这种举手动足无不适"中道"的境界，不是出于勉强，而是自然而然，"从容"中道的。换句话说，"诚"的境界完全是天赋善性的淋漓发挥，故又说"不思而得"。这说明所谓"诚"，不过是"天人合一"的另一种表达方式而已。

宋明理学家传承孟子和《中庸》而来。如理学的开山祖师周敦颐，把人格分为士、贤、圣、天四等，能"至诚""尽性"者即圣，所以说"圣，诚而已矣"。③ 圣人之道即天之道，天人不别。理学的奠基人程颐则进一步论述了这个问题。他说："道未始有天人之别。但在天则为天道，在地则为地道，在

---

① 朱熹:《孟子·尽心章句上》，王华宝整理:《四书五经（大儒注本）1》，南京:凤凰出版社，2015年，第331页。（下引同书只注页码）

② 朱熹:《中庸章句》，王华宝整理:《四书五经（大儒注本）1》，第28页。

③ 陈克明点校:《周敦颐集》卷二，北京:中华书局，1983年，第14页。

人则为人道。"①"道"的内容实质上就是仁、义、礼、智、信"五常":"自性而行,皆善也。圣人因其善也,则为仁义礼智信之名之,……合而言之皆道也,分而言之亦皆道也。"②正因为"天道"与"人道"并无二致,所以二程要求人们通过格物致知,穷理尽性的功夫,达到与"天理"合一的境界,这一点为宋明理学家引为同调。

肇始于孟子的"天人合一"思想,在儒家学者那里,随着历史的推进,日益变为人生追求的理想境界。在宋明理学家那里,它一方面更加抽象化、哲理化,但另一方面也更具现实的内容。理学家千言万语,尤非是教人如何成贤作圣,因此,尽管对它的论述采用了更曲折、更隐晦的形式,但其现实的品格是十分鲜明的。有学者一针见血地指出:"理学的实质,是把封建社会的等级秩序,道德规范归源于某种神秘的精神力量的安排和创造,用一个非人格化的精神性的'天理'来论证封建等级秩序和道德规范的合理性和永恒性。"③因之,作为人生理想境界的"天人合一",只能是一种主观的精神境界,这种境界的实现在于个体道德的极端完善。另外值得注意的是,儒学家确立"天人合一"之人生境界致思模式是:把人类社会的道德规范之基础构筑在伦理化的"天"上,进而把追求与"天"合一的目标具体化到道德生活的践履中。这一点也是中国传统文化的一大特色之一。

与儒家从道德角度阐述"天人合一"的人生境界有别的是道家老庄一派。老庄把自然无为规定为人之本性,反对儒家的道德修养功夫,强调抛弃人为,顺应人之自然本性,才能达到"天人合一"。庄子把这种境界又称为"逍遥游"。因此道家老庄一派的人生理想,具有浓厚的自然主义色彩。

近几年不断有学者指出:中国哲学在某种程度上是一种人生哲学,这也是中西方哲学的一个重要不同之处。④而中国哲学无疑是传统文化的核心,⑤因此,如果我们说中国传统文化具有"天人合一"之特征,或许是适当的。"天人合一"作为几千年来先哲们所追求的至高无上之人生境界,增强了人们

---

① 王孝鱼点校:《二程集》第 1 册,《河南程氏遗书》卷二十二,北京:中华书局,1981年,第 273 页。(下引同书只注页码)

② 王孝鱼点校:《二程集》第 1 册,《河南程氏遗书》卷二十五,第 316 页。

③ 侯外庐等主编:《宋明理学史》(上),北京:人民出版社,1997年,第 104 页。

④ 李书有教授在其所著《论中国古代关于人的学说》"前言"中说"中国哲学与西方哲学一个重要不同之处在于……中国哲学以人生哲学为其主要特点,西方哲学以自然哲学为其主要特点"。

⑤ 近年来张岱年先生在论述中国传统文化的专著和文章中,多次提及这一点,李宗桂的《中国文化概论》也主张这一点,且反对者很少。

对宗教信仰的抵御能力。也正因为如此，儒家虽然不反对"神道设教"，但始终未演化为宗教。

三、"天人合一"与古代宗教

宗教，在现代西方宗教学家那里，被定义为"我们内面的无限企图与外界更大的无限相接触相交通之一种不朽的追求"[①]，换言之，就是"舍己从天，尽量地把自己引使向上"[②] 的不断追求的过程。这颇有点类似中国古代的"天人合一"。中国古代的"天人合一"作为一种人生境界，的确体现了试图解决有限生命与无限宇宙之统一的企求。就这一方面言，"天人合一"思维无疑会影响到中国古代的宗教，从而使之染上"天人合一"色彩。

在中国古代，并行不悖、影响广泛的有本土的道教和外来的佛教，此外，近代还深受西方基督教的冲击。在这里我们不可能逐一加以研究，仅以佛教中的"涅槃"为例，做一个案例分析。

从某种程度上说，佛教是以探求人生真谛为内容的宗教，人生哲学是佛教的核心内容，其最高境界称为"涅槃"。"涅槃"有以下两个方面的内容：首先，它标志着一种和平快乐的境界，其中贪、嗔、痴的火焰已经熄灭，生命继继存在，并由于摆脱了生老病死之苦厄而获得了永恒。其次，涅槃之体绝对超越于现象世界之一切诸法，它非缘会而成，具有独立自主的实在性，因而是湛然常住之"真如"。佛经说"当知涅槃是常住法，非本无今有，是故为常"[③]。涅槃的这两层意义，一方面使之成为一种人生境界，另一方面又近乎抽象的本体论。在中国，前一方面的内容得到了广泛的传播，如禅、净两宗在百姓中的流行即说明了这一点。其第二方面的内容，也曾为天台、华严诸宗奠定理论基础，但就影响而论，直接关注人生的佛教宗派一直较诸以抽象本体论为核心的宗派更有市场。关于这一点，佛教在中国的传播历史已给予事实的说明。但如果我们进一步追寻其产生的思想文化背景，就不能不再做进一步的分析。

众所周知，涅槃的实现依赖于众生本有之佛性，而佛性的显发或涅槃的

---

① ［美］艾迪（S.Eddy）：《近代名哲的宗教观》，北京：青年协会书局，1931 年，第 13 页。（下引同书只注页码）
② ［美］艾迪（S.Eddy）：《近代名哲的宗教观》，第 16 页。
③ 昙无谶译：《大般涅槃经》卷 21《光明遍照高贵德王菩萨品》，《大正藏》第 12 册，第 492 页。

实现是同时完成的，因而涅槃与佛性实是同一实体的不同名称而已。涅槃的实现即成佛，实质上也是一种理想的精神境界之实现。在这种境界中，无内外彼此之分，无主客体之分，宇宙与我了然相融，浑然一体，充满了快乐和平。我们把这种境界和中国古已有之的"天人合一"相比，发现二者颇有相通之处。儒家的"天人合一"认为，天作为万物之本原，也是内在的人性；人道就是外在的天道，天道人道无二，通过道德完善过程即可达"天人合一"之境，从而完成人道向天道的回归。达到这种境界，即可"参天地""赞化育"，与宇宙精神相通。

涅槃与"天人合一"不仅仅在内容上有相通之处，而且在实现的途径上也十分相似，它们都包括了一个积善去恶、除欲归真的道德践履过程。

佛经曾这样教导众比丘："比丘若修习，戒定及智慧，当知是不退，亲近大涅槃。"[1]佛教的戒定慧三学，和儒家的修身养心等道德生活有类似之处。在佛教中国化的历史进程中，不少佛教徒以"五戒"比之儒家的"五常"[2]，并大量吸收儒家的忠孝等道德内容，这种现象的产生，一方面是佛教为了调和儒佛之矛盾，另一方面，与儒佛二者在理论和实践上的某些相通性有关。就这一点说，带有浓厚"天人合一"色彩的中国传统文化背景，给佛教的中国化提供了有利条件。

佛教自两汉之际传入中国以后，在魏晋时代借助于玄学的激荡而使般若性空之学大昌；南北朝以后，佛教哲学一改其趣，涅槃妙有之学转而成为佛学的主流，众生皆有佛性的思想普遍得到认可。特别是自中国化的佛教宗派——禅宗创立之后，生佛一如、体用不二的佛性观及成佛在于一心之顿悟的解脱观，不仅占据了佛教界的主流，同时也在广大士大夫阶层广泛流行，产生了极大的影响，为宋明理学的形成，奠下了基石。纵观佛教中国化的进程，可以说为这个进程提供深刻动力的不仅仅是中国古代社会的政治、经济环境，中国传统文化也是推动这个进程不可或缺的因素。从这个角度看，涅槃与"天人合一"的相通性不仅仅具有文化比较的意义，它还是两种文化相互交融的关节点，而中国化的佛教正是中印两种文化相互交融的产物。

中国古代的"天人合一"思想，不仅表现为以上几个方面，它还渗透到传统文化的其他各个层面。比如"天人合一"对传统思维模式的形成，有不

---

① 昙无谶译：《大涅槃经》卷29《狮子吼菩萨品》，《大正藏》第12册，第537页。
② 宋代佛教徒契嵩在《辅教篇》中大力提倡这一观点，致使此后佛教徒攀缘比附儒家经典成为一时风尚。

可忽视的影响，它促使中国古代形成一种与自然融为一体的整体系统化思维，辩证思维中的求稳防变、和谐统一的倾向以及直觉顿悟的思维方式①。正因如此，我们说中国传统文化有别于西方文化的表现之一，就是中国传统文化深深浸染了"天人合一"的特色，它体现在传统文化的各个层面，很值得我们进一步去解剖和分析。

（原载于《赣南师范学院学报（社会科学版）》1993 年第 3 期，收入本书时修订了个别错误，增补了摘要、关键词，统一了注释格式。）

---

① 事实上，孟子"求放心"的修养功夫即已开了儒家顿悟论的先河。佛教禅宗慧能一系以此为旗帜而自别于他宗以及本宗内部的神秀渐悟派，陆九渊、王阳明的修养论及思维模式深受此影响，但也可找到其儒学经典的根源。

论天

摘要： 中国哲学史上的"天"，其含义主要有三个层次：一是主宰之天，即将天视为有意志、主宰世间一切的人格神——上帝或天帝。从夏至汉，此认识和论证由原始宗教神学阶段发展至哲学思维阶段，在董仲舒那里，天集宗教、政治、道德之至上权威和人类各种行为之善恶的评判者于一身。二是自然之天，即将天作为与地相对的客观物质世界的一部分及其运动规律，也指人所生活的客观物质环境——宇宙自然之全体。自然之天的观念起源于春秋，至战国荀子提出"明于天人之分"，唐代柳宗元阐述"天人不相预"，刘禹锡提出"天人交相胜"，明清之际王夫之做了理论总结，并提出"以人造天"的著名论点。三是义理之天，即将天视为宇宙万物的精神本体、人类社会道德原则及人的道德本性的来源。宋明理学家张载、二程、朱熹发挥孟子"尽心知性知天"思想，提出"天者理也"和"理一分殊"的理本论，而陆九渊则提出"心即理、尽心即与天同"的心本论，此两种理论范式对天的哲学阐释达到了古代的理论高峰。

关键词： 天；天人感应；天人交相胜；天与理；天与心

人类生活在茫茫宇宙之中，人们常说"头顶蓝天，脚踩大地"，但对于我们头顶上的这片蓝天，其中究竟隐藏了什么奥秘？其实这也是中国古代哲学家十分关心的问题。在科学并不发达的古代历史时期，天以及天与人之间的关系一直是古代中国哲学家们所极力探讨和期望解决的重要问题，因此，天在中国古代哲学体系中充当了很重要的角色。可以说，不了解作为中国古代哲学重要范畴之一的天的含义及其形成、演变过程，不了解不同哲学学派对天所作的不同诠释，就无法深刻体认和把握中国哲学的特质。

那么，中国古代哲学家们是如何认识和理解天的呢？在他们的哲学体系中，天到底扮演了什么样的角色？

在中国哲学史上，哲学家们作为哲学范畴使用的天，当然不完全是指我们头顶上的天空，其含义主要有三个层次：一是主宰之天，即将天视为有意志、主宰世间一切的人格神——上帝或天帝；二是自然之天，即将天作为与地相对的客观物质世界的一部分及其运动规律，有时也指人所生活的客观物质环境——宇宙自然之全体；三是义理之天，即将天视为宇宙万物的精神本体、人类社会道德原则及人的道德本性的来源。以下分述之。

一、主宰之天

天作为有意志、有超常能力、能主宰世间一切的人格神，这一概念的出现在人类认识史上有着久远的渊源。原始社会时期，由于生产力水平落后，原始人将自然界的一切均视为神灵而加以崇拜，天——对原始人来说它是充满神秘和神圣之物——当然也是神灵之一，但还没有具备众神之尊的地位。至夏代，地上统一的君主政权出现，天也成为众神之尊——上帝。殷商时代，天被赋予至上神的地位，又称帝、皇天、昊天、上天。在殷代，上帝的意志高于王权，凡朝廷的重要决策、施政措施是否可行，都要通过占卜听取上帝之意。考古发掘出来的甲骨文，就是当时卜问上帝的记录。如甲骨文中有这样的句子："贞王封邑，帝若。"[①]王建城邑，上帝同意了。"甲辰，帝其令雨？"甲辰这一天，上帝会命令下雨吗？上帝在人间的代表就是殷王，故殷王又自称为"天子"，意即秉承上帝之意来管理臣民的上天之子。《尚书·西伯戡黎》中记载："西伯既戡黎，祖伊恐，奔告于王……王曰：呜呼！我生不有命在天！"这里的王就是殷纣王，他认为自己的命运归天（上帝）掌管。

周代殷后，殷人的上帝观念为周人所继承。因此，上帝也是周人的至上神。上帝的意志即是天命，周人对此极为重视。周武王伐纣，就是以秉承昊天之命为号召的。《尚书·多士》记载："尔殷遗多士，弗吊昊天，大降丧于殷。我有周佑命，将明天威，致王罚，敕殷，命终于帝。"就是说，你们殷士，得罪了皇天，所以皇天不保佑你们，以致灭亡。我周人乃受上天之命取代你们。值得注意的是，周人眼中的天与殷人相比，还增加了一层道德色彩，即天命并非一成不变，它只授给地上有德之君，如果君王的德行丧失，则天

---

① 郭沫若：《郭沫若全集·考古编第二卷·卜辞通纂》，北京：科学出版社，2002年。

命也要发生转移，这就叫"天命靡常"。《诗经·大雅·文王》云："侯服于周，天命靡常。"周公曾告诫卫康叔说："呜呼！肆汝小子封！惟命不于常，汝念哉！"①西周的统治者从殷商的失命于天总结出了"皇天无亲，惟德是辅。民心无常，惟惠之怀"②的历史经验，从而形成了"以德配天"的意识。这就是说，到了周代，天作为至高无上的人格神，它的权威体现在宗教、政治、道德三个领域，使天由一个纯粹的原始宗教范畴向哲学范畴演变。

春秋战国时期，儒家学派的创始人孔子在使用天这个哲学范畴时有多方面的含义，其中之一是继承殷周以来的天神观念，将天视为有意志的人格神，是世界的最高主宰。《论语·子罕》记载："子畏于匡，曰：'文王既没，文不在兹乎？天之将丧斯文也，后死者不得与于斯文也；天之未丧斯文也，匡人其如予何？'"孔子生活在一个礼崩乐坏的动荡时代，他对周代完备的礼乐文化充满景仰，并把恢复周代的礼乐制度作为自己的政治理想和人生奋斗目标，他认为只要能复兴周礼，社会就可以得到平治。孔子还认为，在当时只有他熟知周代的礼乐文化，只有他才能担当起恢复周礼的重任，所以，当孔子被匡人错当成阳虎而被拘押时，才会有"天之未丧斯文也，匡人其如予何"的自信。孔子在这里所提到的天，就是指主宰之天——有意志的人格神、世界的最高主宰者。孔子认为，天是不可欺骗的，当他的学生们在他病重准备以大夫之礼为他准备后事时，孔子批评说："吾谁欺？欺天乎？"③弟子颜渊病死，孔子十分悲伤，说："噫！天丧予，天丧予！"④对于自己不能完全为时人所理解，孔子曾感叹说："知我者其天乎？"⑤孔子上述话语中的天，都是指主宰之天。

孟子继承了孔子关于天是世界主宰的思想，认为君主的权力与地位来自天的授予，应得到天的认可。那么，天怎么授予和认可呢？孟子说："天不言，以行与事示之而已矣。"⑥具体言之，就是："使之主祭，而百神享之，是天受之；使之主事，而事治，百姓安之，是民受之也。"⑦

稍晚于孔子的墨子，其创立的墨家学派和孔子的儒家一样影响很大，同

---

① 《尚书·周书·康诰》。
② 《尚书·蔡仲之命》。
③ 《论语·子罕》。
④ 《论语·先进》。
⑤ 《论语·宪问》。
⑥ 《孟子·万章上》。
⑦ 《孟子·万章上》。

为当时的显学。墨子提出"天志"说，认为天志就是上帝的意志，天能够赏善罚恶，"天子为善，天能赏之；天子为暴，天能罚之"，所以，"天之意，不可不慎也"①。既然天之意不可不慎重对待，那么，天意赏善罚恶的原则是什么呢？墨子说："天之意不欲大国之攻小国也，大家之乱小家也。强之暴寡，诈之谋愚，贵之傲贱，此天之所不欲也。不止此而已，欲人之有力相营，有道相教，有财相分也。"②可见，"天之意"实际就是墨子提倡的"兼相爱"与"交相利"。墨子将其理想的社会政治原则和道德原则神化为"天志"，认为顺天之意即是善，逆天之意即是不善，"观其行，顺天之意谓之善意行，反天之意谓之不善意行"③，同样使"天"集宗教、政治、道德三方面的至上权威于一身，成为人类各种行为之善恶的评判者。墨子以带有宗教之外衣的天——既是超人类的主宰力量，也是墨家社会政治理想的化身——来论证、推行其价值观，应当说，其哲学意蕴较殷周时代之天论更为突出，体现了人类哲学思维的发展。

汉初大儒董仲舒对于天的意蕴做了极为丰富的阐发，其名著《春秋繁露》就是一部关于天的哲学著作。在董仲舒看来，世界上的一切都是从天那里派生出来的，人类社会的一切现象无不与天有着密切的关联。可以说，董仲舒之学是天学，天是贯穿董仲舒哲学体系的一根主线。

首先，天是人格神，而且是百神之尊，同时天是万物之祖、世界的本源。董仲舒说："天者，百神之大君也。事天不备，虽百神犹无益也。"④"臣闻天者群物之祖也，故遍覆包函而无所殊，建日月风雨以和之，经阴阳寒暑以成之。"⑤"无天而生，未之有也。天者，万物之祖，万物非天不生。"⑥

其次，人是天的创造物，人的形体、精神、思虑、情感、行为、伦理都取法于天，这就叫"人副天数"。董仲舒说："人生于天，而体天之节"⑦，"唯人独能偶天地"，"所取天地多者"⑧。关于人副天数的表现，董仲舒还具体阐述道："人之形体，化天数而成；人之血气，化天志而仁；人之德行，化天理

---

① 《墨子·天志中》。
② 《墨子·天志中》。
③ 《墨子·天志中》。
④ 《春秋繁露·郊语》。
⑤ 《汉书·董仲舒传》。
⑥ 《春秋繁露·顺命》。
⑦ 《春秋繁露·官制象天》。
⑧ 《春秋繁露·人副天数》。

而义；人之好恶，化天之暖清；人之喜怒，化天之寒暑；人之受命，化天之四时。人生有喜怒哀乐之答，春秋冬夏之类也。"①正因为人是天的副本，因此，天与人之间可以互相感应。在董仲舒看来，天人感应有两方面的内容：一方面是天感人，一方面是人感天。关于天感人，他说："国家将有失道之政，而天乃先出灾害以谴告之，不知自省，又出怪异以警惧之，尚不知变，而伤败乃至。以此见天心之仁爱人君而欲止其乱也。"②关于人感天，他说，天如发生木变，春凋秋荣，这意味着徭役众，赋敛重，王者当救以轻徭薄赋；如发生火变，冬温夏寒，这意味着王者赏罚不明，当救之以举贤赏功等等。总而言之，"五行变至，当救之以德，施之天下，则咎除。不救以德，不出三年，天当雨石。"③国家将有失道之败，而天乃先出灾害以谴告之，不知自省，又出怪异以警惧之，尚不知变，而伤败乃至。以此见天心之仁爱人君而欲止其乱也。

再次，天有自己的运行法则和存在规律。"天之生有大经也，而所周行者，又有害功也，除而杀殛者，行急皆不待时也，天之志也，而圣人承之以治。"④其意是说，天生长万物有其自身的运行法则，天生万物就是按这个法则周行循环的；如果有妨碍天的法则运行者，就必须快速除去而不等待时候，这就是天的意志。董仲舒还说："天之道，有序而时，有度而节，变而有常，反而有相奉，微而至远，踔而致精，一而少积蓄，广而实，虚而盈。"⑤这些都说明天的运行是遵循一定的法则和规律的，人不能与之相违背。

从以上的分析可知，从夏代至汉代，哲学家们把天作为主宰一切的有意志之人格神的认识和论证，经过了纯粹的原始宗教神学阶段至哲学思维阶段，至董仲舒的哲学体系中，天已集宗教、政治、道德之至上权威和人类各种行为之善恶的评判者于一身，论证范式也容纳了宇宙论、阴阳五行论、感应论等，其论议之缜密，从思辨上讲，达到了很高的水平。因此，自董仲舒之后，很少有哲学家对主宰之天的思想做更多、更深层次的阐发，似乎由董仲舒做了一个总结。

---

① 《春秋繁露·为人者天》。
② 《汉书·董仲舒传》。
③ 《春秋繁露·五行变救》。
④ 《春秋繁露·如天之为》。
⑤ 《春秋繁露·天容》。

二、自然之天

自然之天是指把天视为不带宗教神学色彩，不附加任何主观意义的客观自然界之组成部分，包括其中的日月运行与寒暑变化等自然现象。此自然之天没有意志，也不能干预和主宰社会人事，但它的运行有一定的客观规律。唐代诗人、思想家刘禹锡将此种思想称为"自然之说"，而将前述主宰之天的思想称为"阴骘之说"。

自然之天的观念也有很长的历史渊源，如春秋时期郑国的执政大夫子产说过"天道远，人道迩，非所及，何以知之"①的话，其所指的天，即是自然之天。孔子谈到天时，除前述主宰之天的含义外，也有自然之天的含义。如孔子说："天何言哉？四时行焉，百物生焉，天何言哉？"②孔子在这里所谈到的天，是没有任何意志与主宰的自然现象，其表现就是四季的更替，万物的生长。

战国时期继承和发展孔子儒学的思想家荀子，专门写了《天论》一文，从哲学的角度对"天"这一范畴做了全面论述，力倡自然之天的思想，形成了独特的唯物主义天道自然观。其天论主要有以下几方面的内容：一是天即自然现象。天是什么？荀子认为，天就是星辰的运动、日月的运行、四季的更替、阴阳的变化、风雨的博施等自然现象。在这些自然现象变化中，万物生成养育，虽然不能看到其详情，但能感觉到其功效，这些自然现象就叫天，其生养万物的功效就叫神。他说："列星随旋，日月递照，四时代御，阴阳大化，风雨博施，万物各得其和以生，各得其养以成，不见其事，而见其功，夫是之谓神。皆知其所以成，莫知其无形，夫是之谓天功。"③荀子明确地把天诠释为自然现象，并将神诠释为自然之天生养万物的神奇功效，他不同意商周以来主宰之天的思想。二是天的运行有其自身的规律。荀子认为，天不但是客观存在的自然现象，而且其运动变化有自身固有的法则，这就是中国哲学史上著名的"天行有常"观。荀子说："天行有常，不为尧存，不为桀亡。应之以治则吉，应之以乱则凶。"④这就是说，自然界完全是按照自身的规律发展变化的，既不因人世间有像尧这样的圣君而存在，也不会因为有桀这样的暴君而消亡；人们只能遵循自然规律，才能取得好的结果，反之违背

---

① 《左传·昭公十八年》。
② 《论语·阳货》。
③ 《荀子·天论》。
④ 《荀子·天论》。

自然规律，一定会遭殃。荀子还对传统关于天和神的观念提出了尖锐的批评：
"星队（坠）木鸣，国人皆恐。曰：是何也？曰：无何也！是天地之变，阴阳
之化，物之罕至者也。怪之，可也；而畏之，非也。"①荀子认为，宇宙中天
象的异常是由于阴阳变化导致的，没有害怕的必要。三是天与人各有其职分，
互不交涉，即"天人相分"。荀子说："不为而成，不求而得，夫是之谓天职。
如是者，虽深，其人不加虑焉；虽大，不加能焉；虽精，不加察焉。夫是之
谓不与天争职。天有其时，地有其财，人有其治，夫是之谓能参。"②荀子指
出，天的职分就是自然而然地生养万物，没有任何目的，这是人不能与之相
争的；人的职分就是治理社会，能尽好人的职分，就是顺应了天道的运行变
化规律。"故明于天人之分，则可谓至人矣。"③

　　荀子的天论，视天为客观物质之自然现象，它没有任何目的和意志，也
不干涉社会人事，这和前述视天为有意志、能主宰世间一切的人格神的主宰
之天思想完全相反，是中国哲学史上关于天的哲学诠释的另一种范式，具有
朴素的唯物主义因素。

　　东汉哲学家王充，其著作《论衡》八十五篇（其中《招致》有目无书，
实为八十四篇），以"疾虚妄"即肃清古今思想习俗中的虚言谬说为宗旨，具
有很强的批判精神，对中国哲学的发展影响很大，被人称为"度越诸子"。王
充哲学的核心范畴也是天，其中心内容是天道自然。

　　两汉时期，天人感应、阴阳灾变之说成为思想界的主潮流，但在王充看
来，这种学说是当时思想界最大的虚妄谬说，因此，王充对天人感应说视天
为有意志、能主宰社会人事的人格神的思想进行了严厉的批评，并在此基础
上提出了他的天论。首先，王充认为，天并不是什么神秘莫测的东西，它和
地一样，是自然界的物质实体。他说："夫天者，体也，与地同。天有列宿，
地有宅舍；宅舍附地之体，列宿着天之形。"④当时一种流行的说法是："天者，
气也，故其去人不远。人有是非，阴为德害，天辄知之，又辄应之，近人之
效也。"⑤以天为气，而气能传递，故天与人能相互感应，这正是当时天人感
应说的理论基础。王充反驳说："如实论之，天，体，非气也。人生于天，何

① 《荀子·天论》。
② 《荀子·天论》。
③ 《荀子·天论》。
④ 《论衡·祀义》。
⑤ 《论衡·谈天》。

嫌天无气？犹有体在上，与人相远。"① 他反对儒者以天为气，而认为天是物质实体，气只是附着在天这个实体之上，天与人相距遥远。其次，王充认为天和地一样都是物质实体，但天地都含有气，天地施气，万物自然而然地产生了。他说："天地，含气之自然也。"②"天地合气，万物自生，犹夫妇合气，子自生矣。"③ 第三，天道自然无为，春生夏长，秋收冬藏都不是天有意为之，而是自然而然："天道无为，故春不为生，夏不为长，秋不为成，冬不为藏。阳气自出，物自生长；阴气自起，物自成藏。"④ 王充论证说，天地之间，凡欲有所为者都离不开手，如果说天地能有意生万物，则"天地安得万万千千手，并为万万千千物乎？"⑤ 由于天的运行自然无为，因此，人无法知晓天，天亦不知晓人，"人不晓天所为，天安能知人所行？"⑥ 因而天人之间不可能相互感应，"夫人不能以行感天，天亦不随行而应人"⑦。基于此，王充指出天人感应之说为虚妄。

唐代著名的文学家、思想家柳宗元，对天亦表现出极大的兴趣，他写了《天对》《天说》，阐述了其"天人不相预"的天人关系理论。在《天说》中，柳宗元提出，天不是神灵，它没有感情、意志，只是一个自然存在："彼上而玄者，世谓之天；下而黄者，世谓之地；浑然而中处者，世谓之元气；寒而暑者，世谓之阴阳。是虽大，无异果蓏、痈痔、草木也。"⑧ 也就是说，天、地和元气、草木一样，都是自然存在物。柳宗元还认为，天是一个无边无际的存在，在有形体的事物中，没有大过它的，"无极之极，漭弥非垠。或形之加，孰取大焉？"⑨ 基于此，柳宗元认为，天和人的功能不同，天的功能是生养万物或带来灾荒，人的功能是治理社会或带来社会混乱，天与人互不相干。他说："生植与灾荒，皆天也；法制与悖乱，皆人也。二之而已。其事各行不相预，而凶丰理乱出焉。"⑩ 因此，柳宗元对天人感应论也做了批判。

唐代著名诗人、思想家刘禹锡作有《天论》三篇，与柳宗元讨论了天人

---

① 《论衡·谈天》。
② 《论衡·谈天》。
③ 《论衡·自然》。
④ 《论衡·自然》。
⑤ 《论衡·自然》。
⑥ 《论衡·变虚》。
⑦ 《论衡·明雩》。
⑧ 《柳河东集》卷十六《天说》。
⑨ 《柳河东集》卷十四《天对》。
⑩ 《柳河东集》卷三十一《答刘禹锡天论书》。

关系问题，提出了"天人交相胜"的观点。在《天论》中，刘禹锡对"天"与"人"做出了明确界说。他说："天，有形之大者也；人，动物之尤者也。"①但天所能的，人不一定能；而人所能的，天也不一定能，故天与人的关系是"交相胜"。刘禹锡说："天之能，人固不能也；人之能，天亦有所不能也。故余曰：天与人交相胜耳。"②在《天论》中，刘禹锡详细论述了天与人的不同职能，认为"天之道在生植，其用在强弱；人之道在法制，其用在是非。"③也就是说，天的职能是"生植万物"，其法则是弱肉强食；人的职能是制定法律以维护社会秩序，其作用是判定是非。刘禹锡还指出，天胜人并非有意识地胜人，只是人在遭受某种不幸而无法解释时（刘禹锡称之为"理昧"）归之于天，并非天主动有意地主宰人事。他说："然则天非务胜乎人者也，何哉？人不幸则归乎天也。"④

柳宗元和刘禹锡的天论，对先秦以来自然之天的思想及天人关系问题上的争论做了创造性的阐发，代表了隋唐时期哲学界对天人关系认识的最高水平。

明清之际的哲学家王夫之，对中国古代哲学的自然之天学说做了很好的总结，并提出了"以人造天"的著名论点。王夫之对天做了新的诠释，他说："太虚即气，絪蕴之本体，阴阳合于太和，虽其实气也，而未可名之为气。其升降飞扬，莫之为而为万物之资始者，于此言之，则谓之天。"⑤又说："拆着便叫作阴阳五行，有二殊，又有五位；合着便叫作天。"⑥其意为，天是无意志的太和之气和阴阳五行的总名。王夫之还借用"势"和"理"两字，把天界定为客观事物发展的规律性。王夫之说："理本非一成可执之物，不可得而见；气之条绪节文，乃理之可见者也。故其始之有理，即于气上见理；迨已得理，则自然成势，又只在势之必然处见理。"⑦王夫之的意思是说，理是气的运动变化表现出来的条理秩序，即规律，它不易为人所认识；而势则是循理而为的具体表现，是易为人所认识的，故势之必然处即是理。如果说"理"为"当然"，则"势"为"必然"，"理"和"势"合而言之名为天。他说："孟

---

① 《刘宾客文集·天论上》。
② 《刘宾客文集·天论上》。
③ 《刘宾客文集·天论上》。
④ 《刘宾客文集·天论中》。
⑤ 《张子正蒙注·太和》。
⑥ 《读四书大全说》卷二《中庸·第一章》。
⑦ 《读四书大全说》卷九《孟子·离娄上篇》。

子于此，看得'势'字精微，'理'字广大，合而名之曰天。"①关于天人之间的关系，王夫之在肯定"以天治人"的同时，提出"以人造天"，他说："以天治人而知者不忧，以人造天而仁者能爱，而后有功于天地之事毕矣。"②王夫之既承认自然规律对人的制约作用，又肯定人对自然的能动改造作用，其思想的深度比前人无疑要高出许多。

三、义理之天

义理之天的学说给天附上人类价值理念的色彩，使天具有某种义理之属性，而这种义理可以是社会发展规律，也可以是道德原则，还可以是其他价值理想。总之，在不同的哲学家那里，义理的内涵各不相同，但它们都源自天，都是天的属性，对人类具有先天至上的权威，从而为人类的价值理想找到了最高的依据。就这点而言，它与主宰之天的学说有相似性。换言之，义理之天实际就是宇宙万物的精神本体。

孔子曾说过"天生德于予"的话，将天视为德性之来源。《中庸》则明确地说人的道德本性来自天命，即"天命之谓性"，并将天、地赋予博、厚、高、明、悠、久的德性："天地之道，博也，厚也，高也，明也，悠也，久也。今夫天，斯昭昭之多，及其无穷也，日月星辰系焉，万物覆焉。今夫地，一撮土之多，及其广厚，载华岳而不重，振河海而不泄，万物载焉。"

孟子继承了这一思想范式，将天视为人伦道德之根源，赋予天以道德属性，认为人的德性是禀受了天的性德，因而人的心性与天之性德是相通的。孟子说："诚者，天之道也；思诚者，人之道也。"③意思是说，诚是天的道德品性，而对于诚这一天德的体认和追求，则是人道的根本。孟子把仁义等道德视为"天爵"，说："仁义忠信，乐善不倦，此天之爵也。"④也就是说，天如同人一样，具有仁义忠信等道德属性，而人的道德意识也是"天之所与我者"⑤。基于此，孟子提出了尽心、知性、知天的天人合一观："尽其心者，知其性也；知其性，则知天矣。存其心，养其性，所以事天也。"⑥在这里，孟子由心及性，由性及天，最后又返回到人的心性，开启了中国古代哲学心性

---

① 《读四书大全说》卷九《孟子·离娄上篇》。
② 《周易外传·系辞上》。
③ 《孟子·离娄上》。
④ 《孟子·告子上》。
⑤ 《孟子·离娄上》。
⑥ 《孟子·尽心上》。

论的理论之源。

宋明儒学家则循着《中庸》、孟子的思想理路对义理之天说做了更深层次的创造性发挥。

张载首先提出了"学至于知天的问题"。他批评秦汉以来学者的大蔽是"知人而不知天，求为贤人而不求为圣人"①，因此，张载提出"天道即性也。故思知人者不可不知天，能知天斯能知人矣"②，也就是说，要真正了解人，先要了解天，而"天"在张载看来，就是他所说的"太虚"。张载云："由太虚，有天之名；由气化，有道之名；合虚与气，有性之名；合性与知觉，有心之名。"③张载的思维逻辑是：天（太虚）、道（气化）、性（太虚与气）、心（性与知觉），它们之间是一个逻辑演进关系，也就是说，性之本源出于天，这就和孟子的思想联结起来了。故张载说："孟子所论知性知天，学至于知天，则物所从出当源源自见，知所从出，则物之当有当无莫不心喻，亦不待语而知。"④但由于张载在"性"（合虚与气）中加入了"气"，因而，张载又将性分为天地之性与气质之性，天地之性来自天道，是清澈纯一而至善的；气质之性由气化而成，有善恶两种可能性。人的道德修养过程就是"变化气质"，消除"气质之性"的偏蔽，返回到"天地之性"的纯善境界。由上可知，在张载的哲学体系中，"天"这一范畴也被赋予了纯善无恶的义理属性，而且成为人性之源。

程颢则将天诠释为理。他对天、帝、神这三个以往含有人格神因素的概念做了新的解释："天者，理也。神者，妙万物而为言者也。帝者，以主宰事而名。"⑤天，就是理，神只是指自然界神妙莫测的变化功能，帝是指理的主宰作用。所以，在程颢看来，"天"就是"自然之理"，"皇天震怒""不是有人在上震怒，只是理如此"⑥，"天讨有罪""天命有德"也是"天理自然当如此"⑦。在二程看来，作为自然之理的天，它没有意志，也没有刻意安排什么，"天之所以为天，本何为哉？苍苍焉耳矣。其所以名之曰天，盖自然之理

---

① 《宋史·张载传》。
② 《横渠易说·说卦》。
③ 《正蒙·太和》。
④ 《文集佚存·答范巽之书》。
⑤ 《河南程氏遗书》卷十一。
⑥ 《河南程氏遗书》卷二十二上。
⑦ 《河南程氏遗书》卷二上。

也"①。二程释"天"为"理"，完全洗去了天的神性，在中国哲学发展史上具有重大意义。

应该说明的是，二程所说的理，有多重含义，一是指自然规律，如其所言"眼前无非是物，物物皆有理"②。二是指社会道德规范或人的道德本性，如二程说"视听言动，非理不为，即是礼；礼即是理"③，"既为人，须尽得人理"④，"父子君臣，天下之定理，无所逃于天地之间"⑤。三是指宇宙万物的本体，是具体的、特殊的理的抽象，它没有时间空间的限制，永恒存在，不管人们是否认知它，理自身不增加也不减少。二程说："天理云者，这一个道理更有甚穷已。不为尧存，不为桀亡。人得之者，故大行不加，穷居不损。这上头来更怎说得存亡加减。是佗元无少欠，百理俱备。"⑥万物之理与这个本体之理的关系是"理一而分殊"，程颐说："天下之理一也，涂虽殊而其归则同，虑虽百而其致则一。虽物有万殊，事有万变，统之以一，则无能违也。"⑦将"理"这一范畴抽象化为宇宙的本体，是二程对中国古代哲学的一大贡献。

朱熹继承了二程以天为理的思想，他更明确地提出理为天地万物之本，未有天地而先有此理的观点。朱熹说："未有天地之先，毕竟也只是理。有此理便有此天地，若无此理，便亦无天地，无人物，都无该载了。"⑧而与朱熹同时的哲学家陆九渊，则将天、理纳入心中，提出"尽心即与天同"的观点。陆九渊说："心之体甚大。若能尽我之心，便与天同。"⑨朱、陆均赋予天以义理属性，但朱熹的理本论哲学之天是客观的、外在的义理之天，而陆九渊的心本论哲学之天则被拉回到人的本心，成为主观的、内在的义理之天，这是二者的区别。

朱陆之后，儒学关于天的哲学阐发并没有更多的理论创新，其思想范式亦不出张载、二程和朱、陆的框框，故这里略而不论。

值得一提的是道家的天论。道家学派的创始人老子将天与其最高哲学范畴之道相贯通，赋予天以道的特性——自然、无为，这是义理之天说的另一

---

① 《河南程氏粹言》卷二。
② 《河南程氏遗书》卷九。
③ 《河南程氏遗书》卷十五。
④ 《河南程氏遗书》卷十八。
⑤ 《河南程氏遗书》卷五。
⑥ 《河南程氏遗书》卷二。
⑦ 《周易程氏传》卷三。
⑧ 《朱子语类》卷一。
⑨ 《陆九渊集》卷三十五《语录下》。

种哲学范式。

老子说："人法地，地法天，天法道，道法自然"①，还说"天地不仁，以万物为刍狗"②，"天地之所以能长且久者，以其不自生"③。老子认为，天和地一样，不存在任何人为的目的性，如仁，它只是自然而然的表现，这实际上是将天与自然无为之道相等同。庄子进一步发挥了老子天道自然的思想，认为天就是指自然之本性，而人是指对自然本性的破坏。庄子说："何谓天？何谓人？北海若曰：'牛马四足是谓天，落马首穿牛鼻是谓人'。"④庄子还说："知天之所为，知人之所为，至矣。"⑤庄子区分天与人的不同，主张顺万物之自然本性而不去做人为的破坏，这样，人、物各适其本性而逍遥自由。庄子以马为例说，马天生了蹄子可以践霜雪，它的毛可抵御风寒，饿了吃草饮水，高兴了奋蹄跳跃；若一旦被人用烧、剔、刻、烙等手段烫毛、削蹄、打烙印，最后戴上马笼头，扎上马缰绳，关进马厩，则马将被折腾死十分之二三了⑥。所以庄子主张："无以人灭天，无以故灭命，无以得殉名，谨守而勿失。"⑦由此可见，道家之天虽亦为义理之天，但其义理的内涵却是道——自然、无为，并排斥天之义理的道德内涵，这和儒家以道德为天之义理的思想诠释范式是不同的。

（原载于《中国哲学关键词》，南京大学出版社，2011 年。收入本书时修订了个别错误，统一了注释格式。）

---

① 《老子·第二十五章》。
② 《老子·第五章》。
③ 《老子·第七章》。
④ 《庄子·秋水》。
⑤ 《庄子·大宗师》。
⑥ 《庄子·马蹄》。
⑦ 《庄子·秋水》。

论道

摘要:"道"是中国古代哲学的重要范畴。"道"的本义指通达而无歧出的路。在古代哲学史的演进过程中,道由本义经过理论的抽象,逐渐转变为哲学范畴,并在道家、儒家两大学派中表现为不同的内涵和思维方式。道家老庄哲学之道,有天地万物本原、事物发展规律、人类社会运行法则等含义,其思维方式既有生成论亦有本原论、本体论,总体呈现为辩证理性思维。魏晋玄学则从有无关系的角度对道做了新的哲学诠释,突破了生成论的局限,建构了宇宙本体论模式。宋以前儒家论道有两条主线,一为从孔子、孟子到《中庸》,分别提出仁道、性为道体、和为道用、诚为修道的思想;一为《周易》从阴阳、形上形下角度论道,提出"一阴一阳之谓道、形而上者谓之道"的"易道"观。宋明理学家则分成气本论、理本论、心本论三派,对道做了更具哲学思辨的论述,最后由明清之际王夫之做了理论总结。

关键词:道;仁道;有无之道;易道;理学之道;心学之道

"道"是中国古代哲学的重要范畴,做为中国传统哲学三大主干的儒、释、道,都对"道"这一范畴做过充分的论述,各自形成了系统而又有着不同特点的道论。"道",不但是中国古代哲学家建构其思想体系的重要范畴,而且体现为中国古代哲学的思维方式、价值理念,成为中国古代哲学家认识和把握世界的基本方式,使中国古代哲学区别于古印度哲学和古希腊哲学,成为古代世界哲学智慧园中的一枝奇葩,独放异彩。"道"作为中国古代哲学话语体系的核心范畴,深刻影响了诸如宗教、文学、艺术等中国传统文化的精神生活层面,以及治国、养生、军事、处世等现实社会生活层面。因此,在一定程度上可以说，"道"的概念和关于"道"的哲学阐发，是中国传统哲学区别于世界上其他文明体系之哲学思想的重要特征。

一、"道"的本义及早期抽象化演进

中国最早的字典《说文解字》对"道"是这样解释的："所行道也。从辵，一达之谓道。"这就是说，从词源上讲，道的本义是指通达而无歧出的路，如《论语·阳货》："道听而途说，德之弃也。"《易经》中有"复自道，何其咎"①"反复其道，七日来复"②等用法，都为道路之义。但早在西周末年至东周初期，"道"的词义在使用时就有引申扩充，并比较明确地开始与其本义相脱离，向抽象的哲学概念演进。如《诗经》："鲁道有荡，齐子由归。"③"顾瞻周道，中心怛兮。"④这里的"道"从表面看似乎是"道路"的意思，但事实上则是以"道路"喻事理。而在《尚书》中，"道"则有政令、规范和法度之义，并注入了"好恶""正直""法则"等道德评价色彩："无有作好，遵王之道。无有作恶，遵王之路。无偏无党，王道荡荡。无党无偏，王道平平。无反无侧，王道正直。"⑤这是"道"的含义向抽象化演进过程中的重要变化。

春秋时，《左传》曾有"臣闻小之能敌大也，小道大淫。所谓道，忠于民而信于神也"（桓公六年）和"王禄尽矣，盈而荡，天之道也"（庄公四年）之说，这里的"道"带有规律的意思，表明"道"的概念已逐步向抽象化演变。又据《左传》昭公十八年的记载，郑国政治家子产提出了"天道远，人道迩，非所及也，何以知之"的观点，将日月星辰的运行规律称为天道，把人类生活遵循的法则称为人道，明确区分天道与人道，这对先秦时期的思想家有着深刻的影响。如春秋时越国的大臣范蠡提出用兵之道（人道）应因顺天道的思想："天道皇皇，日月以为常，明者以为法，微者则是行……古之善用兵者，因天地之常，与之俱行。"⑥据统计，在《左传》中作为自然规律之意义出现的"天之道"有九处，而在《国语》中则有七处，并以"天道"来说明"人道"，强调"人道"只有顺应"天道"才能获得吉利的结果。这些史料说明，至春秋时期，"道"的使用已经很常见而且很广泛，其含义也远远突

---

① 《易经·小畜·初九》。
② 《易经·复》。
③ 《诗经·齐·南山》。
④ 《诗经·桧·匪风》。
⑤ 《尚书·洪范》。
⑥ 《国语·越语下》。

破了"道路"意义的局限，逐渐上升为抽象的哲学范畴。

二、道家道教对"道"的阐发

"道"的内涵经道家老子、庄子和道教五斗米道创始人张陵等阐发，在古代社会得以广泛普及，而道作为哲学或思想范畴的演进，主要有三条路线，以下简述之。

（一）老庄哲学之道

以老子为代表的道家学派的道论，是中国古代哲学的一个理论高峰，对先秦诸子及儒、释等各派哲学范畴和理论体系的建构影响甚巨。老子的道论主要有以下几个层面：

1. 道的含义

（1）道是天地万物的本原。老子说："有物混成，先天地生。寂兮廖兮，独立而不改，周行而不殆，可以为天下母。吾不知其名，字之曰道，强名之曰大。"[①]老子认为，作为天地万物本原的道有三个特点：一是无形无象。《老子》第十四章是这样描述的："其上不皦，其下不昧，绳绳不可名，复归于无物。是谓无状之状，无物之象，是谓恍惚。"二是无始无终。《老子》第十四章说："迎之不见其首，随之不见其后。"三是凭感性无法认识。《老子》第十四章云："视之不见名曰夷，听之不闻名曰希，搏之不得名曰微。此三者不可致诘，故混而为一。"那么，这个无形无象、无时间过程和空间方位的道是如何产生具体时空中的万物的呢？老子说："道生一，一生二，二生三，三生万物。万物负阴而抱阳，冲气以为和。"[②]对于这段重要的表述，在学术界一直存在不同的理解，有人认为老子是从生成论的角度阐述道和万物的关系，也有人认为老子是从本体论的角度说明道是万物之本原。特别是关于一和道的区别与联系，历代注家众说纷纭。但不管怎样去理解，在老子的哲学中，道由一个一般的哲学范畴提升到宇宙万物的最高统摄的位置，成为天下万物的产生者和决定者，这不能不说是老子对中国古代哲学的巨大贡献。

（2）道是事物发展的规律。如前所述，道引申为规律、法则的含义在老子之前就已出现了，这不是老子的首创，老子的贡献在于指出宇宙万物和社

---

① 《老子·第二十五章》。
② 《老子·第四十二章》。

会现象的运行规律或法则是"反",或曰"归根",也就是向事物或现象的本初状态回归。老子说:"反者道之动,弱者道之用。"① "夫物芸芸,各复归其根。归根曰静,静曰复命,复命曰常,知常曰明。"② 类似的表述在《老子》中多次出现,而通过这些表述,老子所要阐明的是:宇宙万物都遵循一种循环运动的规律,即从起点开始离原始状态越来越远,但最后总要返回其本初状态。老子还用"常"一词来形容作为规律、法则之道的永恒性、普适性、不变性,并提醒人们,道就像人不可摆脱的"命"一样,是无所不在的,天地万物据道而生,依道而返,只有体认和把握常道,循道而行才能真正认识和理解宇宙万物和社会现象,给人类带来益处,这就叫"知常曰明"。

（3）道是人类社会运行的法则。老子论道的一个最大特点是并不从正面直接给道下定义,而是从人们可感受的各个角度、各个领域来解说"道"的应用和体现,借此帮助人理解什么是道。如,老子常从治国、军事、养生、处世等层面来阐述道,并据此说明道是人类社会合理、正常运行应遵循的基本法则。关于治国之道,老子反对使用智谋,提倡使民无知无欲。老子说:"古之善为道者,非以明民,将以愚之。民之难治,以其智多。故以智治国,国之贼;不以智治国,国之福。"③ "圣人之治……常使民无知无欲。"④ 关于军事之道,老子认为,战争是不祥的,实在不得已而用兵,也要"恬淡为上,胜而不美"。老子说:"以道佐人主者,不以兵强天下,其事好还……善有果而已,不敢以取强。"⑤ "兵者,不祥之器,非君子之器,不得已而用之,恬淡为上,胜而不美。"⑥ 关于养生之道,老子提倡清心寡欲,知足知止,这样才能长生久视。老子指出:"祸莫大于不知足,咎莫大于欲得。故知足之足,常足矣。"⑦ "是故甚爱必大废,多藏必厚忘。知足不辱,知止不殆,可以长久。"⑧ 这就叫深根固柢、长生久视之道。关于处世之道,老子突出强调一个"柔"字,并以水的特性做比喻:"天下莫柔弱于水,而攻坚强者莫之能胜,以其无以易之。"⑨ 这其中的奥妙就在于柔弱不争合乎"道":"水善利万物而不争,

① 《老子·第四十章》。
② 《老子·第十六章》。
③ 《老子·第六十五章》。
④ 《老子·第三章》。
⑤ 《老子·第三十章》。
⑥ 《老子·第三十一章》。
⑦ 《老子·第四十六章》。
⑧ 《老子·第四十四章》。
⑨ 《老子·第七十八章》。

处众人之所恶，故几于道。"①综而言之，老子通过论述道在社会生活中的应用和体现，来让人更好地理解什么是道，同时也借此说明，道是人类社会运行必须遵循的法则。这样，道既和每一个个体的生存密切关联，也和人类社会整体的和谐发展息息相关，因此，老子的道论并不虚玄。

2. 老子道论的哲学思维方式

老子道论所呈现的哲学思维方式，是一种高度抽象的辩证理性思维，它超越了人类早期的原始思维方式，走向了更高水平。

根据法国人类学家、哲学家列维·布留尔的观点，早期的原始思维其最显著的特征是神秘的和原逻辑的。具体言之，这种思维从它表象的内容看是神秘的，在它看来，纯自然的现象是不存在的，一切事物都有其神秘的属性；而从它表象的关联来看，它又是原逻辑的，表现为不顾逻辑思维的基本定律——矛盾律，可以将两种完全不同或毫无关系的事物等同起来、关联起来，只关心事物、现象之间的神秘互渗，并受这种互渗的指导。因此，在原始文化中，人既可以是人，也可以是鸟、鱼等。②老子道论的思维方式则体现为辩证理性思维，它虽然同时赋予了道以物质性和精神性，但道既不是具体的物质，也不是具体的精神，用朱熹的话讲，道是"无形而有理"的世界本体。老子一开篇就指出，道是不可用人类的语言具体指称的，故言"道，可道，非常道"③，并反复说道为"无状之状，无物之象"④，但接着又说道"其中有物"，"其中有象"，"其中有精"⑤。老子这种把"无形"和"有物"统一在一起的思维方式，消除了道的原始神秘性，是典型的哲学辩证理性思维。

此外，老子的道论还指出了大小、有无、难易、高下等对立属性的相反相成、相互转化的特点。如老子既把"大"规定为道的属性，说："道大，天大，地大，人亦大"⑥，又指出"小"也是道的属性："朴虽小，天下莫能臣。"⑦老子还说："有无相生，难易相成，长短相形，高下相倾，音声相和，前后相随。"⑧由此可见，老子的道论充满了辩证思维。而事物和现象的这些不同方

---

① 《老子·第四十章》。

② ［法］列维－布留尔著，丁由译：《原始思维》，北京：商务印书馆，1981 年，第62—98 页。

③ 《老子·第一章》。

④ 《老子·第十四章》。

⑤ 《老子·第二十一章》。

⑥ 《老子·第二十五章》。

⑦ 《老子·第三十二章》。

⑧ 《老子·第二章》。

面，实际上又最终统一在道中，所以老子说："天之道，其犹张弓与？高者抑之，下者举之，有余者损之，不足者补之。天之道，损有余而补不足。"①

3.庄子道论的新发展

老子以辩证理性的思维方式将"道"抽象化为天地万物的本原、事物发展的规律、人类社会运行的法则，为中国古代哲学构建了最高本原或本体。庄子对老子的道论有继承也有发展。从继承方面讲，庄子和老子一样，都把道视为超越人的感性经验之上的宇宙万物本原："夫道，有情有信，无为无形；可传而不可受，可得而不可见；自本自根，未有天地，自古以固存；神鬼神帝，生天生地；在太极之先而不为高，在六极之下而不为深；先天地生而不为久，长于上古而不为老。"②从发展方面讲，如果说老子之道还包容了物质的属性，如前所述乃"无形而有物"，庄子则突出强调了道的非物质性，指出物是有限的，而道是无限的，因此，超越之道是排斥具体事物和现象的。《庄子·知北游》中借"无始"之口说："道不可闻，闻而非也；道不可见，见而非也；道不可言，言而非也。知形形之不形乎？道不当名。"又借仲尼之口说："有先天地生者物邪？物物者非物。"正因为道超越一切具体事物和现象，所以庄子提出，对于同化于道的人来讲，"天地与我并生，万物与我为一"③以及"适来，夫子时也；适去，夫子顺也"④的齐万物、齐生死的观点，这是庄子道论与老子道论的不同之处。

（二）魏晋玄学之道

魏晋时期，以何晏、王弼、裴頠、郭象等为代表的一批哲学家，站在融合儒家哲学和道家哲学的立场，对《道德经》《庄子》《论语》《周易》做了新的诠释，形成了一股新的哲学思潮——玄学。魏晋玄学的道论有以下几个主要派别：

1.以"无"解"道"的贵无论

持这一观点的是何晏与王弼。何晏说："有之为有，恃无以生，事而为事，由无而成。夫道之无而无语，名之而无名，视之而无形，听之而无声，则道

---

① 《老子·第七十七章》。
② 《庄子·大宗师》。
③ 《庄子·齐物论》。
④ 《庄子·养生主》。

之全也。"① 王弼也说："道者，无之称也。无不通也，无不由也，况之曰道，寂然无体，不可为象。"② 这就是说，事物和现象都本于道而生，而道无名、无形、无象、无体，故道就是"无"。王弼认为，这个无形无名的"无"，超越了任何有形有象的"有"，可包容一切，只有它才能成为统一万物的宗主："无形无名者，万物之宗也。"③ "名则有所分，形则有所止。虽极其大，必有不周，虽盛其美，必有患忧。功在为之，岂足处也？"④ 由于这一派倡导以无为本，以有为末，被称为贵无论。

2. 以"有"解"道"的崇有论

持这一观点的是裴頠。裴頠认为，天地万物的宗极之道不是"无"而是"有"，道是指宇宙全体。裴頠说："夫总混群本，宗极之道也。"⑤ 裴頠指出，贵无论以为，老子是以无为宗，而其实老子虽以无为辞，而旨在全有，老子提出无为静一的宗旨，目的是让人心平气和，如果由此认为至理是以无为宗，那就错了。因此，裴頠认为老子言有生于无，以虚无为主，偏立一家之言，是有他的原因的，主要是"绝所非之盈谬，存大善之中节，收流遁于既过，反澄正于胸怀"⑥。既然天地万物是"有"不是"无"，那么，"有"源自何处呢？裴頠认为万物是自生的："夫至无者，无以能生，故始生者，自生也。自生而必体有，则有遗而生亏也。生以有为己分，则虚无是有之所谓遗者也。"⑦ 显然，裴頠以"有"为万物之本体，这和贵无论是相对的，被称为崇有论。

3. 以"自然""独化"解"道"的独化论

持这一观点的是郭象。与何晏、王弼以无解道、裴頠以有解道不同，郭象提出自然独化论，认为无不能生有，有也不能生有，万物乃自生、自有，自然而然，也叫独化。换言之，万物的产生不需要任何外在的依据，自己产生自己，自成体系，自为其因，没有外在的条件和原因。由此可以说，郭象的自然、独化论，实际上消解了道作为万物和现象本体的意义。郭象说："请问夫造物者有耶？无耶？无也，则胡能造物哉？有也，则不足以物众形。故明众形之自物，而后始可与言造物耳。是以涉有物之域，虽复罔两，未有不

① 何晏：《道论》。
② 王弼：《论语疑释·述而》。
③ 王弼：《老子指略》。
④ 王弼注本：《老子·第三十八章》。
⑤ 裴頠：《崇有论》。
⑥ 裴頠：《崇有论》。
⑦ 裴頠：《崇有论》。

独化于玄冥者也。故造物者无主而物各自造。物各自造而无所待焉，此天地之正也。"①郭象认为，正因为无和有都不是万物产生的本原，所谓"至道"，实际上就是"至无"，究极言之，"至无"实际就是"自然"，"非有使然也"。他说："谁得先物者乎哉？吾以阴阳为先物，而阴阳者即所谓物耳。谁又先阴阳者乎？吾以自然为先之，而自然即物之自尔耳。吾以至道为先之矣，而至道者乃至无也。既以无矣，又奚为先？然则先物者谁乎哉？而犹有物无已，明物之自然，非有使然也。"②

魏晋玄学从"有""无"关系（即现象世界和本体世界的关系）的角度对于"道"所做的哲学新诠释，突破了此前中国哲学主要立足于宇宙生成论范式的思考和阐述，建立了宇宙本体论的哲学范式，它比先秦、两汉时期宇宙生成论在哲学的思辨水平上要高得多，对宋明理学家的哲学创新产生了重要影响。

（三）作为宗教信仰的道教之"道"

道教哲学体系的建构，主要是围绕注解老子《道德经》和庄子《南华真经》而展开的，因此道教是以"道"为最高信仰的中国传统宗教，道教哲学的最高范畴也是"道"。道教哲学之道源自先秦道家，后在发展过程中又吸收了佛教哲学、儒家哲学、阴阳五行等诸家思想，在不同历史阶段有着不同的理论特点。

1.《老子想尔注》对"道"的神化

东汉张陵创立的五斗米道，是早期道教的两大派之一，主要在下层群众中流传，传承《老子想尔注》。《老子想尔注》把"道"视为人格化的神——太上老君，认为"道"有人格，有意志，虽然无声无臭、无影无踪，然而又无所不在、无所不包，它主宰一切，至尊无上。《老子想尔注》中说："一者道也……一散形为气，聚形为太上老君，常治昆仑，或言虚无，或言自然，或言无名。皆同一耳。"③《想尔注》还提出了"道气""道精""道神"的概念：道散形为气即为"道气"，精源于气即称为"道精"，道中有大神气，即所谓"道神"，因此，"道气""道精""道神"实为道的不同存在状态，它们是万物

---

① 郭象：《庄子·齐物论注》。
② 郭象：《庄子·知北游注》。
③ 《老子想尔注》（残卷），转引自洪修平主编：《儒佛道哲学名著选编》，南京：南京大学出版社，2006年，第712页。（下引同书只注页码）

和人类生存的根本，也是人类长生成仙的依据。《想尔注》说："万物含道精，并作，初生起时也。吾，道也。观其精复时，皆归其根，故令人宝慎根也。"①显然，在《老子想尔注》作者看来，道即是人格化的神。到南北朝时期，循着这一思想理路，道又进一步演化为元始天尊、太上老君、灵宝天尊这三清尊神。

2.《太平经》以"元气"诠释"道"，提出"道"是"元气"运行法则的哲学思想

《太平经》是张角创立的早期道教两大派之一的太平道所传承的重要经典。《太平经》中说："夫道何等也？万物之元首，不可得名者。六极之中，无道不能变化。元气行道，以生万物，天地大小，无不由道而生者也。"②"夫道者，乃大化之根，大化之师长也。故天下莫不象而生者也。"③这就是说，元气是万物产生的本原，道是元气变化的法则，元气是依据道而化生万物的，因此，道才是"大化之根"，即一切变化的根源，没有道，元气不可能化生万物。当然，由于《太平经》不是一时一人所作，所以对于"道"的解释、阐述还有其他含义，如规律之道、方术之道、三合相通之道、自养之道、治国之道等，内容十分丰富，因不在本文的评述范围之内，故略而不论。

3. 重玄学之道

隋唐道教重玄学者对老子之道的哲学诠释，其独特之处是将道诠释为"虚通妙理"。成玄英说："道者，虚通之妙理。"④杜光庭曰："道有三义：一理也，二导也，三通也。"⑤把老子之道解释成为"虚通妙理"，这是唐代重玄学派道论的一个重要特点。重玄学者强调，"道以虚通为义"。他们解释说："夫至道虚通，妙绝分别，在假不假，居真不真，真假性齐，死生一贯，入九幽而不昧，出三界而不明。"⑥这就是说，"至道虚通"是指"道"一方面不局限于任何具体的名物概念（"妙绝分别"）和具体的时空之域中（"死生一贯"），另一方面又能贯通一切而无滞碍（"入九幽而不昧，出三界而不明"）。而这"虚通"之道，是造化之根，天地之源。唐代道教学者吴筠说："道者何也？虚无

① 《老子想尔注》（残卷），转引自洪修平主编：《儒佛道哲学名著选编》，第716页。
② 王明：《太平经合校》，北京：中华书局，1960年，第16页。（下引同书只注页码）
③ 王明：《太平经合校》，第662页。
④ 《道德经开题序诀义疏》卷四。
⑤ 《道德真经广圣义》卷五。
⑥ 《道德经开题序诀义疏》卷四。

之系，造化之根，神明之本，天地之源。"①

道不仅是虚通的，而且是一种妙理。以"理"释道，是重玄学者对道的本体意义的新诠释。对这一问题阐述得最为充分的是李荣，他在《老子注》中，多次运用"理"这个范畴来解释老子之道。他注《老子》"道可道"章曰："道者，虚极之理也。夫论虚极之理，不可以有无分其象，不可以上下格其真。是则玄玄，非前识之所识；至至，岂俗知而得知。所谓妙矣难思，深不可识也。圣人欲坦兹玄路，开以教门，借圆通之名，目虚极之理。以理可名，称之可道，故曰吾不知其名，字之曰道。"②在李荣看来，作为本体的道就是"虚极之理"，这个"理"，不能用上下、有无等概念来限定或确证，它玄之又玄，虚之又虚，无形无象，无影无踪，但又包罗万象，化育万类。重玄学将道诠释为宇宙本体的理，启发了宋代理学家将理确定为其思想体系中的核心范畴。③

三、儒家对"道"的伦理哲学诠释

道在儒家哲学体系中，有着与道家、道教哲学之道不同的内涵和范式。如果说道家、道教哲学之道主要是以宇宙论（包括宇宙生成论、本原论、本体论）的范式来阐释和创造，其话语探讨的是道与天地万物（包括人）的关系，那么，儒家哲学之道则主要是从人伦规范的层面，以道德哲学的范式探讨道与人的关系。但细分之，儒家哲学之道论，也有三条发展轨迹，一是从孔子、孟子到《中庸》的发展路径，一是《周易》及易学的发展路径，一是宋明儒学对上述二路径之综合创新而形成的新儒学发展路径。下面简要分述之。

（一）从孔子、孟子到《中庸》中的道论

1. 孔子之仁道

据统计，在《论语》中，"道"字出现了大约 100 次，可见"道"是孔子哲学思想的重要范畴。孔子曾自述其人生理想是"志于道，据于德，依于仁，

---

① 《玄纲论·道德章》。
② 李荣：《老子注》卷上。
③ 刘固盛：《唐代重玄学派道论的特点》，《西南民族大学学报》（人文社科版）2007年第2期。

游于艺"①。孔子还说过"朝闻道,夕死可矣"②的话,足见孔子对求"道"的重视。孔子对"道"字做过多种阐述,但作为哲学范畴,孔子之"道"指的是以"仁"为内涵的仁道。《论语》中讲"仁"的地方也很多,孔子虽没有给"仁"下过一个确切的定义,但他在不同场合,从不同角度阐述过"仁"的含义,如"颜渊问仁。子曰:'克己复礼为仁。一日克己复礼,天下归仁焉。为仁由己,而由人乎?'""仲弓问仁。子曰:'出门如见大宾,使民如承大祭。己所不欲,勿施于人。'""樊迟问仁。子曰:'爱人'。"③由此可见,孔子以"仁"来规定"道"的哲学内涵,是通过对人与人之间伦理规范的抽象化来体现的,因此,可以说"仁"是各种道德规范的价值取向,是内在的;而义、礼、智、信、勇、忠、恕等具体的道德规范则是仁的不同层次之外在体现。由于孔子很少谈论天道,故和老子的道论相比,孔子的仁道思想是基于社会人伦道德的价值理念来加以阐发的。

2.孟子之仁道

孟子继承了孔子以仁为道的思想,他说:"仁也者,人也。合而言之,道也。"④但和孔子罕言性与天命不同,孟子则对仁(道)与性、天、命之间的逻辑关系做了阐发,提出了宋明新儒学讨论的重要命题——性、理、天、命之关系。孟子说:"尽其心者,知其性也。知其性,则知天矣。存其心,养其性,所以事天也。天寿不贰,修身以俟之,所以立命也。"⑤在孟子看来,尽心、知性、知天在逻辑上是属于同一层次的概念,没有差别,故言尽心则知性,知性则知天。孟子还进一步明确地说,仁道先天地禀赋于每个人,只要反身而求即可得之:"万物皆备于我矣。反身而诚,乐莫大焉。强恕而行,求仁莫近焉。"⑥朱熹在注释这章时引用二程的话说:"心也、性也、天也,一理也。自理而言谓之天,自禀受而言谓之性,自存诸人而言谓之心。"⑦可见孟子关于仁道与性、天、命的阐发,为宋代程朱理学的理本论奠定了基础,这是孟子与孔子的不同之处,也是孟子对孔子仁道思想的发展。

3.《中庸》之道

---

① 《论语·述而》。
② 《论语·里仁》。
③ 《论语·颜渊》。
④ 《孟子·尽心下》。
⑤ 《孟子·尽心上》。
⑥ 《孟子·尽心上》。
⑦ 《四书集注》之《孟子·尽心章句上》,南京:凤凰出版社,2005年,第369页。

《中庸》论道，其新意有三个方面：一是以性为道之体。《中庸》开篇就说："天命之谓性，率性之谓道，修道之谓教。道也者，不可须臾离也，可离非道也。"这实际上是说，道并不抽象，和人密不可分，就是人先天禀赋的道德本性，所以朱熹说天命之性就是道之体。二是以"中和"为道之用。《中庸》说："喜怒哀乐之未发，谓之中；发而皆中节，谓之和。中也者，天下之大本也；和也者，天下之达道也。致中和，天地位焉，万物育焉。"《中庸》用未发之"中"与已发之"和"两个字分别表述道之存在与呈现状态。三是以诚为致道之方。如何在日常社会生活中遵道而行？《中庸》提出一个"诚"字："唯天下至诚，为能尽其性；能尽其性，则能尽人之性；能尽人之性，则能尽物之性；能尽物之性，则可以赞天地之化育；可以赞天地之化育，则可以与天地参矣。"

（二）《周易》之道

《周易》包括《易经》和《易传》两部分，《易经》中的"道"基本上是"道路"的意思，《易传》则将"道"提升为哲学范畴，提出了"形而上者谓之道，形而下者谓之器"和"一阴一阳之谓道"的重要命题。《周易·系辞上》对于《易经》所揭示的"道"是这样解说的："是故形而上者谓之道，形而下者谓之器，化而裁之谓之变，推而行之谓之通，举而措之天下之民谓之事业。"在此，《易传》用道、器对举的方式，对"道"做出了独特的诠释，认为"道"超越于具体的物质形态之上，是关于天地运行的规律与法则之抽象概括；而体现"道"的形而下之具体物质形态和社会现象则属于"器"的范畴。在《易传》作者看来，《易经》所揭示的"道"并不复杂，可一言以蔽之，曰"一阴一阳之谓道"，用现代哲学的语言来说就是指事物矛盾对立、相互转化的法则与规律。《易经》通过卦象和卦、爻辞对此做了表述，人们可以通过占卜得到卦象，然后对卦象和相应的卦、爻辞进行研究，就能推知"幽明之故""死生之说""鬼神之情状"。此外，《易传》还提出了天道、地道、人道之说："立天之道曰阴与阳；立地之道曰柔与刚；立人之道曰仁与义。"[①] 因此，《易传》作者说："《易》与天地准，故能弥纶天地之道。……范围天地之化而不过，曲成万物而不遗，通乎昼夜之道而知，故神无方而《易》无体。"[②]《易传》对

---

① 《周易·系辞传上》。
② 《周易·系辞传上》。

"道"的阐发和形上、形下之哲学范式的创立，对中国古代哲学影响甚大。

（三）宋明儒学之道

唐宋元明时期，因韩愈、李翱提出复兴儒学的道统之说，一批有志于传承和中兴儒学的思想家围绕儒家之"道"展开了讨论，使中国古代哲学达到了一个新的理论高峰，有人将这一时期的儒学思潮称作新儒学，也有人称之为新道学。由于对"道"的诠释不同，其哲学思想分为三大流派：一是以理解道的程朱理学，二是以心解道的陆王心学，三是以气解道的张载、王廷相、王夫之等人的气一元论。下面分别简述之。

1. 以理解道

北宋的理学家二程（程颢、程颐）开唐宋以理解道的哲学先声。程颢说："盖上天之载，无声无臭，其体则谓之易，其理则谓之道，其命在人则谓之性，其用无穷则谓之神，一而已矣。"[1] 程颐也说："一阴一阳之谓道，道非阴阳也，所以一阴一阳，道也。"[2] "阴阳，气也。气是形而下者，道是形而上者；形而上者则是密（根本）也。"[3] 二程是借《易传》的话语"易""理""一阴一阳""形而上"与"形而下"来解释道的。虽然《易传》中也有把理与道等同的倾向，如《周易·系辞上》提出了"穷理尽性以至于命"的命题，但将道解为"理"，并将"理"作为最高哲学范畴而重新阐释，则体现了他们在理论上的创造。对此二程自己亦颇有自许之词，如程颢说："吾学虽有所受，天理二字却是自家体贴出来。"[4] 在二程的哲学思想中，这个"理"还不仅仅是如《易传》中所谈到的宇宙万物和社会现象运行变化的规律或法则，它还是创造宇宙万物的精神本体，是一个超越时空局限，"不为尧存，不为桀亡"，无"存亡加减"，也"元无少欠"的东西，是宇宙万物的所以然。这样，道也就成为创造宇宙万物的精神本体。

朱熹继承和发展了二程以理解道的思想理路，从理气、道器、形上形下对举以及体用、本末的哲学范式来阐释道。他说："理也者，形而上之道也，生物之本也；气也者，形而下之器也，生物之具也。"[5] 道和器的关系是体和

---

① 《河南程氏遗书》卷一。
② 《河南程氏遗书》卷三。
③ 《河南程氏遗书》卷十五。
④ 《河南程氏遗书》卷十二。
⑤ 《朱文公集》卷五八《答黄道夫》。

用、本和末的关系，其中道为体为本，器则为用为末。朱熹说："盖至诚无息者，道之体也，万殊之所以一本也；万物各得其所者，道之用也，一本之所以万殊也。"① 但朱熹在明确道器之间的体用、本末关系时，又强调道不离器，道器互涵："须知器即道，道即器，莫离道而言器可也。"② 说道，器在其中；说器，道亦在其中。

由以上简要的分析可以看出，程朱以理解道，并以体用、本末的哲学范式来阐述道器、理气关系，其思维圆融缜密，其理论水平确实达到了一个新的高峰。

2. 以心解道

南宋的陆九渊提出道在心中，心即是道，道和心是同义语。他说："道未有外乎其心者。自'可欲之善'至于'大而化之之圣'，圣而不可知之神，皆吾心也。"③ 陆九渊之所以主张道与心合一，乃立足于其"心即理"的基本哲学论断。陆九渊认为："盖心，一心也；理，一理也。至当归一，精义无二，此心此理，实不容于二。"④ 在陆九渊看来，人人皆具此心，而心皆具备此理之全体，此心此理与道无二，实即为宇宙万物之本体。应该指出的是，陆九渊也认同程朱关于道即是理的说法，他说："道者天下万事之公理，而斯人之所共由者也。"⑤ 但陆九渊反对程朱将心与道分成两截，他把道从客体的位置安到主体（心）中，彻底消解了心与道之间主客体的分别。

明代心学大家王阳明也不满朱熹"析心理为二"，他针对朱熹的"格物穷理"说批评道："朱子所谓'格物'云者，在即物而穷其理也。即物穷理，是就事事物物上求其所谓定理者也。是以吾心而求理于事事物物之中，析'心'与'理'而为二矣。"⑥ 为解决此矛盾，王阳明提出"致良知"论，将道解为良知，而良知即天理，人人具备，圆满无亏，"吾心之良知，即所谓天理也"。由此可见，理学心学均认可道即理，但心学又往前更进一步，把道纳入心中，将主体之心强调到了特别突出的位置，这是理学与心学的主要区别所在。

3. 以气解道

---

① 朱熹：《四书集注》之《论语集注》卷二，南京：凤凰出版社，2005 年，第 76 页。
② 《朱子语类》卷九十四。
③ 《陆九渊集》卷十九《敬斋记》。
④ 《陆九渊集》卷十一《与李宰（二）》。
⑤ 《陆九渊集》卷二十一《论语说》。
⑥ 吴光等编：《王阳明全集》卷二《传习录中·答顾东桥书》，上海：上海古籍出版社，2012 年，第 39 页。

北宋哲学家张载以气解道，他认为，道是阴阳二气的统一体，也是标志"气化"的过程："阴阳合一存乎道"①，"有气化，有道之名"②。有时，他也把道说成是"太和"之气。他说："太和所谓道，中涵浮沉、升降、动静、相感之性，是生絪蕴、相荡、胜负、屈伸之始。"③有学者指出，张载以"阴阳合一"解道，是立足于道的对称结构；以"气化"解道，是立足于道的流变结构，这是十分精当的。④

明代哲学家王廷相明确提出元气即是道的观点。他说："元气即道体，有虚即有气，有气即有道，气有变化是道有变化。气即道，道即气，不得以离合论者。"⑤他还强调说，道并不是离气而独立存在的神物，而是寓于有形或无形之气中的规律："有形亦是气，无形亦是气，道寓其中矣。"⑥可以看出，王廷相是从道与气不能分离或各自独立存在的角度来解释道的，这样，道与气之间也就不存在体用、本末的关系，这无疑是对程朱理学的批评。

明清之际的哲学家王夫之综合前人的理论思维成果，对中国传统哲学关于道的诠释做了全面的总结。王夫之的道论，包括以下几个方面：

①道兼有物质性实体和事物所遵循的客观规律两重含义。王夫之说："道者，物所众著而共由者也。物之所著，惟其有可见之实也。物之所由，惟其有可循之恒也。"⑦②形而上之道和形而下之器统一于形。他说："形而上者谓之道，形而下者谓之器，统之乎一形。"⑧③道隐器显，但道器不相离，都离不开形。"形而上者隐也，形而下者显也。才说个形而上，早已有一个形字可按之迹，可指求之主名。"⑨④器体道用。即作为规律之道只是具体事物（器）的作用。他以车、器为例说明："无车何乘？无器何贮？故曰体以致用。不贮非器，不乘非车，故曰用以备体。"⑩⑤道本器末。即道是事物的内在本质，器是事物的外部现象："道为器之本，器为道之末，此本末一贯之说也。"⑪

---

① 《正蒙·诚明》。
② 《正蒙·太和》。
③ 《正蒙·太和》。
④ 葛荣晋：《中国哲学范畴通论》，北京：首都师范大学出版社，2001 年，第 166 页。
⑤ 《雅述》上篇。
⑥ 《慎言·道体》。
⑦ 《周易外传》卷五《系辞传》上。
⑧ 《周易外传》卷五《系辞传》上。
⑨ 《读四书大全说》卷二《中庸》。
⑩ 《周易内传》卷五下。
⑪ 《读四书大全说》卷七《论语·子张篇》。

⑥道随器变。这是针对董仲舒以来儒学"天不变道亦不变"之说的批评。王夫之认为："洪荒无揖让之道，唐虞无吊伐之道，汉唐无今日之道，则今日无他年之道者多矣。……则未有子而无父道，未有弟而无兄道，道之可有而无且无者多矣。故无其器则无其道，诚然之言也，而人特未之察耳。"①

王夫之的道论，建立在气一元论的基础上，综合了前人论道的各种哲学范式，其后各派思想家的道论，在哲学上都没有新的超越。可以说，王夫之对道论做了一个历史性的总结，把中国古代的道论推向了最高水平。

最后要说明的是，道家的道论，对中国佛教（这里主要指汉译中国佛教）哲学的形成产生了重要影响，尤其是禅宗，从道家的道论中吸取思想养料，并借用"道"这一哲学范畴，提出了道即法界，平常心是道的观点。但其思考的重点是宗教修持即修道、悟道、体道、与道合一问题，单就对道的哲学创新来说，并没有超越道家和宋明儒学的水平，故在此从略。

（原载于《中国哲学关键词》，南京大学出版社，2011年。收入本书时修订了个别错误，统一了注释格式。）

---

① 《周易外传》卷五。

论德

摘要：德的字义本为升高、登高之意，后演进为德行、品行之义，"道德"连用始于战国后期。西周礼乐文化以德为价值原则，强调以德配天、敬德保民。孔子论述了人类德性的来源、提高德行的途径、修德的最高境界"中庸"。宋儒区分"德性之知"和"见闻之知"，明清之际王夫之把德与道作为一对认识论范畴加以阐释，认为道存于德中，提出"从德以凝道"的观点，超越了伦理哲学的范式而进入认识论领域。德在治国领域发展，形成"为政以德"的孔子"仁政"与孟子"王道"政治理想。老子以自然无为的"上德"为符合道的德，而仁义礼乐则为失道之德，从而提倡生而不有、为而不恃的无私之"玄德"，在思维的深度和广度上表现了与儒家伦理哲学之德论的不同。道教和佛教从成仙与成佛的宗教解脱目标谈德行的价值。总之，儒家多从修身和治国角度阐释德的意义，而道家则从宇宙论角度谈道与德的关系，道佛两教从解脱论层面论述德的价值。

关键词：德；修身；治国；解脱

德，是中国古代道德哲学的重要范畴。德字的起源及原始意义今日已难以考定，《说文解字》对"德"的解释是："德，升也。从彳，悳声。"这表明德的本义是升高、登高。至西周时期，德已具德行、品德之义。《诗经·大雅·烝民》有云："天生烝民，有物有则，民之秉彝，好是懿德。"《尚书·康诰》中也有记载："惟乃丕显考文王，克明德慎罚，不敢侮鳏寡，庸庸，祗祗，威威，显民。"这些德字都是指德行、品德之义。但一直到春秋时期，德和道都是分开讲，二者并没有成为一个专用名词，而且道这个范畴其意义层次较德要高，德主要是从道的实践和体现层面上来讲的。如《管子》有云"德者得也",《礼记·乐记》云"礼乐皆得,谓之有德。德者得也。"也就是说,道是原则,德则是道的践履。孔子曾自述其人生理想是"志于道,据于德,依于仁,游于艺"①,《中庸》也说:"苟不至德,至道不凝焉。"这就是说,德行极高的人才能践履道。据现代哲学家张岱年先生的考证,德和道字连用成为"道德"一词,始于战国后期,《荀子·劝学》有云:"故学至乎礼而止矣,夫是之谓道德之极。"汉代以后,道德成为常用词。

一、周代以德配天的天命论

周代是德的伦理意义及其作为道德哲学范畴初步确立的时期。周取代殷商后,周代统治者总结了殷商失国的教训和西周得国的经验,认识到"天命靡常",只有修德才能承受天命并得到上天的保佑,因此提出了"敬德保民"的思想。这一思想分两个层面,一是对民众的敬畏,把民意抬到天意的高度:"天视自我民视,天听自我民听。"②二是认为只有修德才能承受天命:"皇天无亲,惟德是辅。民心无常,惟惠之怀。"③应该说,修德以受天命的思想在有关周代的文献中多有记载,如《尚书·召诰》中说,夏和殷都是因为"惟不敬厥德,乃早坠厥命"。周人认为夏和殷之所以灭亡,是因为无德,天命转移到了有德的周人身上。可见,在西周的礼乐文化中,"德"有着重要的位置,其以"德"为先的价值原则和以德配天、敬德保民的基本精神信仰虽带有神学色彩,但它将德与天命相联系,把德视为沟通天与人的桥梁,这其中体现的对人的道德价值的重视,无疑对中国哲学的形成与发展产生了重要影响。

二、先秦儒学的德性论与修德论

春秋战国时代是中国古代社会的转型时期,从政治上说,表现为政逮诸侯和政逮大夫,从思想文化上说,表现为由学在官府向学下私人的转变。与此相应,代表各阶层利益和社会政治理想的诸子百家学说纷起。其中儒家将德作为个人道德修养的重要方面,强调以德修身。

孔子是儒家的创始人。《论语》言"德"之处有二十七章,"德"字出现三十六次。孔子之论德,主要涉及以下几方面:一、关于人的德性的来源。在《论语》中孔子有不同的说法,一是认为人的德性是天赋的,如他自言"天

---

① 《论语·述而》。
② 《尚书·泰誓中》。
③ 《尚书·蔡仲之命》。

生德于予"①；一是认为人的德性是通过修养而得，如孔子说："德之不修，学之不讲，闻义不能徙，不善不能改，是吾忧也。"② 二、关于提高品德的途径。虽然孔子对于德的具体要求或规范并没有很明确地做过界定，但孔子对提高品德的途径有过阐述。《颜渊》记载："子张问崇德、辨惑。子曰：'主忠信，徙义，崇德也'。""樊迟从游于舞雩之下，曰：敢问崇德、修慝、辨惑。子曰：'善哉问！先事后得，非崇德与？'"从所引的两条史料看得出，孔子在教导学生如何提高个人的品德时，是因人而施教的。如回答子张时，孔子认为有德之人应"主忠信，徙义"；而回答樊迟时，孔子认为有德之人应"先事后得"，即先人后己。如周代的泰伯三让天下，孔子说："泰伯，其可谓至德也已矣！三以天下让，民无得而称焉。"③ 三、关于德的最高境界。孔子提出了"中庸"之德的概念，并将"中庸"作为人的品德修养之最高境界。孔子说："中庸之为德，其至矣乎？"④ "中庸"，孔子有时也称"中行"，他认为中庸这种品德，是至善至美的，而这种境界一般人是很难达到的，所以孔子说"知德者鲜矣"⑤。不过，《论语》并没有对"中庸"的内涵做更多的阐释，但在传为孔子之孙子思所做的《中庸》中得到了系统的阐述。

总之，孔子是第一个比较系统地论述了德与人自身修养之关系的思想家，他的德论为后世儒家所继承和发展。

《中庸》对孔子所提出的"中庸"之德思想做了集中的阐发，其独特之处有二：第一，《中庸》将作为人的品德之至的"中庸"提高到天地万物之运行应遵循的法则的高度，认为只有符合"中庸"的原则，才能使天地万物各安其位，运行有序，生机盎然。《中庸》云："喜怒哀乐之未发，谓之中；发而皆中节，谓之和。中也者，天下之大本也；和也者，天下之达道也。致中和，天地位焉，万物育焉。"第二，《中庸》赋予作为人的品德之至的"中庸"以方法论的意义。这一点是对孔子"过犹不及"思想的发展。孔子反对在做事上走极端，如他说："质胜文则野，文胜质则史。文质彬彬，然后君子。"⑥《中庸》则借孔子的话，提出了"时中"的方法论思想。什么是"时中"？从理论上分析，任何相互对立的两点之间的那个合适的中点，都是随时间等条件

---

① 《论语·述而》。
② 《论语·述而》。
③ 《论语·泰伯》。
④ 《论语·雍也》。
⑤ 《论语·卫灵公》。
⑥ 《论语·雍也》。

而不断变化的，所以要真正做到中，就必须随客观条件的变化而变化，这就是《中庸》所说的"时中"："君子之中庸也，君子而时中。小人之反中庸也，小人而无忌惮。"《中庸》还以什么是真正的"强"为例来说明"中庸"作为方法论在辨析问题上的应用。《中庸》言，南方人以"宽柔以教，不报无道"为强，而北方人则以"衽金革，死而不厌"为强，因为地理环境的差别，人们对"强"的认识就不一样。《中庸》认为，君子"中立而不倚"，才是真正的"强"。这实际上就是对"时中"的注解。

三、宋明理学关于德的认识论阐释

先秦之后一直到宋明之前，关于德与修身之关系的论述，不同学派的哲学家做了多种多样的阐发，但从根本上讲都没有超越先秦思想的水平，在哲学理论上并无新的重大突破。而宋代哲学家张载从认识论的角度区分了"德性之知"与"见闻之知"，使儒家的德论有了新的突破。

宋代的儒学家们在探讨认识问题时，常使用"德性之知"与"见闻之知"这一对范畴，前者指先验的道德知识，后者指日常的经验知识。北宋哲学家周敦颐和邵雍已约略涉及这一对范畴，但正式提出的则是张载。张载认为："见闻之知，乃物交而知，非德性所知；德性所知，不萌于见闻。"①

张载把知识分为两大类：见闻之知与德性之知。见闻之知是由物交而知，即人们通过耳目等感觉器官与外界接触而获得的认识，是感觉经验，它虽有局限性，但也是需要的。张载说："闻见不足以尽物，然又须要他。耳目不得则是木石，要他便合内外之道，若不闻不见又何验？"②然而张载认为，如果人们仅仅把认识局限于"见闻之知"的话，那是远远不够的，因为人们还必须有"德性之知"。何为"德性之知"？用张载的话说就是"天德良知"，那是一种"诚明所知"，"闻见之知"与"德性之知"相比，只能算是"小知"。张载说："诚明所知乃天德良知，非闻见小知而已。"③获得这种"德性之知"的方法是"尽心"："若只以闻见为心，但恐小却心。今盈天地之间者皆物也，如只据己之闻见，所接几何？安能尽天下之物，所以欲尽其心也。"④"圣人尽性，不以见闻梏其心，其视天下无一物非我，孟子谓尽心则知性、知天也以

---

① 《正蒙·大心》。
② 《张子语录·语录上》。
③ 《正蒙·诚明》。
④ 《张子语录·语录下》。

此。"① 张载所言的"尽心",实质上就是主体的道德自我意识,是对天赋于人的道德本性之体认,因此,也可以说是一种道德修养的境界。

张载的这一思想对宋儒影响很大,程颢和程颐就沿用了张载的这种观点。朱熹也提出:"德之为言得也,行道而得于心也。"②。他把"德"说成是践履"道"的体会,同时又说"德又礼之本也"③,认为德是礼仪的根本。明末清初的哲学家王夫之将"德"与"道"作为一对认识论范畴进行阐释,把中国传统的德论推向了一个新的理论高峰。首先,王夫之对"德"的含义做了新的界定,他认为,"德"有两重意思,一是从本体论上讲,可称之为"达德":"达德者,人之所得于天也,以本体言,以功用言,而不以成德言"④;二是从认识论上讲,德是"行道而有得于心之谓"⑤,即对于道的认识。其次,王夫之将"道"解释为事物的普遍规律,"德"则为具体事物的规律,"德"是"道"存在的基础。王夫之说:"天道、圣道,其大也,一本于德。"⑥ 他认为"德为道之本"⑦,离开了"德"这个具体事物的规律,"道"就不存在,"道"存在于"德"之中。要真正把握"道"就必须从"德"入手,"从德以凝道"⑧,也就是从个别到一般。王夫之对道与德的关系的阐析,超越了就人伦言道与德的局限,扩大了中国古代哲学德论的思想视野,同时充满了较为丰富的辩证法思想,是中国古代伦理哲学取得的重要成就。

四、德与古代政治理想的建构

如前所述,最早将德与国家治理联系起来的思想源于西周的以德配天、敬德保民论,孔子、孟子、老子、庄子等哲学家对此做了更深入的讨论,在哲学理论思维上亦有新的突破。

孔子的一生,是为实现其"克己复礼"的政治理想而奋斗的一生,他在提出"为国以礼"的主张之同时,继承周代杰出政治家的传统,还提出了"为

---

① 《正蒙·大心》。
② 朱熹:《四书集注》之《论语·为政》,南京:凤凰出版社,2005 年,第 55 页。(下引同书只注页码)
③ 朱熹:《四书集注》之《论语·为政》,第 56 页。
④ 《读四书大全说·中庸》。
⑤ 《读四书大全说·论语》。
⑥ 《读四书大全说·中庸》。
⑦ 《周易外传·说卦传》。
⑧ 《读四书大全说·论语》。

政以德"的主张。孔子说："为政以德，譬如北辰，居其所而众星共之。"① 在孔子看来，只有用道德教化治理国家，才能使百姓发自真心地拥戴，如众星环绕北极星那样；而单纯以行政命令和刑罚制裁治理国家，虽也能取得一时的成效，但这种办法不能深入人心，也不可能长久。因为民众只是迫于压力，出于畏惧，不得不如此，没有羞耻之心；而只有将道德教化和行政制度结合起来，才能唤醒人们的道德意识，使人不仅有羞耻之心，而且能达到人心归服之效。孔子说："道之以政，齐之以刑，民勉而无耻；道之以德，齐之以礼，有耻且格。"②

"为政以德"还要求统治者首先应加强自身的品德修养，"修己以安百姓"。孔子认为，这个目标很高远，连尧舜都很难做到，但理想的政治体制必须如此。《宪问》中记载："子路问君子。子曰：'修己以敬。'曰：'如斯而已乎？'曰：'修己以安人。'曰：'如斯而已乎？'曰：'修己以安百姓。修己以安百姓，尧舜其犹病诸？'"孔子在这个方面的观点是一贯的，他还说过："苟正其身矣，于从政乎何有？不能正其身，如正人何？"③ "季康子问政于孔子。孔子对曰：'政者，正也。子帅以正，孰敢不正？'"④ 孔子认为，只有自身正，才能为政；只有自身正，才能使政为正。孔子说过一段名言："其身正，不令而行；其身不正，虽令不从。"⑤ 这其实就是对"为政以德"的诠释。

孟子继承了孔子"为政以德"的思想，提出了王道主义。孟子说："以力假仁者霸，霸必有大国；以德行仁者王，王不待大，汤以七十里，文王以百里。以力服人者，非心服也，力不赡也；以德服人者，中心悦而诚服也，如七十子之服孔子也。"⑥ 在孟子看来，王道政治实际上就是"以德行仁"，即推行"仁政"，它和打着仁的名义而实质上以暴力称霸的"霸道"是相对立的。由此可知，孟子的王道主义作为一种理想的政治形式，与霸道的区别就在于它在政治中加入了道德要求，将政治的成功和道德的完善结合成一体。具体而言，首先，王道主义要求君王有较高的道德修养，因为统治者的德性对庶民百姓有很大影响。孟子说："君子之德，风也；小人之德，草也。草尚之风，

---

① 《论语·为政》。
② 《论语·为政》。
③ 《论语·子路》。
④ 《论语·颜渊》。
⑤ 《论语·子路》。
⑥ 《孟子·公孙丑上》。

必偃。"① 君王的德性与政治的实际效果之间有一种因果联系，"君仁，莫不仁；君义，莫不义；君正，莫不正"②。其次，王道主义要求"贵德而尊士"。孟子说："莫如贵德而尊士，贤者在位，能者在职。国家闲暇，及是时，明其政刑，虽大国，必畏之矣。"③ 此外，王道主义还要求给予百姓以一定的"恒产"，才能使百姓有支持和服从统治的"恒心"，等等。

老子关于德与治国之关系的思想与孔孟儒家的德论既有不同的思维范式，又有着不同的观点。首先，老子从天道自然无为的哲学基点出发，认为道德观念和道德规范的出现，是由于大道遭到废弃的结果，是一种历史倒退，而且，道德教化功能的先天不足还会给社会带来昏乱、虚伪等现象。老子有一段名言："大道废，有仁义；智慧出，有大伪；六亲不和，有孝慈；国家昏乱，有忠臣。"④ 老子虽然没有完全否认道德教化的作用，但他认为"以智治国"会导致老百姓的难治。因此，老子提出以道愚民，即以道引导百姓返璞归真。老子言："古之善为道者，非以明民，将以愚之。民之难治，以其智多。故以智治国，国之贼；不以智治国，国之福。"⑤ 具体言之，就是"不尚贤，使民不争；不贵难得之货，使民不为盗；不见可欲，使民心不乱。"⑥ 用一句话概括，就是"无为而治"："我无为而民自化，我好静而民自正，我无事而民自富，我无欲而民自朴。"⑦

其次，老子区分了"上德"和"下德"，并对仁、义、礼的产生及其可能带来的负面作用做了分析。老子认为，"上德"不需要具体的道德规范约束，是完全自然无为但又是与道相合的，这才是真正的德；而下德则依赖于人为的道德规范约束，是一种出于目的的有为，实际为失去德的表现；而仁、义、礼等道德规范，不但去道甚远，而且成了社会道德混乱的根源。老子说："上德不德，是以有德。下德不失德，是以无德。上德无为而无以为，下德为之而有以为。……故失道而后德，失德而后仁，失仁而后义，失义而后礼。夫礼者，忠信之薄而乱之首。"⑧ 老子看到了道德与不道德现象的共生共存，以

---

① 《孟子·滕文公上》
② 《孟子·离娄上》。
③ 《孟子·公孙丑上》。
④ 《老子·第十八章》。
⑤ 《老子·第六十五章》。
⑥ 《老子·第三章》。
⑦ 《老子·第五十七章》。
⑧ 《老子·第三十八章》。

及道德评价引发的道德虚伪效应，因此，在个人修养上老子倡导"去华取实"。他说："是以大丈夫处其厚不居其薄，处其实而不居其华，故去彼取此。"① 老子的思考和见解是深刻的。

值得一提的是，在治国之德问题上，老子还提出了独特的"玄德"观。他说："道生之，德畜之，物形之，势成之。道之尊，德之贵，夫莫之命而常自然。故道生之，德畜之，长之，育之，亭之，毒之，养之，覆之。生而不有，为而不恃，长而不宰，是谓玄德。"② 这就是说，道生成万物，德养成万物，生成养成万物却又不据为己有，也不加以控制，这些过程都是自然无为的，没有任何自私之目的，这样的德就叫"玄德"。老子的"玄德"观，超越了一般伦理道德思想的范围，具有宇宙论的意义，其思维的深度和广度超过了儒家。可见，老子对德的思考，是在以道这个哲学最高范畴的观照下来进行的，一切以与道之自然无为是否相合为价值取舍的标准。因此，老子论德，离不开道。

五、德在道教、佛教解脱论中的意义

道教和中国化的佛教对于德与实现宗教解脱目标的关系也多有论述，形成了中国宗教的道德哲学。兹就有代表性的思想略加简述。

道教的德论。道教的修持目标是得道成仙，其具体的修持方法众多，主要不外是外丹修炼和内丹修炼两大派。晋代的著名道教思想家葛洪即力主通过服食外丹而长生成仙。在其所著的《抱朴子内篇》一书中，葛洪用了大量的篇幅，论证神仙实有，长生有方。在谈到修道的具体方法时，葛洪专门论述了修德行对于长生成仙的重要性。葛洪认为，要达到长生成仙的目标，必须重视修养德行，如德行不修，但务方术，不能长生。《抱朴子内篇·对俗》中说："为道者以救人危使免祸，护人疾病，令不枉死，为上功也。欲求仙者，要当以忠孝和顺仁信为本。若德行不修，而但务方术，皆不得长生也。"葛洪还具体论述了若人欲达地仙、天仙的修炼目标所应积累的善事之数："人欲地仙，当立三百善；欲天仙，立千二百善。若有一千九百九十九善，而忽复中行一恶，则尽失前善，乃当复更起善数耳。"③ 至于德行的具体内容，葛洪说："恕己及人，仁逮昆虫，乐人之吉，愍人之苦，赒人之急，救人之穷，手不伤

① 《老子·第三十八章》。
② 《老子·第五十一章》。
③ 《抱朴子内篇·对俗》。

生，口不劝祸，见人之得如己之得，见人之失如己之失，不自贵，不自誉，不嫉妒胜己，不佞谄阴贼，如此乃为有德，受福于天，所作必成，求仙可冀也。"① 这些德行的内容，显然融合吸收了儒家的道德思想。

　　唐宋时期，受佛教和儒学的影响，道教开始注重探讨道性问题，将"道"和"德"纳入人性的范畴，讨论道性和人性的关系，以论证人成仙得道的内在根据。唐代著名道士吴筠著有《玄纲论》，在继承老庄之宇宙论的同时，借鉴吸收了儒家性情论的思维方式，来论述道、德、人、万物的关系，进而阐明修道的方法。吴筠认为，道是天地万物和人产生的根源，德则是养成人与天地万物的依赖，无论天地人物、神仙鬼神，都由道而生，赖德以成，这是一个自然而然的过程。可见，在养成人与天地万物的过程中，"德"是一个不可或缺的因素。吴筠说："道者何也？虚无之系，造化之根，神明之本，天地之源。……德者何也？天地所禀，阴阳所资，经以五行，纬以四时，牧之以君，训之以师，幽明动植，咸畅其宜。泽流无穷，群生不知谢其功；惠加无极，百姓不知赖其力。此之谓德也。然则通而生之之谓道，道固无名焉；畜而成之之谓德，德固无称焉。尝试论之，天地人物，灵仙鬼神，非道无以生，非德无以成。"② 既然人与天地万物皆由道而生，道性先天地禀赋于人性中，为何人会有睿哲、顽凶、中人之别呢？吴筠解释说，道虽是产生人与天地万物的根源，但还需要通过"元气"这个中介才能成就天地人物之形，"然则生天地人物之形者，元气也，授天地人物之灵者，神明也"③。由于天地人物生成是所禀的元气有阳、阴、和合之分，故人有睿哲、顽凶、中人之别，"阳以明而正，其粹为真灵；阴以晦而邪，其精为魔魅。故禀阳灵生者为睿哲，资阴魅育者为顽凶。……二气和合而生中人"④。吴筠还进一步指明，虽然人由道生，禀赋神明，但易为嗜欲所蔽而生情，"以性动为情，情反于道"，"使人与道相离，故修道者要"黜嗜欲，隳聪明，视无色，听无声，恬淡纯粹，体和神清，虚夷忘身，乃合至精，此所谓返我之宗，复与道同"⑤。通过这样一番理论思辨与推演，吴筠以道、德、人、性、情、返宗、复道为主要范畴，构建了其融宇宙论、道德论和修道论于一体的宗教解脱论。

---

① 《抱朴子内篇·微旨》
② 《玄纲论上篇·道德章第一》。
③ 《玄纲论上篇·元气章第二》。
④ 《玄纲论上篇·天禀章第四》。
⑤ 《玄纲论上篇·性情章第五》。

中国化的佛教之解脱论对德的重视，主要体现为以孝为戒，强调孝德。宋代著名的禅僧、明教大师契嵩曾著《孝论》，极力论证孝为大戒之所先，孝德是成佛之无上正真之道的观点。契嵩说："夫孝也者，大戒之所先也。戒也者，众善之所以生也。为善微戒，善何生耶？为戒微孝，戒何自耶？故经曰：使我疾成于无上正真之道者，由孝德也。"明代智旭大师亦将孝德视为"菩提之基"，他说："儒以孝为百行之首，佛以孝为至道之宗。盖报恩心出于万不可解之情……是情也，谓为世法，实是菩提之基。"[①] 从上述两位佛教高僧的论述可以看出，入宋以后，中国化佛教已经非常自然地将儒家的道德思想融入自身的伦理体系中，并将它视为获得解脱的重要基础。

综上所述，德作为中国古代道德哲学的一个重要范畴，在儒、释、道三家的哲学体系中都有各具特点的诠释，其中儒家侧重于从修身与治国角度立论，同时涉及认识论；而道家道教将德与道相联系，其思想融宇宙论和宗教解脱论于一体；中国化佛教的德论与儒道两家相比则显得薄弱，它主要是吸收融摄儒家的孝德观，作为实现解脱的基础，其理论思辨水平不如儒道。

（原载于《中国哲学关键词》，南京大学出版社，2011年。收入本书时修订了个别错误，统一了注释格式。）

---

① 《灵峰宗论》卷七之《题至孝春传》。

宋明理学与道学之关系研究综述

摘要： 宋明理学与道学之关系的研究主要涉及三个层面：一是宋明理学与道学之间的关系，学界主要有"理学乃儒释道三教合一的产物、理学与佛道无关、理学并不是儒释道融合的产物"三种观点。二是宋明理学家与道学之间的关系，主要在周敦颐、邵雍、张载、二程、陆九渊、朱熹、王阳明等理学家与道学研究方面成果丰富。三是道学在宋明理学形成发展中的地位和作用，主要成果有：道学宇宙生成论与理学理气论；道学与理学心性论；道学与理学工夫论；道学与理学思维模式；道学与理学范畴、命题的形成；道学与理学学术风格；道学与理学学派性质的定位。今后可在填补空白、加强薄弱环节、研究的深化和推进、研究范式多样化、开展学科交叉研究、加强专题资料整理编校等方面继续推进。

关键词： 宋明理学；道学；理学家；关系与影响

本文所说的道学，包括道家之学和道教之学。

随着宋明理学研究的深化与推进，道学与宋明理学的关系问题日益引起学界的关注。研究主要涉及三个层面：一是宋明理学与道学之间的思想渊源关系；二是宋明理学家与道学之间的思想渊源关系；三是道学在宋明理学形成发展中的地位和作用。这三个层面的研究，自新中国成立以来至今已取得不少引人注目的成果，从已有的研究中不仅可以看出理学形成的内在机制，也可以透视中国传统哲学中儒道交织互渗互补的特征。

一、宋明理学与道学

研究宋明理学与道学的关系，首先涉及宋明理学的思想渊源问题。清人戴震在《孟子字义疏证·理》中早已指出"宋儒出入于老释，故杂乎老释之言以为言"。①

关于宋明理学的思想渊源，1949 年以来我国学界主要有三种观点：

第一，认为理学乃儒释道三教合一的产物。多数人认为，宋明理学是在吸收融合经学、佛学和道学的基础上形成的，因此，宋明理学是三教合一的产物。侯外庐说："宋明理学以儒学的内容为主，同时也吸收了佛学和道教思想。它是在唐朝三教融合、渗透的基础上，孕育、发展起来的一种新的学术思想。"② 洪修平指出："宋明理学在宋代出现，这与长期以来儒佛道三教在冲突中又相互融合吸收是分不开的。"③ 但对理学三教合一的实质，又有不同的看法。一种观点认为，理学是以儒家为本的三教合一。任继愈指出，宋明理学"以儒家的理论为中心，吸收了佛教、道教的一些宗教修行方法"。④ 陈来则从理学话语形成的角度指出："宋代的理学正是在古典儒家思想的基础上，吸收了佛、道的有关思想，而在新的历史条件下发展出来的新的儒家思想形态。"⑤ 另一种观点认为，理学究其实是外儒而内佛老。邱汉生认为，宋明理学"以儒家的面貌出现，骨子里渗透了佛教和道教的思想"。⑥ 陈鼓应也认为："理学有着以儒家伦理思想为核心，糅合佛、道思维方法而形成三教归一的特点，但究其实是外儒而内佛老。"⑦ 关于理学究竟怎样实现三教合一，孙以楷认为是通过将儒学之用与佛、道的思辨结构相结合实现的："宋代理学之所以能够独尊于中国封建社会后期，其主要原因在于它保留了儒学热心研究政治，重视人伦道德教育及践履的特点，又效法佛道对天道物理的精深思辨，因而既克服了儒学的庸浅，又摈弃了佛道的空寂，构造了中国古代哲学的本体论。"⑧ 贾顺先则主张：宋明理学在思想资料和思维结构方式上是"以儒家的

① 转引自熊铁基：《从"存天理，灭人欲"看朱熹的道家思想》，《史学月刊》1999 年第 5 期。

② 侯外庐等主编：《宋明理学史》，北京：人民出版社，1997 年，第 1—2 页。（下引同书只注页码）

③ 洪修平：《儒佛道思想与中国思想文化》，《江苏社会科学》2007 年第 6 期。

④ 任继愈：《论儒教的形成》，《中国社会科学》1980 年第 1 期。

⑤ 陈来：《宋代理学话语的形成》，《河北学刊》2008 年第 1 期。

⑥ 邱汉生：《宋明理学与宋明理学史的研究》，《中国哲学史研究》1980 年第 1 期。

⑦ 陈鼓应：《道家在先秦哲学史上的主干地位》，《中国文化研究》1995 年第 2 期。

⑧ 孙以楷：《朱熹与道家》，《文史哲》1992 年第 1 期。

道德伦理思想为核心，佛学的思辨结构作骨架，吸收了老庄'道生万物'的宇宙观，而建立起来的一种哲学体系"①。

第二，认为理学与佛道无关。杨向奎认为："我们不必在中国传统的学术思想外，再去寻找它的渊源，它既不是希腊哲学中某种概念的翻版，也不是佛家的所谓真如佛性。""理学是儒学的传统，理学的正统也是儒家的正统，儒家的正统是子思、孟子一派，宋明理学是继承了思孟一派的儒家思想并有所发挥而建立起来的。"②牟宗三认为，在讲理学渊源时，以论、孟、易、庸为源头和大宗，是可以成立的。③刘述先认为，新儒学之"新"在于对儒家心性之学的阐扬，反对以杂佛老为新儒学之"新"之所在。④

第三，认为理学不是儒释道融合、合流的产物。有学者认为，理学所吸收的只是儒释道的思想资料和论证方法，它不是儒释道融合、合流的产物，而是对思孟学派的继承和发展，是以封建伦理道德为中心建立起来的唯心主义哲学体系。⑤

二、宋明理学家与道学

1.周敦颐与道学。关于周敦颐的思想渊源，多数学者围绕着《太极图》究竟是不是周敦颐所作，如不是他所作，则其学术渊源是什么展开了争论。由于资料的匮乏，这个问题自宋代开始就争论不休，迄今为止尚未取得共识。在这个问题上大体而言有三种观点：第一种观点认为，《太极图》是周敦颐所作，这以宋代朱震等人为代表⑥，朱熹一方面赞同此说，但一方面又持怀疑态度，认为《太极图》也许是周所作，但其思想却得之于先人⑦；第二种观点则认为，《太极图》不是周敦颐所作，至少不全部是，这以宋代陆九渊为代表⑧；第三种观点认为，《太极图》既非周敦颐自作，亦非因袭，而是经过周

①　贾顺先：《儒释道的融合和宋明理学的产生》，《四川大学学报》1982年第4期。

②　杨向奎：《中国古代社会与古代思想研究》下册，上海人民出版社，1962年，第731、769页。

③　牟宗三：《心体与性体》，台湾正中书局1968年版，转引自张艳清：《程朱理学与道家、道教关系研究概述》，《哲学动态》1999年第9期。

④　刘述先：《朱子哲学思想的发展与完成》，台湾学生书局1982年版，转引自张艳清：《程朱理学与道家、道教关系研究概述》，《哲学动态》1999年第9期。

⑤　立哲：《宋明理学专题讨论会情况简述（1980年11月26日至12月2日在杭州召开）》。

⑥　《宋史·朱震传》。

⑦　孔令宏：《宋代理学与道家道教》上册，北京：中华书局，2006年，第91—93页。（下引同书只注页码）

⑧　《宋元学案》卷58《象山学案》。

敦颐加工改造的。如明代黄宗炎认为《太极图》来源于河上公的《无极图》，经周敦颐改造而成《太极图》[①]；清代毛奇龄则认为《太极图》"实本之二氏所传"，即"一传自陈抟，一传自僧寿涯"。[②]

1949年以来，学界对这些考证有不同看法，形成了三种意见：

持第一种意见者为任继愈、杨荣国，他们认为，周敦颐的思想主要来自道士陈抟。任继愈指出，周敦颐依据《易传》《中庸》和韩愈《原道》的唯心主义世界观，接受道教、佛教的某些思想，把陈抟的《无极图》改变成为论证世界本体及其形成发展的图式——《太极图》。[③]杨荣国根据朱震的说法，并结合黄宗炎、朱彝尊的考证，认为陈抟的《无极图》来自河上公的《无极图》和魏伯阳的《参同契》，周敦颐则依据《易》和《中庸》，结合自己的思想，把陈抟的《无极图》改编成《太极图说》。[④]

持第二种意见者为马振铎，他不同意杨荣国的意见，认为不能轻信这种说法，即黄宗炎、朱彝尊关于周敦颐的《太极图》来自陈抟的《无极图》，而《无极图》可上溯到河上公。马认为，实际上周敦颐的《太极图》是来自陈抟的《太极先天图》，而不是《无极图》。马振铎根据毛奇龄、王嗣槐和胡渭的考证指出：魏伯阳《参同契》中的《水火匡郭图》和《三五至精图》是《太极图》的最初来源。在演化的过程中经过一个很重要的中间环节，这就是唐代道教著作《上方大洞真元妙经品》后的《上方大洞真元妙经图》中的第三图《太极先天图》。《太极先天图》把《水火匡郭图》和《三五至精图》合为一图。陈抟经种放传给穆修的是《太极先天图》，但穆修传给周敦颐的已不是《太极先天图》，而是《太极图》。因此是穆修而不是周敦颐将《太极先天图》改造成《太极图》，周敦颐只是从别人手上接受了一个现成的《太极图》。[⑤]

持第三种意见者为侯外庐，他认为在周敦颐《太极图》之前，道教已有《先天图》和《太极图》两种图，周得两图后合为一图，成为自己的《太极图》。[⑥]

孔令宏认为："综合上述诸家的看法，周敦颐从道士陈抟间接得到《无极图》或把它改为《太极图》，并站在儒家立场上对它做了新的解释，这是事

---

① 《宋元学案》卷12《濂溪学案》。

② 毛奇龄：《西河合集·太极图说遗议》。

③ 任继愈：《中国哲学史》第三册，北京：人民出版社，1996年，第829页。

④ 杨荣国：《周敦颐思想批判》，《学术月刊》1961年第9期。

⑤ 马振铎：《周敦颐〈太极图说〉探源》，《中国哲学史研究集刊》第二辑。

⑥ 侯外庐等主编：《宋明理学史》，第52—59页。

实。"①

　　另外也有学者认为周敦颐《太极图》与道教无关，如清代有学者认为周敦颐《太极图》是从佛教华严宗大师宗密《禅源诸诠集》之《十重图》转出②，杨柱才认为周敦颐《太极图》与陈抟无关。③

　　关于周敦颐思想与道学之关系，多数学者肯定周深受道家道教的影响，有学者还具体指出是受五代末年陈抟一系道教内丹学派思想的影响，持这种观点的人占多数。如卿希泰指出："北宋著名理学家周敦颐、邵雍等人的学说，都渊源于道士陈抟。早在南宋初，朱震在《汉上易解》中已具体指出了这种传承关系。当代著名学者蒙文通先生写过一篇《陈碧虚与陈抟学派》并《附：陈图南学谱》，更加系统地论证了宋代理学家邵雍、周敦颐、程颢、程颐等人的学术思想都来源于道士陈抟，并指出陈抟对整个宋代的学术思想都有影响。"④孔令宏也认为："道家、道教宇宙论的思想给了他重要的启迪，……正是沿着陈抟关于阴阳造化、子自母生的思路，他经过一番对于道家、道教宇宙论思想体系的改造，终于建立了一个以儒家思想为价值指向，以道家思想为依托的哲学体系。"⑤

　　至于周是站儒家还是道家立场上来吸收他家的思想，学界有不同看法。孔令宏具体分析了著名道士张伯端的无极—太极的宇宙论、性命双修的内丹学、主静去欲的方法论对周敦颐的影响，认为"周敦颐的思想，基本上是站在道家、道教的立场上来融合儒道二家"⑥。"周敦颐正是这样用道家的形上哲理和思维方式来为儒家的价值理想和治世之道进行论证的。"⑦也有学者认为周是站在儒家的立场来吸收融会道学的，如蔡宏说："周子受道家的启示而创儒家的太极图是明显的，但是两家太极图的义理和意趣又是截然不同的。周子并不是照搬道家太极图，而是以儒家义理来作太极图的。他的太极图从整体上讲是纯正的儒家思想，但他提出一个'无极而太极'，以无极为本体，则

---

　　①　孔令宏：《宋代理学与道家道教》上册，第98页。

　　②　转引自徐洪兴：《周敦颐〈通书〉、〈太极图说〉关系考——兼论周敦颐的本体论思想》，《中国哲学史》2000年第4期。

　　③　杨柱才：《道学宗主：周敦颐哲学思想研究》，北京：人民出版社，2004年，第四章。

　　④　卿希泰：《道教文化在中华传统文化中的地位及其现代价值》，《社会科学研究》2001年第2期。

　　⑤　孔令宏：《宋代理学与道家道教》上册，第126页。

　　⑥　孔令宏：《宋代理学与道家道教》上册，第126页。

　　⑦　孔令宏：《宋代理学与道家道教》上册，第126页。

是吸收了道家本体思想。"①

2. 邵雍与道学。早在宋代，朱熹就已指出邵雍之学"似老子"②。1949 年以来，学界对邵雍的思想及其道学渊源的研究并不多。对其思想的学派定位，有三种观点：一是认为邵雍虽受道教影响，但其思想仍是儒家，如侯外庐主编的《宋明理学史》说："作为一个理学家，邵雍的思想，在哲学方面来源于《易经》和《中庸》，同时掺杂了道教的影响。在伦理道德与社会政治思想方面主要来源于儒家传统。"③一是认为邵雍的思想属道家，如孔令宏说："从思想上说，邵雍的思想基本上是道家、道教的。""邵雍建立哲学体系的方法，是以《易》为本，以道为体，以儒为用，统一儒道，建立一种体用合一、天人一本的思想体系。"④孔令宏还对邵雍以道融儒的思想特点做了详尽的分析。李仁群也认为："作为'道教传人'的邵雍既不忘世事忧患又追求逍遥安乐的人生，力图把老子的易之体与孟子的易之用相融会，把观物之乐视为人生的最高境界，体现出与道家相似的宇宙视野和价值追求。"⑤第三种观点则认为，邵雍的思想属于儒道兼综。如王竞芬认为，邵雍"儒道兼综，学际天人，建构易学思想体系，利用易之体用关系将儒道两家思想涵摄其中，在人性问题上也力图融合儒道两家，并提出观物思想将儒家的人学与道家的天学融为一体。在天人关系问题上，他找到一个联结天与人的可靠纽带：心。天人统一于一心，从而成功地把儒家的性命之学与道家的天道问题贯通起来，完成儒家的人学本体论与道家宇宙本体论的统一，形成了自己独特的境界哲学"⑥。刘复生认为，宋代理学六子（周、张、邵、二程、朱）中，邵雍是受老庄思想影响最多，也是最为明显的一个。他对邵雍的"先天道论和阴本体论""观物思想""自然无为的历史观""对事物矛盾发展变化的观察""身心修养及人生哲学"与老庄哲学的渊源关系做了具体分析。⑦

3. 张载与道学。学界对于张载的思想与道家道教之关系的研究极少，目前仅见孔令宏在其著作《宋代理学与道家道教》中对此做了初步的梳理。孔

① 蔡宏：《周敦颐与道教》，《中国道教》2000 年第 2 期。

② 《朱子语类》卷 100。

③ 侯外庐等主编：《宋明理学史》，第 216 页。

④ 孔令宏：《宋代理学与道家道教》上册，第 149、165 页。

⑤ 李仁群：《两宋理学与道家思想》，博士学位论文，复旦大学哲学系，2004 年，第 63 页。

⑥ 王竞芬：《天人统一于一心——论邵雍儒道兼综的境界哲学》，《孔子研究》2000 年第 6 期。

⑦ 刘复生：《邵雍思想与老庄哲学》，《中国道教》1987 年第 4 期。

令宏认为，张载是站在儒家的立场上吸收道家道教哲学中形而上的思想营养来提高儒家的哲理化水平的。这其中，《周易》是他纳道入儒的中介。孔令宏指出了张载哲学体系中"太虚""太和"范畴源于《庄子》，"两端"源于道教易学，分析了道家道教对《西铭》的影响，认为《西铭》受道家思想影响主要体现在三个方面：其一，万物一体的宇宙意识本于道家的自然主义，如《庄子·德充符》曾说"眇乎小哉，所以属于人也！警乎大哉，独成其天"；其二，"民胞物与"的社会价值理想与《庄子·应帝王》把社会理想规定为"功盖天下""化贷万物"有异曲同工之妙；其三，生死顺应的人生态度是《庄子·知北游》生死观"存，吾顺事；没，吾宁也"之再现。①

4. 二程与道学。这也是宋明理学与道学研究的薄弱环节。有学者注意到二程思想受佛教尤其是禅宗的影响，但深入探讨二程与道家道教关系的成果不多。张二平探讨了程颢定性说与道家的关系，认为：程颢《定性书》的性情论，更多地与道家学说有关。从师承上讲，程颢受学于周敦颐，而周较重《老子》《易传》，程则较重《庄子》《中庸》；从思想特点上讲，程颢为学，极重静坐，《宋元学案·明道学案》上说"明道终日坐，如泥塑人"，与庄子的"坐忘论"有相通之处。另外，《庄子·应帝王》中说"至人之用心若镜，不将不迎，应而不藏，故能胜物而不伤"，对程颢"普万物而无心，物来而顺应"的思想形成有重大影响。②"夫天地之常，以其心普万物而无心；圣人之常，以其情顺万物而无情。故君子之学，莫若廓然而大公，物来而顺应。"③

刘固盛则探讨了二程人性论的道家思想渊源，认为："二程人性论中天命之性与气质之性的理论建构，并非原始儒学的自然延伸，而是受到了当时的道教学者陈景元、张伯端老学思想的影响。可以说，老学为二程理学的形成提供了重要的思想资源"。④孔令宏分析了道家道教对二程理本论思想的影响，认为：二程理本论中的最高范畴"天理"，是道家首先提出来并在道教经典中反复阐述过的，《庄子》中有"依乎天理"⑤"顺之以天理"⑥"循天之理"⑦的说

①　孔令宏：《宋代理学与道家道教》上册，第 167—197 页。

②　张二平：《程颢的定性说及其与道家之关系》，《重庆工学院学报》2007 年第 2 期。

③　王孝鱼点校：《二程集》第 2 册，《河南程氏文集》卷 2，北京：中华书局，1981 年，第 460 页。（下引同书只注页码）

④　刘固盛：《二程人性论的道家思想渊源》，《华中师范大学学报》（人文社会科学版）2005 年第 2 期。

⑤　《庄子·养生主》。

⑥　《庄子·天运》。

⑦　《庄子·刻意》。

法，唐代道士李荣以"虚极之至理"为最高范畴，这说明二程的"天理"受道家道教的影响。二程还吸收道家道教"道法自然"的思想，把"天理"也说成是自然的："道、理，皆自然。"① 二程提出的"体用一源"的思想，亦可在魏晋时期王弼等玄学家"以无为本"思想中找到根源。②

5. 陆九渊与道学。目前能见到的专题论文是孔令宏在 2005 年"易学与儒学国际学术研讨会"上发表的《陆九渊思想与道家道教》。该文对陆九渊的本体论、修养论、境界论受道家道教的影响做了探讨，认为：陆九渊本体论中"道不远人，人自远之耳。人心不能无蒙蔽，蒙蔽之未彻，则日以陷溺"的思想，其逻辑框架来源于道家道教。《庄子·天道》说："圣人之心静乎！天地之鉴也，万物之境也。夫虚静恬淡寂寞无为者，天地之平而道德之至也。"从根本上说，陆九渊的这一思想渊源比较接近道家道教而不是禅宗。陆九渊提出的四个修养原则——无事、静、自然自在、简易，多与庄子的"心斋""坐忘"和道教的静坐及内丹修炼功夫相类相通；他主张与道为一的修养境界论，亦颇得道家道教的神韵。基于以上分析，孔令宏得出这样一结论："他（陆九渊）虽本于《孟子》并站在儒家的立场上对儒家思想多所发展，但促成其创新的思想源泉，主要是道家道教。"③

6. 朱熹与道学。这方面的研究成果较多，代表性的观点有：（1）孙以楷认为，朱熹理学本体论的基本命题"无极而太极"是通过对周敦颐《太极图》和《太极图说》"自无极而为太极"加以修订整理提出来的，而此过程是在道家道教哲学的影响下完成的。朱熹根据陈抟的无极图最上一圈的"炼神还虚，复归无极"，取代周氏原图最上一圈的"阴静"，改订为"无极而太极"，从而奠定了他有无统一的太极观，克服了周氏"自无极而为太极"说中生成论的局限，将理气关系提高到本体论的高度加以解决。此外，朱熹哲学中"存天理，去人欲"命题的形成，亦得力于道家归根曰静的思想。④（2）陈荣捷在《朱子新探索》中分"儒道之比较""解老""评老子""老子亦有所见""朱子赞扬庄子"五个专题，归类整理了朱熹与道家、道教关系的部分史料，为他人研究提供了方便。他还指出，朱熹思想与老子的"生生"之观念有关。⑤

---

① 王孝鱼点校：《二程集》第 1 册，第 32 页。
② 孔令宏：《宋代理学与道家道教》上册，第 198—216 页。
③ 孔令宏：《陆九渊思想与道家道教》，《2005 年易学与儒学国际学术研讨会论文集》。
④ 孙以楷：《朱熹与道家道教》，《文史哲》1992 年第 1 期。
⑤ 陈荣捷：《朱子新学案》，台北：台湾学生书局，1988 年，第 605—632 页。

（3）黄广琴提出，朱熹吸收老子的道本体论思想以论述宇宙的本原，继承了王弼的体用、本末论来解释精神、物质的关系，在邵雍先天象数学和周敦颐《太极图说》的基础上阐述了宇宙生成过程。^①（4）范寿康认为，朱子的一生，受道教的影响不小，表现在五个方面：对河图、洛书极为推崇；对所谓太极图以及阴阳五行等也甚重视；对于先天图以及象数之学亦认为具有学术上的价值；对于魏伯阳所著的《周易参同契》颇感兴趣，曾加校正和注释，写成了《周易参同契考异》；对《阴符经》也写成了一部《阴符经考异》。^②（5）刘仲宇认为，朱熹吸收《先天图》《河图》《洛书》《太极图》这些渊源于道教的东西，阐述了先天学的意蕴，同时深入地探究了与之有关的《周易参同契》，并对先天图进行了改进。朱熹吸收了先天学中的思想充实了自己在人格培育、德性修养方面的理论，发挥了先天图中蕴涵的辩证法因素，对发展中国古代的辩证法做出了贡献。^③（6）詹石窗则研究了朱熹对他之后的道教的影响，指出："不论是从当时的道教组织来看，还是从道士、道教学者对基本经典的注疏看，朱熹都备受推崇。事实证明：朱熹的影响渗透到道教基本教义的许多重要方面，成为南宋以后道教发展的一个鲜明特征。""朱熹对道教产生如此广泛而深刻的影响，这同他本人生前对道教胜迹的考察、与道士的交往以及对道教经籍教理的探索活动具有密切的联系。"^④（7）蔡方鹿对朱熹融合儒道的特点做了探讨，分析了其对宋以后中国文化发展趋向的意义，认为：朱熹通过借鉴道教之图和考释道书，表现出融合儒、道的倾向。对于道教而言，朱熹主要是批评了道教以及道家崇尚虚无空寂、厌世避祸、有害伦理的思想。与此同时，又注意吸取道教哲学的道本论思想，以道为生物的本原及万物存在的根据；并借鉴道教之图，吸取道教以图解《易》的治学方法，以阐发自己的易学及理学思想；又考释道书，署名道士而作《参同契考异》和《阴符经考异》，受到道教养生思想的影响，并对道教的宇宙生成论有所吸取。朱熹吸收佛道精致的思辨哲学，使思辨哲理与儒家伦理相结合，克服旧儒学思辨哲学的欠缺，从而发展了儒学，也使中国本土文化的两大构成儒道二教紧密结合起来。这对中国文化的持续发展，产生了深远影响。^⑤（8）丁原明

① 黄广琴：《朱熹的理学与道家、道教的关系》，《湘潭大学学报》1988 年第 3 期。
② 范寿康：《朱子及其哲学》，北京：中华书局，1983 年，第 197—201 页。
③ 刘仲宇：《道教影响下的朱熹》，《中州学刊》1988 年第 1 期。
④ 詹石窗：《论朱熹对道教的影响》，《福建师范大学学报》（哲学社会科学版）1989 年第 1 期。
⑤ 蔡方鹿：《朱熹对道教的借鉴与吸取》，《宗教学研究》1996 年第 3 期。

分析了朱熹对道家道教思想的援用，认为：在理本论上，朱熹借助于老子的"道"将先秦表征法则或规律的"理"提升到宇宙本体的高度；在宇宙生成论上，他的"理—气—物"，既与老子和《淮南子》的生成模式相似，又在动静观上援用了老子"归根曰静"思想；在修养论上，他将"收敛身心""以静养动""惩忿窒欲"等作为"持敬"的涵养工夫，表现了对道家的"主静"说和道教的"守静去欲"说的认同。朱熹援用道家、道教思想的价值，不仅使他完成了宋代理学体系的建构，并且也揭示了儒学创新必须根植于文化思想的积累、震荡、融合及巧妙运用基础上，方可获得成功的发展规律。①

(9) 孔令宏研究了朱熹的科学思想与道家道教的渊源关系，指出：朱熹在科学技术领域的思想，直接渊源于沈括，而指导沈括做出进行科学探索活动的思想则来之于道家、道教。朱熹在宇宙演化与宇宙结构、生命科学与医学、气象科学等领域的思想，与道家、道教确实有渊源关系。指导朱熹得出这些思想的道家有机论自然观，既对西方有影响，也对朱熹身后中国科技的发展有影响。具体而言：关于宇宙演化思想，朱熹继承《淮南子》《易纬·乾凿度》《列子·天瑞篇》的思想即太易→太初→太始→太素→浑沦→天地，并根据后世认识的深化而做出了一定的创新；在宇宙演化的形式上，朱熹吸收了道家和道教的阴阳二气生化万物的思想，从宇宙形成的动力学机制上来阐明所有天体的物理运动方向的一致，并对运动做出了新的解释；朱熹的宣夜浑天合一说在物质性"气"范畴的基础上，将天体演化、宇宙结构和气的运动变化三种学说紧密结合起来，组成了完整的，也可以说是比较先进的宇宙学说；关于生命的起源，朱熹受《庄子》的影响，主张是从种子生化出来的；朱熹在继承张载得自于道家、道教的思想基础上，阐述了风、雨、霜、雪、露、虹等自然现象的成因。②（10）蔡尚思认为，朱熹思想的来源是以儒为主，其次为佛，又其次为道教，即以儒家为中心的三教合一。③

7. 王阳明与道学。关于王阳明与道家、道教的关系，也引起了学者们的研究兴趣。唐亦男指出，就形而上学言，阳明对宇宙万物及其本质的看法与道家同，但他所采取的态度及立场则是儒家的、道德的、有心有为的。④ 徐仪

---

①　丁原明：《朱熹理学对道家、道教思想的援用》，《孔子研究》2002 年第 2 期。

②　孔令宏：《朱熹的科学思想与道家、道教》，《自然辩证法通讯》2002 年第 2 期。

③　蔡尚思：《朱熹思想的来源、核心和评价》，《哲学研究》1988 年第 4 期。

④　唐亦男：《阳明"出入佛老"辨析》，见《论浙东学术》，北京：中国社会科学出版社，1995 年。

明指出，阳明一生钟情于道教内丹术，在其著作中处处把"致良知"说与道教内丹理论加以比拟，良知作为心之本体，实为内丹学的太虚，致良知的功夫也就是内丹学的功夫。① 陈少锋指出，王阳明的良知说基于本体与主体合一的原理，并经良知的自然发用而完成体用合一的圆融方法论，其哲学结构与方法受道家（尤其玄学）哲学的影响清晰可辨，其道德哲学智慧化与道家殊途同归。② 苏联学者科布泽夫探讨了王阳明哲学的核心概念"良知"、天人一体观、动静观与道家哲学的关系，认为：王阳明的"良知"与道家的"道"同为一物，并与道家的"太虚"等同起来；王阳明还用老子的"常知"来解说"良知"，以说明"良知"的恒常性；王阳明花费很大力气，用道家的观念，从理论上论证天人一体；王阳明在阐述动静观时援用了庄子的术语"心斋""坐忘"。③

三、道学在宋明理学形成发展中的地位和作用

1. 道学宇宙生成论与理学理气论。

对宇宙生成问题的探讨，是宋儒有别于先秦儒家的一个方面。理学中的这个问题，主要体现在周、邵、张、朱那里。一般认为，理学的生成论模式无一例外地源自道家。

明王廷相《雅述》上篇说：老庄谓"道生天地"，宋儒谓"天地之先只有此理"。此乃改易面目而立论耳，与老庄之旨何殊？④

关于理气关系，侯外庐认为朱熹的"理在事先"说与老子"道先天地生"的观点一脉相通。⑤

陈鼓应也说："程朱论天理，与老庄论道无大殊异"，并认为"宋明理气说多承庄子道气论而来"⑥。

刘国梁、卢贤祥认为，"理气"或者"道器"是程朱理学的一对最高哲学范畴，指的是宇宙万物的本源。在二程和朱熹看来，理先于气而存在，但理

① 徐仪明：《道教内丹学与王阳明"致良知"说》，见《论浙东学术》，北京：中国社会科学出版社，1995 年。

② 陈少锋：《王阳明的良知说与道家哲学》，《道家文化研究》第十辑，上海：上海古籍出版社，1996 年。

③ 科布泽夫：《王阳明与道家哲学》，王德有译，《世界哲学》1988 年第 2 期。

④ 转引自熊铁基：《从"存天理，灭人欲"看朱熹的道家思想》，《史学月刊》1999 年第 5 期。

⑤ 转引自张艳清：《程朱理学与道家、道教关系研究概述》，《哲学动态》1999 年第 9 期。

⑥ 陈鼓应：《道家在先秦哲学史上的主干地位》，《中国文化研究》1995 年第 2 期。

存乎气中，因气而显理，气则必须依理而存在。唐代道士陆希声和杜光庭用"体用"去说明"道器"关系，认为道是体，器是用，二者虽不可分，但道却是更根本的。可见，程、朱关于道器关系的观点是受了陆希声和杜光庭思想的影响。二程和朱熹在论述宇宙万物如何生成时，都提出了"气化流行"的问题，很可能与唐代道士《上方大洞真元妙经品》中的《道妙惚恍之图》有关，该图认为"太极"是由气产生的，它基本上是指神秘的绝对精神。程朱理学宇宙生成论受到道教的影响还表现在：程、朱以所谓"生数""成数"与五行相配说明万物的生成；以十二辟卦解释事物的兴衰变化；程、朱又不同程度地受到了陈抟《先天图》的熏陶。①

冯达文则深入理学本体论内部，认为程朱理学在建构本体论时借取了老学途径，表现在：一是理学家把形上本体意义之无极、太极、理，置于形气或器物之外之先，与老子道在物之外之先的观点相似；二是理学强调理的不可分的整全性和无对待的具足性及遍在性，与老子道论相似。理学借助道家的基本概念与本体论架构，其意义就是使儒学的伦理——政治主张获得了某种客观普遍必然性的意义，比如程朱立足于理本论而能从宇宙生化处见仁，理学的生生之仁比孔孟的亲亲、孝悌之仁更具有客观普遍必然性。②

2. 道学与理学心性论。

清代学者潘平格指出，宋儒的人性论源于老庄，认为宋儒"理气合而成性"与《庄子·天地篇》中"物生成理，各有仪则，谓之性"相通。③

张立文说："张、程的天命之性，无疑直接沿袭《中庸》天命之谓性的说法。气质之性，则与张、程同时的著名道士张伯端（道教金丹派南宗的创始人）便已明确提出，并论证了气质之性与本元之性（天地之性）的关系。"④

蔡方鹿、黄海德指出："唐宋之时，道教学者多主张以心为道，……突出心对道的主宰，以明心为得道。宋代理学中的心学一派也有与此相同的观点。陆九渊提出：'道未有外乎其心'，认为道存在于人心之中，与心合一。"⑤

李申详细地论证了张载的气质之性源于张伯端，又为程、朱消化吸收，

①　刘国梁、卢贤祥：《试论道教对程朱理学宇宙生成论的影响》，《世界宗教研究》1987年第4期。

②　冯达文：《程朱理学与老学》，《道家文化研究》第六辑。

③　方祖猷：《论潘平格的求仁哲学》，《朱子学刊》1991年第二辑。

④　转引自张艳清：《程朱理学与道家、道教关系研究概述》，《哲学动态》1999年第9期。

⑤　蔡方鹿、黄海德：《道教与宋代理学》，《学术月刊》1988年第7期。

发展为完善的理学人性论。[①]

　　吴重庆进一步探讨了老庄道家心性论与理学心性论的关系，认为：道家主张无为无欲的人性论也是一种性善论，儒家的性善是指人心天生地是有仁义礼智的自觉意识，道家的性善则指人心天生地澄明无蔽。理学接受道家的看法，认为人本质上是无我无欲无为的，人心究其本然应是虚明的，理学把道家的心本虚明的人性论确立为更为根本的性善内容。[②]

　　孙以楷认为：程朱为了克服传统儒学性善性恶的矛盾，吸收道家本体论思想，以静为太极之体，动为太极之用，由此推出了人性是以静为体；另外，程朱理学"存天理，灭人欲"的命题也得力于道家"归根曰静"的思想。[③]

　　3.道学与理学工夫论。

　　林继平从本体与工夫两方面研究了理学与老庄道家的关系。他认为："理学受老庄影响最彰著者，乃在形上哲学方面，以理学家的术语说，在本体与工夫两方面。"并认为理学家对"老庄"的精通，主要体现在"认识本体，证验工夫"两方面。他以程颢的"明觉自然"为例，认为明道《定性书》中的"明觉为自然"是形上的本体世界，"而明道的切戒用智，则遥承庄子的坐忘工夫而来"。林继平还从三个层面说明理学的工夫受老庄影响：首先是主静，"主静工夫是理学中最基本的涵养工夫，是证会本体的捷径"。其次是主敬，认为无论静中或动中，只要精神专注一点，就是通向本体的工夫。再次是主一，主一即心无外驰，实即《庄子·逍遥游》的"其神凝"。总之，理学中的理、道、太极、无极都是本体，之所以如此，我们通过理学所经由的工夫就可得知，"而玄学之名理，摒弃老庄的工夫，仅貌似老庄，因此由玄学不能上通老庄"，理学的本体工夫思想才是上通老庄的途径。[④]

　　蔡方鹿、黄海德也认为："宋代理学家吸取了道教清静无为和主静的特色，提倡居敬、主静，通过习静的修养达到'去人欲，穷天理'。"[⑤]

　　4.道学与理学思维模式。

　　李霞认为：道家思维方式具有本体性特征，其思考问题习惯于由本体推衍现象，又将现象返归本体，或说是由天道推衍人道，又将人道复归天道。

　　① 李申：《气质之性源于道教说》，《道家文化研究》第五辑。
　　② 吴重庆：《论儒道互补》，《哲学研究》1993年第1期。
　　③ 孙以楷：《朱熹与道家》，《文史哲》1992年第1期。
　　④ 转引自张艳清：《程朱理学与道家、道教关系研究概述》，《哲学动态》1999年第9期。
　　⑤ 蔡方鹿、黄海德：《道教与宋代理学》，《学术月刊》1988年第7期。

这种思维模式深深地影响了宋代儒学家，成为他们建立理学体系的方法论。纵观宋明新儒学的发展历程，从宋代理学的形成与发展，到明代心学代替理学，再到心学本身至清初为考据学所取代，道家自始至终起到了十分重要的催化作用。正是借助于道家由本体到现象的本体思维模式，北宋儒家学者才得以建立其理学体系。同样，由于运用了道家以整体性见长的本体思维模式，南宋朱熹才能综罗百家，集理学之大成。明初，在理学走向僵化、儒学面临危机之际，正是借助于道家的桥梁作用，理学得以过渡到心学，儒学也因此而获得了新的生机。明中叶，王阳明因为有了"陷溺于佛老者几十年"的治学经历，才有能力融儒佛道于一体，集心学之大成，建立起良知主体哲学。至明代中后期，盛极一时的王门良知学之所以逐渐走向解体，更是由于王门后学大量引入了道家及佛教的思想观念，从而使王学的性质发生了变化，终至衰微。①

5. 道学与理学范畴、命题的形成。

张岱年指出："伊川的理之观念，本是道的观念之变化，而朱子所谓太极，比理更接近道了。"②

陈正夫、何植静指出，程朱理学最高范畴"理"，正是渊源于道家，同时，又与葛洪《抱朴子·畅元》中作为自然之始祖万殊之大宗的"元"相通。③

蔡方鹿、黄海德说："道教与理学的互相融合，突出表现在二者使用的哲学范畴大致相同，如太极、无极、道、气、心、理、阴阳等几乎被共同使用，在对一系列范畴与命题之间的关系的解释上，也表现了二者互相影响、相互融合的倾向。"④

崔大华着重强调了道家《庄子》思想对理学范畴与命题形成的影响。他认为，"在理学的自然哲学中，或者说在理学的宇宙图景中，充实着的实际上是源自庄子的思想观念。"理学阵营内的两派在论述理学命题时的两个共同的、基本的思想观念，即"理一分殊"和"存天理灭人欲"，与庄子思想一致或有某种关联。理学家用理学的伦理道德哲学来否定庄子的自然主义的人生哲学，对庄子进行了批判。但是，在最低的层次，理学家常常把《庄子》的

---

① 李霞：《论道家在宋明新儒学形成与演变中的作用》，《安徽大学学报》（哲学社会科学版）2004年第2期。

② 张岱年：《论宋明理学的基本性质》，《哲学研究》1981年第9期。

③ 陈正夫、何植静：《儒佛道的融合与程朱理学》，《南昌大学学报》（人文社科版）1979年第4期。

④ 蔡方鹿、黄海德：《道教与宋代理学》，《学术月刊》1988年第7期。

名物典故作为文学素材引进自己的诗文中；在较高的层次，理学家自觉地援引并改造《庄子》的某些概念、观念、意境，用以表述、说明自己的思想观点；在最高的层次，理学家自觉地把庄子的理论观念或思想作为自己可以认同的思想观点直接地加以援用，这主要表现在理学家对佛家思想和功利之学的批判中。①

孔令宏认为："理学家所说的'天理'是从道家、道教的'天道'出发，借鉴道家道教把道与德相统一起来的思维构架，并与道家道教用'理'表征既成秩序的观念相结合，在社会领域强化其准则、规范的内涵，形成了'天理'的范畴，并把它作为最高的哲学范畴。"②

6. 道学与理学学术风格。

李大华认为，理学"博杂""遍求"的学术风格乃是唐代儒学内部守道与开放两种学术路向的兼综重构，而这两种路向却包含了对道家、道教兼容风格的认同。理学家是从道教那里学习"物之理"，从而开始从事本体论建构的。理学合理与气为一体的二元本体论与道教的道气二元本体论有着完全的一致性，理学家的发明之义是给自然宇宙本体论赋予了人伦化的内容。理学家在认识论中大讲性命原则，是接受了唐代道教的影响，尽管理学与道教在对性命的阐释上不尽相同，但把认知问题与身心超越及其安身立命联系起来，则又是一致的。③

7. 道学与理学学派性质的定位。

在探讨道家、道教与宋明理学思想渊源关系的基础上，一些学者进一步对宋明理学的学派性质的定位提出了新观点。冯达文把宋明理学定位为儒道家，他的理由是：宋明理学的哲学本体论架构就是道家（或假道于道教和佛教），宋明理学的"内圣学"所标示的精神境界、所开创的途径，也来源于道家（或假道于道教和佛教）。程朱理学的人性论是道家式的。程朱理学在认识论上强调"见闻之知"与"德性之知"的分立，以为完全绝对（"全体大明"）的德性之知不可能从零碎、相对、有限的"见闻之知"中给出，这种观念同样深受道家（与佛教）的影响。程朱理学的道心与人心、天理与人欲的背离，

---

① 崔大华:《庄学研究》，北京：人民出版社，1992 年，第 457—478 页。

② 孔令宏:《宋代理学与道家道教》上册，第 427 页。

③ 李大华:《北宋理学与唐代道教》,《道家文化研究》第八辑。

也是受道家的影响。①他认为："孔孟儒学是从世俗日常心理情感引申出自己的伦理——政治主张的。程朱理学贬落情而凸显理，走出主观而走向客观，建构了知识论又超越了知识论，终于为儒学营造了形上学，从而使儒家的伦理——政治主张获得了一种客观必然性意义。然而，程、朱之所以有可能把儒学的发展推向一个新的阶段，实得力于老学的基本思路与本体论的基本构架。理学把理置于气物之外、之先，强调理不可分的整全性与无对待的具足性，'主静'倡'灭欲'，在把握形而上的层面上排斥知性，这些，都十分明显地表现了老学的基本特征。"②

吴重庆则直接把宋明理学定位为"新道家"，其理由有三个方面：在对人与万物的关系及人性的看法上，理学是站在道家的立场而非站在儒家的立场；理学依照道家的"天成秩序观"，把礼义人伦自然化、无为化；理学采纳道家的"明镜说"，建立"内圣外王"的理论体系。③

四、研究中存在的问题及进展方向

（一）研究中存在的问题

1.空白点和薄弱环节还很多。如宋初三先生胡瑗、石介、孙复与道学；张载与道学；二程与道学；陆王与道学；程朱后学与道学；陆王后学与道学等领域均有待开掘或深化。另外，道家道教学者如何看待理学少有人研究。

2.研究范式趋同化。多数学术成果局限于现行哲学史或思想史的研究范式（宇宙论、本体论、修养论、心性论、认识论），显得较为单一。

3.研究的深度和广度不足。多数学术研究都是宏观性的分析，微观的、个案的、专题的或文献考证的成果不多，学科交叉的研究更少。导致的结果是重复性的研究成果多，有个性的研究成果少。

4.资料挖掘有待拓展和深化。如明清学者在这方面的研究资料还未得到充分的重视和利用；道家道教资料的使用还不充分，局限于少数代表性人物的思想资料，其他人物和其他方面的资料则未给予关注和研究。

---

① 冯达文：《回归自然——道家的主调与变奏》，广州：广东人民出版社，1992年，第107—146页。
② 冯达文：《程朱理学与老学》，《道家文化研究》第六辑。
③ 吴重庆：《论理学的道家化》，《道家文化研究》第二辑。

（二）今后的进展方向

1. 填补空白，加强薄弱环节。

2. 研究的深化和推进。包括扩大研究领域，如道学与宋明理学科学思想之形成，道学方法论与宋明理学的形成和发展，道家道教的理学观等；拓展研究深度，如避免泛论，注重个案研究，深入开展人物、文献、专题、考证、学派研究等。

3. 研究范式多样化。如可考虑借鉴西方诠释学、库恩的范式理论等，创新研究范式，不仅仅局限于思想史或哲学史的范式。

4. 开展学科交叉研究。如从人类学、社会学、文化传播学等学科的视域，考察道学在宋明理学形成和发展中的地位与作用。

5. 加强专题资料整理编校工作。如将道学与宋明理学这一大课题分成相关专题，分别搜集整理有关资料，经编校后公开出版，方便研究者使用。

吸收与转换：王阳明开新传统儒学的思维路径

摘要：王阳明立足于儒家的"立体达用"思维，通过吸收全真道的"全真性"思想转换建立"致良知"的道德本体论，改造全真道"清静降心"的内丹修炼功夫为"默坐澄心"的道德修养方法，最终走出佛老"流入空虚"的归宿，成功地重建起以良知论为核心要义的儒家心学思想体系，开出了接续儒门道统、接引学人志于圣人之道的思想、学风新气象。

关键词：王阳明；良知学；内丹学；吸收与转换；新儒学

入宋以后，儒学的开新是在面对佛道二教思想与之三足鼎立的形势下进行的。无论程朱还是陆王，虽然在维护儒家道统上皆持公开排斥佛老的态度，但为了接续儒门道统，重建儒家的思想文化主导地位，又都暗中接纳佛道思想资源，特别是对佛道心性思想做了卓有成效的创造性的吸收和转换，从而使儒学的发展进入又一时代高峰，诞生了理学、心学两大代表性的思想成果。其中王阳明通过吸收、转换道教（以全真道为主）的内丹心性思想创立良知学，则有着典型的范式性意义。本文拟就此做一简略的论析，由此探究儒学在宋明时期开新的具体路径。

一、王阳明的道教因缘

内丹学是道教思想体系中最具原创性的部分，它也是中国传统文化的重要内容，若追溯其历史，可谓源远流长。自唐宋时始，内丹学渐成道教炼养思想和实践的主流。至金代，王重阳在山东创立内丹学新道派——全真道，高举"三教合一"的旗帜，以性命双修、先性后命的丹道理论和"真功真行"

的修道思想为号召，在道教界引发一场影响深远的"革新"。王重阳的弟子、全真高道丘处机又进一步融摄儒佛思想，对全真道内丹学做了儒学化改造，增强了道教内丹学对儒士文人和普通百姓的亲和性与吸引力，并对宋明以后的儒学发展产生重要影响，王阳明良知学的诞生就是一例典型。

王阳明学术思想的形成和成熟完善，走了一条几百年来许多思想家曾经走过的老路，那就是：出入佛老多年，最终回归儒门，以志于圣人之道为人生最高价值，以儒为主，融摄佛老，自创学派，复兴儒学之道。周敦颐、二程、朱熹如是，王阳明亦复如是。黄宗羲在其学术史名著《明儒学案》中对王阳明思想转变的历程作了详细说明：

先生之学，始泛滥于词章，继而遍读考亭之书，循序格物，顾物理吾心终判为二，无所得入。于是出入于佛老者久之。及至居夷处困，动心忍性，因念圣人处此更有何道？忽悟格物致知之旨，圣人之道，吾性自足，不假外求。其学凡三变而始得其门。自此以后，尽去枝叶，一意本原，以默坐澄心为学的。……江右以后，专提"致良知"三字，默不假坐，心不待澄，不习不虑，出之自有天则。……居越以后，所操益熟，所得益化，时时知是知非，时时无是无非，开口即得本心，更无假凑泊，如赤日当空而万象毕照。是学成之后又有此三变也。①

从王阳明的思想演变轨迹可知，出入佛老、迷恋道释曾经是其早年思想经历的主题，直至中年龙场悟道后，王阳明才"始自叹悔错用了三十年气力"②，从此彻底返归圣人之学，并拈出"致良知"三字为其学问宗旨。

但这并不意味着王阳明的思想创造与道教彻底中断了联系，相反，从早年迷恋道释，于道释之中寻找学为圣人之道③，到三十一岁以后"渐悟释、仙二氏之非"④。王阳明并非真正完全排斥道、释，干干净净地清除了思想中的道释二教的思想因素，而是站在继往圣之绝学的醇儒立场，为我所用，将道、

---

① 黄宗羲：《明儒学案》卷十《姚江学案》，北京：中华书局，2008年，第180页。

② 吴光等编：《王阳明全集》卷一《传习录上》，上海：上海古籍出版社，2012年，第32页。（下引同书只注页码）

③ 王阳明自己说："某十五六岁时，便有志于圣人之道，但于先儒格致之说若无所入，一向姑放下了。……于是又放情去学二氏，觉得二氏之学比之吾儒反觉捷径，遂欣然去劣意其说。"转引自钱明：《阳明学的形成与发展》，南京：江苏古籍出版社，2002年，第25页。

④ 吴光等编：《王阳明全集》卷三十三《年谱一》，第1004页。

释思想中有益于儒家修齐治平、成贤作圣的资源融入自家体系，混然于一体，开出良知学的思想新境界。王阳明自己也说："二氏之学，其妙与圣人只有毫厘之间"①，又说："圣人尽性至命，何物不具？何待兼取？二氏之用，皆我之用；即吾尽性至命中完养此身谓之仙，即吾尽性至命中不染世累谓之佛。但后世儒者不见圣学之全，故与二氏成二见耳。"②可见，王阳明始终认为成圣与成仙、成佛并无二致，须儒、道、佛合一，方可得圣学之全。王阳明悟出良知之学后，对于道、释的态度与此前所不同的是，由以道代儒转为援道入儒。

王阳明出入释、老三十年，他究竟读了哪些道教典籍，对他的良知学构建影响最深的是道教中的哪一派？王阳明又是怎样援道入儒以构建其良知学体系的？这是弄清王学与道教关系的重要问题。

王阳明读过哪些道教典籍，因史料的缺乏及阳明后学的有意回避，使此重要的问题无法得到较好的解答。留下的史料中对探求此问题有助益者三则：一是王阳明好内丹之术，曾熟读张伯端的《悟真篇》，在言谈诗文中也常加以引用，后突然对其痛斥："《悟真篇》是误真篇，三注由来一手笺。恨杀妖魔图利益，遂令迷妄竞流传。造端难免张平叔，首祸谁诬薛紫贤？真说与君惟个字，从头去看野狐禅。"③诗中提到道教金丹派南宗高道张伯端、薛道光，提到的道教著作为《悟真篇》和《悟真篇三注》（薛道光、陈致虚、陈墅合注）。二是王阳明在答陆原静的信中提到白玉蟾、丘长春两位道教内丹学的高道，白玉蟾是金丹派南宗的传人，而丘处机则是全真道的传人。王阳明说："后世如白玉蟾、丘长春之属，皆是彼学中所称述以为祖师者。"④三是王阳明在答人问神仙时，对上阳子有所批评，他说："后世上阳子之流，盖方外技术之士，未可以为道。"⑤上阳子即陈致虚，元代全真道士，拜兼承南北二宗之学的全真道士赵友钦为师，学金丹之道，是元代后期有名的内丹家，著有《上阳子金丹大要》等，宣称自己是丘处机弟子宋德方一系的传人，并力促道教金丹派南宗与全真道合流，有压低南宗而抬高全真道祖师的倾向。从上述有限的史料可知，王阳明对道教金丹派南宗和全真道均很熟悉，并对其学有自

---

① 吴光等编：《王阳明全集》卷三十三《年谱一》，第1014页。
② 吴光等编：《王阳明全集》卷三十五《年谱三》，第1059页。
③ 吴光等编：《王阳明全集》卷二十·书〈悟真篇〉答张太常二首》，第619页。
④ 吴光等编：《王阳明全集》卷五《文录二·与陆原静》，第159页。
⑤ 吴光等编：《王阳明全集》卷二十一《外集三·答人问神仙》，第664—665页。

己的评价。

对王阳明的良知学构建影响最深的是道教中的哪一派？王阳明又是怎样援道入儒以构建其心学体系的？这实际上是关于王阳明良知学与道教之关系这一个问题的两个方面。要理解这个问题，当从王阳明和道教的交往说起。

据史料的记载，王阳明与道教的第一次接触，颇具传奇色彩。明弘治元年（1488）七月，十七岁的王阳明到江西南昌迎娶诸氏。在新婚之日，王阳明"偶闲行入铁柱宫，遇道士趺坐一榻，即而叩之，因闻养生之说，遂相与对坐忘归。诸公遣人追之，次早始还"①。铁柱宫应为道教净明道在南昌的重要修习场所，故王阳明第一次接触的道教派别是净明道。净明道在当时有着较大的社会影响，它融合儒学，把忠孝看作修炼得道之本，对于正在寻找学为圣人之道的青年王阳明产生了吸引力。

但真正激起王阳明了解研习道教的，是他期望借修习道教养生术以调息养生、治疗疾病。王阳明自幼身体虚弱，而且一直受到肺病的困扰，最后亦死于此病。王阳明早在二十一岁求学于京师时，就因学朱子格物致知之论而连日"格竹""遇疾"。《王阳明年谱》载：

> 先生始侍龙山公于京师，遍求考亭遗书读之。一日思先儒谓"众物必有表里精粗，一草一木，皆涵至理"，官署中多竹，即取竹格之；沉思其理不得，遂遇疾。②

二十七岁时，王阳明又因学宋儒格物求理，"深郁既久，旧疾复作"③。三十岁时，他又"忽患虚弱咳嗽之疾"④，无奈，王阳明只好上疏乞归治病，"养病归越，辟阳明书院，究极仙经之秘旨，静坐，为长生久视之道"⑤。

弘治十五年（1502），王阳明因病归越（今浙江绍兴）后，遂"筑室阳明洞中，行导引术。久之，遂先知"⑥。丘处机《大丹直指》中亦言，若自内丹功法的小成修炼至中成，即还丹炼形既济之后，"三百日神灵，知前后事"⑦。

---

① 吴光等编：《王阳明全集》卷三十三《年谱一》，第 1002 页。
② 吴光等编：《王阳明全集》卷三十三《年谱一》，第 1002 页。
③ 吴光等编：《王阳明全集》卷三十三《年谱一》，第 1003 页。
④ 吴光等编：《王阳明全集》卷九《别录一·乞养病疏》，第 244 页。
⑤ 吴光等编：《王阳明全集》卷三十八《阳明先生行状》，第 1162 页。
⑥ 吴光等编：《王阳明全集》卷三十三《年谱一》，第 1004 页。
⑦ 《大丹直指》卷上，《道藏》第四册，第 399 页。

王阳明修得"先知"异能之事在当地广为传播，竟引得绍兴太守几次派人前来向阳明咨询致雨之术。王阳明在阳明洞隐修时不但获得"先知"这类神秘体验，还有过更高深的神秘体验。王龙溪曾述阳明在修习静坐时获得神秘体验的经历："自谓尝于静中，内照形躯如水晶宫，忘己忘物，忘天忘地，与虚空同体，光耀神奇，恍惚变幻，以欲言而忘其所以言，乃真境象也。"[①] 丘处机在山中修道时，也有过类似神秘体验，所谓"真心常明，便是个水晶塔子"[②]。另据浙江大学束景南先生考证，王阳明在弘治九年秋落榜南归时，认识了南都（金陵）朝天宫的全真道士尹真人（又名尹蓬头、尹山人），弘治十年春阳明由余姚北上京师，途经南都，曾从尹真人游，向其学道百日，学的是"真空炼形法"。阳明还向尹真人赠诗一首，为尹真人弟子收入《性命圭旨》中，重题名为《口诀》，记述了阳明跟随尹真人修习"真空炼形法"百日的体验，诗云："闲观物态皆生意，静悟天机入穹冥。道在险夷随地乐，心忘鱼鸟自流行。"[③]

由上可知，王阳明归越修习道教养生之法，除行导引术外，还修习内丹，过起了清静无为、清心寡欲的隐士生活。王阳明诗云："欲扣灵关问丹诀，春风萝薜隔重重。……夜拥苍崖问丹洞，山中亦自有王公。"[④] 这段隐居生活，对其良知学的形成有着重要的影响。

但修炼道教养生术似乎并没有给王阳明带来预期中强身健体的养生效果，相反，据王阳明自己后来的说法，身体竟然还越来越差："仆诚八岁而即好其说（案：这里指的是阳明好佛老之学，现存有其八岁时写的《资圣寺杏花楼》一诗，亦成其始好佛老的最好象征矣[⑤]），今已余三十年矣，齿渐摇动，发已有一二茎变化成白，目光仅盈尺，声闻函丈之外，又常经月卧病不出，药量骤进，此殆其效也。"[⑥] 修炼道教养生术的失败经历，对阳明思想的转变产生了重大影响，按《年谱》的说法，也就是在阳明归越隐居养身的弘治十五年（1502）"渐悟仙、释二氏之非"[⑦]。正德五年（1510）龙场悟道后，王阳明体

---

① 吴震编校整理：《王畿集》卷二《滁阳会语》，南京：凤凰出版社，2007年，第34—35页。

② 《真仙直指语录》卷下《清和真人语》，《道藏》第三十二册，第443页。

③ 束景南：《王阳明佚文辑考编年（增订版）》（上），上海：上海古籍出版社，2015年，第38页。

④ 吴光等编：《王阳明全集》卷十九《外集一·游牛峰寺四首》，第559页。

⑤ 束景南：《王阳明佚文辑考编年（增订版）》（上），第6页。

⑥ 吴光等编：《王阳明全集》卷二十一《外集三·答人问神仙》，第664页。

⑦ 吴光等编：《王阳明全集》卷三十三《年谱一》，第1004页。

会出良知之学，至此，他的思想完成了从出入佛老到归本圣学的转换。阳明总结这段思想经历时说："区区往年盖弊力于此矣，后乃知其不必如是，始复一意于圣贤之学。"①

那么，王阳明悟出的"仙、释二氏之非"究竟是什么呢？其一是阳明认识到养德才是人生的价值，过度强调养生，会割裂养身与养德的统一。阳明答学人问"志士仁人"时说："只为世上人都把生命身子看得来太重，不问当死不当死，定要宛转委曲保全，以此把天理却丢去了，忍心害理，何者不为？若违了天理，便与禽兽无异，便偷生在世上百千年，也不过做了千百年的禽兽。学者要于此等处看得明白。"②其二是阳明认识到，人须在事上磨炼，若独居静处去专行养生之术，这样做一遇现实中纷乱之事便无法把持，静定功夫也不能长进，于养德养生均无益处。阳明说："人须在事上磨炼做功夫乃有益，若只好静，遇事便乱，终无长进。那静时功夫亦差，似收敛而实放溺也。"③王阳明在悟到仙释二氏之非后，对佛、老有直截了当的批评，如阳明认为道教修持所出现的神功异能只是"簸弄精神"，终非正道，必须予以否定，他说："此簸弄精神，非道也"④；又说仙、佛注重个人修持，但不能将个人修持功夫应用于淑世济民的事功，"终不似圣人之全"，他对王嘉秀所说的"佛以出离生死诱人入道，仙以长生久视诱人入道，其心亦不是要人做不好，究其极至，亦是见得圣人上一截，然非入道正路。……终不似圣人之全"⑤表示赞同，认为其"所论大略亦是"⑥。他还认为，老子的修身养性之道，其出发点虽不乖于夫子，但老氏"独其专于为己而无意天下国家，然后与吾夫子之格致诚正而达之于修齐治平者之不同耳"⑦。故阳明对于道家道教的态度是既有批评也有包容，认为"虽老氏之说无益于天下，而亦可以无害于天下"⑧。

如果说王阳明早期对道家道教心存仰慕并为达养生之目的而有过实践体验，那么，中年以后的王阳明对于道家道教已经有了理性和成熟的审视态度，其具体表现为对道家道教既有学术批判，也有包容和借鉴吸收。特别值得重

---

① 吴光等编：《王阳明全集》卷五《文录二·与陆原静》，第 159 页。
② 吴光等编：《王阳明全集》卷三《传习录下·黄省曾录》，第 90 页。
③ 吴光等编：《王阳明全集》卷一《传习录下·陈九川录》，第 81 页。
④ 吴光等编：《王阳明全集》卷三十三《年谱一》，第 1004 页。
⑤ 吴光等编：《王阳明全集》卷一《传习录上·陆澄录》，第 16 页。
⑥ 吴光等编：《王阳明全集》卷一《传习录上·陆澄录》，第 16 页。
⑦ 吴光等编：《王阳明全集》卷二十二《外集四·山东乡试录·策五道》，第 711 页。
⑧ 吴光等编：《王阳明全集》卷二十二《外集四·山东乡试录·策五道》，第 711 页。

视的是，王阳明在走出早年思想困境和朱子格物穷理之学的局限、开创出良知学的思想历程中，以内丹学为代表的全真道炼养学为他提供了思想资源和创造动力。从这一角度认识和理解阳明学与道教之关系，或较为客观且与历史事实相合。

二、致良知与全真性

"致良知"是王阳明四十九岁（一说五十岁）时提出的一个重要思想命题，这一命题的提出标志着阳明心学思想的最终形成，阳明此后常把致良知说成是自己的"立言宗旨"，又称其为儒学的"正法眼藏"。阳明说："致知二字，是千古圣学之秘，……此是孔门正法眼藏。"① 那么，什么叫"良知"？王阳明认为，良知就是孟子所言的人先天本有的是非之心，良知是心之本体，良知即是天理。"良知只是个是非之心"②；"天理在人心，亘古亘今，无有终始，天理即是良知"③。王阳明还把作为心之本体的"良知"称为"真己"。王阳明说："这心之本体，原只是个天理，原无非礼。这个便是汝之真己。这个真己，是躯壳的主宰。若无真己，便无躯壳。"④ 换言之，良心、天理、真己异名同实，均指人先天不学而能的道德自觉能力，它超越时空，无有始终。正是在这个意义上，王阳明讲"吾儒亦自有神仙之道"。他说："盖吾儒自有神仙之道，颜子三十二而卒，至今未亡也。"⑤ 王阳明之意为：人的肉身虽无法做到永不坏灭，但人的道德生命（即阳明所称之为良知、心之本体、真己者）却是可以长存于世，故人的躯壳虽死，而作为道德生命的真己则能够永生。就如颜渊，虽然只活了三十二岁，但他的道德生命（安贫乐道的精神）却传之久远。因此，致良知，就是"便须常常保守着这个真己的本体，戒慎不睹，恐惧不闻，唯恐亏损了他一些"⑥。可见，阳明所说的致良知，实际上是保全真己，若能保全作为心之本体的真己，使此先天本有的是非之心，时时刻刻在日常生活的事事物物中发用流行，便是致良知了，故阳明说："圣人只是顺其良知之发用，天地万物，俱在我良知的发用流行中，何尝又有一物超于良

---

① 吴光等编：《王阳明全集》卷五《文录二·寄薛尚谦》，第169页。
② 吴光等编：《王阳明全集》卷三《传习录下·钱德洪录》，第97页。
③ 吴光等编：《王阳明全集》卷三《传习录下·钱德洪录》，第96页。
④ 吴光等编：《王阳明全集》卷一《传习录上·陆澄录》，第32页。
⑤ 吴光等编：《王阳明全集》卷二十一《外集三·答人问神仙》，第664页。
⑥ 吴光等编：《王阳明全集》卷一《传习录上·陆澄录》，第32页。

知之外，能作得障碍？"①阳明终生志力于探求学为圣人之道，他认为成贤作圣并非不可能之事，只要能致其良知即可。他告诫弟子："是良知也者，是所谓'天下之大本也'。致是良知而行，则所谓'天下之达道'也。"②而每一个人如果都能做到致良知，并由己之良知推及于人、及于物、及于自然和社会，则能达到儒家道德修养的最高境界——与天地万物为一体。达到这种境界的人，儒家称之为"仁者"，故阳明言："'仁者以天地万物为一体'，使有一物失所，便是吾仁者未有尽处。"③

再来对比一下全真道内丹学的相关思想论述。全真道内丹仙学论强调，成仙非肉体不死，而是通过炼育元神，达到真性、真神的解脱。丘处机说："生灭者形也，无生灭者神也、性也。有形皆坏，只有一点阳光，超乎劫数之外，在人身中为性海，即元神也。故世尊独修性学，炼育元神。……今世祈长生者，不向本命元神自发大愿，乃从仙佛乞灵，是舍本而求末矣。……吾宗所以不言长生者，非不长生，超之也。"④丘处机认为，人身乃有生有灭的虚幻假躯，只有元神才是真正的自我，所以他有时亦称元神为真己，云："人认身为己，此乃假物，从父母而得之者；神为真己，从道中而得之者，能思虑瘸痲者是也。"⑤丘处机明确地说，成仙的主体不是幻身，而是真己（元神）："幻身假物若逆旅蜕居，何足恋也；真身飞升，可化千百，无施不可。"⑥而元神，按王重阳的说法，是不生不灭、无朽无坏、灵妙之极的真灵："元神者，乃不生不灭、无朽无坏之真灵，非思虑妄想之心。天心乃元神之主宰，元神乃天心之妙用。故以如如不动、妙圆天心为主，以不坏不灭，灵妙元神为用也。"⑦

通过上述比较，可见阳明致良知之学，和全真高道王重阳、丘处机炼育元神、保全真性、全真而仙的内丹心性思想，其用词、理论旨趣和思维方式都是相似的。王阳明自己也间接承认全真道内丹学对他构建良知学的启发作用，他借用全真道"神住气住精住"来描述道德"真己"得到保全的状态，并认为这和仙家的长生久视相通。他说："原静所云'真我'者，果能戒谨不

---

① 吴光等编：《王阳明全集》卷三《传习录下·钱德洪录》，第 93 页。
② 吴光等编：《王阳明全集》卷八《文录五·书朱守乾卷》，第 235 页。
③ 吴光等编：《王阳明全集》卷一《传习录上·陆澄录》，第 22 页。
④ 《邱祖语录》，《藏外道书》第十一册，第 284 页。
⑤ 《玄风庆会录》，《道藏》第三册，第 388 页。
⑥ 《玄风庆会录》，《道藏》第三册，第 390 页。
⑦ 白如祥辑校：《王重阳集》，济南：齐鲁书社，2005 年，第 303 页。

睹，恐惧不闻，而专志于是，则神住气住精住，而仙家所谓长生久视之说，亦在其中矣。"① 这不仅如此，阳明还以良知统摄全真道内丹学的精、气、神，认为只要能明致良知之理，内丹炼养学中的一切过程及成效，如真阳之气、真阴之精、三关七返九还之类，尽在其中。他说："夫良知，一也，以其妙用而言谓之神，以其流行而言谓之气，以其凝聚而言谓之精，……苟吾良知之说明，即凡若此类皆可以不言而喻。"② 循此思路，王阳明进一步言道，"吾性自足，不假外求"，"心之良知是谓圣"③。这表明，阳明通过借鉴吸收全真道内丹炼养思想，会通儒释，用道德意义上的真我、真己代替全真道所说的宗教意义上的元神、真性、真神，把全真道的元神成仙说改造为真己外化而成圣的"致良知"学说，在道德价值上归本儒学，构建起了一条以发现主体的道德良知、觉悟和开启其道德的主动性为基础，以实现主体的道德完善为目标的成圣之路。

三、默坐澄心与清静降心

全真道自教祖王重阳时期起，就将打坐降心以达清静的功夫列为全真成仙的捷径。在王重阳的全真论中，保持心的清静是其真功修炼的关键，王重阳说："夫修行者，常清静为根本。"④ 又说："如常时只宜清静，大为正道也。"⑤但心如猿意如马，平时根本无法做到清静，更不用说保持了，因此，王重阳为全真弟子制定了打坐降心的修道方法。关于打坐，王重阳要求"须十二时辰，住行坐卧，一切动静中间，心如泰山，不动不摇"⑥。而降心则必须达到"其心不动，昏昏默默，不见万物，冥冥杳杳，不内不外，无丝毫念想"⑦ 的境地。丘处机也十分重视清静之功，将清静列为内日用，说："清静做修行，乃内日用。"⑧ 如何做到清静？丘处机的方法是："谨要降心，削除人我，泯于声色，离形去智，湛然无欲。"⑨ 丘处机认为，心静则定，定则神现，神现则

---

① 吴光等编：《王阳明全集》卷五《文录二·与陆原静》，第159页。
② 吴光等编：《王阳明全集》卷二《传习录中·答陆原静书》，第54页。
③ 吴光等编：《王阳明全集》卷八《文录五·书魏师孟卷》，第236页。
④ 《重阳真人金关玉锁诀》，《道藏》第二十五册，第799—800页。
⑤ 《重阳真人金关玉锁诀》，《道藏》第二十五册，第800页。
⑥ 《重阳立教十五论》，《道藏》第三十二册，第153页。
⑦ 《重阳立教十五论》，《道藏》第三十二册，第153—154页。
⑧ 《长春真人寄西州道友书》，《道藏》第三十二册，第437页。
⑨ 《长春真人规榜》，《道藏》第三十二册，第160页。

功成，故言："心定而凝，心凝神现，性现人成。"①丘处机在这里所说的神和性，实即一回事，皆指灵明不昧的元神，在人身中的体现则为真性。丘处机还强调，心达至清静后，自然生出智慧，但智慧生出后，还须经过一番涵养功夫，方能由原本躁动于各种欲望中的常人幻境，进入虚无真境。他说："念止则心定，心定则慧先生，慧既生矣，还须自涵于不睹不闻、无声无臭之中，□之方退于虚无真境。"②对于养生而言，"清静则气和，气和则神王，神王则是修仙之本"③。因此，丘处机指出，真正的养生之道在于养神，而不在养形。他说："真道养神，而伪道养形者也。"④如果说常人的养形之术重实，那么，仙道的养神之道则重虚，一实一虚，道出了全真道内丹炼养思想与常人养身之术的根本区别。丘处机说："仙道真实，人情贵华，仙道人情直相反尔。"⑤全真道重修心养神，强调养心重于养身的内丹炼养思想，以及清静降心的养心方法，为王阳明良知学的修养论所借鉴吸收。

在王阳明看来，心是一切的本体，自然是身的主宰，故养德须以养心为统帅，不然便失去意义。但在日常生活中，由于有种种私欲的主观障蔽，使人失落了纯然本善的心体，疏离了真实的存在世界，因此，王阳明提出以静坐澄心为修养方法，通过静定的修养功夫，不断扫除私欲的障蔽，证入形上的心性本体，恢复心体的本然之善，使人的主体世界在此道德觉悟的功夫中不断得到提升。王阳明曾对弟子谈过静坐澄心的功夫，他说："初学时心猿意马，拴缚不定，其所思虑多是人欲一边，故且教之静坐、息思虑。久之，俟其心意稍定，……须教他省察克治。"⑥前面曾提到，王阳明弘治十五年归越筑室阳明洞天修习静坐时，获得过"先知"和"内照形躯如水晶宫，忘己忘物，忘天忘地，与虚空同体"⑦的神秘体验。因此，王阳明一直十分重视默坐澄心的修养功夫和方法，他不但在阳明洞长期修习，而且在谪居龙场驿时"日夜端居澄默，以求静一；久之，胸中洒洒。……忽中夜大悟"⑧。可见，阳明龙场悟道亦得益于默坐澄心的修养功夫和方法。当然，阳明的默坐澄心，最

① 《邱祖语录》，《藏外道书》第十一册，第 285 页。
② 《邱祖语录》，《藏外道书》第十一册，第 285 页。
③ 《长春真人寄西州道友书》，《道藏》第三十二册，第 437 页。
④ 赵卫东辑校：《丘处机集·学仙记》，济南：齐鲁书社，2005 年，第 175 页。
⑤ 《长春真人寄西州道友书》，《道藏》第三十二册，第 437 页。
⑥ 吴光等编：《王阳明全集》卷一《传习录上·陆澄录》，第 14 页。
⑦ 吴震编校整理：《王畿集》卷二《滁阳会语》，第 34—35 页。
⑧ 吴光等编：《王阳明全集》卷三十三《年谱一》，第 1228 页。

终是为了体认那个纯明澄澈的心灵本体的地位和作用，重建身物统一、内外一体的身心之学，克服一般儒者只流于章句训诂和道德教条而丧失精神生活的内在价值的弊病，所以阳明并没有教人以静坐为最终目的，反而一再提醒"静坐"非"悬空静守，如枯木死灰"①，而是主张以默坐澄心的静定功夫与"省察内观"的克治功夫相互融合、互为助益。阳明说："是徒知静养而不用克己功夫也。如此，临事便要倾倒。人须在事上磨，方立得住，方能'静亦定、动亦定'。"②故阳明在辰州，"始教学者悟从静入，恐其或病于枯也，揭'明德'、'亲民'之旨，使加'诚意'、'格物'之功"③，并明确指出，静坐澄心只是"欲以此补小学收放心一段功夫耳"④。基于修身养性是为了达至先天道德生命的呈现这一价值取向，阳明认为养德与养身是一事，他说："大抵养德养身，只是一事。"⑤王阳明认为，道、佛均有静定功夫，但道、佛都是以自己的解脱、安乐为宗旨，流入空虚，故阳明言"二氏自私其身，是谓小道"⑥。可见，能否将默坐澄心的功夫与省察克治的实功和日用人伦的实事相接引，是阳明学与全真道在静坐以修心养身问题上的根本区别。

由上述可见，王阳明良知学的一个重要品格是"立体达用"，阳明的表述是："明明德者，立其天地万物一体之体也；亲民者，达其天地万物一体之用也。故明明德必在于亲民，而亲民乃所以明其明德也。"⑦由此表明，王阳明的良知学，特别强调内在修养与外在事功的统一、道德理想与亲民实践的统一，通过立"明明德"之体，以达"亲民"之用，体用不二、知行合一，最终成就内圣外王的儒家理想之境。阳明良知学从"立体达用"的思维出发，将一体论和有机整体论贯彻于德性修养中，讲"若论圣人大中至正之道，彻上彻下，只是一贯"⑧，要求将个体道德修养的内圣之道与淑世济民的外王之功圆融结合，故阳明良知学所坚持的原则是，要修养身心但不能像道、佛那样陷入空虚境界中去，要经理日常事务但不能陷入功利主义中，故阳明良知学在养心方面虽也像全真道一样强调要"虚"去人欲，但阳明指出："良知之

---

① 吴光等编：《王阳明全集》卷一《传习录上·陆澄录》，第14页。
② 吴光等编：《王阳明全集》卷一《传习录上·陆澄录》，第11页。
③ 吴光等编：《王阳明全集》卷三十七《年谱附录二·阳明先生年谱序》，第1120页。
④ 吴光等编：《王阳明全集》卷四《文录一·与辰中诸生》，第125页。
⑤ 吴光等编：《王阳明全集》卷五《文录二·与陆原静》，第159页。
⑥ 吴光等编：《王阳明全集》卷三十五《年谱三》，第1059页。
⑦ 吴光等编：《王阳明全集》卷二十六《续编一·大学问》，第799页。
⑧ 吴光等编：《王阳明全集》卷一《传习录上·钱德洪录》，第17页。

虚，便是天之太虚；良知之无，便是太虚之无形。日、月、风、雷、山、川、民、物，凡有貌象形色，皆在太虚无形中发用流行，未尝作得天的障碍。"①也就是说，作为心之本体的良知，亦是虚、无，但它不像道、佛那样拒绝外接万事万物，而是如天的虚、无一样，包容万物而又不障碍其虚、无的境界，这是王阳明自言其良知学与全真道内丹炼养学最根本的区别，也是他吸收并创造性地转换全真道的内丹心性思想资源为己用，开出"体用一源，显微无间"（程颐语）的儒家良知学的路径和奥秘所在。

（原载于《名作欣赏》2017 年第 4 期）

---

① 吴光等编：《王阳明全集》卷三《传习录下·钱德洪录》，第 93 页。

王阳明对《尚书》心学思想的诠释与重构

摘要：王阳明以诠释与重构为方法，对《尚书·大禹谟》"人心惟危，道心惟微，惟精惟一，允执厥中"的"十六字心传"，从道统论、本体论、修养论、治政论四方面进行整合与创造性开新，建构了以"致良知"为核心内容和特色的"新心学"——良知学，其理论成果和思维方式至今仍有积极的借鉴意义。王阳明认为，《尚书·大禹谟》为心学的源头，之后传承者依次为孔子、孟子、周敦颐、程颐、程颢、陆九渊，这是其心学道统论；心即理、心之本体是良知、心之本体常觉常照、心之本体是乐，此为其心学本体论；以致良知为目标，以惟精惟一与博文约礼、省察克治及事上磨炼、廓然大公和循礼为乐为修养工夫，此为其心学修养论；为政者将仁民爱物的亲民之德，由身边的亲人推广至家族、国家与天下乃至天地万物，并达到至善之境，这是其心学治政论，也是良知治政之道。

关键词：王阳明；《尚书》十六字心传；致良知；诠释与重构

明代哲学家王阳明说："夫圣人之学，心学也。学以求尽其心而已。"[①]他基于《尚书·大禹谟》"人心惟危，道心惟微，惟精惟一，允执厥中"的"三圣传授心法"（一言"十六字心传"），对中国思想文化的心学资源通过诠释与重构进行整合及创造性开新，建构了以"致良知"为核心内容和特色的"新心学"——良知学，对明以后中国的政治、思想、文化、宗教、心理、伦理等诸多领域产生重大影响，其理论成果和思维方式至今仍有积极的借鉴意义。

---

① 吴光等编：《王阳明全集》卷七《文录四·重修山阴县学记》，上海：上海古籍出版社，2012年，第216页。（下引同书只注页码）

一、心学道统论

王阳明在建构其以"致良知"为核心内容的"新心学"时，和此前的儒家学者一样，首先追溯了心学的源流，提出了他自己的心学道统论。此道统论在他作于正德十五年庚辰（公元 1520 年）的《象山文集序》中有清晰的表述（钱德洪《年谱》及日本学者冈田武彦认为作于公元 1521 年的正德十六年辛巳）。文字不长，为叙述方便，兹引如下：

圣人之学，心学也。尧、舜、禹之相授受曰："人心惟危，道心惟微，惟精惟一，允执厥中。此心学之源也。中也者，道心之谓也；道心精一之谓仁，所谓中也。

孔孟之学，惟务求仁，盖精一之传也。而当时之弊，固已有外求之者，故子贡致疑于多学而识，而以博施济众为仁。夫子告之以一贯，而教以能近取譬，盖使之求诸其心也。迨于孟氏之时，墨氏之言仁至于摩顶放踵，而告子之徒又有"仁内义外"之说，心学大坏。孟子辟义外之说，而曰："仁，人心也。学问之道无他，求其放心而已矣。"又曰："仁义礼智，非由外铄我也，我固有之，弗思耳矣。"盖王道息而伯术行，功利之徒外假天理之近似以济其私，而以欺于人，曰：天理固如是，不知既无其心矣，而尚何有所谓天理者乎？自是而后，析心与理而为二，而精一之学亡。世儒之支离，外索于刑名器数之末，以求明其所谓物理者，而不知吾心即物理，初无假于外也。

佛、老之空虚，遗弃其人伦事物之常，以求明其所谓吾心者。而不知物理即吾心，不可得而遗也。至宋周、程二子，始复追寻孔、颜之宗，而有"无极而太极"，"定之以仁义中正而主静"之说；"动亦定，静亦定，无内外，无将迎"之论，庶几精一之旨矣。自是而后，有象山陆氏，虽其纯粹和平若不逮于二子，而简易直截，真有以接孟子之传。其议论开阖，时有异者，乃其气质意见之殊，而要其学之必求诸心，则一而已。

故吾尝断以陆氏之学，孟氏之学也。而世之议者，以其尝与晦翁之有同异，而遂诋以为禅。夫禅之说，弃人伦，遗物理，而要其归极，不可以为天下国家。苟陆氏之学而果若是也，乃所以为禅也。今禅之说与陆氏之说，其书具存，学者苟取而观之，其是非同异，当有不待于辩说者。而顾一倡群和，剿说雷同，如矮人之观场，莫知悲笑之所自，岂非贵耳贱目，不得于言而勿求诸心者之过欤！夫是非同异，每起于人持胜心、便旧习而是己见。故胜心旧习之为患，贤者不免焉。①

在此文中，王阳明将心学的传承体系和历代传承者对心学的贡献做了总结。他认为，《尚书·大禹谟》为心学的源头，之后传承者依次为孔子、孟子、周敦颐、程颐、程颢、陆九渊。《尚书·大禹谟》的思想贡献是提出了心学思想之"人心、道心、执中"等基本概念，孔子则以"仁"诠释道心，终生以"仁"为最高追求；孟子继承孔子，提出"求放心"以存道心；周敦颐提出"无极而太极"和"定之以仁义中正而主静"②以诠释道心之"精一"；二程则从"动亦定，静亦定，无内外，无将迎"③的动静关系角度诠释道心之"精一"。王阳明特别加以肯定的是陆九渊之"心即理也"对心学的贡献。陆九渊说："盖心，一心也，理，一理也。至当归一，精义无二，此心此理，实不容有二。"④"天之所以与我者，即此心也。人皆有是心，心皆具是理，心即理也。"⑤王阳明指出此为接孟子之传的心学正统，与圣人之学无异，且以"直截简易"的特点继承了"十六字心传"，世儒批评陆学近禅，实出于持好胜之心，因循旧说。王阳明的"良知学"，正是在陆学的基础上发展开新传统心学思想而来。

王阳明排列心学道统论的谱系，为其新心学张本，是中国古代学术思想史上的一大传统。

道统论思想的萌芽最早见于《论语·尧曰》，在此篇中，孔子第一次提到古代圣贤传承的谱系，认为道德是由尧传舜而禹而文王周公这样一个顺序，并且提出"允执其中"的中庸之道的概念。

孟子承继孔子，提到历史上每隔五百年即有圣人出，并补充了孔子提出的传承，从尧开始，舜、禹、皋陶、汤、伊尹、莱朱、文王、太公望、散宜生，再到孔子，形成一个完整的谱系："由尧舜至于汤，五百有余岁，若禹、皋陶，则见而知之；若汤，则闻而知之。由汤至于文王，五百有余岁，若伊尹、莱朱，则见而知之；若文王，则闻而知之。由文王至于孔子，五百有余

① 吴光等编：《王阳明全集》卷七《文录四·象山文集序》，第 206-207 页。
② 陈克明点校：《周敦颐集》卷一，北京：中华书局，1983 年，第 6 页。
③ 王孝鱼点校：《二程集》第 1 册《定性书》，北京：中华书局，1981 年，第 65 页。（下引同书只注页码）
④ 钟哲点校：《陆九渊集》卷一《与曾宅之》，北京：中华书局，1980 年，第 4—5 页。（下引同书只注页码）
⑤ 钟哲点校：《陆九渊集》卷十一《与李宰（二）》，第 149 页。

岁，若太公望、散宜生，则见而知之；若孔子，则闻而知之。由孔子而来至于今，百有余岁，去圣人之世若此其未远也。"①他还提出"当今之世，舍我其谁"②，认为自己是圣人之道的继承者。

到了唐代，佛道大盛，儒家势弱，韩愈提倡古文运动，并为对抗佛老思想进而推崇《大学》，突出孟子的地位。韩愈在《原道》提出："斯吾所谓道也，非向所谓老与佛之道也。尧以是传之舜，舜以是传之禹，禹以是传之汤，汤以是传之文、武、周公，文、武、周公传之孔子，孔子传之孟轲，轲之死，不得其传焉。"③

北宋时期，"宋初三先生"之一的孙复提出"尊王明道""崇儒排佛"主张，并延展了道统传承的队伍："吾之所为道者，尧、舜、禹、汤、文、武、周公、孔子之道也，孟轲、荀卿、扬雄、王通、韩愈之道也。"④另一位"宋初三先生"之一的石介也提出系统的道统传授谱系。他说："道始于伏羲而成终孔子。……伏羲氏、神农氏、黄帝氏、少昊氏、颛顼氏、高辛氏、唐尧氏、虞舜氏、禹、汤、文、武、周公、孔子者，十有四圣人，孔子为圣人之至。孟轲氏、荀况氏、扬雄氏、王通氏、韩愈氏五贤人。"⑤

程颐在《明道先生墓表》中推其兄程颢为道统传人，曰："周公没，圣人之道不行；孟轲死，圣人之学不传。道不行，百世无善治；学不传，千载无真儒。……先生出，揭圣学以示人，辨异端，辟邪说，开历古之沉迷，圣人之道，得先生而复明，为功大矣。"⑥

南宋朱熹在《中庸章句序》中说："盖自上古圣神继天立极，而道统之传有自来矣。其见于经，则'允执厥中'者，尧之所以授舜也；'人心惟危，道心惟微，惟精惟一，允执厥中'者，舜之所以授禹也。尧之一言，至矣，尽矣！而舜复益之以三言者，则所以明夫尧之一言，必如是而后可庶几也。"⑦

① 《孟子·尽心下》。

② 《孟子·公孙丑下》。

③ 刘真伦、岳珍校注：《韩愈文集汇校笺注》，北京：中华书局，2017年，第4页。

④ 《孙明复小集·信道堂记》，尹洙等编：《河南集》卷二十七附录，上海：上海古籍出版社，1987年，第304页。

⑤ 石介：《徂徕石先生文集·尊韩》，北京：中华书局，2009年，第12页。

⑥ 王孝鱼点校：《二程集》第3册《明道先生墓表》，第640页。

⑦ 朱熹注；王浩整理：《四书集注》，南京：凤凰出版社，2005年，第15页。

二、心学本体论

除了构建道统，通过诠释古典文献而建立自己的思想体系，亦是宋代以降儒学思想家常用的开新传统古典哲学的方法。《尚书·大禹谟》"十六字心传"的本意，因年代久远加之古今思想文化、思维方式的差异而难有定论，这虽为理解文献的本意留下了遗憾，但也为后人发展提供了充足的空间。

荀子说："《书者》，政事之纪也。"① 司马迁认为："《书》记先王之事，故长于政。"② 王阳明也指出："《书》也者，志吾心之纪纲政事也。"③《尚书》历来被视为政书之祖。笔者检阅《尚书·大禹谟》文本，"十六字心传"是帝舜禅让帝位给禹时所说的一段话中的一部分，是围绕如何治国及永保天 这个问题而谈的。

通观《尚书》，"人"指官吏，与"民"（庶民）相对，故"人心"当指官吏之心。危，《说文解字》释为"在高而惧也"。唐杨倞注《荀子·解蔽篇》引此句时认为："危谓不自安，戒惧之谓也。……处心之危，言能戒惧，兢兢业业，终使之安也"，此当为引申义。舜禅帝位于禹，是因禹具备了"汝惟不怠""克勤于邦，克俭于家，不自满假""汝惟不矜""汝惟不伐"等贤德，因此，舜才会认定"天之历数在汝躬，汝终陟元后"④。"惟"，《说文解字》："凡思也。从心隹声。"段玉裁注："方言曰：惟，思也。又曰：惟，凡思也。虑，谋思也。愿，欲思也。念，常思也。"据此，"人心惟危"，当指"官吏之心当常思不怠于政、克勤克俭、不矜不伐"等贤德，这样解读亦符合大禹所言"后克艰厥后，臣克艰厥臣，政乃义，黎民敏德"，大禹评价自己"予思日孜孜"⑤，以及伯益所言"儆戒无虞"之意。

"道"，《说文解字》："所行道也。从辵。一达谓之道。"段玉裁注："所行道也。毛传每云行道也。道者人所行，故亦谓之行。道之引伸为道理，亦为引道。从辵首。首者，行所达也。"可知"道"的本意是指通达目标的路径。《尚书·大禹谟》中两次出现"道"字，第一次是帝舜与禹和伯益讨论政务时，伯益说："罔失法度。……罔违道以干百姓之誉，罔咈百姓以从己之欲。"第二次出现在帝舜命令禹伐三苗、禹誓于师时所说："蠢兹有苗，昏迷不恭，侮

---

① 《荀子·劝学篇》。
② 《史记·太史公自序》。
③ 吴光等编：《王阳明全集》卷七《文录四·稽山书院尊经阁记》，第 215 页。
④ 《尚书·大禹谟》。
⑤ 《尚书·皋陶谟》。

慢自贤，反道败德，君子在野，小人在位，民弃不保，天降之咎，肆予以尔众士，奉辞伐罪。"从这两次出现"道"字的情况看，第一次"道"明确地表达了治政之所当行的"法度"（路径）之意，且具体指伯益所说的"罔游于逸，罔淫于乐。任贤勿贰，去邪勿疑。疑谋勿成，百志惟熙"。第二次出现的"道"，亦指治政的法度，如帝舜所说的"嘉言罔攸伏，野无遗贤，万邦咸宁。稽于众，舍己从人，不虐无告，不废困穷。"而三苗的治政则"昏迷不恭，侮慢自贤"，"君子在野，小人在位，民弃不保"，恰与舜所言相反，故其罪为"反道败德，天降之咎"。

如果从治政的法度来理解"道"的意义，则道心当指帝、后（君王）当有的思虑能力，且此心应以握把好"度"为思虑重点，如皋陶所说的治政九德"宽而栗，柔而立，愿而恭，乱而敬，扰而毅，直而温，简而廉，刚而塞，强而义"①。"微"，《说文解字》释为"隐行"，《尔雅·释诂》解作"幽微"。此外还有"不明"之意，如《诗经·小雅》"彼月而微，此日而微"。由于此种为帝或君王者治政九德的"度"远不如前述"官吏之心当常思不怠于政、克勤克俭、不矜不伐"等好把握，故而相比之下"道心"比"人心"更为精深微妙，若要把握好治政九德的度，"执中"是最好的方法，故言"允执厥中"。以上是对"十六字心传"的一种解读。

王阳明对《尚书·大禹谟》"十六字心传"的解读则别开生面，他从本体论的思维方式出发，做出了独具理论特色的诠释：

第一，心即天、理、性、道、命。王阳明将心从个体的德性之心扩充至与性、命、道、理等同的天地万物本体之心，极大突破了心的伦理道德界限，使心成为物质与精神现象的本体，也可称之为宇宙本体。在王阳明的著作中，类似的话语和表述俯拾可见："心也，性也，命也，一也。""其在于天谓之命，其赋于人谓之性，其主于身谓之心。"②"性一而已，自其形体也谓之天，主宰也谓之帝，流行也谓之命，赋于人也谓之性，主于身也谓之心。""心即性，性即理""人皆有是心，心即理。""心即道，道即天。知心则知道、知天。""诸君要实见此。道，须从自己心上体认，不假外求，始得。"③

第二，"心之本体是良知"。王阳明从三个层次加以论述。首先，心是身

①　《尚书·皋陶谟》。
②　吴光等编：《王阳明全集》卷七《文录四·稽山书院尊经阁记》，第214页。
③　吴光等编：《王阳明全集》卷一《传习录上·陆澄录》，第19页。

体的主宰，心自有知觉能力。"身之主宰便是心"[①]，"心不是一块血肉，凡知觉处便是心。如耳目之知视听，手足之知痛痒，此知觉便是心也"[②]。其次，知是心之本体，此知便是良知。"知是心之本体，心自然会知。见父自然知孝，见兄自然知弟，见孺子入井自然知恻隐。此便是良知，不假外求。"[③]再次，良知只是个是非之心。"良知只是个是非之心，是非只是个好恶。只好恶就尽了是非，只是非就尽了万事万变。""先天而天弗违，天即良知也；后天而奉天时，良知即天也。"[④]虽然阳明有时也会说"至善是心之本体"[⑤]，但自拈出"良知"两字后，他基本上以良知代替了至善的纯伦理用词，而改用知是知非的良知。

这一替换，使心之本体超越了伦理的范畴，拓展至价值论和认识论，理论思维更加圆熟。所以阳明回答他的学生黄直（字以方）关于善恶如何只是一物的问题时说："（心之）本体上才过当些子，便是恶了；不是有个善，却又有一个恶来相对。故善恶只是一物。"[⑥]王阳明把良知作为心之本体并赋予其判断是非的价值本体、认识本体和伦理本体的属性，以良知的呈现当与不当解释善与恶产生的原因，这一观点很好地消解了心之本体既然是至善，那么恶又从何来的理论窘境。

第三，心之本体常觉常照。王阳明由"心之本体是良知"推演出"良知常觉、常照"的认识论命题。王阳明认为，良知之常觉、常照能力，首先是人人本具，它超越时空，永恒不变，如《周易》所言"不虑而知""不学而能"，"盖良知之在人心，亘万古、塞宇宙而无不同。'不虑而知'，'恒易以知险'，'不学而能'，'恒简以知阻'"[⑦]。

其次，它并非获取经验知识的学习能力（闻见之知），而是指判断是非的德性能力（良知），这是心与生俱来者，不需要通过多闻多见、好古敏求、博学审问来获得，"是犹孟子'是非之心，人皆有之'之义也。此言正所以明德性之良知非由于闻见耳"[⑧]。王阳明认为，心之官则思，思固然不可少，然

---

① 吴光等编：《王阳明全集》卷一《传习录上·徐爱录》，第5页。
② 吴光等编：《王阳明全集》卷三《传习录下·黄以方录》，第106页。
③ 吴光等编：《王阳明全集》卷一《传习录上·徐爱录》，第6页。
④ 吴光等编：《王阳明全集》卷三《传习录下·钱德洪录》，第97页。
⑤ 吴光等编：《王阳明全集》卷一《传习录上·徐爱录》，第2页。
⑥ 吴光等编：《王阳明全集》卷三《传习录下·门人黄直录》，第85页。
⑦ 吴光等编：《王阳明全集》卷二《传习录中·答欧阳崇一》，第64页。
⑧ 吴光等编：《王阳明全集》卷二《传习录中·答顾东桥书》，第45页。

而，一味追求多闻多见、博学详说或不思不虑、沉空守寂，有可能自私用智，反而丧失良知，"思其可少乎？沉空守寂与安排思索，正是自私其智，其为丧失良知，一也"①。因此，阳明心学以良知为学问大头脑、圣人教人第一义，而闻见为第二义。"德性之良知，非由于闻见耳，若曰'多闻择其善者而从之，多见而识之'，则是专求诸见闻之末，而已落在第二义矣，故曰'知之次也'。"②"故'致良知'是学问大头脑，是圣人教人第一义。"③

再次，王阳明还提出，良知（心之本体）的觉照能力（照心）是其本体先天自然具有的，并不需要外在条件加以发动，故言"觉心非动"；而即使当良知的先天觉照能力处于被遮蔽的状态时（妄心），此觉照能力并未减少一分，故言"妄心亦照"。

由上可知，阳明心学"良知本体常觉、常照"的命题，阐述了良知先天的认识判断能力与获得经验知识能力的区别，提出了使此先天的认识判断能力由本然状态转为现实状态的方法——"必欲此心纯乎天理而无一毫人欲之私"④，把认识论问题又拉回到德性修养论问题上，为其"知行合一"思想奠定了本体层面的理论基础。

第四，"心之本体是乐"。这是王阳明心学的独家新论，诚为开新之说。此命题从心之本体是良知推导出来，王阳明在给陆原静和给黄勉之等的书信中有较为集中的论述。

乐为人的七情之一，周敦颐曾要程颢寻找孔、颜乐处，陆原静对此颇为疑惑：孔、颜之乐与人的七情之乐是同还是异？如同，则不必寻找；如异，则真乐何在？王阳明在回答其疑问时说："乐是心之本体，虽不同于七情之乐，而亦不外于七情之乐。"⑤王阳明为何说"乐是心之本体"？此乐与七情之乐是何关系？王阳明此说的理论新意何在？

王阳明从"仁人之心，以天地万物为一体"⑥的观点出发，认为人与天地万物之间"欣合和畅、无间隔"⑦为乐，若有间隔则为不乐。而人与天地万物之间产生间隔的原因，则是因人的物欲之气的搅扰，孔子说"学而时习之，

---

① 吴光等编：《王阳明全集》卷二《传习录中·答欧阳崇一》，第63页。
② 吴光等编：《王阳明全集》卷二《传习录中·答顾东桥书》，第45页。
③ 吴光等编：《王阳明全集》卷二《传习录中·答欧阳崇一》，第62页。
④ 吴光等编：《王阳明全集》卷二《传习录中·答陆原静书（二）》，第58页。
⑤ 吴光等编：《王阳明全集》卷二《传习录中·答陆原静书（二）》，第61页。
⑥ 吴光等编：《王阳明全集》卷五《文录二·与黄勉之（二）》，第165页。
⑦ 吴光等编：《王阳明全集》卷五《文录二·与黄勉之（二）》，第165页。

不亦悦乎"，讲的就是去除物欲、复还此心之本体之乐。王阳明在给黄勉之的书信上说："来书谓'人之生理本自和畅，本无不乐，但为客气物欲搅此和畅之气，始有间隔不乐'是也。时习者，求复此心之本体也。悦，则本体渐复矣。"① 王阳明认为，乐是指人与天地万物之间无间无隔、欣合和畅的有序、和谐状态，表现出来即为乐。

从这一角度上说，此乐为心之本体，"本来如是，初未尝有所增也，就使无朋来，而天下莫我知焉，初未尝有所减也"②。因此，此乐自不同于"得所乐则喜，反所乐则怒，失所乐则哀"③ 的七情之乐，王阳明谓之"真乐"。此外，王阳明从体用一源论出发，又指出心之本体之乐"虽不同于七情之乐，而亦不外于七情之乐"，且此乐"亦常人之所同有，但常人有之而不自知，反自求许多忧苦，自加迷弃"。④ 也就是说，心之本体之乐虽不同于七情之乐，但也需要通过七情之乐来表现，只是其乐的表现形式背后的境界不同，此乐是不喜不怒不哀时的真乐。

三、心学修养论

王阳明对心做如此缜密的分析，并非只是就心论心，而是要回答如何修心的问题，因为心性修养思想自孔孟发端以来就一直是儒学思想家必须做出自己回答的重大理论与实践问题。王阳明在构建起其良知本体的思想体系后，比较系统地提出了其致良知的心学修养论。

在儒家心学修养论史上，以朱熹为代表的理学家根据《尚书·大禹谟》关于人心、道心的表述而将心分为人心与道心两个层面，认为"心之虚灵知觉，一而已矣，而以为有人心、道心之异者，则以其或生于形气之私，或原于性命之正，而所以为知觉者不同，是以或危殆而不安，或微妙而难见耳"⑤。因此，朱熹在心性修养上提出"必使道心常为一身之主，而人心每听命焉"⑥ 的观点。王阳明不同意朱熹的观点，他认为，《尚书·大禹谟》所说的人心、道心，其实皆是一心（理、性、道、良知），之所以言人心、道心，说的是

---

① 吴光等编：《王阳明全集》卷五《文录二·与黄勉之（二）》，第 165 页。
② 吴光等编：《王阳明全集》卷五《文录二·与黄勉之（二）》，第 165 页。
③ 沈善洪，吴光等编校：《黄宗羲全集》第 7 册，《明儒学案》卷二十五，杭州：浙江古籍出版社，2005 年，第 1839 页。
④ 吴光等编：《王阳明全集》卷二《传习录中·答陆原静书（二）》，第 61 页。
⑤ 朱熹注；王浩整理：《四书集注》，第 15 页。
⑥ 朱熹注；王浩整理：《四书集注》，第 15—16 页。

心本体之不同的表现状态。王阳明说："心一也。未杂于人谓之道心，杂以人伪谓之人心，人心之得其正者即道心，道心之失其正者即人心，初非有二心也……今曰道心为主，而人心听命，是二心也。天理人欲不并立，安有天理为主，人欲又从而听命者？"① 王阳明还用《中庸》"率性之谓道"诠释《尚书·大禹谟》所言之人心、道心："道心者，率性之谓，而未杂于人。无声无臭，至微而显，诚之源也。人心，则杂于人而危矣，伪之端矣。"② 基于心之本体（体）不可分、而其表现形式（用）则不同的思维方式，王阳明提出了他的心学修养功夫论：

一是修心的目标是致良知，此为学问大头脑、圣学第一义。如前所述，王阳明的心学本体论，把心与性、理、道、命等同，均为良知的不同表述，故其心学修养功夫，就是致良知的功夫，他把致良知视为"学问大头脑""圣人教人第一义"③，修心就是在存天理、去人欲上下功夫，"只在此心去人欲、存天理上用功便是"④。"只要去人欲、存天理，方是功夫。"⑤ 经此达到"必欲此心纯乎天理，而无一毫人欲之私"⑥ 的境界，则"心之良知更无障碍，得以充塞流行，便是致其知"⑦。正因为良知是心之本体，所以，修心从另一角度说就是要复此本体，"学者用功，虽千思万虑，只是要复他本来体用而已，不是以私意去安排思索出来"⑧。此外，去恶从善也是为了复心之本体，"既去恶念，便是善念，便复心之本体矣"⑨。"格物"则是"致吾心良知之天理于事事物物，则事事物物皆得其理矣。事事物物皆得其理者，格物也"⑩。王阳明把在心上做功夫视为其立言宗旨、王道之真："我说个'心即理'，要使知心理是一个，便来心上做功夫，不去袭义于外，便是王道之真。此我立言宗旨。"⑪

二是"惟精惟一"与"博文约礼"。围绕致良知的修心目标，王阳明通过重新诠释《尚书·大禹谟》的"惟精惟一"和《论语·雍也》的"博文约礼"

---

① 吴光等编：《王阳明全集》卷一《传习录上·徐爱录》，第6页。
② 吴光等编：《王阳明全集》卷七《文录四·重修山阴县学记》第216页。
③ 吴光等编：《王阳明全集》卷二《传习录中·答欧阳崇一》，第62页。
④ 吴光等编：《王阳明全集》卷一《传习录上·徐爱录》，第2页。
⑤ 吴光等编：《王阳明全集》卷一《传习录上·陆澄录》，第12页。
⑥ 吴光等编：《王阳明全集》卷二《传习录中·答陆原静书（二）》，第58页。
⑦ 吴光等编：《王阳明全集》卷一《传习录上·徐爱录》，第6页。
⑧ 吴光等编：《王阳明全集》卷二《传习录中·答周道通书》，第51页。
⑨ 吴光等编：《王阳明全集》卷三《传习录下·黄修易录》，第87页。
⑩ 吴光等编：《王阳明全集》卷二《传习录中·答顾东桥书》，第39页。
⑪ 吴光等编：《王阳明全集》卷三《传习录下·黄以方录》，第106页。

来表达其修心如何在"精一"与"博约"上用力的思想，并对二者的关系做了独到的阐述。

《传习录》载，有学生问心性修养之"惟精""惟一"如何用功？王阳明说："'惟一'是'惟精'主意，'惟精'是'惟一'功夫，非'惟精'之外复有'惟一'也。"他以舂米为例："'精'字从'米'，姑以米譬之。要得此米纯然洁白，便是'惟一'意。然非加舂簸筛拣'惟精'之工，则不能纯然洁白也。舂簸筛拣是'惟精'之功，然亦不过要此米到纯然洁白而已。博学、审问、慎思、明辨、笃行者，皆所以为'惟精'而求'惟一'也。他如'博文'者即'约礼'之功，'格物''致知'者即'诚意'之功，'道问学'即'尊德性'之功，'明善'即'诚身'之功。无二说也。"[①]

结合王阳明"心之本体是良知"以及修心为的是"复心之本体"的思维逻辑分析，王阳明所言"惟精是惟一的工夫"说的是通过去"人欲"之杂以存"天理"之纯的过程，使良知本体复归于完整精洁。这虽与《尚书·大禹谟》的本意已相去甚远，但与其良知学的思路是贯通的，这是王阳明的高明之处。"博文是约礼的工夫"讲的是同样的道理：通过学习圣贤经典（博文），导人心归于"天理"（约礼），使人心精纯不杂，复归良知本体，这正体现了圣人作《六经》的本意。"圣人述六经，只是要正人心，只是要存天理、去人欲。"[②]王阳明一生讲学不辍，所到之处，立"乡约"，兴"社学"，创"书院"，订下"立志、勤学、改过、责善"的"教条"即源于此理。

王阳明还基于致良知，对"礼与文"的关系做了一番新诠释："'礼'字即是'理'字。'理'之发见可见者谓之'文'，'文'之隐微不可见者谓之'理'，只是一物。'约礼'只是要此心纯是一个天理。……这便是博学之于文，便是约礼的功夫。'博文'即是'惟精'，'约礼'即是'惟一'。"[③]王阳明上述观点把人的一切活动均置于致良知的心性修养框架内，充分体现了其良知学为哲学一元论的思维特点。

三是省察克治与事上磨炼。这是王阳明心学修养论的特色。王阳明在贵阳时就提出了"无事时存养"和"有事时省察"的主张，其目的是加强内心修养而体认天理、良知。他主张通过"静坐思虑"，在无事时将好名、好色、好货等私欲杂念，逐渐地克服掉，使心恢复到如水如镜、洁净晶莹的本体。

---

① 吴光等编：《王阳明全集》卷一《传习录上·陆澄录》，第12页。
② 吴光等编：《王阳明全集》卷一《传习录上·徐爱录》，第8页。
③ 吴光等编：《王阳明全集》卷一《传习录上·徐爱录》，第6页。

《传习录》记载王阳明论为学工夫时说:"教人为学,不可执一偏。初学时心猿意马,拴缚不定,其所思虑,多是人欲一边。故且教之静坐,息思虑。久之,俟其心意稍定。只悬空静守,如槁木死灰,亦无用。须教他省察克治。省察克治之功则无时而可间,如去盗贼,须有个扫除廓清之意。无事时,将好色、好货、好名等私欲逐一追究搜寻出来,定要拔去病根,永不复起,方始为快。常如猫之捕鼠,一眼看着,一耳听着,才有一念萌动,即与克去,斩钉截铁,不可姑容,与他方便,不可窝藏,不可放他出路,方是真实用功,方能扫除廓清。到得无私可克,自有端拱时在。虽曰'何思何虑',非初学时事。初学必须思省察克治,即是思诚,只思一个天理,到得天理纯全,便是'何思何虑'矣。"①同时,王阳明还提醒,"是徒知静养,而不用克己工夫也。如此,临事便要倾倒。人须在事上磨,方立得住,方能'静亦定,动亦定'。""省察是有事时存养,存养是无事时省察。"②

王阳明特别强调心性修养必须在各种事情上磨炼。他的学生陆澄尝问关于如何在人情事变上做工夫之说。王阳回答说:"除了人情事变,则无事矣。喜怒哀乐,非人情乎?自视、听、言、动以至富贵、贫贱、患难、死生,皆事变也。事变亦只在人情里,其要只在'致中和','致中和'只在'谨独'。"③

不仅人情事变上有致良知之工夫在,簿书讼狱亦是致良知的工夫所在。《传习录》载,有一属官,因久听讲王阳明讲学,问道:"此学甚好,只是簿书讼狱繁难,不得为学。"④

王阳明回答说:"我何尝教尔离了簿书讼狱悬空去讲学?尔既有官司之事,便从官司的事上为学,才是真格物。如问一词讼,不可因其应对无状,起个怒心;不可因他言语圆转,生个喜心;不可恶其嘱托,加意治之;不可因其请求,屈意从之;不可因自己事务烦冗,随意苟且断之;不可因旁人潜毁罗织,随人意思处之。这许多意思皆私,只尔自知,须精细省察克治,惟恐此心有一毫偏倚,杜人是非,这便是格物致知。簿书讼狱之间,无非实学。若离了事物为学,却是着空。"⑤

王阳明认为,人情事变、簿书讼狱上能致良知,举业、读书亦是致知工

---

① 吴光等编:《王阳明全集》卷一《传习录上·陆澄录》,第14页。
② 吴光等编:《王阳明全集》卷一《传习录上·陆澄录》,第14页。
③ 吴光等编:《王阳明全集》卷一《传习录上·陆澄录》,第14页。
④ 吴光等编:《王阳明全集》卷三《传习录下·陈九川录》,第83页。
⑤ 吴光等编:《王阳明全集》卷三《传习录下·陈九川录》,第83页。

夫。"只要良知真切，虽做举业，不为心累。总有累，亦易觉克之而已。且如读书时，良知知得强记之心不是，即克去之；有欲速之心不是，即克去之；有夸多斗靡之心不是，即克去之。如此亦只是终日与圣贤印对，是个纯乎天理之心。任他读书，亦只是调摄此心而已，何累之有？""志立得时，良知千事万事只是一事。读书作文，安能累人？人自累于得失耳！"王阳明感叹道："此学不明，不知此处耽搁了几多英雄汉！"[1]

在王阳明看来，修心就是"致良知"，"致良知"贯穿于人的一切活动之中：为人处事是修心"致良知"，学习也是修心"致良知"，连科举应试也是修心"致良知"。事务虽有万千之繁复，"致良知"却只有明明白白、实实在在的一个。所以，心性修养是人生活动的主宰，而不是负担。

四是廓然大公与循理为乐。王阳明认为，既然心之本体是理性、良知、仁道，那么，"廓然大公"则是心的应然状态，其外在表现为"于货、色、名、利等心，一切皆如不做劫盗之心一般，都消灭了，光光只是心之本体，……此便是'寂然不动'，便是'未发之中'，便是'廓然大公'"[2]。廓然大公的心态，就是心之本体的外在表现，这是心怀"学为圣人"之志的君子的应然心态。"无事时，将好色、好货、好名等私欲逐一搜寻出来，定要拔出病根，永不复起。"[3]

那么如何对治心逐外物而做到廓然大公呢？王阳明说："善念发而知之，而充之；恶念发而知之，而遏之。"[4]此外，要做到廓然大公，还须克治忿懥的情绪，养成物来顺应的良好心态。王阳明指出："忿懥几件，人心怎能无得，只是不可有耳。凡人忿懥，着了一分意思，便怒得过当，非廓然大公之体了。故有所忿懥，便不得其正也，如今于凡忿懥等件，只是个物来顺应，不要着一分意思，便心体廓然大公，得其本体之正了。且如出外见人相斗，其不是的，我心亦怒。然虽怒，却此心廓然，不曾动些子气。"[5]

如前所述，王阳明"心之本体是乐"的思想认为，致良知的修心过程，其情绪的本体是乐。此观点从人的情感、情绪之本体角度解说作为心之本体之良知的呈现形态——乐，使良知从伦理本体、宇宙本体向心理情感本体拓

①　吴光等编：《王阳明全集》卷三《传习录下·黄修易录》，第88页。
②　吴光等编：《王阳明全集》卷一《传习录上·陆澄录》，第20页。
③　吴光等编：《王阳明全集》卷一《传习录上·陆澄录》，第14页。
④　吴光等编：《王阳明全集》卷一《传习录上·陆澄录》，第19页。
⑤　吴光等编：《王阳明全集》卷三《传习录下·门人黄直录》，第86页。

展。而且王阳明从人与天地万物之关系的角度谈"乐",以人与天地万物之间和谐有序、无间无隔的状态来解说"乐"的本质,为人的七情之乐的正确表达提供了理性法则,这个理性法则就是"未发之中"的良知。依此理性法则,以常人七情之乐的外在形式呈现的"心之本体之乐",自然是"发而皆中节之和",因而王阳明说:"盖良知虽不滞于喜、怒、忧、惧,而喜、怒、忧、惧亦不外于良知也。"① 所以,当仁人遇大故于哀哭时,"须是大哭一番方乐,不哭便不乐矣。虽哭,此心安处即是乐也,本体未尝有动"②。致良知即是循理之当处,循理则心安,心安即是乐,王阳明从乐的本质论角度对致良知的情绪合理表达做了一番新解。同时,王阳明进而提出"七情顺其自然之流行,皆是良知之用,不可分别善恶,但不可有所着"③,这是其心学修养论对宋儒"心统性情"论的理论超越。

四、心学治政论

《尚书》学大家钱宗武先生指出,《书》学文献总结上古坟典的政治智慧,用圣君贤相的嘉谟善政确立了"先王政治",建立了传统中国较为系统的国家治理模式,进而在后世形成绵延不绝的"正统秩序。""《尚书·大禹谟》是远古圣君议政实录,充满丰富的政治智慧。"④ 它提出"德惟善政,允执厥中"的治政思想,具体为"水、火、金、木、土、谷惟修;正德、利用、厚生惟和。九功惟叙,九叙惟歌。戒之用休,董之用威,劝之以九歌,俾勿坏"⑤,这是以民为本,厚生养民的治政理念。"临下以简,御众以宽;罚弗及嗣,赏延于世。宥过无大,刑故无小;罪疑惟轻,功疑惟重;与其杀不辜,宁失不经;好生之德,洽于民心,兹用不犯于有司"⑥,这是慎罚刑慎、宽厚治民的要求;"地平天成,六府三事允治,万世永赖,时乃功"。治政者只有使六府(水、火、金、木、土、谷)三事(正德、利用、厚生)这九种民生大事办理好了,方能"万世永赖"。特别是治政要"允执厥中"的中和、中正、适中思想,对后世影响极大,催生了儒家的"中庸"之道。

---

① 吴光等编:《王阳明全集》卷二《传习录中·答陆原静书(二)》,第57页。
② 吴光等编:《王阳明全集》卷三《传习录下·钱德洪录》,第98页。
③ 吴光等编:《王阳明全集》卷三《传习录下·钱德洪录》,第97页。
④ 钱宗武:《中华传统文化百部经典——〈尚书〉解读》,北京:国家图书馆出版社,2017年,第67页。(下引同书只注页码)
⑤ 《尚书·大禹谟》。
⑥ 《尚书·大禹谟》。

《尚书·皋陶谟》则提出了为官九德："宽而栗，柔而立，愿而恭，乱而敬，扰而毅，直而温，简而廉，刚而塞，强而义。彰厥有常吉哉！日宣三德，夙夜浚明有家。日严祗敬六德，亮采有邦。翕受敷施，九德咸事，俊乂在官。百僚师师，百工惟时，抚于五辰，庶绩其凝。"① 钱宗武先生指出，这是中国政治史上第一次提出官德的"九德"说。②

《尚书·皋陶谟》提出官德的"九德"，既是任人的重要标准，也是修身的具体内容，同时也是知人安民所需的基本素质。③ 对于上古时代的治政思想和历史经验，王阳明提出"因时致治，一本于道"的观点。他认为，从羲、黄、唐、虞之世演进至夏、商、周三代，"其治不同，其道则一。孔子于尧舜则祖述之，于文武则宪章之。文、武之法，即是尧、舜之道。但因时致治，其设施政令，已自不同，即夏、商事业施之于周，已有不合。故周公思兼三王，其有不合，仰而思之，夜以继日。况太古之治，岂复能行？斯固圣人之所可略也"④。换言之，王阳明认为对于上古时代的治政思想与经验，应当继承其中一以贯之的"治道"而不一定照搬其具体的"设施政令"，这个治道就是"明明德"且"止于至善"的德政。这与《尚书》的治政思想是一脉相承的。

南大吉任职于王阳明的家乡浙江绍兴府时，曾向其师王阳明问政。王阳明告诉他："政在亲民"和"在明明德"，而且两者是一回事。王阳明认为："明德者，天命之性，灵昭不昧，而万理之所从出也。人之于其父也，而莫不知孝焉；于其兄也，而莫不知弟焉；于凡事物之感，莫不有自然之明焉；是其灵昭之在人心，亘万古而无不同，无或昧者也，是故谓之明德。其或蔽焉，物欲也。明之者，去其物欲之蔽，以全其本体之明焉耳，非能有以增益之也。""德不可以徒明。人之欲明其孝之德也，则必亲于其父，而后孝之德明矣；欲明其弟之德也，则必亲于其兄，而后弟之德明矣。君臣也，夫妇也，朋友也，皆然也。故明明德必在于亲民，而亲民乃所以明其明德也。故曰一也。"⑤ 王阳明认为，为政者必须在亲民中彰明明德，这才是善政。

王阳明认为，天地人三才三位一体，为政者将仁民爱物的亲民之德，由

---

① 《尚书·皋陶谟》
② 钱宗武：《中华传统文化百部经典——〈尚书〉解读》，第 22－23 页。
③ 钱宗武：《中华传统文化百部经典——〈尚书〉解读》，第 74 页。
④ 吴光等编：《王阳明全集》卷一《传习录上·徐爱录》，第 9 页。
⑤ 吴光等编：《王阳明全集》卷七《文录四·亲民堂记》，第 211-212 页。

身边的亲人推广至家族、国家与天下乃至天地万物，并达到至善之境，这是治政的最高境界，同时也是良知治政之道。"人者，天地之心也；民者，对己之称也；曰民焉，则三才之道举矣。是故亲吾之父以及人之父，而天下之父子莫不亲矣；亲吾之兄以及人之兄，而天下之兄弟莫不亲矣。君臣也，夫妇也，朋友也，推而至于鸟兽草木也，而皆有以亲之，无非求尽吾心焉以自明其明德也。是之谓明明德于天下，是之谓家齐国治天下平。"

其中至善是衡量政善与否的标准。"故止至善之于明德亲民也，犹之规矩之于方圆也，尺度之于长短也，权衡之于轻重也。方圆而不止于规矩，爽其度矣；长短而不止于尺度，乖其制矣；轻重而不止于权衡，失其准矣；明德亲民而不止于至善，亡其则矣。夫是之谓大人之学。大人者，以天地万物为一体也。夫然后能以天地万物为一体。"①

王阳明认为，对于治政者来说，士农工商都是必要的，且有益于人生之道："古者四民异业而同道，其尽心焉，一也。士以修治，农以具养，工以利器，商以通货，各就其资之所近，力之所及者而业焉，以求尽其心。其归要在于有益生人之道，则一而已。"②只要把住致良知这个修心的关键，即可达到天下无治不可得的效果。"良知之在人心，无间于圣愚，天下古今之所同也。世之君子，惟务致其良知，则自能公是非，同好恶，视人犹己，视国犹家，而以天地万物为一体，求天下无治不可得矣。"③

王阳明认为，只要致良知，人人皆能把握和判断各种治理之术的正与不正、当与不当，就如远古的圣君尧、舜、禹、三王，他们治理天下的功效得到万民的公认和赞誉，也只是"致其良知而行之也"，从这个角度说，"圣人之治天下，何其简且易哉"④。换言之，如果把握了治政之本，则治政过程本身就会就变得简单、简易而且功效最佳。

（本文据作者 2018 年 5 月 15 日于扬州大学所作讲座整理而成，有个别修改）

---

① 吴光等编：《王阳明全集》卷七《文录四·亲民堂记》，第 212 页。
② 吴光等编：《王阳明全集》卷二十五《外集七·节庵方公墓表》，第 776 页。
③ 吴光等编：《王阳明全集》卷二《传习录中·答聂文蔚》，第 69 页。
④ 吴光等编：《王阳明全集》卷二《传习录中·答聂文蔚》，第 69 页。

王阳明心学智慧与企业家心态建设 [①]

摘要： 王阳明心学对"心"这一人类精神现象从伦理本体、宇宙本体、认识本体、情感本体等角度做了独特的阐述，提出了心即理、心之本体是良知、心之本体常觉常照、心之本体是乐等命题和观点，极大地丰富了中国传统心性学的思想理论体系，深化了人类对"心"的体认。改革开放以来，中国企业家群体的贡献得到认同，被赋予"经济脊梁"的美誉。然而调查表明，中国企业家群体已成为心理疾病的高危人群，从已发生的诸多企业家违法犯罪、企业家自杀、企业家过劳死、企业家焦虑症等负面事例中发现，企业家心态的健康问题日趋严峻。王阳明心学等中华优秀传统文化中丰富的思想资源，可以为培育企业家健康向上的良好心态提供理论支持和方法启迪，有助企业家更好地为中国特色社会主义市场经济的改革创新做出更大的贡献。

关键词： 王阳明心学；致良知；企业家心态

明代哲学家王阳明说："夫圣人之学，心学也。学以求尽其心而已。" [②] 他基于《尚书·大禹谟》"人心惟危，道心惟微，惟精惟一，允执厥中"的"三圣传授心法"（"十六字心传"），对中国传统思想文化的心学思想资源通过诠释与重构进行整合和创造性开新，建构了以"致良知"为核心内容和特色的

---

① 本文为 2017 年度贵州省理论创新招标课题项目"阳明心学与当代社会心态研究"（项目编号：GZLLZB201712）的阶段性研究成果。

本文第二作者黄诚，贵州大学历史与民族文化学院教授，研究方向：中国思想文化史、东方哲学与宗教、儒佛道三教关系、中国管理哲学。

② 吴光等编：《王阳明全集》卷七《文录四·重修山阴县学记》，上海：上海古籍出版社，2012 年，第 216 页。（下引同书只注页码）

"新心学"——良知学，在同时代达到了世界哲学的高峰。

心学的发达表明中国自古以来就非常重视精神生命的安顿问题，古圣先贤们曾从不同角度探讨过"心"与人生臻于至善之境（同时也是至真、至美、至乐之境，自由之境）的关系，并力图揭示心的本质，破解心不能安止于真善美乐的困扰。然而，心病难题一直在延续着、变化着形式。以中国社会的精英——企业家群体为例，自20世纪80年代以来，因种种心理障碍走向自杀之路屡屡发生，更为严重的是许多中青年企业家存在不同程度的心理健康问题。① 越来越多的人认识到企业家心态对企业健康发展的作用巨大，且对于培育新时代企业家心态形成普遍共识。而王阳明的心学智慧，可为当代企业家心态建设乃至社会心态建设提供有益的思想资源。

一、引言

"中国企业家健康工程"自2001年建立以来，曾对500多位企业家进行调查，结果证明企业家的健康问题令人担忧。调查显示，55%左右的企业家常处于创业竞争的心理重压之下，45%左右的企业家阶段性感受到心理压力。这种创业竞争的压力，不光给企业家造成情绪和精神上的强大影响，更直接导致了抑郁症的产生。公开资料显示，自20世纪80年代以来，中国已有1200多名企业家因为自己摆脱不了的心理障碍走向了自杀身亡的道路。

一位企业家改编的歌词或许更能让人形象地感受到企业家的生活："起得最早的人是我，睡得最晚的人是我；应酬最多的人是我，休息最少的人是我……"2004年底，某机构对温州地区87名著名企业家进行健康体检时发现，按世界卫生组织的标准，完全意义上的健康者几无一例。

不愿意说累，似乎是中国企业家的通病。2004年，《中国企业家》向50多位企业家开展"中国企业家工作、健康及快乐问卷调查"时发现，尽管90.6%的企业家处于"过劳"状态，但仍有高达75.9%的企业家觉得"快乐"。

《法制周报》记者统计了近10年经媒体报道、颇具影响力的20位企业家非正常死亡案例，其中"自杀死"占11位，"过劳死"占了8位。令人诧异的是，他们死亡的平均年龄为50.65岁，只有一位年龄超过60岁。他们经历过商道上多年的摸爬滚打，是企业帝国上的王者，却在物质极度富足的时候，

① 漓江:《中国企业家心态扫描》,《中国市场》2004年第4期。

选择极端的方式告别世界。[①]

　　清华大学心理学系主任彭凯平教授指出，谈起企业家，我们往往会联想到威风、时尚、奢华，打高尔夫球、玩飞机、出国、品红酒等等。这些威风、时尚、奢华背后，有一个诅咒，在心理学上叫作"赢者的诅咒"，或者叫"成功者的诅咒"。彭凯平教授做了一个企业家幸福调查，发现企业家真是过得不开心。有四个特别突出的不开心、不幸福的地方：一是离婚率太高。二是孩子的冷漠。三是企业家死得比普通人要早。中国普通老百姓平均寿命达到75—78岁，但是企业家平均寿命要短一些。四是企业家自杀比例比较高。调查统计数据显示，全社会自杀率大概是十万分之二十五，而企业家的自杀比例比老百姓自杀比例要高很多。[②]

　　《法制周报》记者的调查和清华大学心理学家的研究均表明，当前部分企业家心态的不健康已严重影响企业家的幸福感。那么，这些不健康心态的症结何在？如何找到对治心态偏离健康轨道的办法，以重建企业家群体的健康心态，既帮助企业家走出种种不良心态的困境，增强企业家人生的幸福感，同时也重建社会和百姓对企业家的信心？这些已成为当下社会治理的重要课题。

　　二、心为何物：阳明心学的独特揭示

　　要找出企业家心态问题背后的症结，首先要对"心为何物"这一古老而又长期让人困惑的难题做出回答。王阳明梳理总结了历代哲学家、思想家的理论成果，提出了"心即理""心之本体是良知""心之本体常觉常照""心之本体是乐"等具有原创性的思想，从多学科之本体论角揭示了"心"的不变不动的本质，为人类解答"心为何物"提供了独特的视角和观点。

　　（一）心即理
　　王阳明认为："心即理也。天下又有心外之事，心外之理乎？"[③]王阳明提出"心即理"的观点，基于以下依据：首先，"心一而已，以其全体侧怛而言谓之仁，以其得宜而言谓之义，以其条理而言谓之理；不可外心以求仁，不可外心以求义，独可外心以求理乎？"①王阳明认为心本体不可分，而仁、义、理皆是心本体之发用形态或呈现方式，故心与仁、义、理是体用关系，体不离用，用不离体，"体用一源，有是体即有是用"②，体用之间是一而非二的关系。其次，如果析心与理为二，则与孟子所批评的"义外之说"没有什么不同，这明显违背了圣学本意，"夫析心与理而为二，此告子之义外之说，孟子之所深辟也。"③再次，如果能在心外之事事物物上求理，那么，就会出现求孝之理于其亲，"则亲没之后，吾心遂无孝之理欤？"④的逻辑矛盾。故此，王阳明反复强调："心之体，性也，性即理也。故有孝亲之心，即有孝之理；无孝亲之心，即无孝之理矣。有忠君之心，即有忠君之理；无忠君之心，即无忠君之理矣。理岂外于吾心邪？"⑤王阳明认为他关于"心即理"的阐发，是"所以异于后世之说者"。王阳明"心即理"的命题中，"即"字最关键，意为"不离"。佛家天台宗认为，"即"非二物相合及非背面相翻，直须当体全是，方名为"即"。⑥它将"体"与"相"完整地结合成一体，形成的一元本体论避免了二元本体论的疏漏，这是王阳明对心学的重要理论贡献。

（二）心之本体是良知

为何说"心之本体是良知"？王阳明从三个层次加以论述。首先，心是身体的主宰，心自有知觉能力。"身之主宰便是心"⑦，"心不是一块血肉，凡知觉处便是心。如耳目之知视听，手足之知痛痒，此知觉便是心也"⑧。其次，知是心之本体，此知便是良知。"知是心之本体，心自然会知。见父自然知孝，见兄自然知弟，见孺子入井自然知恻隐。此便是良知，不假外求。"⑨第三，良知只是个是非之心。"良知只是个是非之心，是非只是个好恶。只好恶就尽了是非，只是非就尽了万事万变。""先天而天弗违，天即良知也；后天

---

①　吴光等编：《王阳明全集》卷二《传习录中·答顾东桥书》，第 37 页。

②　吴光等编：《王阳明全集》卷一《传习录上·陆澄录》，第 16 页。

③　吴光等编：《王阳明全集》卷二《传习录中·答顾东桥书》，第 39 页。

④　吴光等编：《王阳明全集》卷二《传习录中·答顾东桥书》，第 39 页。

⑤　吴光等编：《王阳明全集》卷二《传习录中·答顾东桥书》，第 37 页。

⑥　怀则：《天台传佛心印记》。

⑦　吴光等编：《王阳明全集》卷一《传习录上·徐爱录》，第 5 页。

⑧　吴光等编：《王阳明全集》卷三《传习录下·黄以方录》，第 106 页。

⑨　吴光等编：《王阳明全集》卷一《传习录上·徐爱录》，第 6 页。

而奉天时,良知即天也。"① 虽然王阳明有时也会说"至善是心之本体"②,但自拈出"良知"两字后,他基本上以良知代替了至善的纯伦理用词,而改用知是知非的良知。这一替换,使心之本体超越了伦理的范畴,拓展至价值论和认识论,理论思维更加圆熟。所以阳明回答他的学生黄直(字以方)关于善恶如何只是一物的问题时说:"(心之)本体上才过当些子,便是恶了;不是有个善,却又有一个恶来相对。故善恶只是一物。"③ 王阳明把良知作为心之本体并赋予其判断是非的价值本体、认识本体和伦理本体的属性,以良知的呈现当与不当解释善与恶产生的原因,这一观点很好地消解了心之本体既然是至善,那么恶又从何来的理论窘境。

(三)心之本体常觉常照

王阳明由"心之本体是良知"推演出"良知常觉、常照"的认识论命题。王阳明认为,良知之常觉、常照能力,首先是人人本具,它超越时空,永恒不变,如《周易》所言"不虑而知""不学而能","盖良知之在人心,亘万古、塞宇宙,而无不同。'不虑而知','恒易以知险','不学而能','恒简以知阻'。"④ 其次,它并非获取经验知识的学习能力(闻见之知),而是指判断是非的德性能力(良知),这是心与生俱来的,不需要通过多闻多见、好古敏求、博学审问来获得,"是犹孟子'是非之心,人皆有之'之义也"⑤。王阳明认为,心之官则思,思固然不可少,然而,一味追求多闻多见、博学详说或不思不虑、沉空守寂,有可能自私用智,反而丧失良知。他说:"思其可少乎?沉空守寂与安排思索,正是自私其智,其为丧失良知,一也。"⑥ 因此,阳明心学以良知为学问大头脑、圣人教人第一义,而闻见为第二义:"德性之良知,非由于闻见耳,若曰'多闻择其善者而从之,多见而识之',则是专求诸见闻之末,而已落在第二义矣,故曰'知之次也'。"⑦ "故'致良知'是学问大头脑,是圣人教人第一义。"⑧ 王阳明还提出,良知(心之本体)的觉

---

① 吴光等编:《王阳明全集》卷三《传习录下·钱德洪录》,第97页。
② 吴光等编:《王阳明全集》卷一《传习录上·徐爱录》,第2页。
③ 吴光等编:《王阳明全集》卷三《传习录下·门人黄直录》,第85页。
④ 吴光等编:《王阳明全集》卷二《传习录中·答欧阳崇一》,第64页。
⑤ 吴光等编:《王阳明全集》卷二《传习录中·答顾东桥书》,第45页。
⑥ 吴光等编:《王阳明全集》卷二《传习录中·答欧阳崇一》,第63页。
⑦ 吴光等编:《王阳明全集》卷二《传习录中·答顾东桥书》,第45页。
⑧ 吴光等编:《王阳明全集》卷二《传习录中·答欧阳崇一》,第62页。

照能力（照心）是其本体先天自然具有的，并不需要外在条件加以发动，故言"觉心非动"；而即使当良知的先天觉照能力处于被遮蔽的状态时（妄心），此觉照能力并未减少一分，故言"妄心亦照"。阳明心学"良知本体常觉、常照"的命题，阐述了良知先天的认识判断能力与获得经验知识能力的区别，提出了使此先天的认识判断能力由本然状态转为现实状态的方法——"必欲此心纯乎天理而无一毫人欲之私"①，把认识论问题又拉回到德性修养论问题上，为其"知行合一"思想奠定了本体层面的理论基础。

（四）心之本体是乐

"心之本体是乐"是王阳明心学的独家新论。首先，王阳明从"仁人之心，以天地万物为一体"②的观点出发，认为人与天地万物之间"欣合和畅、无间隔"③为乐，若有间隔则为不乐。而人与天地万物之间产生间隔的原因，则是因人的物欲之气的搅扰，孔子说"学而时习之，不亦悦乎"，讲的就是去除物欲、复还此心之本体之乐。王阳明在给黄勉之的书信上说："来书谓'人之生理本自和畅，本无不乐，但为客气物欲搅此和畅之气，始有间隔不乐'，是也。时习者，求复此心之本体也。悦，则本体渐复矣。"④据王阳明所言，乐是指人与天地万物之间无间无隔、欣合和畅的有序、和谐状态，表现出来即为乐，从这一角度上说，此乐为心之本体，"本来如是，初未尝有所增也，就使无朋来，而天下莫我知焉，初未尝有所减也"⑤。因此，此乐自不同于"得所乐则喜，反所乐则怒，失所乐则哀"⑥的七情之乐，王阳明谓之"真乐"。其次，王阳明从体用一源论出发，又指出心之本体之乐"虽不同于七情之乐，而亦不外于七情之乐"，且此乐"亦常人之所同有，但常人有之而不自知，反自求许多忧苦，自加迷弃"⑦。也就是说，心之本体之乐虽不同于七情之乐，但也需要通过七情之乐来表现，只是其乐的表现形式背后的境界不同，此乐是喜、怒、哀、乐处于"中和"状态时的真乐，"喜、怒、哀、乐本体自是中

---

① 吴光等编：《王阳明全集》卷二《传习录中·答陆原静书（二）》，第58页。

② 吴光等编：《王阳明全集》卷五《文录二·与黄勉之（二）》，第165页。

③ 吴光等编：《王阳明全集》卷五《文录二·与黄勉之（二）》，第165页。

④ 吴光等编：《王阳明全集》卷五《文录二·与黄勉之（二）》，第165页。

⑤ 吴光等编：《王阳明全集》卷五《文录二·与黄勉之（二）》，第165页。

⑥ 沈善洪，吴光等编校：《黄宗羲全集》第7册，《明儒学案》卷二十五，杭州：浙江古籍出版社，2005年，第1839页。

⑦ 吴光等编：《王阳明全集》卷二《传习录中·答陆原静书（二）》，第61页。

和的，才自家着些意思，便过不及，便是私"①。

除上述命题和具体的观点外，阳明心学还提出了心之本体无动无静、无精无粗、无正邪，人心道心皆为一心等观点。在中国古代思想史上，对心做如此缜密的理论分析，内容涉及伦理学、哲学、认识论、心理学等多个学科领域，实不多见。

从上述分析可知，王阳明认为任何个体的人心，均同时圆满具足道、理、仁、义等儒家所言之至高、至上、至善的本性或本体，无须在自己的心外去寻找是非判断的标准或精神境界的追求。换言之，每个人的心本来是至善至乐、具备是非判断能力的良知之心，这是人类共同、共通、不变的本性，只因私欲障蔽方表现为各种私心杂念，私心杂念不能满足则产生种种烦恼，进而导致心态失衡、焦虑、孤独等不健康状态。

三、心态因何而生：阳明心学角度的分析

分析了心为何物，那么，心态是怎么生成的？它和心是什么关系？段玉裁《说文解字注》在解释"态"字时说："态，意也。从心从能。意态者，有是意因有是状，故曰意态。有是意因有是言。意者，识也。心所能必见于外也。"也就是说，心态是心的所能的外在表现，可称之为"意""识"，表现为行为、语言、情感等外在状态。如果从体、相、用三个角度来把握心，心态（意）属于心之相。

（一）心态是心与物相感产生的意，意的本体是良知。

阳明心学对"心态（意）"的产生做了很好的分析。王阳明认为，心态是主宰身体的心与物相感而产生的"意"，故言："身之主宰便是心，心之所发便是意，意之本体便是知，知之所在便是物。""如意在于事亲，即事亲便是一物；意在于治民，即治民为一物；意在于读书，即读书为一物；意在于听讼，即听讼为一物。"② 也就是说，不变不动的本体之心（身体的主宰），与事亲、治民、读书、听讼等具体的"物"相接相感时必然产生"意"，这个"意"就是我们所说的"心态"。"意"有多种多样的表现，但"意"的本体依然是不变不动的"良知"，具体的"物"只是"良知"感应的对象。

---

① 吴光等编：《王阳明全集》卷一《传习录上·陆澄录》，第17页。
② 吴光等编：《王阳明全集》卷一《传习录上·徐爱录》，第5—6页。

　　王阳明所说的"物"，既指"物"也同时指"事"，"意之所用，必有其物，物即是事也"①。这个"物"既包括万事万物在内，"天下事物如名物度数，草木鸟兽之类，不胜其烦"②。同时，王阳明所言之"物"还包括人的主体行为"事"。因此，物和事不能离人离心，格物就是人心的主观活动，故"格物的物字，即是事字，皆从心上说"③。

　　此外，阳明心学认为身、心、意、知、物是一体而非二体，只是从不同角度来说心，而心的本体即是性、即是理、即是道，因此，心态的本体也是知（良知）、性、理、道。王阳明说："故无心则无身，无身则无心。但指其充塞处言之谓之身，指其主宰处言之谓之心，指心之发动处谓之意，指意之灵明处谓之知，指意之涉着处谓之物，只是一件。"④"心之本体原自不动。心之本体即是性，性即是理。"⑤如此便把心态的本质——良知、性、理、道揭示得清楚无遗。

　　（二）心态（意）的本质至善无恶，它以可善可恶的七情为呈现形式。

　　心态从根源上、本质上或本体上说，是至善的、无一毫之恶的，"至善者性也，性元无一毫之恶，故曰至善"⑥。"性之本体，原是无善、无恶的。发用上也原是可以为善、可以为不善的；其流弊也原是一定善、一定恶的。"⑦可见，从阳明心学来看，心态的本体是道、是理、是性、是良知，皆是至善无恶的，但心态的呈现则可能是"善"也可能是"恶"，可能合乎"是"也可能为"非"。而由个体生命组成群体后，个体心态的共性部分构成群体心态，在阳明心学看来，这个群体心态的共性部分只能是人类共有的"良知"，而且个人的形体并不能间隔这一共有的"良知"，"可知充塞天地中间，只是这个灵明，人只为形体自间隔了"⑧。王阳明所说的"灵明"就是良知，它无关古今、无关圣愚，"良知在人心，无间于圣愚，天下古今之所同也"⑨。"盖知良知之

---

①　吴光等编：《王阳明全集》卷二《传习录中·答顾东桥书》，第41页。

②　吴光等编：《王阳明全集》卷三《传习录下·门人黄直录》，第85页。

③　吴光等编：《王阳明全集》卷一《传习录上·徐爱录》，第5页。

④　吴光等编：《王阳明全集》卷三《传习录下·陈九川录》，第79—80页。

⑤　吴光等编：《王阳明全集》卷一《传习录上·陆澄录》，第22页。

⑥　吴光等编：《王阳明全集》卷一《传习录上·陆澄录》，第22页。

⑦　吴光等编：《王阳明全集》卷三《传习录下·钱德洪录》，第101页。

⑧　吴光等编：《王阳明全集》卷三《传习录下·黄以方录》，第109页。

⑨　吴光等编：《王阳明全集》卷二《传习录中·答聂文蔚（一）》，第69页。

在人心，亘万古、塞宇宙而无不同。"①

王阳明晚年最后一次出征两广时，为其弟子钱德洪、王畿留下了著名的心学"四句教"："无善无恶心之体，有善有恶意之动，知善知恶是良知，为善去恶是格物。"② 根据阳明良知学，心态即意，其具体表现不但有善有恶，而且形态万千，因时因事因时空而变动不居，遂产生喜、怒、哀、乐、爱、恶、欲七情。而无善无恶的心之体，呈现为有善有恶的种种心之态（意、相），皆因私欲而生。阳明说："心之本体无所不该，原是一个天，只为私欲障碍，则天之本体失了。心之理无穷尽，原是一个渊，只为私欲窒塞，则渊之本体失了。"③ 常人多为物欲牵累，在与外物（事）相接时不能完满呈现和遵循心之本体状态——良知去处事，故而生出诸多充满私意的心态，不知不觉中在失却本心（良心）、求取私欲的满足中做出背离良知的举动而浑然无知，有可能导致害人害己的结果。前述两个案例中的企业家违法犯罪，究其心态原因，皆因良知为私欲严重障蔽产生的极端后果。

根据阳明心学的观点和思维方式，心态既有不变的本体——良知、性、理、道，但也有可变的表现——或善或恶，或公或私，或机诈或诚信，如此等等，这些均属于心体之发用或流弊。然而，心态之善与恶、变与不变，关键在于良知之学明与不明。因此，王阳明揭"致良知"，并以此为救治社会心态因"用私智以相比轧，是以人各有心，而偏琐僻陋之见，狡伪阴邪之术，至于不可胜说"的唯一药方。"是以每念斯民之陷溺，则为之戚然痛心，忘其身之肖，而思以此救之"，"共明良知之学于天下，使天下之人皆知自致其良知，以相安相养，去其自私自利之蔽，一洗胜忿之习，以济于大同"④。同时，唯有致良知，方能以不变应万变，时时保持良好的心态，处变不惊，从容应对各种矛盾和曲折。平定江西宁王朱宸濠叛乱后，王阳明遭到权奸小人张忠、许泰等的诬陷，随时面临"灭三族、助逆谋反、身成齑粉"的危险，面对此生死困境，王阳明渡过难关靠的正是不变的良知。他说："致良知三字，真圣门正法眼藏，只此良知无不具足。譬之操舟得舵，平澜浅濑，无不如意，虽遇颠风逆浪，舵柄在手，可免没溺之患矣。""益信良知真足以忘患难，出生

---

① 吴光等编：《王阳明全集》卷二《传习录中·答欧阳崇一》，第64页。
② 吴光等编：《王阳明全集》卷三《传习录下·钱德洪录》，第102页。
③ 吴光等编：《王阳明全集》卷三《传习录下·门人黄直录》，第84页。
④ 吴光等编：《王阳明全集》卷二《传习录中·答聂文蔚（一）》，第71页。

死。"① 王阳明心学（良知学）对心态产生的根源做了深刻的剖析，为培育企业家的良好心态提供了理论支撑和具体方法。

四、阳明心学与企业家心态建设的价值观与方法论

（一）心理合一、复归心体是企业家心态建设的价值取向。

如前所述，王阳明的心学本体论，把心与性、理、道、命等同，均为良知的不同表述，故其心态培育功夫就是复归心体的功夫，王阳明称之为"致良知"，而致良知实质就是去除心态（意）中的私欲、复归心态之本体，还心态一个"天""渊"的境界。"如今念念致良知，将此障碍窒塞一齐尽去，则本体已复，便是天渊了。"② 王阳明把致良知视为"学问大头脑""圣人教人第一义"③，换言之，这也是企业家心态涵养的价值取向。

现实中企业家心态之所以会出现如前所说的种种问题，其产生的具体原因千差万别的，但这些原因背后一定有一个共同的、带根本性的东西——私欲。稻盛和夫谈及成功企业家必备的四种心态时说："真正的热情常能带来成功，但如果热情出于贪婪或自私，成功便会昙花一现。"④ 企业家要获得长久的成功，唯有在存天理、去人欲的修复心态上下功夫，"只在此心去人欲、存天理上用功便是"⑤。"只要去人欲、存天理，方是工夫。"⑥ 若能达到"此心纯乎天理，而无一毫人欲之私"⑦ 的境界，则"心之良知更无障碍，得以充塞流行，便是致其知"⑧。反之，如果企业家心中满是私意私欲，一味追求金钱名位，其人生价值追求的目标便会很低，而"追逐金钱和名声的欲望，会让我们有罪恶感，并消耗我们不少精力，而这种罪恶感会让我们无力从事眼前的工作"⑨。

正因为良知是心之本体，所以，当企业家心态出现问题引发焦虑、疲惫、孤独等症状时，修复心态是解决问题的最佳选择。而修复心态，使心态回归

---

① 吴光等编：《王阳明全集》卷三十四《年谱二·正德辛巳正月条》，第 1050 页。
② 吴光等编：《王阳明全集》卷三《传习录下·门人黄直录》，第 84 页。
③ 吴光等编：《王阳明全集》卷二《传习录中·答欧阳崇一》，第 62 页。
④ 稻盛和夫：《成功企业家必备的四种心态》，《IT 时代周刊》2010 年第 2 期。
⑤ 吴光等编：《王阳明全集》卷一《传习录上·徐爱录》，第 2 页。
⑥ 吴光等编：《王阳明全集》卷一《传习录上·陆澄录》，第 12 页。
⑦ 吴光等编：《王阳明全集》卷二《传习录中·答陆原静书（二）》，第 58 页。
⑧ 吴光等编：《王阳明全集》卷一《传习录上·徐爱录》，第 6 页。
⑨ 稻盛和夫：《成功企业家必备的四种心态》，《IT 时代周刊》2010 年第 2 期。

到与理合一的本体状态或本然境界，并不需要用私意安排思索，"学者用功，虽千思万虑，只是要复他本来体用而已，不是以私意去安排思索出来"①。此一心态修复过程，简单说来其实就是去恶从善的过程，"既去恶念，便是善念，便复心之本体矣"②。"格物"也是"致吾心良知之天理于事事物物，则事事物物皆得其理矣。事事物物皆得其理者，格物也"③。王阳明把在心上做工夫视为其立言宗旨、王道之真，"我说个'心即理'，要使知心理是一个，便来心上做工夫，不去袭义于外，便是王道之真。此我立言宗旨"④。企业家亦当如是，在企业生产经营中做格物致知的功夫，在格物致知中培育出归本、中理、顺性、合道的心态，如此方可养成企业家应有的正确处理"义与利"这一生产经营哲学大问题的心境。

（二）廓然大公、循理为乐是企业家心态建设的境界。

王阳明认为，既然心之本体是理性、良知、仁道，那么，"廓然大公"则是心的应然状态，其外在表现为"于货、色、名、利等心，一切皆如不做劫盗之心一般，都消灭了，光光只是心之本体，……此便是'寂然不动'，便是'未发之中'，便是'廓然大公'"⑤。廓然大公的心态，就是心之本体的外在表现，这既是心怀"学为圣人"之志的君子应有的心量，也是作为时代精英的企业家应有的心量。"无事时，将好色、好货、好名等私欲逐一搜寻出来，定要拨出病根，永不复起。"⑥稻盛和夫说："如果我们有卓越的目标，并能骄傲地向众人宣布，就可以大大地增强我们勇往直前的能力，而无须畏惧，更不会有罪恶感。这也就是企业目标应该以最高道德标准为依据的原因。"⑦

企业家在发展事业中最容易产生的心态问题是私心重于公心，进而产生因私心失衡而导致自卑、自责、心烦、孤独、绝望等闷闷不乐的心理疾病。那么如何对治心逐外物而做到廓然大公、心态和乐呢？王阳明说："善念发而知之，而充之；恶念发而知之，而遏之。"⑧王阳明认为首选的方法依然是要充

① 吴光等编：《王阳明全集》卷二《传习录中·答周道通书》，第51页。
② 吴光等编：《王阳明全集》卷三《传习录下·黄修易录》，第87页。
③ 吴光等编：《王阳明全集》卷二《传习录中·答顾东桥书》，第39页。
④ 吴光等编：《王阳明全集》卷三《传习录下·黄以方录》，第106页。
⑤ 吴光等编：《王阳明全集》卷一《传习录上·陆澄录》，第20页。
⑥ 吴光等编：《王阳明全集》卷一《传习录上·陆澄录》，第14页。
⑦ 稻盛和夫：《成功企业家必备的四种心态》，《IT时代周刊》2010年第2期。
⑧ 吴光等编：《王阳明全集》卷一《传习录上·陆澄录》，第19页。

实善念、遏制恶念。"据报道，一位青年企业家找到心理医生说，他创办了一个企业，对职工和一帮铁哥们都很讲义气，但他一倒霉，朋友说散就散，他实在想不通，说以后没法再相信别人，甚至产生报复心态。"① 面对此种情况，只有扩充自己心体本有的善性，才能抑制作恶的私念，扩大心的容量，心量大了，方能包容种种看似不顺意之事，培育出应对顺境、逆境的健康心态。

王阳明认为，要做到廓然大公，还须克治忿懥的情绪，养成物来顺应的良好心态。王阳明指出："忿懥几件，人心怎能无得，只是不可有耳。凡人忿懥，着了一分意思，便怒得过当，非廓然大公之体了。故有所忿懥，便不得其正也，如今于凡忿懥等件，只是个物来顺应，不要着一分意思，便心体廓然大公，得其本体之正了。且如出外见人相斗，其不是的，我心亦怒。然虽怒，却此心廓然，不曾动些子气。"② 企业家经营中遇到不顺意或不公正的事是正常的，当怒则怒，但不可过当，特别是此种忿懥的情绪过后不要留滞在心，更不可真正动气，怒过后便彻底过去了，自心本体不可因此失正。

根据王阳明"心之本体是乐"的思想，作为心态表现的人的情绪，其本体是乐。而王阳明所说的"乐"，是从人与天地万物之关系的角度谈，他认为，人与天地万物之间和谐有序、无间无隔的状态是"乐"的本质，这个观点为人的七情之乐的正确表达提供了理性法则，这个理性法则就是"未发之中"的良知。依此理性法则，以常人七情之乐的外在形式呈现的"心之本体之乐"，自然是"发而皆中节之和"，所以王阳明说："盖良知不滞于喜怒忧惧，而喜怒忧惧亦不外于良知也。"③ 所以，当仁人遇大故于哀哭时，"须是大哭一番方乐，不哭便不乐矣。虽哭，此心安处即是乐也，本体未尝有动"④。致良知即是循理之当处，循理则心安，心安即是乐，故可推导出"循理即乐"的论断。

王阳明从乐的本质角度对致良知的情绪合理表达做了一番新解，提出"循理即乐"的情绪表达原则。他认为，喜、怒、哀、惧、爱、恶、欲七情是人心本来就有的七种情感表达形式，只要七情符合良知这一理性原则，就没有必要刻意抑制它，也不必刻意区分其善恶，但亦不可在此七情上有所滞碍。

① 漓江:《中国企业家心态扫描》,《中国市场》2004 年第 4 期。
② 吴光等编:《王阳明全集》卷三《传习录下·门人黄直录》, 第 86 页。
③ 吴光等编:《王阳明全集》卷二《传习录中·答陆原静书（二）》, 第 57 页。
④ 吴光等编:《王阳明全集》卷三《传习录下·钱德洪录》, 第 98 页。

"七情顺其自然之流行，皆是良知之用，不可分别善恶，但不可有所着。"① 王阳明以云雾与日光的关系比喻，认为就如同天上的云雾会遮蔽日光，这是正常现象，大可不必因此教天不要生云，只要云雾不留滞，日光依旧不灭。有的企业家在竞争中面临被淘汰出局的境遇，心中难免失去平衡，总想不通为什么自己辛苦半辈子，最后却落得这样一个悲惨的结局，心头的无名之火无以发泄，便会走极端，甚至铤而走险，走上犯罪的道路。因此，企业家在涵养自身心态时，首先要养成廓然大公的心量，在循理处事中体验心安理得、自慊于心的真乐，而不计一时一事的得失，不独以得为乐、以失为苦；其次，企业家不必有意克制自己的情绪，只要合理、顺道，正常情绪皆可为良知的情感表现，尽可顺性地表现，但不可过当，不可有留滞，本体不可随之而动，就像孝子遇亲人故去，大哭一番方得真乐，但其心本体未尝有动。

（三）省察克治、事上磨炼是企业家心态修养的良方。

王阳明在受贬贵州时就提出了"无事时存养"和"有事时省察"的主张，其目的是加强内心修养而体认天理、良知。他主张通过"静坐思虑"，在无事时将好名、好色、好货等私欲杂念，逐渐地克服掉，使心恢复到如水如镜、洁净晶莹的本体。《传习录》记载王阳明论为学工夫时说："教人为学，不可执一偏。初学时心猿意马，拴缚不定，其所思虑多是人欲一边。故且教之静坐、息思虑。久之，俟其心意稍定。只悬空静守，如槁木死灰，亦无用。须教他省察克治。省察克治之功，则无时而可间，如去盗贼，须有个扫除廓清之意。无事时，将好色、好货、好名等私欲逐一追究搜寻出来，定要拔去病根，永不复起，方始为快。常如猫之捕鼠，一眼看着，一耳听着，才有一念萌动，即与克去，斩钉截铁，不可姑容，与他方便，不可窝藏，不可放他出路，方是真实用功，方能扫除廓清。到得无私可克，自有端拱时在。虽曰'何思何虑'，非初学时事。初学必须思省察克治，即是思诚，只思一个天理，到得天理纯全，便是'何思何虑'矣。"② 同时，王阳明还提醒："是徒知静养，而不用克己工夫也。如此，临事便要倾倒。人须在事上磨，方立得住，方能'静亦定，动亦定'。"③"省察是有事时存养，存养是无事时省察。"④

---

① 吴光等编：《王阳明全集》卷三《传习录下·钱德洪录》，第97页。
② 吴光等编：《王阳明全集》卷一《传习录上·陆澄录》，第14页。
③ 吴光等编：《王阳明全集》卷一《传习录上·陆澄录》，第11页。
④ 吴光等编：《王阳明全集》卷一《传习录上·陆澄录》，第14页。

　　王阳明特别强调心性修养必须在各种事情上磨炼。他的学生陆澄尝问关于如何在人情事变上做工夫之说。王阳回答说："除了人情事变,则无事矣。喜怒哀乐,非人情乎?自视、听、言、动以至富贵、贫贱、患难、死生,皆事变也。事变亦只在人情里,其要只在'致中和','致中和'只在'谨独'。"①

　　不仅人情事变上有致良知之工夫在,簿书讼狱亦是致良知的工夫所在。《传习录》载,有一属官,因久听讲王阳明讲学,问道:"此学甚好,只是簿书讼狱繁难,不得为学。"王阳明回答说:"我何尝教尔离了簿书讼狱悬空去讲学?尔既有官司之事,便从官司的事上为学,才是真格物。如问一词讼,不可因其应对无状,起个怒心;不可因他言语圆转,生个喜心;不可恶其嘱托,加意治之;不可因其请求,屈意从之;不可因自己事务烦冗,随意苟且断之;不可因旁人谮毁罗织,随人意思处之。这许多意思皆私,只尔自知,须精细省察克治,惟恐此心有一毫偏倚,杜人是非,这便是格物致知。簿书讼狱之间,无非实学。若离了事物为学,却是着空。"②

　　王阳明认为,人情事变、簿书讼狱上能致良知,举业、读书亦是致知工夫。"只要良知真切,虽做举业,不为心累。总有累,亦易觉克之而已。且如读书时,良知知得强记之心不是,即克去之;有欲速之心不是,即克去之;有夸多斗靡之心不是,即克去之。如此亦只是终日与圣贤印对,是个纯乎天理之心。任他读书,亦只是调摄此心而已,何累之有?""志立得时,良知千事万事只是一事。读书作文,安能累人?人自累于得失耳!"王阳明感叹道:"此学不明,不知此处耽搁了几多英雄汉!"③

　　在王阳明看来,修心就是"致良知","致良知"贯穿于人的一切活动之中:为人处事是修心"致良知",读书也是修心"致良知",连科举应试也是修心"致良知",事务虽有万千之繁复,"致良知"却只有明明白白,实实在在的一个。所以,心性修养是人生活动的主宰,而不是负担。企业家亦当如此观想,在企业经营活动中时时省察克治、事上磨炼,岂不是最佳的修养心性、涵养良好心态的致良知之途径吗?

　　"当前,体制改革带来的剧变对企业家的心理承受力构成了严峻挑战,企业的外部生存环境具有很大的随机性,导致一切都显得难以预测和把握,……体制巨变无时无刻不在考验着一个企业家的眼光、智慧和良知。与此同时,

---

①　吴光等编:《王阳明全集》卷一《传习录上·陆澄录》,第 14 页。
②　吴光等编:《王阳明全集》卷三《传习录下·陈九川录》,第 83 页。
③　吴光等编:《王阳明全集》卷三《传习录下·黄修易录》,第 88 页。

一些心理比较脆弱的企业家以及那些道德感、责任感强烈的企业家最容易出现一种罪恶感而导致心理危机。据调查，企业家普遍认为外部经营环境的恶化，尤其对于企业缺乏诚信和市场存在不公平竞争十分痛苦，超出了预料，越来越激烈的市场竞争常常导致企业家随时感到危机四伏，精神焦虑。""一位经理人慨叹：我被卷入了疯狂的竞争，这种竞争的残酷在于把跑得最快的人拉出来再比赛。就像奥运会比赛最后只能有一个冠军，其他人都是失败者，你必须爬到金字塔的顶端。想不干的时候连退路都没有。"① 企业的成功离不开企业家所付出的艰辛与心血，企业家经历了无数风霜雨雪的艰苦磨难历程才把企业引向良好的发展方向，而这一砥砺磨炼的艰难前行过程，其实是企业家自身意志养成的不可或缺的环节和阶段，企业家坚强意志、良好心态的形成过程，恰恰是也良知彰显的过程。何对待这一过程中的顺境与逆境，王阳明心学的立场是十分鲜明的，他说："人须在事上磨，方立得住，方'能静亦定、动亦定'。"② 换言之，企业家良好心态的养成，必须经历事上磨的工夫，方能做到无论是动是静，心的本体（良知）皆安定如泰山，经得起种种考验，这也是企业家应有的心态境界。河南建业集团董事长胡葆森说："做企业的心态很重要，心态是靠境界决定的，只有境界到了一定地步才能得之淡然，失之泰然。"③ 企业家若能达至动静皆定的境界，必然会有一种阳光心态，"企业家有了阳光心态才能构建和谐的领导力体系"，"在阳光心态的指引下，以企业价值观为基础，凝聚志同道合的人，感召社会各类资源，才能对企业产生帮助"④。若企业家都养成健康、良好的心态，将为社会的发展和文明的进步做出更大贡献。

（原载于《中国文化与管理》2019 年第 2 卷）

---

① 漓江：《中国企业家心态扫描》，《中国市场》2004 年第 4 期。
② 吴光等编：《王阳明全集》卷一《传习录上·陆澄录》，第 11 页。
③ 胡葆森：《企业家心态最重要》，《中华合作时报》，2014 年 3 月 28 日，第 B06 版。
④ 李士虎：《企业家要有阳光心态：专访清华大学经济管理学院教授吴维库》，《经济》2012 年第 12 期。

第二篇：道家思想与文化研究

老子道论对中国传统科学范式建构的意义 ①

摘要： 中国传统科学范式有着许多不同于西方科学范式的特点，而这些特点的形成与道家思想文化有着密切的关系。根据托马斯·库恩关于科学范式的定义，道家创始人老子的道论中知常曰明、道法自然、为道日损、抱一为天下式四个命题，对中国传统科学范式建构中问题意识、价值追求、方法论特征、整体性思维的形成产生了重要的影响。

关键词： 老子；道论；科学范式

按照美国科学哲学家托马斯·库恩的观点，范式是科学共同体成员借以指导其研究活动的"一种公认的模型或模式"，它"决定了什么样的问题有待解决"，"规定了一个研究领域的合理问题和方法"②。因此，科学范式是科学研究者自觉认同和共同持有的一套信念、原则和标准。中国传统科学范式有着许多不同于西方科学范式的特点，而这些特点的形成与老子所创立的道家文化有密切的关系。

一、"知常曰明"与中国传统科学范式建构中的问题意识

科学的进步总是以提出和探讨自身领域中独特的问题开始的，因此能否提出对人类发展有价值的问题，围绕这些问题加以研究，成为科学发展的重要一环，用现代的话语说，这就是科学家的"问题意识"。在古代中国，自然之奥秘及人与自然之关系问题一直是哲学家、思想家关心和讨论的话题，同

① 本文为"科学、道教与再启蒙"国际项目（批准号 GPSSMAP04）的阶段性成果，由巴黎多学科大学和美国埃朗大学共同主持的 GPSS 大奖工程资助。
② [美] 托马斯·库恩：《科学革命的结构》，金吾伦、胡新和译，北京：北京大学出版社，2003 年，第 21、24—25 页。

时也成为科学关注和研究的对象。早在帝尧时代，中国古人就开始了有组织的"历象日月星辰"的科学活动，夏代产生了"五行"观念，殷周之际形成了"阴阳"观念，西周末年又产生了"气"的观念。老子则在总结前人科学思想的基础上，提出了"道"这一独特的范畴，用道来概括世界的本原、天地万物演化的规律、人类生存发展的法则等诸多内涵，并用"常道"一词来形容道的永恒性、普适性、不变性。老子还提醒人们，道就像人不可摆脱的"命"一样，是无所不在的，天地万物据道而生，依道而返，只有体认和把握常道、法道而行才能真正认识和理解自然，给人类带来益处，老子将这一思想概括为"知常曰明"。老子说："夫物芸芸，各归其根。归根曰静，是谓复命。复命曰常，知常曰明。"① 由此，探究自然之"道"成为中国传统科学关注的重要话题，而"知常曰明"对中国传统科学范式构建中问题意识的形成亦产生了极为深刻的影响。正是在这一意义上，著名科学史家李约瑟指出："道家乃是中国的科学和技术的根本。"②

从科学思想发展史的角度言，老子道论中"知常曰明"的思想，对中国传统科学范式建构中问题意识的形成有两个方面的影响：一是老子从纷繁复杂的天地万物的产生、演变现象中抽象出共同遵循的法则和规律——道，并将道立为人类探究的对象，指出道的表现是"大""逝""远""反"，即周而复始的循环运动，从而为人们认识自然、探索自然规律奠定了基本理念和认识模式。老子说："有物混成，先天地生。寂兮寥兮，独立而不改，周行而不殆，可以为天下母。吾不知其名，字之曰道，强名之曰大。大曰逝，逝曰远，远曰返。"③ 老子在这里所说的道，主要是就自然之道的意义来谈的。著名学者詹剑峰先生指出：春秋时期社会上流行三种道，一为人伦之道，二为宗教家的神道，三为阴阳家的天道，老子之所以要提出常道，就是要推翻这三种"非道"，而代之以自然之道。老子的自然之道，要探究和解决的问题是：天地之根是什么？天地是怎样形成的？天地怎样发展和经过哪些阶段？④

老子用"道"来概括天地万物产生和演化的法则与规律，一方面说明老

---

① 饶尚宽译注：《老子·第十六章》，北京：中华书局，2006 年，第 39 页。（下引同书只注页码）

② [英] 李约瑟：《中国科学技术史》（第二卷），北京：科学出版社，1990 年，第 145 页。（下引同书只注页码）

③ 饶尚宽译注：《老子·第二十五章》，第 62 页。

④ 詹剑峰：《老子其人其书及其道论》，武汉：湖北人民出版社，1982 年，第 183—184 页。

子本人具备了比较丰富的自然科学知识和极富创造性的问题意识，另一方面，也为人们探究自然规律注入了新的理念，提供了一种新的范式。

二是强调了认识自然规律和遵循自然规律的重要性，引发中国传统科学开展对作为自然规律之常道的深入探究。老子认为，天地万物虽然纷繁复杂，但最终都将返回到自己的本然状态——静，这是天地万物演化无法摆脱的总法则与总规律——命，此一法则与规律是永恒不变的——常；认识和遵循这一规律，就可称为明智——明。因此老子说："不知常，妄作，凶。知常容，容乃公，公乃王。王乃天，天乃道，道乃久，没身不殆。"[①] 老子的这番话无疑在告诉人们，探究自然之道是人类科学的重要使命。值得一提的是，老子"知常曰明"的思想还阐明了认识和依从自然之道对养生的意义，为中国传统养生科学设置了新的话题。老子说："知常曰明，益生曰祥，心使气曰强。物壮则老，谓之不道，不道早已。"[②] 道教从宗教的角度发展了老子的知常益生思想，进一步将追求生命的无限超越作为最终目标，积极探索宇宙自然和生命的奥秘，创制发明了名目繁多的方术道技，如炼外丹、内丹气功、服食、行气导引等，客观上推动了中国古代化学、医学、养生学、天文学等学科的发展。

二、"道法自然"与中国传统科学范式建构中的价值追求

老子的道论内容涵盖面很广，涉及哲学、科学、治国、养生等诸多领域，但老子道论的核心是"道法自然"思想。"道法自然"语出老子《道德经》第二十五章："域中有四大，而人居其一焉。人法地，地法天，天法道，道法自然。"众所周知，老子是第一个"问道"的思想先哲，《道德经》五千言，主要谈了两个字，一为"道"，一为"德"。但老子在《道德经》中未给道下一个明确的定义，而且老子在《道德经》开篇即指出"道"是无法言说的，这犹如后来佛教禅宗所言"说似一物即不中"，因此，老子提出"道法自然"这一命题以帮助人理解"道"，指出法"道"的途径。正因为老子并未给"道"下定义，从而为后人从不同领域、不同视角理解、发挥其思想留下了充足的空间。换言之，老子提出了问题，同时给后人留下了充分的话语诠释权。

那么，从科学思想史的视角来讨论，老子"道法自然"命题的提出，一

---

① 饶尚宽译注：《老子·第十六章》，第39页。
② 饶尚宽译注：《老子·第五十五章》，第132页。

方面引发人们对自然的关注和自然规律的探索，另一方面则推动人们对人与自然关系的深入思考。而这两个方面问题的探讨，无疑有利于推动科学（包括自然科学和人文社会科学）的发展，同时从价值理念的确立方面影响中国传统科学范式的建构。

首先，老子"道法自然"命题的提出，推动中国传统科学以探寻自然规律、理解自然本性取代宗教神学的天命观，并开辟了一条有助于认识自然界奥秘的理性之路。老子将"自然"推到了人类的思考领域。老子之道，也是从观察日月周行这一具象而上升为宇宙运行之道的。老子之后的道家学派，以阴阳、五行、动静等范畴展开了对自然的求索，以独特的视角观察自然并力求把握自然背后的"所以然"，如《庄子·天运》篇对苍天发出了一连串的追问，表现了细心观察和研究纷繁复杂的自然现象的理性精神；《管子·内业》论述了阴阳和四时变化的天道自然性，强调人的思维言行必须合于天道：这种对自然之本质与规律的追问所体现的科学精神，成为中国传统科学发展的重要思想基础。

其次，老子"道法自然"命题的提出，确立了中国传统科学追求人与自然和谐发展的价值理念。王弼在注解老子"道法自然"之义时说："道不违自然，乃得其性，法自然也。法自然者，在方而法方，在圆而法圆，于自然无所违也。"[①]也就是说，只要适物之本性而不加人为造作即是与"道"相合之"自然"。依持"道法自然"的理念，人类的一切活动，包括科技活动在内，都应以维护自然为基本原则，注重对自然的合理利用，只有这样才能保障人类的可持续发展，像道那样"周行不殆"，天长地久。《庄子·大宗师》提出"不以心捐道，不以人助天"，《黄帝四经》甚至提出"以天为父，以地为母"的观念，这都是对老子"道法自然"价值追求的继承发展。人文主义物理学家卡普拉曾说："在诸伟大传统中，据我看来，道家提供了最深刻最完善的生态智慧，它强调在自然的循环过程中，个人和社会的一切现象和潜在两者的基本一致。"[②]老子"道法自然"思想蕴含了实验科学的基本立场与基本观点，它所推崇的人与自然和谐发展的价值追求，成为中国传统科学求解人与自然关系的基本价值理念，在对治今天科技异化导致的生态危机方面，亦有其独

---

① 王弼注本：《老子·第二十五章注》，洪修平主编：《儒佛道哲学名著选编》，南京：南京大学出版社，2006年，第640页。

② 谢清果：《先秦两汉道家科技思想研究》，北京：东方出版社，2007年，第86页。（下引同书只注页码）

特的价值。

三、"为道日损"与中国传统科学范式建构中的方法论特征

方法论体系是科学范式的重要组成部分。前文分析指出了老子道论的科学思想史意义在于引导人们探究作为天地万物演化之自然规律与法则的"道",并为这种科学探索活动构建了独特的认识模式。对于体认道的方法,老子亦做了多角度的阐述,形成了以"为道日损"为途径,以重直觉体悟为特征的方法论体系。

老子首先区分了"为学"(学习知识)与"为道"(把握天地万物的本质及其演化规律)之不同:"为学日益,为道日损。损之又损,以至于无为,无为而无不为。"① 在老子看来,"为学"的方法是"日益",即一天天地积累、增加;而"为道"的方法则是"日损",即一天天地减少与剥离。用现代的语言来解说,"为学"指的是增加知识以提高理性思辨能力,而"为道"指的是扬弃知识以培育直觉体悟能力。知识的增加靠日积月累,这不难理解;但隐藏在事物表面及现象背后的"道",只有靠直觉体悟才有可能把握。老子认为,道不能完全由语言、知识来把握,所谓"道可道,非常道;名可名,非常名"②。而障碍人把握"道"的主要原因是人的"自见""自是""自伐""自矜",这是为有道者所抛弃的③。因此,对"道"的把握要通过减少和剥离上述四自来实现。这种方法论的特征是经由否定而达肯定:否定带有主观成见的认识,不以感情干扰对自然规律的把握,坚持以物观物,把主体与万物融为一体,突破局限,从自我否定中不断得到肯定,最终豁然开朗,领悟天地万物的真谛——道。

老子"为道日损"的方法论,其具体要求是通过"致虚极,守静笃"的身心修养工夫,由"涤除玄览"而至"无疵",即排除各种欲望、成见的干扰,做到精神与形体相合为一,处于如婴儿般的无知无欲的状态,此时自然心境朗彻,"明白四达"④。能达到这一境界者可以"不出户,知天下;不窥牖,见天道"⑤。显然,老子"为道日损"的方法论带有超越逻辑分析而主直觉体

① 饶尚宽译注:《老子·第四十八章》,第116页。
② 饶尚宽译注:《老子·第一章》,第1页。
③ 饶尚宽译注:《老子·第二十四章》,第60页。
④ 饶尚宽译注:《老子·第十章》,第23页。
⑤ 饶尚宽译注:《老子·第四十七章》,第114页。

悟的特点，是比较典型的直觉思维。

老子"为道日损"的方法论强调认识主体的个人修养对全面把握事物本质与规律的意义，指出个人先入为主的成见会妨碍对自然规律的把握，因此要用"损"的方法去除不利于"为道"的主观因素，这是对古代科学方法论体系构建的重要贡献。过去，老子的这一方法论被视为只重感性体悟，否定理性知识，实是对老子的一种误解。事实上，老子并没有简单否定理性知识与智慧，而是从境界与层次上区分了掌握知识与体认"道"之不同，这是有其积极意义的。这一方法论引导古代科学不仅注重对事物表象的探究，更注重表象背后之本质与规律的体认，开发出中国古代科学所特有的直觉思维。李约瑟认为道家的这一方法论虽然含有宗教神秘主义及个人修炼成仙的各种因素，"但它却发展了科学态度的许多重要的特点，因而对中国科学史是有头等重要性的。……由此之故，东亚的化学、矿物学、植物学、动物学和药物学都起源于道家"[①]。

四、"抱一为天下式"与中国传统科学范式建构中的整体性思维

由"为道日损"的方法论引出老子体道思维的另一特色——整体性思维，它强调从事物的统一性和整体性视角观察理解天地万物，把握自然规律。

在老子的道论中，道是浑然一体的存在，它具有化生万物的能力："道生一，一生二，二生三，三生万物。"[②] 道化生万物而又内在于万物，所以是本质与现象的统一，是一与多的统一，而且道"绵绵若存，用之不勤"[③]。因此，老子有时用"一"指称道："昔之得一者，天得一以清，地得一以宁，神得一以灵，谷得一以盈，侯王得一以为天下贞。"[④] 在老子的思想体系中，"一"不是与二、三相对立的存在，而是用以说明道的统一性、整体性和不可分割性。

老子由道的统一性、整体性进而指出天地万物是一个有机整体，一者是因为从天地万物产生的本原来看，它们都源自同一个"道"；二者是因为天地万物都是由阴阳二气妙合而成的和谐统一体，所谓"万物负阴而抱阳，冲气以为和"[⑤]。老子承认天地万物作为具体的存在表现出有无、难易、长短、

---

① ［英］李约瑟：《中国科学技术史》（第二卷），第 162—163 页。
② 饶尚宽译注：《老子·第四十二章》，第 104 页。
③ 饶尚宽译注：《老子·第六章》，第 15 页。
④ 饶尚宽译注：《老子·第三十九章》，第 96 页。
⑤ 饶尚宽译注：《老子·第四十二章》，第 104 页。

高下等对立性，但老子认为，道并不是具体事物，它是无形无象、无具体规定性的存在，它超越一切形式的对立，所以体道不能落于两端，必须以统一性与整体性思维范式去把握："是以圣人抱一为天下式"。①

更为可贵的是，老子"抱一为天下式"的整体性思维方法在强调道的统一性、整体性和不可分割性时，并没有否认具体事物的多样性与复杂性，老子还指出了与此一整体性思维密切关联的两个层面：一是相反相成，一是大直若屈。相反相成指的是既要看到天地万物的存在表现都具有对立性，如老子所说"有无相生，难易相成，长短相形，高下相倾，音声相和，前后相随"②，又要看到对立双方相互依持，并有可能相互转化，最终有机地包容于宇宙这一大整体中："曲则全，枉则直，洼则盈，敝则新，少则得，多则惑"③。大直若屈指的是在看到事物显性一面的存在与价值的同时还要看到其隐性一面的存在与价值："大成若缺，其用不敝；大盈若冲，其用不穷；大直若屈，大巧若拙，大辩若讷。"④但这里要特别指出的是，相反相成和大直若屈都只是纷纭万物呈现的两个层面，老子通过分析天地万物中存在的相反相成和大直若屈现象，强调作为天地万物之总规律与总法则之道的无对待、超对立之特性，进而指出只有超越对待，用"抱一为天下式"的整体性思维方法才能把握既在万物之上，又在万物之中的最高本体——道。因此，老子并不是简单地肯定相反相成和大直若屈现象，而是借此说明要真正完全把握道，必须超越对待思维的局限，从统一性和整体性这一更高的层面来观察和深刻认识天地万物。

老子"抱一为天下式"的整体性思维及其中蕴含的相反相成、大直若屈的辩证观，对中国传统科学思维范式的构建有着不可忽视的影响，它表现为"中国科学传统注重综合，讲究从整体上把握事物，强调事物的不可分割性、有机性及关联性"。⑤这是十分值得研究的现象。中国古代的农学和医学在这方面得表现尤为明显。中国古代的农学理论把天地人三者看成彼此联系的有机整体，提出农业耕种要顺天时，量地利，致人和，做到了这些就可以用力少而成功多。中国传统的中医理论认为天地是一个大宇宙，人体是个小宇宙。

① 饶尚宽译注：《老子·第二十二章》，第54页。
② 饶尚宽译注：《老子·第二章》，第4页。
③ 饶尚宽译注：《老子·第二十三章》，第57页。
④ 饶尚宽译注：《老子·第四十五章》，第110页。
⑤ 谢清果：《先秦两汉道家科技思想研究》，第56页。

人的生理、病理要受到他所处的环境和条件的影响，人体与宇宙是相互对应的。人生病被认为是由于组成它的各个子系统或要素不协调造成的，因而中医治病是按照系统稳定和协调的原则进行的，某个子系统不协调、不到位往往是另一个系统不协调、不到位而造成的。如《黄帝内经》有"肾气通于耳，肾和则能闻五音矣"之说，认为耳有病可通过治肾获得疗效。由此可见老子的整体思维对中国传统科学范式的影响之大。

综上所述，老子作为道家学派的创始人，第一次将"道"作为自然哲学的最高范畴，并围绕如何体道、悟道、法道等问题，阐发了极富智慧和价值的道论，开启了中国古代哲学、科学、治国、养生等诸多领域的话题之源。特别是在探讨自然之奥秘和人与自然之关系问题上，老子的道论提出了许多独特的新命题，展示了其观察自然、理解自然及规范人与自然之关系的独特方式，对中国传统科学范式的建构产生了极其重要的影响。

（原载于《中州学刊》2008 年第 6 期）

复归与超越：王重阳修道论与老庄思想的关系

摘要： 王重阳创立的以"全真而仙"为核心的修道论，远承老庄之学，融贯儒佛思想，分别从"全真""修心""真行"等不同层面，把老庄道家的"见素抱朴""法贵天真"思想，自然超脱的养心论和老子"不善者吾亦善之"的慈善济世思想推向了一个新的高度，实现了对老庄思想的复归与超越，增强了道教的普世性，提升了道教的思想水平。

主题词： 王重阳；修道论；老庄思想；三教合一

王重阳修道理论与老庄思想有何关系？元代徐琰在《郝宗师道行碑》中指出，王重阳思想是对老庄之道的复归："道家者流，其源出于老庄，后之人失其本旨……其来久矣。迨乎金季，重阳真君……创立一家之教曰全真，……老庄之道于是乎始合。"① 笔者认为，王重阳"全真而仙"的修道论，从思想渊源上说，一方面是对老庄道学的复归，另一方面又是在吸收融贯儒释思想基础上对老庄道学的超越。"全真"是王重阳取自老庄思想宝库，适应时代潮流改革道教而打出的一面旗帜。本文从全真论、修心论、真行论三个层面，分析王重阳以"全真"为核心的修道论与老庄思想之间的复归与超越关系。

一、王重阳"全真"论与老庄"见素抱朴""法天贵真"思想

全真之"真"，在重阳修道论中有三重含义：一为人先天禀赋的无形无象之真气、真精、真神，与后天之精、气、血、液等有形之物相对。重阳认为：

---

① 白如祥辑校：《郝大通集》，济南：齐鲁书社，2005年，第435页。（下引同书只注页码）

人的生命，乃禀赋天地日月之造化而成，如天之阳气，地之阴气，日之阳魂，月之阴魂，火之阳神，水之阴精，"人之一身造化，与天地同一气也，天地乃人之大父母"①。先天之精气神，重阳视之为内三宝，"内三宝者，精气神是也"②，它是养身修道的根本。二为与虚假不实相对立之义。重阳认为，人后天父母所生的肉身，是由地水火风四大假合而成，有生有死，虚假不实，不能永存；而人先天禀赋的"一灵真性"虽无象无形，却真实不虚，不生不灭："惟一灵是真，肉身四大是假"③。重阳曾对其弟子马钰直言，"四般假合"的人身终要归于尘土，只有"真灵"才可以上天做神仙。三为清净无染污义。重阳在其《注五篇灵文》中言："先天妙明真性，本来清净，无始以来，一念垂珠，至于今日。"④

关于"全真"的重要性，在重阳的修道论中也有充分的说明。首先，"全真"是养生之根本，如不懂养生之道，又何谈修仙？重阳认为，世人由于贪恋欲乐，未断烦恼，"耗散真气，损却元阳，故有老，老有病，病中有死"⑤。而真气是肉身存之根本，"真气壮实者自然长久"⑥，因此保全先天之真气神是养身之根本。其次，真性不失不乱是修炼成仙的保障。重阳批评道教外丹派的肉体长生不死论为"大愚不达道理"，他认为长生绝不是指肉身不死，而是"真性不乱，万缘不挂，不去不来，此是长生不死也"⑦。重阳在一首诗中写道："静中勘破五行因，由此能捐四假身。返见本初真面目，白云稳驾一仙神。"⑧ 在这里，重阳明确提出，修道者只有摆脱世俗利欲乃至身体的羁绊，返归人的"真性"，呈现"本初真面目"，方可成仙。

那么，如何看待王重阳"全真"论与老庄思想的关系？它在哪些方面体现了对老庄的复归？哪些方面又有超越？

从词源上考据，全真道之"全真"名号，本出《庄子·盗跖篇》："子之道狂狂汲汲，诈巧虚伪事也，非可以全真也，奚足论哉！"这里的"全真"，指保全人的天然本真之性，与诈巧虚伪相对。在老庄思想中，"真"有天生

---

① 白如祥辑校：《王重阳集》，济南：齐鲁书社，2005 年，第 302 页。（下引同书只注页码）

② 白如祥辑校：《王重阳集》，第 303 页。

③ 白如祥辑校：《王重阳集》，第 281 页。

④ 白如祥辑校：《王重阳集》，第 304 页。

⑤ 白如祥辑校：《王重阳集》，第 281 页。

⑥ 白如祥辑校：《王重阳集》，第 280 页。

⑦ 白如祥辑校：《王重阳集》，第 295 页。

⑧ 白如祥辑校：《王重阳集》，第 37 页。

的、天然的、自然的含义，反对人为和诈巧虚伪，是老庄思想的共同点。

老子没有直接使用"真"的术语，他用的类似名词为"素"和"朴"，并从"道常无为"的角度论述了"素""朴"与道的关系。老子认为，道的本真状态是"自然"与"无为"："道常无为而无不为"①；"人法地，地法天，天法道，道法自然"②。因此，老子反对人为的巧饰浮华，认为它与道相违。而"素"乃指未经染色的丝，"朴"则是未加雕饰的木，二者是与道相合的美德："古之善道者……敦兮其若朴"③；"道常无名，朴"④。故老子提倡"见素抱朴"，并以"复归于婴儿"来形容这种返璞归真的状态："沌沌兮，如婴儿之未孩"⑤，因为只有婴儿最纯真、最自然，最接近于道。换言之，保全了素朴就保住了道不受损失。

庄子主要以天然之性释"真"："真者，所以受于天也，自然不可易也。"⑥庄子以马举例说："马，蹄可以践霜雪，毛可以御风寒。吃草饮水，翘足而陆，此马之真性也。虽有义台路寝，无所用之。"⑦人的本真之性亦出自天然，生而不受任何束缚，是自由自在的，因此任何人为之规矩都会使人无法保全其真性。"故圣人法天贵真，不拘于俗。愚者反此，不能法天而恤于人，不知贵真，禄禄而受变于俗，故不足。"⑧在庄子那里，保全真性的"真人"，就是本性自然流露的人，天真纯朴地生存着的人，不以人为破坏天性的人。庄子说："古之真人不知说生，不知恶死。其出不䜣，其入不距。倏然而往，倏然而来已矣。……是谓之不以心捐道，不以人助天。"⑨对于生死，庄子的认识也与众不同，他认为死是向人之本真状态的回归，养生的目的不是为了长生不死，而是达到终其天年而不中道夭折即可。

从以上的对比论述可以看出，重阳的全真论远承了老子的"见素抱朴"和庄子的"法天贵真"思想，重视和强调保全人的天然本性不受人为破坏，在养生旨趣上不追求肉体的长生不死，倡导顺应大化之自然，这无疑是对老庄思想的复归。但重阳的全真论受佛教之影响，吸收了佛教关于佛性清净无

---

① 王弼注本：《老子·第三十七章》。
② 王弼注本：《老子·第二十五章》。
③ 王弼注本：《老子·第十五章》。
④ 王弼注本：《老子·第二十八章》。
⑤ 王弼注本：《老子·第二十章》。
⑥ 《庄子·渔父》。
⑦ 《庄子·马蹄》。
⑧ 《庄子·渔父》。
⑨ 《庄子·大宗师》。

染、不生不灭的思想并以之诠释"全真"之义，使其全真论增加了佛性论的色彩，在超越老庄的同时，彰显了"全真而仙"修道论的特色。

二、王重阳修心论与老庄养心思想

王重阳的修道论中，修心占有极为重要的位置。而老庄也将养生之道归之于养心，如老子提出"致虚极，守静笃"，少私寡欲，知足知止；庄子提出"心斋""坐忘""至人无己，神人无功，圣人无名"等修心思想，这些皆为重阳所吸收，并在融贯儒释心性论的同时有了发展，形成独特的三教合一的心性修炼体系，这是全真道对道教发展的一大贡献，同时也对此后中国思想文化的发展产生了极大影响。下面对重阳修心论和老庄养心思想之关系做一分析。

第一，得道与心的超越。如前所述，重阳批评了传统道教追求肉体长生不死的思想，认为"欲永不死而离凡世者，大愚不达道理也"①。他认为："得道之人，身在凡而心在圣境矣。""离凡世者，非身离也，言心地也。"② 这就是说，得道乃指人的精神境界的超越，直至与道相合；只要心地达到出世之境界，虽身在凡世而不妨碍他成为超凡入圣的得道者。重阳曾在一首词中描述了这种心达圣地的境界："这害风，心已破，咄了是非常持课。也无灾，亦无祸，不求不觅，……顿觉清凉，自在逍遥坐。"③ 在这里，重阳将得道诠释为心灵超脱是非生死，达到"形且寄于尘中，心已明于物外"④ 的超越之境，与老子的"玄同"境界和庄子的逍遥境界有异曲同工之妙。

我们看看老子是如何描述与道相合之境界的："挫其锐，解其纷，和其光，同其尘，是谓玄同。故不可得而亲，不可得而疏；不可得而利，不可得而害；不可得而贵，不可得而贱。故为天下贵。"⑤ 老子所言的"玄同"境界，泯除了一切差别，超越了一切对立，远离了利害贵贱，这种境界，就是与道合一的"抱一""得一"之境，这种境界说到底就是心灵的超越境界。因为人世中是非争夺，利害得失是无法消除的现实，唯有心灵的超越才能不为其所动，才能超然物外，自在逍遥。

---

① 白如祥辑校：《王重阳集》，第 279 页。
② 白如祥辑校：《王重阳集》，第 279 页。
③ 白如祥辑校：《王重阳集》，第 94 页。
④ 白如祥辑校：《王重阳集》，第 278 页。
⑤ 王弼注本：《老子·第五十六章》。

庄子对得道、养生与心的超越之关系也有类似的论述。《庄子·逍遥游》为我们描绘了得道者彻底超越一切对待的逍遥境界："若夫乘天地之正，而御六气之辨，以游无穷者，彼且恶乎待哉！故曰：至人无己，神人无功，圣人无名。"这是一种心灵处于绝对自由的状态，也是一种彻底剥离了覆在人心灵表面的功名利欲而不为外物所累的本真生存状态，也是一种真正与道相合的最高境界。但世间之人要做到心的"无待"，殊非易事，所以庄子只好以寓言的形式，期之于"藐姑射之山的神人"。然即使达不到神人、至人之境，退一步言，庄子认为，养生之道，关键也在于养心即提高精神修养境界。庄子认为，那些只知道"吹煦呼吸，吐故纳新，熊经鸟伸"[①]者，仅仅是养形之人，为寿而已，并不懂真正的养生之道。真正的养生之道是"养神"而非"养形"，而养神实即养心，如《庄子·养生主》所言，应做到"安时而处顺，哀乐不能入"。

由此可见，重阳重心轻身的修心论，继承了老庄追求心之自然超脱的思想传统，将心不为是非物欲所拘，彻底超越自我视为体道之境，将得道诠释为心灵的超凡脱俗，无疑是对老庄养心思想的回归。重阳自己也道出了这一点："为甚得通三一法，都缘悟彻五千言，立起本根源。"[②]"五千言"指的就是老子《道德经》。

第二，去人心与全天心。为什么心灵的超越能导致超越生死而得道，重阳认为，这是因为心就是道："心本是道，道即是心，心外无道，道外无心也。"[③]不过，这里的心指的是本心、真心，重阳亦称之为"天心"，并用佛教的染净思想加以诠释："天心者，妙圆之真心也，释氏所谓妙明真心。心本妙明，无染无著，清净之体，稍有染著，即名之妄也。此心是太极之根，虚无之体，阴阳之祖，天地之心，故曰天心也。"[④]简言之，重阳所谓的"天心"，与佛教禅宗所说的自性清净心是一回事，指的是本体心，而非当下现实之人心。现实的人心为人世间的情欲所蔽，是染污而非清净的。显然，在重阳那里，人心并不是道，否则就没有修心的必要了。但就如形而上的道得依托于形而下的万物而存在一样，道心也依托于人心而存在，人心中有道心，只要按照道的自然无为、纯真素朴的本性要求，清除障蔽人之本心的情欲之尘，

---

① 《庄子·缮性》。
② 白如祥辑校：《王重阳集》，第97页。
③ 白如祥辑校：《王重阳集》，第297页。
④ 白如祥辑校：《王重阳集》，第303页。

本心就能显露出来。这就是去人心全天心的修心要旨。因本心乃先天所具之真心，故而此亦是"全真"的修道工夫。重阳曾用一首诗形象地描绘了"天心"显露的境界："微微微处水澄清，意尽心忘灭尽情。无漏无为登正觉，不增不减证圆成。"① 这就是说，去人心而全天心就是执着之漏断尽，心之本体圆满呈现的觉悟得道之境。

重阳所言之去人心而全天心的修心思想，除明显地吸收了佛教禅宗的因素外，究其源头，仍是对老庄思想的复归与超越。老子是中国思想史上第一个提出人心向素朴境界复归的思想家，他将这与道相符的心称之为"愚人之心"："我愚人之心也哉！俗人昭昭，我独昏昏；俗人察察，我独闷闷。"② 老子爱用反言来表达正意，他说的俗人之昭昭察察，指的是人为的智巧之心、诈伪之心，是老子要加以否定的；而在俗人看似昏昏闷闷的"愚人之心"，便是返璞归真、与道相符的自然无为之心，是老子要加以肯定的。老子还以水为喻，形容此心之无欲无争："上善若水，水善利万物而不争，处众人之所恶，故几于道。居善地，心善渊，与善仁，言善信，正善治，事善能，动善时。夫惟不争，故无尤。"③ 以上所引论述说明，重阳将心区分为人心与天心，而天心乃本体心、道心，故在重阳那里将人心转化为天心只能是一个心的解蔽去蔽的过程，这个过程也可以用禅宗的顿悟来完成，因而重阳曾说过明心而真阳显现，金丹即刻结成。而老子的"愚人之心"不是本体心，同是人心，只是境界不同，因而可通过绝巧弃知、少私寡欲、知足知止等"致虚静"的改造功夫来达到。从两者的相异处，可以看出重阳是通过糅合佛教思想来实现对老子去人心而返归"愚人之心"思想的超越的。

第三，清净与修心。清净是全真道修心的高层次工夫，也是修心要达到的目标。因此重阳十分强调清净工夫："夫修行者，常清净为根本。"④ 而心达清净之境就可结丹成仙："心不外游，自然神定，自然气和。气神既和，三田自结；三田既结，芝草自生。"⑤ "神凝气冲，三年不漏下丹结，六年不漏中丹结，九年不漏上丹结，是名三丹圆备，九转功成。"⑥ 老子亦从道自然无为的本性中推导出人效法道即应清静无为："致虚极，守静笃，万物并作，吾以观

---

① 白如祥辑校：《王重阳集》，第 150 页。
② 王弼注本：《老子·第二十章》。
③ 王弼注本：《老子·第八章》。
④ 白如祥辑校：《王重阳集》，第 282 页。
⑤ 白如祥辑校：《郝大通集》，第 430—431 页。
⑥ 赵卫东辑校：《马钰集》，济南：齐鲁书社，2005 年，第 249 页。

复。夫物芸芸，各复归其根。归根曰静，静曰复命。"①"清静为天下正。"②庄子在养心上也倡导清静无为："夫虚静恬淡，寂寞无为者，万物之本也。……静而圣，动而王，无为而尊，朴素而天下莫能与之争美。"③庄子还明白地解释了何为"静"："万物无足以铙心者，故静也。"④

至于如何达到清净之境，老子指出的途径是"少私寡欲""知止知足""绝巧弃知"；庄子提出的办法是通过"心斋""坐忘"最后达至"吾丧我"的无己、无功、无名的心灵虚空之境。而作为宗教领袖的王重阳，则通过制定清规戒律并要求道徒按戒律生活来实现心的清净。重阳把家庭视为"火宅""牢狱"，把父子、夫妻亲情称为"金枷玉锁"，要求道徒如佛教徒一样看破红尘，斩断恩情、亲情、爱情等人情，抛弃妻子财物，跳出樊笼，出家修道。重阳说："凡人修道，先须依此十二个字：断酒色财气、攀缘爱念、忧愁思虑。"⑤断绝了一切人情欲望，自然心灵清净，无思无虑，便可养气全神，直超彼岸："无思无虑是真修，养气全神物物休。……依此自然超彼岸，都缘清净大神舟。"⑥通观《王重阳集》，关于收住"心猿意马"的清净修心的论述随处可见，其重清净之道可见一斑。

这说明，在清静修心上，重阳与老庄是一致的，老庄的清净思想及其虚、静、无为、寡欲等概念范畴，在重阳全真道那里得到了认同和传承。所不同的是，老庄的清净养心，其目标止于提升人的精神境界，达到心灵的超脱自由，是入世而非出世的；而重阳的清净修心，其目标是出世的——修成超凡脱俗的神仙。特别值得一提的是，重阳的清净修心论融合了佛教禅宗心性论思想，提出了本体化的"天心"说，并将全真道的修炼与禅宗的顿悟相融通，这是他站在宗教基点对老庄养心论的超越。

三、王重阳"真行"论与老子的慈善济世思想

老子曾提出慈和善的思想。慈是老子的"三宝"之一，其意指人应有爱心；善则指不与人争，利物而不害人："上善若水。水善利万物而不争，处

---

① 王弼注本：《老子·第十八章》。
② 王弼注本：《老子·第四十五章》。
③ 《庄子·天道》。
④ 《庄子·天道》。
⑤ 白如祥辑校：《王重阳集》，第 239 页。
⑥ 白如祥辑校：《王重阳集》，第 142 页。

众人之所恶，故几于道。"① 老子还提出了以善心对待善人和不善人的"大善"思想："善者，吾善之；不善者，吾亦善之；德善。"② 这种"大善"实即是一种虚怀若谷的高尚境界，是与生养万物而不宰制万物的"道"相合的，因而老子说："天道无亲，常与善人。"③

应该指出的是，老子的慈与善主要是根据与"道"相合的原则，针对处理人与人之间的关系而设定的价值取向，它虽有济世之情怀，但不包含儒家的"忠孝仁义"之内涵，因为《老子》第十八章说过："大道废，有仁义；智慧出，有大伪；六亲不和，有孝慈；国家昏乱，有忠臣。"《老子》虽未完全否定儒家的仁义忠孝之价值，但他明确地告诉世人，如果人人能依"道"行，则不需要仁义忠孝；只有当大道被人遗弃，人心不再纯朴，伪言乱行充斥于世时，才有提倡仁义忠孝的必要。

老子的慈善思想还体现在他对战争的态度上。《老子》三十一章指出，战争是不吉祥的，即使不得已而战，也应淡然处之，不可洋洋得意；战胜了则要用丧礼去处理好遗留问题："夫佳兵者，不祥之器。……不得已而用之，恬淡为上，胜而不美。……战胜，以丧礼处之。"此外，老子还认为，善修身者，应把道生成万物而不恃有，德蓄养万物而不主宰的美德推广到一家、一乡、一国，使之周普天下："修之于身，其德乃真；修之于家，其德乃余；修之于乡，其德乃长；修之于国，其德乃丰；修之于天下，其德乃普。"④ 在这里，老子表达了要将道和德周普于天下的更高一层的慈与善的思想。

重阳远承老子的慈与善的精神，以及修身之德应由一身而推及天下的思想，提出独具特色的以济世度人为主要内容的"真行"论。重阳将内丹修炼称为"真功"，将济世人的践履称为"真行"，强调只有功行两全才能修成真人。因此，济世度人的"真行"，被全真道视为成仙证真的不可忽视的一环。"真行"的内容，重阳引用晋真人的话做了转述："若要真行，须是修仁蕴德，济贫拔苦，见人患难，常行拯救之心；或化诱善人，入道修行。所行之事，先人后己，与万物无私，乃真行也。"⑤ 在这一段话中，儒释道三教的思想全部融合在一起。而且重阳还将功行两全的神仙列为最上等，称之为"天

①　王弼注本:《老子·第八章》。
②　王弼注本:《老子·第四十九章》。
③　王弼注本:《老子·第七十九章》。
④　王弼注本:《老子·第五十四章》。
⑤　白如祥辑校:《王重阳集》，第 159 页。

仙"："孝养师长父母，六度万行方便，救度一切众生，断除十恶，不杀生，不食酒肉、邪非偷盗，出意同天心，正直无私曲，名曰天仙。"①

　　由此可见，重阳的"真行"论，既远承老子的慈善济世之遗风，又融贯了大乘佛教的自利利他、普度众生的慈悲精神，同时还引入了儒家的忠孝仁爱思想，充分体现了全真道儒释道三教合一的鲜明特色。如重阳在解释修行之法时说："第一先须持戒，清净忍辱，慈悲实善，断除十恶，行方便，救度一切众生，忠君王，孝敬父母师资，此是修行之法。"② 如果说老子的慈与善主要为调处人与人之间关系的价值取向，而且不含有儒家的忠孝仁义的内容，那么，"真行"则面向所有芸芸众生，且将儒家的忠孝仁爱和佛教的慈悲和普度众生熔于一炉。从这个角度说，"真行"论是对老子慈爱大善思想的超越。

（原载于《宗教学研究》2010 年第 1 期）

---

① 白如祥辑校：《王重阳集》，第 287 页。
② 白如祥辑校：《王重阳集》，第 280 页。

早期全真道社会思想的演变及其原因初探
——以王重阳、丘处机为中心

摘要： 王重阳创立全真道之初，将世俗社会生活与全真成仙的宗教目标相对立，完全否定世俗社会生活在全真成仙上的正面价值，其社会思想具有明显的出世风格。而至丘处机执掌全真道时，其社会思想发生了明显的转变：突出强调外日用在全真成仙过程中的重要性，指出在家一样可以修道，参与符合儒家伦理规范要求的各种社会活动有助于全真道修行者积累福行，为证道成仙奠定良好的基础，甚至提出"积善成仙"的口号，对世俗社会生活在全真成仙中的正面价值重新加以肯定，其社会思想有着鲜明的积极入世特点。全真道社会思想之所以会发生这种变化，有三个方面的原因：时势的变化及全真道主动适应这一变化使然；入宋以后儒释道三教合一的思想文化发展大势使然；统治者与官僚阶层的推动使然。

关键词： 全真道；社会思想；王重阳；丘处机；世俗化

全真道由王重阳创立于金朝统治下的陕西、山东地区，至丘处机执掌教权时得到迅速的发展壮大。当时中国的民族矛盾较历史上其他时期更为突出和尖锐，在这样一个特殊的时代，全真道能在北方地区主导宗教发展的潮流，与其独特的社会思想有着重要的关系。然而，和其他宗教一样，全真道的社会思想并没有一个完整的理论体系，它围绕世俗社会生活与全真成仙之间的关系问题，杂糅于其宗教思想的各个方面，需要研究者做一番抉择、整理、归纳、分析等工作。本文以王重阳和丘处机为中心，分析早期全真道社会思想的内容、特点和演变方向，探讨其发生如此转变的原因，期望从社会思想的角度对全真道在金元时期的兴盛和世俗化过程做出解释，并祈方家指正。

一、"凡事屏除，心中清静"：王重阳对世俗社会生活价值的否定

王重阳所创之道教新教派名之为全真，意为"屏去幻妄，独全其真"①之意。王重阳在《三州五会化缘榜》一文中，对自己所创道教全真派的特点和修行方法做过这样一番说明："务要诸公认真性、养真气。诸公不晓根源，尽学旁门小术，此乃是作福养身之法，并不干修性命、入道之事，稍为失错，转乖人道。诸公如要修行，饥来吃饭，睡来合眼，也莫打坐，也莫学道，只要凡事屏除，只心中'清静'两个字，其余都不是修行。"②

上引的这段话，比较明确地阐明了王重阳时期全真道关于世俗社会生活与全真成仙的关系，细析之，包含非常丰富的含义：第一，全真道的修行，以"认真性、养真气"为正路，全真成仙为目标，因此要求修行者"凡事屏除"。而这里所言的"凡事"，则无疑是指世俗社会生活中的种种事务和活动，如政治活动、经济活动、文化活动，等等。换言之，世俗社会生活对修行者要达到全真成仙的最高目标是一种障碍，它会干扰修行者心的清静，因此，王重阳为全真派立下的十五条戒规之第一条就是出家住庵，目的是"屏除凡事"。第二，全真道具体的修行方法，其核心是要求修道者做到不执于任何世俗之事——"凡事"，心中清静，能做到就是真正的修行；而打坐、学道，都不过是"作福养生之法"，王重阳将它们称为与仙道无关的"人道"，不能达到性命双修、全真成仙的出世目标。

由此可知，王重阳创立的道教新教派——全真道，对于世俗社会生活的价值是完全否定的，他要求修行者经过一番痛苦的否定和超脱世俗社会生活的过程——出家住庵、清净苦修，体认和保全自身先天本具的"一灵真性"，并明言："是这真性不乱，万缘不挂，不去不来，此是长生不死也。"③所以当有人问王重阳"如何是修真妙理"时，王重阳回答说："第一先除无名烦恼，第二休贪恋酒色财气，此者便是修行之法。"④显然，王重阳把迷恋世俗社会生活（酒色财气）——无名烦恼产生的根源——视为修道的严重障碍。

王重阳化马钰夫妇出家修道，就是从否定世俗社会生活的价值入手，他"日夕与之讲道于其中，必欲丹阳夫妇速修持，弃家缘，离乡井，为云水

① 白如祥辑校：《王重阳集》，济南：齐鲁书社，2005年，第321页。（下引同书只注页码）
② 白如祥辑校：《王重阳集》，第256页。
③ 白如祥辑校：《王重阳集》，第295页。
④ 白如祥辑校：《王重阳集》，第280页。

游。……及重重入梦，以天堂地狱、十犯大戒罪警动之"①。经过王重阳将近一年的"多方警化，屡以诗词激切劝谕"②，马钰最后终于彻底放弃了对世俗社会生活的留恋，"由是屏俗累，改衣冠，焚誓状"③，从王重阳出家修道。

与马钰同时代的登州人王滋曾总结王重阳全真道的修行要旨和特点如下："大率皆以刿心遗形、忘情割爱、啬神挫锐、体虚观妙为本，其要在拯拔迷徒出离世网，使人人如孤云野鹤飘然长往，摆脱种种习气，俾多生历劫、攀缘爱念如冰消瓦解，离一切染著，无一丝头许凝滞，则本来面目自然出现，此全真之大旨也。"④ 这个概括亦指出全真道对世俗社会生活价值持完全否定的态度。

由上分析可知，王重阳全真道的社会思想，其突出的特点是将世俗社会生活的追求与全真成仙的出世目标相对立，进而否定人的世俗社会生活的真实价值，要求修道者放弃儒家追求的立德、立功、立言的传统价值观，"行住坐卧，须要清清闲闲"，最后达到"五行违，脱阴阳，超造化"⑤，完全从世俗社会中超脱出来，全真成仙。这是全真道创立初期社会思想的理论核心和价值取向。显然，它与儒家将理论的基点建立在世俗社会，追求在世俗社会建功立业，推行儒家的王治理想是大异其趣的。在全真道兴盛时期，对儒学的衰微心怀忧虑的儒士李纯甫的话颇能说明这一点："儒者之言与方士之说，不两立久矣。……彼方士之所慕，吾儒之所羞也。"⑥ 在一个醇儒的眼中，儒道的社会思想及其价值追求是完全对立的。

二、存无为而行有为：丘处机社会思想的入世转向

继王重阳之后，马钰接任全真道掌教，他的社会思想忠实地传承了王重阳否定世俗社会生活价值、追求全真成仙的出世目标这一特点。马钰言："学道休妻别子，气财酒色捐除。攀缘爱念永教无。绝尽忧愁思虑。不得无明暂起，逍遥物外闲居。常清常净是工夫。相称全真门户。"⑦ 马钰之后谭处端、刘处玄掌教时期，全真道徒谨遵王重阳创立的十五条教规，或栖身山林岩洞，

① 白如祥辑校：《王重阳集》，第 259 页。
② 白如祥辑校：《王重阳集》，第 220 页。
③ 白如祥辑校：《王重阳集》，第 259 页。
④ 白如祥辑校：《王重阳集》，第 257 页。
⑤ 白如祥辑校：《王重阳集》，第 255 页。
⑥ 王宗昱：《金元全真道石刻新编》，北京：北京大学出版社，2005 年，第 5 页。
⑦ 赵卫东辑校：《马钰集》，济南：齐鲁书社，2005 年，第 173 页。（下引同书只注页码）

或隐于村野市井，潜默修炼，"其逊让似儒，其坚苦似墨，其慈爱似佛，至于块然守质朴，澹无营为，则又类夫修混沌者"①。从社会思想的特点来说，马、谭、刘掌教时期全真道保持了不干预世事、清静苦修的教风，是王重阳创教时期出世风格的延续。但到丘处机接任掌教时，全真道的社会思想有了一些新变化。这种变化突出表现在丘处机提出的内日用与外日用的宗教修行论中。

关于内日用与外日用，丘处机有多种解说："舍己从人，克己复礼，乃外日用。饶人忍辱，绝尽思虑，物物心休，乃内日用。""先人后己，以己方人，乃外日用。清静做修行，乃内日用。""常令一心澄湛，十二时中，时时觉悟，性上不昧，心定气和，乃真内日用。修仁蕴德，苦己利他，乃真外日用。"②由此可见，丘处机所说的内日用，就是王重阳所说的清静修心工夫；而外日用，则是指"修仁蕴德""以己方人"的道德修养和济世利人工夫。

从思想渊源讲，丘处机的内外日用论是对王重阳真功真行思想的继承和发挥。王重阳将内丹心性修炼称为"真功"，将济世度人的践履称为"真行"，强调只有功行两全才能修成真人。如前所述，王重阳对世俗社会生活是持否定态度的，因而其"真行"的主要内容是度人出家、入道修行。马钰《起慈》诗言："心愿超凡化度人，起慈救苦更悲辛。劝人趱闪冤亲债，学我收藏斗柄春。"③丘处机的外日用思想则不仅仅局限于度人出家，他更注重的是以修道者的慈善之心做一番济世利人、济物利生的事业，扩大全真道的社会影响，借此积累福行；若缺了这一环节，会影响修道者将成就的仙阶："古今得道圣贤，道通为一，福则有异。外功大者，仙位之高，外行卑者，阶居其下。"④丘处机认为，积累福行者即使最终未能得道成仙，也可为后世修道种下善根，或得到福报："积功累行者亦然，虽未得道，其善根深重，今世后世，圣贤提挈，方之无凤根者，不亦远哉？⑤

为此，丘处机特别重视外日用方面的修持，甚至提出"但能积善行道，胡患不能为仙乎"⑥的观点。他在济贫拔苦和劝善止杀两方面做了许多常人难为之事，为全真道树立了极高的声誉，大大增强了全真道在金元时期战乱与

---

① 《正统道藏》第 19 册，《甘水仙源录》卷二，第 740 页。
② 赵卫东辑校：《丘处机集》，济南：齐鲁书社，2005 年，第 144 页。（下引同书只注页码）
③ 赵卫东辑校：《马钰集》，第 50 页。
④ 赵卫东辑校：《丘处机集》，第 145 页。
⑤ 赵卫东辑校：《丘处机集》，第 154 页。
⑥ 赵卫东辑校：《丘处机集》，第 138 页。

苦难社会中的吸引力。如蒙金战争期间，丘处机住登州栖霞太虚观，他目睹胶东一带饿殍盈野，曾试图劝说金统治者开仓放粮，赈济灾民。在劝说无效的情况下，丘处机把各地全真道观所存余粮皆分与饥民，而且还亲自带领全真弟子，勤耕苦作，争取收获更多的粮食来赈济灾民。而丘处机西行觐见成吉思汗，劝说成吉思汗寡欲止杀这一壮举，更成为中国宗教史上的千古佳话，为保护汉民族和中原文化立下了无量功德。

尽管丘处机外日用思想的出发点是围绕全真成仙这一出世目标而论，但它确实给全真弟子在世俗社会参与政治、经济、文化等活动提供了理论支持。丘处机掌教时期，全真道门徒一方面开展了大规模的立观度人活动，使全真道的组织在不太长的时期内获得了很大的发展，发展规模远远超过同在北方的真大道和太一道①；另一方面，全真道的掌教和门下弟子积极协助蒙元统治者收揽人心，安抚群众，帮助其稳定统治，重建社会秩序，表现出积极入世的新姿态，为全真道争得了统治者的扶持。如尹志平在 1236 年安抚陕西遗民抗蒙的事，就是突出的例子②。李志常嗣教后，曾协助元太宗窝阔台筹建国子学并选定儒学教材，元宪宗时又多次被召见，"咨以治国保民之术"③。这些行为，与王重阳、马钰时期全真道徒隐居山林、励志苦修、不干预世事的教风已是明显得不同，体现出全真道在发展演变中由出世向入世的转向。

丘处机的外日用思想与《重阳真人金关玉锁诀》中强调"夫修行者，常清静为根本"的主旨是矛盾的。但丘处机认为，由于修道之人的福行有差别，因而每个人的修道路径是不同的，"或于教门用力，大起尘劳，或于心地下功，全抛世事，但克己存心于道，皆为致福之基"④。也就是说，不管是清静无为的心地工夫，还是大兴教门的有为之事，只要"存心于道"，都有利于积累福行，最终为证道成仙打下基础。从社会学的角度分析，这是对王重阳时期完全否定世俗社会生活价值的转变，在某种程度上与儒家的行道济世有了相通之处。丘处机的弟子尹志平《清和真人北游语录》卷二言："丹阳师父以无为主教，长生真人无为有为相半，至长春师父，有为十之九，无为虽有其一，犹存而勿用焉。"⑤尹志平这番话道出了丘处机与王重阳、马钰等主教时

---

① 卿希泰:《中国道教史》(第 3 卷)，成都:四川人民出版社，1996 年，第 192—202 页。(下引同书只注页码)

② 卿希泰:《中国道教史》(第 3 卷)，第 209—210 页。

③ 《正统道藏》第 19 册，《玄门掌教大宗师真常真人道行碑铭》，第 746 页。

④ 赵卫东辑校:《丘处机集》，第 153 页。

⑤ 《中华道藏》第 26 册，《清和真人北游语录》，第 739 页。

期对有为、无为态度的不同，实际上也是对世俗社会生活的价值判断有了变化：由完全出世转向"存无为而行有为"的积极入世。这为日后全真道走向兴盛奠定了社会思想基础。

三、早期全真道社会思想由完全出世向积极入世转变的原因

从王重阳到丘处机，数十年间，全真道的社会思想之所以会发生上述明显的变化，笔者认为有以下几个方面的原因：

第一，时势的变化及全真道主动适应这一变化使然。王重阳创立全真道的前后时期（公元1167年前后），正是金宋战争频繁、社会动荡不安的历史时期，当时汉民族与入主中原的北方女真族的民族矛盾异常尖锐，金虽取得了北部中国的统治权，但在其统治区域内汉人起义不断，并且有的起义还借用了宗教的名义。据《大金国志》卷十《熙宗记》记载，仅金天会八年春（公元1130年），"以人口折还负债，相率上山者，动以万记"。因此，当时的金统治者对于汉人和宗教都持高度戒备之态，北方宗教的发展受金朝政策的严厉控制。但到丘处机接任掌教时，全真道所面临的时势与王重阳时期不大一样，特别是金世宗和金章宗时期，金宋之间基本没有发生大的战争，社会相对稳定，金朝的宗教政策也有所弛禁，全真道的发展获得新的机遇。自全真七子中的王处一为金世宗召见后，丘处机本人也先后受到金世宗和金章宗的召见和礼遇。丘处机自言："帝王礼拜，三官奉侍，僚望问道，至礼也。"[①] 面对这一难得的发展机遇，丘处机的对策是主动适应，把握机遇，立观度人，积极介入各种社会活动，传播发展全真道，并称之为"积累功行"。丘处机社会思想由王重阳时期的出世向积极入世转变，即是时势的变化及其主动适应这一变化使然。这一点，丘处机的弟子尹志平也有所论说："今日之教，虽大行有为，岂绝尽其无为，惟不当其时，则存而勿用耳。且此时十月也，不可以种粟，人所共知，非粟不可，时不可也。"[②] 随顺时机（政治形势和社会文化形势等）的变化，并善于把握时机大兴全真道门，参与社会事务，扩大全真道的影响，正是丘处机与众不同之处，也体现了丘处机作为掌教者不同寻常的政治智慧与眼光。

第二，入宋以后儒释道三教合一的思想文化发展大势使然。从王重阳至

---

① 赵卫东辑校：《丘处机集》，第160页。
② 《中华道藏》第26册，《清和真人北游语录》，第739页。

丘处机，全真道的社会思想走了一条由完全的出世向积极入世转向的演变之路，与中国思想文化领域日益强势的三教合一、且释道二教在社会思想上日趋合流于儒家的发展大势有着密切的关系。自汉张道陵创立五斗米道，道教在发展传播过程中，其社会思想——特别是在出世与入世的问题上，一直与儒家发生着不同形式的斗争，斗争的主题主要集中在以忠君孝亲为核心的社会伦理方面（当然，有的历史时期儒道之争主要起因于道教经济的过度膨胀或过度的政治参与）。道教为了自身的发展和传播，一方面在社会思想层面主动融摄儒家忠君孝亲的伦理观，使其宗教社会思想日益表现出世俗化倾向；另一方面，极力论证道儒一致，认为儒道二教虽有治世治身之异，但同样有利于治国安民，为道教的生存、发展和传播拓展空间。特别是入宋以后，道教主动调和融摄儒家社会伦理思想，以争取王道政治和世俗社会的认可，如道教内丹派南宗的张伯端提出，"教虽三分，道乃归一"①。在儒家方面，许多思想家也注重对释道二教心性论的吸收，不少人在建立自己的思想体系过程中都有出入老释的思想经历，如宋代理学家二程、陆象山等。"三教合一"的发展态势，为释道二教的发展和传播提供了良好的思想文化氛围，同时也促使释道二教向儒学靠拢。全真道在创立、发展和传播的过程中，其创教人王重阳及历代掌教大宗师都密切地注意到了这一思想文化发展态势，并自王重阳创教起就一直打着"三教一家"的旗帜。如王重阳自称本宗以"太上为祖，释迦为宗，夫子为科牌"②，认为"儒门释户道相通，三教从来一祖风"③，其合一三教的特点十分明显。到丘处机时期，一方面继续高唱三教同源，"儒释道源三教祖，由来千圣古今同"④；另一方面强调和光同尘，济世救民，向儒家文化靠拢，所谓"和光同尘随是非，化声相待无相结"⑤，"迩来天下教门兴，达士随方化有情"⑥，进步缩小与儒家入世思想文化的差距，以宗教家的济世情怀关注世间，参与世事。全真道社会思想的这一转向，是三教合一及在这一发展趋势带动下宗教世俗化（以儒学化为特点）的必然结果。

第三，统治者与官僚阶层的推动使然。王重阳创立全真道才几年就辞世，马钰继任全真道掌教，这一时期由于统治者对宗教的传播予以限制，因此，

①　张伯端：《悟真篇·序》，《正统道藏》第 2 册，第 914 页。
②　白如祥辑校：《王重阳集》，第 288 页。
③　白如祥辑校：《王重阳集》，第 9 页。
④　赵卫东辑校：《丘处机集》，第 17 页。
⑤　赵卫东辑校：《丘处机集》，第 43 页。
⑥　赵卫东辑校：《丘处机集》，第 46 页。

全真道士与社会各阶层人士的交往不多，也很少参与社会活动。刘处玄继任掌教宗师时，开始重视兴造宫观、传道度人、交结官府等社会活动，正如尹志平《清和真人北游语录》所言，刘处玄在教风上表现出"无为有为相半"的特点。至丘处机掌教时期，则"有为十之九，无为虽有其一，犹存而勿用焉"。而这时的金朝统治，也因北边蒙古帝国的强大而处于日暮途穷的衰落时期。"贞祐南迁"后，金廷对道教管理松弛，不仅不再防范，还利用道教消弭灾祸、安定人心。如贞祐二年（1214），山东杨安儿等起义反金，山东驸马都尉仆散安贞统兵镇压，时全真道盛行的登州、宁海尚未平息，仆散安贞"请师（丘处机）抚谕，所至皆投戈拜命，二州遂定"①。随着丘处机的声誉日隆，达官贵人与之结交者越来越多，金翰林学士陈时可《长春真人本行碑》记载："师既居海上，达官贵人敬奉者日益多。定海军节度使刘公师鲁、邹公应中二老，当代名臣，皆相与友。"②丘处机也欣然与社会各阶层人士广泛交往，诗词唱和，宣传全真道的教义，扩大全真道的影响，同时也经常应各地官民的邀请，主持斋醮仪式，发挥道教特有的济世救民之社会功能。特别是丘处机万里西行，宣道朔漠，取得了"一代天骄"成吉思汗的信任和支持后，在战乱之际极力宣扬道教的因果祸福之说，"凡将帅来谒，必方便劝以不杀人。有急必周。士有俘于人者，必援而出之，士马所至，以师与之名，脱欲兵之祸者甚众"③。这些做法对安定社会秩序起到了独特的作用。元好问在《怀州清真观记》中评论说："丘公往年召对龙庭，亿兆之命悬于治国保民之一言，虽冯瀛之悟辽主不是过，天下之所以服其教者，特以此耳。"④这说明，全真道社会思想向积极入世的世俗化方向演变，除其主动适应时势的变化外，统治者和官僚阶层的推动，也是一个重要原因。

（原载于《江西社会科学》2009 年第 11 期）

---

① 赵卫东辑校：《丘处机集》，第 413 页。
② 赵卫东辑校：《丘处机集》，第 413 页。
③ 赵卫东辑校：《丘处机集》，第 414 页。
④ 赵卫东辑校：《丘处机集》，第 419 页。

王重阳与全真道的初期传播

摘要：作为全真道的创始人，王重阳本着以道济世的情怀，倾力传播全真道，将这一新道从陕西带到山东半岛，在较短的时间内就在山东半岛站住了脚跟，建立了早期的教团组织——三州五会，发展了众多的信教民众。从王重阳传播全真道的行迹看，王重阳弘道主要采用诗词劝谕、异性吸引、长生激励、会社为媒四种方式；在弘道的过程中，王重阳尽可能地调和全真道的信仰与儒家忠孝伦理的冲突，高唱三教一家，为全真道的生存发展奠定了一个良好的基础。

关键词：王重阳；全真道；传播；方法

全真道创立于北方非汉民族女真人治中原的金正隆、大定年间，创立者是儒士出身的陕西咸阳大魏村人王重阳。金统治中原的一百二十年，一民族矛盾为主的各种社会矛盾较历史上其他时期更为突出和尖锐，在这样一个特殊的时代，王重阳能自创一新教派且能在短短几年将全真道由陕西传播到山东半岛，引起社会各阶层民众的关注和兴趣，不能不令人称奇。考其缘由，与王重阳灵活地运用多种传播手段以张大其教有很大的关系。那么，王重阳究竟采用了哪些方法来向周围的各阶层人士传道和劝人修道，使人们逐渐理解和接受全真道这样一个与众不同的新道派呢？兹结合王重阳的著述和有关史料做一考析。

一、诗词劝谕

诗词唱和是古代文人雅士最常用的交流手段，它可以明志述怀、写景状物、抒发情感。诗词虽然文字不多，但容纳的信息量很大，可以反复体味，历久常新，不受时空的局限。而且诗词作为一种载体，其最大的特点是制作简便，易于传播。因此，历代文人都爱吟诗作词，以之为常用的交流媒介。加上科举考试的引导，古代的儒生都谙熟此道，使用和接受起来基本没有障碍。《全真教祖碑》说王重阳"弱冠修进士举业，籍京兆府学，又善武略"[①]，说明王重阳出家前浸润儒学多年，参加过科举考试，其儒学和文学修养都很深。据《历世真仙体道通鉴续编》记载，王重阳平时最爱读北宋著名词人柳永的《乐章集》，读书时在空白处逐篇写下了唱和之作[②]。王重阳自己亦言"平生颠傻，心猿轻忽，乐章集、看无休歇"[③]。王重阳证道后，在陕西和山东传道，用得最多的方式就是以诗词劝谕人修道。刘祖谦《重阳祖师仙迹记》说王重阳"有诗词千余篇，分为《全真前后集》传于世"[④]。宁海州学录赵抗说另有三本诗词集，"上曰《教化下手迟》，次曰《分梨十化》，又其次曰《好离乡》，共三百余篇"[⑤]。今存有《全真集》《教化集》《分梨十化集》。范怿评价王重阳的劝人修道诗词"辞源浩博，意旨弘深，涵泳真风，包藏妙有，实修真之根底，度人之梯航"[⑥]。《分梨十化集》就是王重阳劝马钰夫妇出家修道的诗词专集。从现存的史料看，王重阳劝人修道的诗词赠送对象有兄嫂、侄、友人、秀才、道友、僧人、知府、知县、军判、太守、主簿、学正、句押、药铺老板、饮食店老板、剃头匠、童子、钓叟等社会各阶层人士，特别值得一提的是王重阳还写有劝谕、指点妇女修道的诗词。这些诗词的内容大抵皆"劝戒愚蒙，免沈溺于爱河欲海"[⑦]，"将使学人因文解义，离其所染著，离其所爱恋，遍离一切诸有，以至于离无所离之离，真清真净，至实相境界，则举足下足，无非瑶池阆苑矣"[⑧]。王重阳的劝人修道诗大部分写得通俗易懂、朴实无华，并能结合赠诗对象的实际以达迁善变俗之目的，如他写的一首《吃酒赌钱》诗，奉劝世人放弃吃酒赌钱而入道修行，其诗云："心游闲散乐浮华，放肆开怀是产涯。饮酒莫教离孝顺，赌钱休要坏居家。道门好入时时重，王法须遵可可奢。平等能行方便事，也教随我伴烟霞。"[⑨]另有一首《四不得颂》

① 《甘水仙源录》卷一，《道藏》第十九册，第 723 页。
② 详见《历世真仙体道通鉴续编》卷一，《道藏》第五册，第 417 页。
③ 《重阳全真集》卷七，《道藏》第二十五册，第 728 页。
④ 《甘水仙源录》卷一，《道藏》第十九册，第 726 页。
⑤ 《重阳教化集·赵抗序》，《道藏》第二十五册，第 770 页。
⑥ 《重阳全真集·范怿序》，《道藏》第二十五册，第 690 页。
⑦ 《重阳教化集·赵抗序》，《道藏》第二十五册，第 770 页。
⑧ 《重阳教化集·王滋后序》，《道藏》第二十五册，第 789—790 页。
⑨ 《重阳全真集》卷十，《道藏》第二十五册，第 742 页。

更为简洁明了：“不得受人钦重，不得教人戏弄。不得意马外游，不得心猿内动。”① 为劝人识破假合之幻身，入道修行，王重阳常画骷髅并题诗警醒世人，如其《咏骷髅》词言：“无事闲行郊野过，见棺函板破。里头白白一骷髅，独潇洒愁愁。为甚因缘当路卧，往来人诽谤。在生昧昧了真修，这回却休休。”② 当然，王重阳的劝谕诗有的也写得隐晦难懂，但总体上言，还是比较简洁明了，而且符合当时社会文化习俗，取得了较好的传播效果。陈垣先生曾指出：“欲其教广传，而不先罗致知识分子，人几何不疑为愚民之术，不足登大雅之堂耶！”③ 王重阳以诗词劝谕的方式传道，既提高了全真道的文学品质，同时也展示了创教者的文学素养，使知识分子有一种亲近感。

二、异行吸引

异行，指宗教所特有的神通和与众不同的言行。由于世人都有一种天然的好奇心，因此，宗教的神异现象及宗教人士的奇特言行往往对人有较大的吸引力，容易引起人们的关注，进而激起人们了解甚至实践体验的兴趣。王重阳在传道过程中也多次向人展示他的高超道行，一方面引起了人们的好奇和关注，另一方面这些异行的传播速度较正常言行的传播快，它扩大了全真道的社会影响。王重阳在陕西修道传教时就展示过“异行”，在山东收徒时也多次施展过“神通”。《甘水仙源录》卷一《马宗师道行碑》载：

> 是岁（案：大定七年，即 1167 年）十月朔，祖师令师（案：马钰）锁庵，斋居百日，日止一餐。虽隆冬祁寒，唯笔砚几席，布衣草屦而已，形神和畅，若寒谷回春者焉。八年春正月十有一日，庵始启钥。④

王重阳被锁在全真庵的一百天，正值隆冬严寒时节，他每天只吃一餐素斋，穿的是布衣草鞋，但精神状态非常好，脸上洋溢着春意，不能不令人称奇。《甘水仙源录》卷一《重阳祖师仙迹记》说：“（王重阳）时或夜就与马语，莫知其所由来，及去，追之不及，扃鐍如故。间与魂交梦警，分梨赐栗之化

---

① 《重阳全真集》卷九，《道藏》第二十五册，第 740 页。
② 《重阳全真集》卷七，《道藏》第二十五册，第 722 页。
③ 陈垣：《南宋初河北新道教考》，北京：科学出版社，1958 年，第 15 页。
④ 《马宗师道行碑》，《甘水仙源录》卷一，《道藏》第十九册，第 729 页。

不一。马于是始加敬信。"①王重阳出神入化的高超道行令马钰在惊奇之余生起敬信之意。

从上引两则史料可知，马钰虽然天性好道，"童时常诵乘云驾鹤之语"②，但他最终能彻底抛弃家庭而随王重阳入道修行，与王重阳通过展示神异之能来吸引他的信道之心有很大的关系。

王重阳在度化谭处端时也展示过其"神功异能"。《甘水仙源录》卷一《长真子谭真人仙迹碑》言：

> 至大定丁亥（1167）岁仲秋，闻重阳真人度马宜甫为门生，公径赴真人所，祈请弃俗服羽，执弟子礼。真人付之以颂，便宿于庵中。时严冬飞雪，丹灶灰冷，藉海藻而寐，寒可堕指，真人遂展足令抱之。少顷，汗流被体，如置身炊甑中。拂晓，真人以盥洗余水使公涤面，从涤之月余，宿疾顿愈，于是公推心敬而事之。③

文中所言谭处端的宿疾，是指他早年因醉卧雪中而染上的风痹之症。为了治好这个顽疾，谭处端曾诵《北斗经》多年以求济，但效果甚微。王重阳在短短一个月就治好了他的痼疾，谭处端自然对王重阳生起钦崇之意，并由此坚定了出家修道的决心。

王处一也是因为听说了王重阳的"神异事迹"之后，从文登牛仙山赶至宁海全真庵拜王重阳为师的。王处一入道后，根据王重阳的安排，前往铁查山云光洞修行。第二年四月，"重阳与马、谭、丘、郝四师，自文登归宁海，道经龙泉，去查山二百余里。时炎暑，重阳持伞。忽伞自手中飞去，未晡，坠铁查山。师于伞柄中得诗一首，并'伞阳子'三字，因以为号"④。这是王重阳向弟子展示的又一神异。

为了迅速扩大全真道的影响，壮大全真道的信众队伍，王重阳还多次向大众展示过其神异，并引起轰动。《全真教祖碑》载：

> 八年（1168）三月，凿洞于昆嵛山，于岭上采石为用，不意有巨石飞落，

---

① 《马宗师道行碑》，《甘水仙源录》卷一，《道藏》第十九册，第726页。
② 《马宗师道行碑》，《甘水仙源录》卷一，《道藏》第十九册，第728页。
③ 《长真子谭真人仙迹碑》，《甘水仙源录》卷一，《道藏》第十九册，第732页。
④ 《金莲正宗仙源像传》，《道藏》第三册，第378页。

人皆悚栗，真人振威大喝，其石屹然而止，山间樵苏者欢呼作礼，远近服其神变。又或餐瓦石，或现二首坐庵中，人见游于肆，或留之饭，预言来馈者何。神通应物，不可概举。……九年己丑四月，宁海周伯通者邀真人住庵，榜曰"金莲堂"。夜有神光，照耀如昼，人以为火灾，近之，见真人行光明中。宁海水至咸卤，真人咒庵之井，至今人享其甘洁。于是就庵建"三教金莲会"。至福山县，又立"三教三光会"。至登州，游蓬莱阁，下观海，忽发飓风，人见真人随风吹入海中，惊讶间，有顷，复跃出，唯遗失簪冠而已。移时却见逐水波，泛泛而出。……凡为变异，人不可测者，皆此类也。①

对于上引史料所载王重阳显示神异之事，治全真道史者自可未必如宗教信徒那样去看待，但不可否认的是，全真道的民间教团组织"三州五会"之所以能在短时间内建立起来并吸引上万之众参加，与王重阳善于以"异迹惊人"（陈垣先生语）的方法来传播其道有很大关系。

三、长生激励

道教最吸引人的、同时也是它与佛教最大的不就是长生的信仰。经过长时期的探索与实践，道教在长生领域取得了很大的成就，产生了外丹、内丹等众多的长生道术。王重阳创立的新道派——全真道，继承并发展了道教的这一独特传统，提出了带有革新意义的长生成仙观念，指出"全真"乃是长生成仙的唯一途径。因此，王重阳非常注重以长生成仙的美好目标激起世人的求道和修道之心。传道时，王重阳善于用各种办法警示世人：肉身是假，人生苦短，业报可惧；晓谕世人：长生可求，全真成仙，简捷易行。如王重阳警示世人肉身为假莫执着，有诗言："假合形躯诚是假，何劳更恁重描画。诸公莫使达人知，惹得一场大笑话。"②人生苦短，只有入道修行才能超脱："堪叹生老病死，世间大病洪疴。伤嗟戆卤强添和，怎免轮回这个。独我摇头不管，时临还与他去。玉花丛里睹琼科，五色云中稳坐。"③王重阳还生动地描写了造恶者入地狱受恶报的种种令人恐惧之惨状，其词云：

---

① 《终南山神仙重阳真人全真教祖碑》，《甘水仙源录》卷一，《道藏》第十九册，第724页。

② 《重阳全真集》卷九，《道藏》第二十五册，第740页。

③ 《重阳全真集》卷八，《道藏》第二十五册，第733页。

鄷都路，定置个、凌迟所。便安排了，铁床镬汤，刀山剑树。造恶人有缘觑，造恶人有缘觑。鬼使勾名持黑簿，没推辞，与他去。早掉下这尸骸，不借妻儿与女。地狱中长受苦，地狱中长受苦。①

而作善之人则入蓬莱仙境，种种美妙令人欣羡：

蓬莱路，显自在、逍遥所。现长生景，琼花玉叶，金枝宝树。作善人得观觑，作善人得观觑。童子青衣掌仙簿，行功成，上升去。结就一粒金丹，深谢婴儿姹女。永不遭三界苦，永不遭三界苦。②

为此，王重阳劝谕世人须猛省猛悟，早做修持，步入长生成仙路"争如修取来生善，早悟光阴，急急同飞箭。足爱前亲，好心长行方便。若回头，随我访，神仙面。"③而长生成仙并不难，只要心中保持清静，使真性复苏，自然结就金丹，步入长生成仙之正道，这便是修行的捷径："跳出凡笼寻性命，人心常许依清静。便是修行真捷径。亲禅定，虚中转转观空迥。认得祖宗醒复醒，红红赫赫如金定。渐渐圆明光又莹。通贤圣，无生路上长端正。"④王重阳留下的劝人修道诗词，有一大部分是以长生成仙这一目标来激发人的入道修行决心的。王重阳抓住人对生命终极关怀的渴求心理，用正、反两面对比的方法警示人修道和不修道的善恶不同结局，不失为很有效的传播方法。

四、会社为媒

王重阳传播和扩大全真道之影响的诸方法中，最有创新性和吸引力的手段，当属"三州五会"的创建。所谓三州五会是王重阳领着其弟子在山东半岛建立的全真道民间教团组织。"三州"指的是金代在山东设立的宁海州、登州、莱州；"五会"分别是：宁海文登的"三教七宝会"（1168年8月建立）、宁海牟平的"三教金莲会"（1169年8月建立）、登州福山的"三教三光会"（1169年9月建立）、登州蓬莱的"三教玉华会"（1169年9月建立）、莱州掖县的"三教平等会"（1169年10月建立）。关于此三州五会建立的原则与

---

① 《重阳全真集》卷三，《道藏》第二十五册，第711—712页。
② 《重阳全真集》卷三，《道藏》第二十五册，第712页。
③ 《重阳全真集》卷五，《道藏》第二十五册，第722页。
④ 《重阳全真集》卷七，《道藏》第二十五册，第729页。

目的、入会的要求、会众修道行为规范、修道方法和目标，王重阳曾专门写下了会疏对此做了规定和说明，今存有《三州五会化缘榜》《金莲社开明疏》《玉花会疏》《玉花社疏》，另有《宁海军结金莲社诗》《金莲会诗》，具存《重阳全真集》中。关于三州五会的建立过程因与本文关系不大，略而不论，这里仅就三州五会是如何担当起传播全真教的媒介作用略作分析。

第一，通过会社的建立，联系了一批有一定实力和影响的人物加入全真道，进而带动其他人入会。从史料中可知，王重阳建立五会，得到了当地颇有影响或有实力的人物的支持，如在文登县首立三教七宝会，得到了姜氏的支持，会址就设在姜氏原建的道庵中。《甘水仙源录》卷一《全真教祖碑》言："至八月间（1168 年 8 月——笔者），迁居文登姜实庵，……于文登建三教七宝会。"① 王重阳《全真集》卷一中有一首《姜公建钟楼》的诗，是赠给姜公的，这个姜公很可能就是姜氏庵的施主。金莲会的建立，则得到了宁海周伯通的支持，周伯通舍庵资助王重阳建立三教金莲会："九年（大定九年，1169 年——笔者）己丑四月，宁海周伯通者邀真人住庵，榜曰金莲堂。……于是就庵建三教金莲会。"② 此外，从《重阳全真集》写给登州太守的两首诗《赴登州太守会青白堂》和《上登州知府》来看，王重阳在登州的传道活动还得到了登州官府的认可，这一点很重要。因为王重阳入山东传道时，正是金世宗大定七至十年，当时金廷对宗教的发展是持防范策略的，没有地方官府的认可，王重阳很难建立起会社组织。

第二，全真道会社的入会手续简单，会众既可通过会首也可直接与王重阳取得联系，解决修行中的难题，这些新举措颇能引发民众的入会兴趣。关于入会的手续，只要每月交纳四文"分定钱"即可，但须有始有终，不能半途而废。王重阳《金莲会诗》道："长生永结金莲社。有始有终无诈诈。诸公不可半途止，直待王风去则罢。"③ 会众在修持中遇有疑难问题，可以会首向王重阳取得联系，王重阳则给予解答。如文登邵公曾就如何下手修行请教，王重阳答曰："我命不由天，熟耨三田守妙玄。甘雨泽深先布种，金钱，遍地黄芽最鲜艳。养就玉花莲，叶叶分明永永坚，琼蕊被风吹撒动，香传，一道

---

① 《终南山神仙重阳真人全真教祖碑》，《甘水仙源录》卷一，《道藏》第十九册，第 724 页。

② 《终南山神仙重阳真人全真教祖碑》，《甘水仙源录》卷一，《道藏》第十九册，第 724 页。

③ 《重阳全真集》卷九，《道藏》第二十五册，第 741 页。

灵光任自然。"①一位七十二岁的老人邢公，想参加全真道的会社修行，但又担心年纪太大来不及，问王重阳七十二岁修行可否。王重阳答道："便如百岁未为迟，只在心中换过时。今世不能全了达，来生应许做修持。临行一点须搜正，收取三光亦复随。只是投新遗旧舍，能除新舍得灵芝。"②王重阳有很多诗词是为解答会众修道疑难而写的，其拳拳诲人之心跃然纸上。

第三，通过建会立社，王重阳把自己所传的全真修持之法与其他道术的根本区别公之于众，突出全真道性命双修和简捷易行的特点，增强了全真道的吸引力。关于建立会社的目的，王重阳在《玉花社疏》中写道：

> 起置玉花、金莲社在于两州，务要诸公认得真性。不晓真源，尽学旁门小术，此是作福养身之法，并不干修仙之道、性命之事，稍为失错，转乖人道。诸公如要真修行，饥来吃饭，睡来合眼，也莫打坐，也莫学道，只要尘冗事屏除，只要心中"清净"两个字，其余都不是修行。诸公各怀聪慧，每日斋场中细细省悟，庶几不流落于他门。③

王重阳认为当时社会上流行的诸多修道方术，皆为旁门小术，只能养身，不能养性修命，因此不是真正的修仙之道；建立全真道会社组织，就是为了给有心修道诸公提供真正修行的帮助和指导，不致为旁门小术所耽误，而这条正确的修仙之路就是认得真性、保全真性的"全真"之道。对于世间流行的符箓、嗽咽之术，王重阳劝谕说："休倚散丸求德行，莫凭符水望升超"④；"晨昏嗽咽增空耗，子午功夫谩飒飘。已上般般皆忽用，从今字字最堪消。"⑤王重阳指出的认真修养真性的全真之道既不用打坐，又不用学道，只要心中清净即可，这和禅宗的顿悟见性一样简捷明了，不能不对人产生较强的吸引力。

第四，王重阳为全真道会社确立了"三教合一"的处事之策，较好地消弭了全真道与儒佛二教之间的冲突，减少了全真道传播的阻力。全真道初创之际，就像道教之古树上长出的新枝，虽有旺盛的生命力，但毕竟还很幼

---

① 《重阳全真集》卷四，《道藏》第二十五册，第 714 页。
② 《重阳全真集》卷一，《道藏》第二十五册，第 692 页。
③ 《重阳全真集》卷十，《道藏》第二十五册，第 747 页。
④ 《重阳全真集》卷九，《道藏》第二十五册，第 737 页。
⑤ 《重阳全真集》卷九，《道藏》第二十五册，第 737 页。

小，无法经受狂风暴雨的吹折。全真道当时生存发展环境中面临的有利和不利因素共存，特别是已经有着强大社会影响力的儒教和佛教，对全真道生存发展构成的压力更显突出。王重阳出身儒门，做过多年的小吏，对于全真道传播中可能遇到的阻力，他的认识非常清醒。因此，王重阳在传播全真道时，高举起三教一家的大旗，对儒释二教不存门户之见，平等相待，礼敬有加。刘祖谦《重阳祖师仙迹记》说他"凡接人初机，必先使读《孝经》、《道德经》，又教之以孝谨纯一。及其立说，多引六经为证据。其在文登、宁海、莱州，尝率其徒演法建会者凡五，皆所以明正心诚意、少思寡欲之理，不主一相，不居一教也"①。《全真教祖碑》也说"真人劝人诵《般若心经》、《道德》、《清净经》及《孝经》，云可以修正，""凡立会必以三教名之者，厥有旨哉！真人者，盖子思、达磨之徒与！足见其冲虚明妙，寂静圆融，不独居一教也"②。王重阳对三教之所以采取"寂静圆融，不独居一教"的态度，主要目的是为了减少全真道传播的阻力。因此，王重阳劝谕人修道的诗词，常信手引用儒、释的教义和文句，并广交儒士僧人，遇儒言儒，见佛言佛。王重阳自己也说："谑号王风，实有仙风。性通禅释、贯儒风。清谈吐玉，落笔如风。解著长篇，挥短句，古诗风。"③全真道五会成立后，有会众孙公问到儒释道三教之间的区别问题，王重阳明确告之，三教之理是相通的，从根本上讲三教并没有什么差别，他说："儒门释户道相通，三教从来一祖风。悟彻便令知出入，晓明应许觉宽洪。精神氤候谁能比，日月星辰自可同。达理识文清净得，晴空上面观虚空。"④会众战公问释、道二教的先后，王重阳说："释道从来是一家，两般形貌总无差。识心见性全真觉，知汞通铅结善芽。马子休令川拨棹，猿儿莫似浪淘沙。慧灯放出腾霄外，照断繁云见彩霞。"⑤王重阳在传道过程以自己的言行实践了其三教一家的主张，取得了很好的效果，不少僧人向他请教，与他切磋，这些往来应答的诗词在《全真集》中随处可见。

第五，对出家修道的会众和在家修道的会众提出不同的要求，显示出针

---

① 《终南山神仙重阳真人全真教祖碑》，《甘水仙源录》卷一，《道藏》第十九册，第725—726 页。
② 《终南山神仙重阳真人全真教祖碑》，《甘水仙源录》卷一，《道藏》第十九册，第724 页。
③ 《分梨十化集》卷上，《道藏》第二十五册，第 794 页。
④ 《重阳全真集》卷一，《道藏》第二十五册，第 693 页。
⑤ 《重阳全真集》卷一，《道藏》第二十五册，第 691 页。

对不同根基者传到的灵活性，同时也增强了全真道与世俗社会的适应能力。参加五会的修道者，有出家的，也有不出家的，对此，王重阳提出了不同的要求。对于不能脱家修道的会众，王重阳要求他们："凡百事，先人后己，勤认炎凉。与六亲和睦，朋友圆方。宗祖灵祠祭飨，频行孝、以序思量。逢佳节，欢欣访饮，齐齐唱满庭芳。"①这和儒家的忠孝仁义之道没有两样。而对于那些能脱家修道的会众，王重阳则要求他们"须是损妻舍事，违乡土、趱却儿娘"②。在化马玉钰出家修道时，王重阳还制定了"断酒色财气、攀缘爱念、忧愁思虑"③的十二字戒条。对于出家修道者，王重阳要求一律要乞食，不能穿好衣服，"修行须是身布衣，受寂寥餐素"④，"饥来粝饭长哺啜，寒后粗衣任盖铺"⑤。但不管出家还是不出家，王重阳规定，大凡学道之人，"不得杀盗"，并视"饮酒食肉"为"破戒犯愿"⑥。这些不同层次的教规和要求，体现出王重阳为最大限度地适应世俗社会的王道政治和伦理规范所做的努力，对于全真道增强与世俗社会的调适能力有着不可忽视的重要意义。而且从后来全真道传播的实际效果来看，这一灵活的适应策略是成功的。丘处机后来提出的内日用和外日用思想就是对王重阳这一灵活的教规教制的发展。

王重阳在山东传道时间不足三年，经过他的不懈努力，全真道渐为山东官民所了解接受，但其规模和社会影响力仍显弱小。由于传道时间短，有许多问题王重阳还来不及解决就辞世，如：王重阳要求出家修道者须居庵，但规定只要茅庵草舍即可，反对雕梁峻宇、大殿高堂，以不露宿野眠、触犯日月为原则⑦，没有建立进一步发展全真道的根本依托——宫观，更没有建立宫观经济；没有制定成熟完备的戒规，全真修道者所遵守的主要还是传统道教的戒律。此外，对于道教传统方术如行符、设药，王重阳认为："乞食行符设药人，将为三事是修真。内无作用难调气，外有勤劳易损神。不向本来寻妙密，更于何处觅元因。此中搜得长春景，便是逍遥出六尘。"⑧它们和乞食一

---

① 《重阳全真集》卷三，《道藏》第二十五册，第713页。
② 《重阳全真集》卷三，《道藏》第二十五册，第713页。
③ 《重阳教化集》卷二，《道藏》第二十五册，第780页。
④ 《重阳全真集》卷四，《道藏》第二十五册，第715页。
⑤ 《重阳全真集》卷一，《道藏》第二十五册，第696页。
⑥ 《重阳教化集》卷二，《道藏》第二十五册，第780页。
⑦ 《重阳立教十五论·第五论盖造》，《道藏》第三十二册，第153页。
⑧ 《重阳全真集》卷一，《道藏》第二十五册，第693页。

样，只是帮助修道者解决饥寒的手段，于修真养性并无多少益处，因此王重阳不注重利用符水治病和斋醮仪式来争取信众和获取官府的支持，三州五会也只是一个民间宗教组织，未得到官方的正式认可，在面临复杂的政治形势时随时有被取缔的可能。总而言之，王重阳时期全真道的生存发展依然面临诸多风险和压力。而这些问题直到以丘处机为代表的第二代全真领袖人物的继续努力下才得到解决。

（原载于《漳州师范学院学报（哲学社会科学版）》2010 年第 2 期）

丘处机与全真道教团管理制度的创建和成熟

摘要：全真道在王重阳创教初期，只是一个民间"隐修会"，屡受金廷的打压甚至罢禁。至丘处机出任第五代掌教时，因得到蒙古国成吉思汗的尊崇而逐步走向兴盛。在丘处机等全真高道的努力下，全真道的经济实力日益壮大，教团管理日趋成熟，戒律体系和宫观管理规制不断完善，全真道由组织松散的民间宗教逐渐转变为戒规完备、管理成制的官方宗教。

关键词：丘处机；全真道；教团管理；戒律清规

一、丘处机与全真道宫观经济的发展

全真道是金正隆（1156—1161）、大定（1161—1189）年间兴起于中国北部地区的道教革新派，创始人是陕西咸阳人王重阳。王重阳主掌全真道教事时，信徒分为两部分，一为出家道士，一为在家信众。出家道士必须住庵，而在家信众则以王重阳建立的民间宗教组织"三州五会"①为中心，不定期地开展集体修道传教活动。对于出家道士，王重阳规定一律云游乞食，所住的庵舍只要能遮形即可，不得兴建大殿高堂。王重阳自己修道时过着"落魄不羁，乞食于市，短蓑破瓢，眠冰卧雪"②的苦行生活。

王重阳门下弟子七真继承师风，分散各地乞食行化，在常人难以忍受的种种苦行中修道证真。如马钰因出身富室，起初不愿乞食，"祖师怒打到平旦

---

① "三州"指的是金代在山东设立的宁海州、登州、莱州，"五会"分别是1168年8月在宁海文登建立的"三教七宝会"、1169年8月在宁海牟平建立的"三教金莲会"、1169年9月在登州福山建立的"三教三光会"、1169年9月在登州蓬莱建立的"三教玉华会"、1169年10月在莱州掖县建立的"三教平等会"。

② 《金莲正宗记》卷二，《道藏》第三册，第348页。

而止，打之无数"①；他在终南祖庵修道弘教期间，"早晨则一碗粥，午间一钵面，过此已往，果茹不经口"②。马钰要求门下弟子以乞食为日用家风："道人心性，尘欲之事切莫随逐。若拖条藜杖，嘲风咏月，陶冶情性，有何不可？至于巡门求乞，推来抢去，恰是道人日用家风也。"③刘处玄洛阳修道时，"炼性于尘埃混合之中，养素于市廛杂沓之丛。……人馈则食，不馈则殊无愠容；人问则对之以手，不问则终日纯纯"④。王处一、谭处端、郝大通等诸真亦皆在行乞中降心去欲，修心炼性，直至"定力圆满，天光发明"⑤。丘处机在磻溪、龙门隐修时，也采用苦行炼性的方法，"日乞一食，行一蓑，人谓之蓑衣先生，昼夜不寐者六年。复隐陇州龙门山，苦行如磻溪时"⑥。

但丘处机东归栖霞后情况就开始发生了变化，一个明显的例子是，丘处机大兴土木，把滨都观建得气势壮观，成为东方道林之冠。另外，当吕道安、毕知常、杨明真等祖庭主事者为筹措购买祖庭观额的费用来到栖霞找丘处机求助时，"长春以所有之资，倾囊尽付，及亲作疏文，俾先生（毕知常）化导诸方，为重建计"⑦。金泰和年间，丘处机曾花钱从杨公手上买下洞真观，并向官府买得官额⑧。这些事例说明，东归栖霞后，丘处机在兴建宫观的同时也开始注重创建宫观经济，并在关键时发挥了重要作用。据《玄风庆会图说文》记述，金末蒙古攻金期间，连年兵革，饥疫继作，饿殍遍野。时丘处机居登州长春观，令道众力服耕耘，分己之粮，以济饥馁⑨。丘处机晚年居燕京天长观时，对天长观做了一次大规模的修复，并尽一观之力举办了退荧惑犯尾宿之灾的醮事活动，这说明天长观的经济实力颇为雄厚。

丘处机注重发展宫观经济之举，带动了全真道徒在经济生活方式上从云游乞食向耕凿自给的转变。兹举数例如下：

尹志平是丘处机的十八高徒之首，在金贞祐战乱前住持潍州玉清观，此

① 《丹阳真人语录》，《道藏》第二十三册，第 705 页。

② 《丹阳真人语录》，《道藏》第二十三册，第 702 页。

③ 《丹阳真人语录》，《道藏》第二十三册，第 704 页。

④ 《金莲正宗记》卷四，《道藏》第三册，第 358 页。

⑤ 《金莲正宗记》卷四，《道藏》第三册，第 358 页。

⑥ 《金莲正宗仙源像传》，《道藏》第三册，第 376 页。

⑦ 赵卫东辑校：《丘处机集》，济南：齐鲁书社，2005 年，第 506 页。（下引同书只注页码）

⑧ 《洞真观碑》，陈垣编纂：《道家金石略》，北京：文物出版社 1988 年，第 441 页。（下引同书只注页码）

⑨ 《清和演道玄德真人仙迹之碑》，陈垣编纂：《道家金石略》，第 539 页。

观系世袭千户完颜龙虎施舍其东苑之地而建。观建成后，请尹志平主持。尹志平在此观居住二十年，“领众耕稼，竭力管谷师友”①，丘处机对尹志平用心经营玉清观的行为大加赞赏，他自己“咸结夏避冬，多寓于此”②。

通玄大师杨至道，明昌庚戌年（1190）入道，后师长春，创开阳观，得到了蒙古官员燕京行省参谋国家奴、景州牧王仲温、润州牧李济等的资助。“以状奉州之苏家庄隙地南北二十，东西三里为奇，左龙冈，右混河，前抵铁山，后连雕岭，听其耕凿卜筑，惟意于其间。……其辟土垦田，积十余顷，虽居徒数百指，其饭粥之计，未尝人有所撄拂。”③杨至道带领观众开垦田地，耕作稼穑，完全做到了自给自足，而且能养活数十之众。

全真高道王志谨的弟子崔志隐、管志道、董道亨、李志希四人，于元太宗六年（1234）由盘山南下，抵洛阳，建栖云观。是时始经壬辰兵革，“自关而东，千有余里，悉为屯戍之地，荒芜塞路，人烟杳绝，唯荷戈之役者往来而已。”④四人乃同心勠力，历时近二十年，其观乃浸兴，并开垦出“膏腴之田六百亩，栽培覆护，果实之木千余株。桧柏萧森，门庭清肃，养生储蓄，取诸左右而丰，敬接方来，兼有自他之利”⑤。

辉州玉虚观，大定年间创建，经过几任住持道士的苦心经营，宫观经济日益雄厚，不但能完全做到自食其力，还有余力购买田地，构筑亭园：“创水硙、稻田、楮庄等业，虽罄刮衣盂，资赡徒侣，大有方便。……复买百泉西涯田数亩，筑致爽亭，贮经史，植松竹，号嘉惠别馆。”⑥元代名士、翰林学士承旨姚燧爱其幽胜，经常徜徉其间，与观中道士结为知友。

随着全真道宫观经济的逐步创建和发展，道徒的衣食也由初创时期的乞食转为耕凿自种，实现了经济生活方式的转变。同时还有余力赈济社会，救助战乱中的士流与民众，既摆脱了“浮食”之责难，其耕凿自种的勤劳作风，还颇得世俗社会的好评，史天祐在《清真观碑》中对全真道徒这种“习禹稷之躬稼”的自食其力之风大为推许，说“其美可美，其居可乐”⑦。

全真道宫观经济实力的发展壮大，一方面必然要求完善戒律体系，建立

---

① 《清和演道玄德真人仙迹之碑》，陈垣编纂：《道家金石略》，第539页。
② 《清和演道玄德真人仙迹之碑》，陈垣编纂：《道家金石略》，第539页。
③ 《建开阳观碑》，《甘水仙源录》卷十，《道藏》第十九册，第804页。
④ 《洛阳栖云观碑》，陈垣编纂：《道家金石略》，第557页。
⑤ 《洛阳栖云观碑》，陈垣编纂：《道家金石略》，第557页。
⑥ 《辉州重修玉虚观碑》，陈垣编纂：《道家金石略》，第575—576页。
⑦ 《清真观碑》，陈垣编纂：《道家金石略》，第608页。

教团管理制度，使教门的兴盛有制度的保证；另一方面，宫观经济实力的增强，也为教团管理的创建与实施奠定了物质基础。

二、丘处机与全真道戒律体系的完善

丘处机掌教时期，由于受到蒙古国成吉思汗的尊崇，全真道的政治地位大大提升，教团组织取得了合法地位，传道收徒也得到了朝廷的许可，信众人数剧增，宫观林立，教门大兴，"四方往往化为道乡"[①]，因此，戒律体系的完善、教团管理制度的建立、道徒的教育等问题变得日益迫切。丘处机在燕京天长观主持教事时，观内道徒还与佛教徒发生过冲突，打坏了不少圣像，破坏了观内设施[②]。为了适应教门兴盛的新形势和教团发展的需要，丘处机在参考道教传统戒律、借鉴佛教禅宗丛林制度的基础上，推动全真道清规戒律的完善和教团管理制度的建立，使全真道的宗教形态变得更加成熟。

在丘处机掌教前，全真道的清规和戒律并不系统，道徒重点围绕"识心见性，除情去欲，忍耻含垢，苦己利人"[③]的教旨，在承袭前代的基础上，强调个人心性修炼，俭朴刻苦，断绝世欲。

考诸全真道创教史，教祖王重阳本为一热衷功名的儒生，后因在甘河镇遇仙而出家修道，故全真道初创时，王重阳只带丘处机等弟子在昆嵛山修炼，以"异迹惊人，畸行感人"[④]，他们离俗出家，清净苦修，教风淳朴，只有戒规思想，但未订立系统戒条，在遵依传统道教戒律的基础上，强调断酒色财气、行慈悲忍辱。王重阳为道徒制定的《重阳立教十五论》，阐述了全真道士修行生活的准则，分住庵、云游、盖造、学书、合药、合道伴、打坐、降心、炼性、匹配五气、混性命、圣道、超三界、养身之法、离凡世十五个方面，既是全真道立教的宗旨，也是全真道戒律发展的根基。另外，王重阳在不同场合还提出了一些戒规，如《重阳教化集》卷二《读晋真人语录》云："大凡学道，不得杀盗饮酒食肉，破戒犯愿。"[⑤]《化丹阳》云："凡人修道先须依此一十二个字：断酒色财气、攀缘爱念、忧愁思虑。"[⑥]王重阳在回答关于"如何是

---

① 《长春真真人西游记》卷下，《道藏》第三十四册，第 498 页。
② 《长春真真人西游记》卷下，《道藏》第三十四册，第 497—498 页。
③ 陈垣编纂：《道家金石略》，第 673 页。
④ 陈垣《南宋初河北新道教考》，北京：中华书局，1962 年，第 37 页。
⑤ 《重阳教化集》卷二，《道藏》第二十五册，第 780 页。
⑥ 《重阳教化集》卷二，《道藏》第二十五册，第 780 页．

修真妙理"时说:"第一先除无名烦恼,第二休贪恋酒色财气。"① 回答"如何是五行之法"说:"第一先须持戒,清净忍辱,慈悲实(十)善,断除十恶,行方便,救度一切众生,忠君王、孝顺父母师资。"② 传统道教的"十善"是:恤死度生,救疾治病;施惠穷困,割己济物;奉侍师主,营建静舍;书经校定,修斋念道;退身让义,不争功名;宣化愚俗,谏净解恶;边道立井,植种果林;教化童蒙,劝人作善;施为可法,动静可观;教制可轨,行常使然。

王重阳之后,由弟子马钰执掌教事。马钰曾在其入道誓词《丹阳神光灿·立誓状外戒》中提及早期全真道戒律为"遵依国法为先。但见男儿女子,父母如然。永除气财酒色,弃荣华、戒断腥膻。常清静,更谦和恭谨,无党无偏。布素蒌耽度日,饥寒后,须凭展手街前。不得贪财诳语,诈做高贤。常怀慎终如始,遇危难、转要心坚。如退道,愿分身万段,永镇黄泉。"③。马钰掌教时,以"十劝"的形式对教徒的言行做了约束,是全真道早期的清规,其言云:

一不得犯国法。二见教门人须当先作礼,一切男女如同父母,以至六道轮回皆父母也。三断酒色财气,是非人我。除忧愁思虑,攀缘爱念。如有一念才起,速当拨之;十二时中常搜己过,稍觉偏颇,即当改正。五遇宠若惊,不得诈作好人,受人供养。六戒无名业火,常行忍辱,以恩复仇,与万物无私。七慎言语,节饮食,薄滋味,弃荣华,绝憎爱。八不得学奇异怪事,常行本分,只要乞化为生,莫惹纤毫尘劳。九居庵不过三间,道伴不过三人,如有疾病,各相扶持,尔死我埋,我死尔埋。或有见不到处,递相指教,不得生异心。十不得起胜心,常行方便,损己利他。④

至丘处机掌教时,全真道以道教传统戒律为基础,依照佛教沙弥、比丘、菩萨三戒之制创全真道"三坛大戒",即初真戒、中极戒、天仙大戒,单传秘授,使全真道成为戒律精严的教派,并形成"全真律宗"。"初真十戒"包括:一不得不忠不孝、不仁不信,当尽节孝亲,推诚万物。二不得阴贼潜谋,害物利己,当行阴德广济群生。三不得杀害含生以充滋味,当行慈惠以及昆虫。

---

① 《重阳真人金关玉锁诀》,《道藏》第二十五册,第798页。
② 《重阳真人金关玉锁诀》,《道藏》第二十五册,第798页。
③ 《丹阳神光灿》,《道藏》第二十五册,第623页。
④ 《真仙直指语录》卷上,《道藏》第三十二册,第434—435页。

四不得淫邪败真，秽慢灵气，当守真操，使无缺犯。五不得谗毁贤良露才扬己，当称人之美善，不自伐其功能。六不得败人成功，离人骨肉，当以道助物，令九族雍和。七不得饮酒食肉犯律违禁，当调和气性，专务清虚。八不得贪求无厌、积财不散，当行节俭，惠恤贫穷。九不得交游非贤，居处杂秽，当慕胜己，栖集清虚。十不得轻忽言笑，举动非真，当持重寡辞以道德为务[①]。

中极戒乃托称太上老君降授之《中极上清洞真智慧观身大戒经》，戒文凡三百条，故通称"太上老君中极三百大戒"，此原系道教上清派洞真法师所须受持的规诫，为全真道袭用。中极三百大戒分上元、中元、下元三品，上元有 84 条，中元有 36 条，下元有 180 余条，从正念修持到待人接物，俱有种种规定。较之初真戒，它层次更高，但内容仍不离初真戒，只是规定得更为具体、繁复。

天仙大戒全称"三坛圆满天仙大戒"，是龙门派的最高戒律，包括《玉真宫大戒规》《孚佑帝君十戒》《智慧上品大戒》《智慧闭塞六情上品戒》《智慧度生上品大戒》等五种。三坛大戒的形成和完善，标志着全真道已由初创时的民间宗教，实现了向官方宗教的转变。但由于全真道的戒律单传秘授，四百年来不能广行，玄门多不知全真有三坛大戒。到第七代律师王常月时，才一改旧制，公开传戒。

三、丘处机与全真道清规的创立

随着全真道宫观四立，日趋壮大，道徒也从零散的单个修行变为集体住观。为了便于管理宫观和教团，丘处机和其门徒在大兴宫观之时，借鉴佛教禅宗的十方丛林规制，初步建立了全真道的宫观管理制度，作为戒律的补充，以约束道士，维持道观的正常活动和生活秩序。

禅宗十方丛林清规是约束僧团、管理寺院的条例，产生于唐代中叶，由马祖道一禅师开丛林创建之风，百丈怀海禅师继之启立清规之制。禅宗十方丛林清规自产生后，经过长时期的修订、补充，由于它对中国政治、经济和思想文化具有较强的适应性，体现了中国佛教发展的趋势。因此，唐武宗会昌法难以后，禅宗十方丛林管理制度逐渐为汉传佛教各宗派所采纳。全真道的丛林规制，就是参照禅宗丛林清规建立的。

---

① 《初真戒律》，《藏外道书》第十二册，第 18 页。

丘处机制定的《长春真人规榜》，是全真道早期的清规，其中规定：凡住庵道士，要"见性为体，养命为用，柔弱为常，谦和为德，慈悲为本，方便为门"；"或于庵中干办等事，先问庵主，次与合堂道众评论。出家无问早晚，不择老幼，但泄理明心者堪为人上也"[①]，颇具民主管理色彩。至于宫观内部的管理职事，据全真碑刻所记，有宫观主首、辅助道官、专门职事、玄学讲师四大类。宫观最高首领一般为提点，有时称住持、知观、庵主等。丘处机在世时，由其十八弟子之一綦志远总知长春宫宫门事。《玄门弘教白云真人綦公本行碑》说："至燕，宗师主持太极宫，寻改大长春宫，委公（綦志远）总知宫门事，授清真大师号。"[②]尹志平嗣教后，任命于显道为长春宫提点，"常住物业，有增益而无废坏，上下协穆，内宁外谧"[③]，这说明于显道颇富管理才干。辅助道官则有提举、提领、知宫、副知宫等。专门职事有管理斋醮法事的玄坛提点，管理常住物业的宫门知库，管理道藏经籍的藏经提点等。玄学讲师一职的设置，是为了便于讲经论道，其起源亦在丘处机。据《长春真人西游记》载，丘处机居长春宫方壶斋，"每夕召众师德以次坐，高谈清论，或通宵不寐"[④]。尹志平也继承了"夜谈"的传统，《清和真人北游语录》中记载，尹志平对平阳观中道众说："自今秋凉，夜渐长，不可早寝，莫待招呼，即来会话，不必句句谈玄是道，至于古人成败，世之善恶之事，道无不存。"[⑤]张志敬掌教时，"命随（缺一字）名山大川，诸大宫观，例起玄庠，教育后进"[⑥]，此后便产生了专门主讲道门经论的玄学讲师，并设为固定职事。丘处机所创的全真道宫观管理制度及管理职事，后代道徒虽多有增益，但其基本模式一直沿用至今，这也是全真道能持续传承发展的重要因素。

禅宗丛林清规包括戒律、布萨、忏悔羯磨法、普请法等等，号称"三千威仪，八万细行"，几乎涵盖了丛林僧众日常生活的各个方面。对于触犯清规者，"即当维那检举抽下本位挂搭，摈令出院者，贵安清众也。或彼有所犯，即以拄杖杖之，集众烧衣钵道具，遣逐从偏门而出者，示耻辱也"[⑦]。元代全

---

① 《长春真人规榜》，《道藏》第三十二册，第160页。
② 《甘水仙源录》卷五，《道藏》第十九册，第766页。
③ 《甘水仙源录》卷五，《道藏》第十九册，第765页。
④ 《长春真人西游记》卷下，《道藏》第三十四册，第498页。
⑤ 《清和真人北游语录》卷一，《道藏》第三十三册，第155页。
⑥ 《终南山宗圣宫主石公道行记》，陈垣编纂：《道家金石略》，第637页。
⑦ 杨亿：《古清规序》，引自释德辉《敕修百丈清规》卷八，《大正藏》第48册，第1157页。

真派道士通玄子陆道和编集的《全真清规》，借鉴吸收了禅宗《百丈清规》的规制，辑录了全真道部分戒规、礼仪和杂文，分作 12 篇。其中《教主重阳帝君责罚榜》明确规定了对于违反清规的道士的处罚办法："一犯国法遣出；二偷盗财物、遣送尊长者，烧毁衣钵，罚出；三说是谈非、扰堂闹众者，竹篦罚出；四酒色财气食荤，但犯一者，罚出；五奸猾塘狡、嫉妒欺瞒者，罚出；六猖狂骄傲，动不随众者，罚斋；七高言大语，作事躁暴者，罚香；八说怪事戏言，无故出庵门者，罚油；九干事不专、奸猾塘狡者，罚茶；十犯事轻者，并行罚拜。"①

另有《清规玄妙全真参访集》，收入《藏外道书》第十册，其中录有《规矩须知·外参访》《学道须知·内参访》《戒食铭》《紫清白真人清规榜》《长春丘真人清规榜》《长春丘真人执事榜》《清规榜》《执事榜》《长春丘真人垂训文》。这些清规明确了对违反规定的道士予以惩罚的办法，如：

> 凡大众上堂公事，俗衣小帽者，跪香。
> 凡不拜师长、不知宗派者，逐出。
> 凡毁伤父母、管骂大众者，杖责逐出。
> 凡拐带欺骗者，炙眉烧单。
> 凡常住办事克众利己，目瞒大众者，罚打斋。
> 凡私自慕缘不通众，不入常住者，迁单②。

这些清规均是《教主重阳帝君责罚榜》的发展，所责罚的行为更具体明确，处罚的方式和标准也更加多样。全真清规和以往道教的科律相比，决定赏罚的主体有所不同：过去科律规定由神在冥冥间给人赏罚，或增年延寿乃至升仙，或减少寿算乃至夺命；而全真清规则是由宫观住持及道众对犯过道士予以惩罚，这无疑突出了人的因素。

禅宗丛林清规的设计特别注重具体管理制度的对内规范和彼此协调功能，主要表现为在住持（方丈）的统一领导下，四大寮口和四大班首、八大执事、四十八单执事各司其职，协调运行，共同致力构建一个清净庄严的禅修环境。其中，四大寮口（部门）为：主司物资管理的库房寮、主司人事管理的客堂

---

① 《全真清规》，《道藏》第三十二册，第 156—157 页。
② 《清规玄妙全真参访集》，《藏外道书》第十册，第 612 页。

寮、主司佛事活动管理的维那寮、主司方丈事务与活动管理的衣钵寮。四大班首为：首座、西堂、后堂、堂主，相当于禅堂的长老委员会，负责指导禅堂清众习禅，教育开示后学，维护禅堂威仪，亦相当于丛林的领导层。八大执事为：首座、都监、监院、副寺、维那、衣钵、知客、典座，分别管理丛林的修持、经济、僧纪、后勤、教育、接待等事务，相当于丛林的管理层。四十八单执事则具体分工负责丛林的大小事务，是丛林中的工作人员。他们又分为列执和序执两大类，而列执和序执又可细分为东西两序。《敕修百丈清规》对两序设置的指导思想做了这样的解说："两序之设，为众办事，而因以提纲唱道，黼黻宗猷。至若司帑庾历庶务、世出世法无不闲习，然后据位称师，临众驭物，则全体备用，所谓成己而成人者也。古犹东西易位而交职之，不以班资崇卑为谦。"① 这样一个层级分明、分工明确、职责清楚、协调有序的管理体制，令人叹为观止。

全真道也仿照禅宗丛林清规四十八单执事之制，设计了全真道十方丛林的执事之职，据《长春真人执事榜》，这些职事有：

一都监者，总括玄纲，纠诸执事。

一都管者，宰制道范，监斋督戒。

一侍香灯殿主者，待奉香灯，陈设品供。

一典座饭头者，为大众之司命，丛林中根本，办上贤斋馔。

一茶头水头者，洁备清泉，烹煎玉露，斋天供圣，款客迎真。

一火头司静者，早则开静先起，晚则止静方眠，灶房火烛，加谨防护，阶庭洒扫，务须蠲洁。

一库头者，执掌钱粮，经手出纳。

一买办者，凡属备用斋粮供品，蔬菜油烛等件，俱入库登簿，买办物件，照依实价。

一化主者，导引贤良，开化福善，募缘于贵人君子，积功于圣境灵坛。

一知宾，为常住之仪，先存谦和敬让，次须礼貌端严，迎送勿失清规。 一书记者，申奏文疏，俱要端楷精诚而感格上帝，发回函信，亦当辞章恭敬。

一知观者，总理常住一应大小事务，为丛林之表率，作大众之领袖。

一副观者，亦丛林之栋梁，大众之纲领。

---

① 释德辉：《敕修百丈清规》卷四，《大正藏》第48册，第1130页。

一静主者，道德兼全，仁义并着。

一巡照，乃丛林鉴察都司，统辖一堂大小执事。

一收供，办大众之斋粮，实常住之根蒂。

一园头者，四时之菜蔬不失其时，一岁之吃用有余有剩。①

《长春真人执事榜》要求：

诸文武职事，各有其德，不得互相争竞，有害道风。文有燮理纪纲，宣扬正法，导引愚迷，开诱善信；武有除暴安良，奋身护道，寒暑无闲，昼夜不倦。……凡诸执事尽心竭力，虽未见道，庶几近焉。②

元明之际，通常人们将"戒律清规"连用，实际上二者是有区别的。戒律是教团托借天神之名、用以制约教徒思想言行、防止"恶心邪欲""乖言决行"的规定。清规则是对违犯戒律的道士执行处罚的条例，由各宫观自己订立，轻者被罚跪、责杖、驱逐，重则被处死。简言之，戒律警戒于事前，清规处罚于事后。早期道教没有清规，但也有处罚规定。

全真道的发展史表明，戒律松弛，则教团混乱；严持戒律，则教团兴盛。全真道的戒律清规因教派之需要而产生、完善，随教派的兴衰而发挥其稳定教团发展之功能，对维系教团正常运行，推动全真道的全面兴盛起了重要作用。

（原载于《学海》2011 年第 3 期）

---

① 《长春真人执事榜》，《藏外道书》第十册，第 609—611 页。
② 《长春真人执事榜》，《藏外道书》第十册，第 609—611 页。

金元之际全真道兴盛的历史启示

摘要： 全真道兴盛的过程实际上就是它与世俗社会不断适应、不断融合的发展过程，同时也是全真道的宗教形态日益成熟完善的过程。在这一过程中，全真道不断调整自己的教义教规、教团组织、经济形态、宗教伦理、传播手段以适应社会结构的变迁，由初创时的民间非法教团，变成合法的官方宗教组织，从而获得了更好的生存和发展机会。

关键词： 全真道兴盛；丘处机；宗教形态

金蒙换代之际，全真道在丘处机等高道的努力下，借助成吉思汗的特别优礼政策，开创出"虽十庐之聚，必有香火一席之奉"① 的全盛局面。

全真道的兴盛过程是中国古代宗教发展史上的一个典型案例，通过对全真道兴盛历程和兴盛原因的解析，可为认识中国古代道教乃至其他宗教的发展规律提供了如下启示：

第一，全真道的兴盛过程表明，在中国古代社会，经济和伦理是决定宗教生存发展的根本因素，宗教遭受打击主要是因经济和伦理冲突引起的。因此，避免在经济上与国家和社会争利，在伦理上与世俗社会调和，宗教才能开拓出生存发展的空间。全真道创立之初，王重阳在传教过程中遇到的最大阻力是其弃家出世修道的宗教伦理与世俗社会的父子、夫妇人伦的冲突。为说服儒士出身的马钰出家修道，王重阳花了一年时间，几乎用尽了一切可能的手段，可见伦理的冲突给全真道的传播发展带来的阻力之大。王重阳甚至无法说服自己的亲朋好友出家修道，加上在家乡所面对的指责太多，所以只

---

① 《清虚宫重显子返真碑铭》，陈垣编纂：《道家金石略》，北京：文物出版社，1988年，第476页。（下引同书只注页码）

好不远千里到异乡山东传道。佛教在传播中所遭遇的情况也类似，从它传入华夏之日起，不敬父母、破坏人伦的指责就不绝于耳。元翰林学士郝经怒斥佛教和道教的兴盛败国亡家，混乱天下，障蔽民众的耳目，扰乱民众的思想，对于国家与人民造成的破坏简直无法挽救。他说："老佛横，败人之国，亡人之家，倾人之天下，涂吾民之耳目，乱吾民之心术，断吾民之天性，而不可救药也。"[①] 这种愤慨的指责是醇儒们的共识。全真道的应对之道有二，一是对在家的信众要求奉行孝道，甚至允许出家道徒恪守孝行；二是在理论上维护儒家的忠孝伦理，在社会上劝行忠孝之道，缓和来自儒门的批评指责。虽说这种办法并不能从根本上消除儒道冲突之源，但在如金元战乱，儒家严重受创的特殊历史时期还是起了明显的作用。不过等儒家的元气得到恢复，此种冲突又有加剧之势，这是中国古代宗教长期无法解决的根本矛盾。

经济上的冲突也是宗教易招致王权打击的主要原因之一。全真道在金世宗、章宗时长期受抑并一度被禁，主要出于经济原因。当时世宗、章宗及朝中重臣均认为全真道士出家不劳动，云游乞食，给国家和社会增加负担，称之为"浮食之辈"[②]；同时全真道士居无定所，给朝廷管理带来不便，加上"惧其有张角斗米之变"[③]，故金代禁抑佛道之事屡有发生。丘处机掌教后，全真道云游乞食之风渐变，开始兴建道观，耕田自凿，创建独立的道观经济，实现了自给自足，有的道观还购买了农田，制办了水碾、楮庄等业，尚有余力赡急济困，改变了浮食的形象，减少了经济上对国家、社会的依赖，一定程度上缓解了与世俗经济之间的利益冲突。当然，宗教经济若过度膨胀，出现与国家和社会争利的情况时，宗教又面临受压和被打击的危险，全真道在元宪宗八年（1258）和元世祖至元十八年（1281）两次惨遭焚经之厄运，表面上是由佛道二教辩论《化胡经》真伪及道教侵占佛教寺产引发的，而实质上是因为全真道经济实力过度膨胀，元统治者有意借佛教徒挑起的矛盾而加以限抑。

第二，全真道的兴盛过程表明，宗教的传播发展必须有信仰力量的支撑和宗教理论的内在支持。王重阳修道思想的最大特点是强调心的无为与清静，

---

① 郝经：《辨微论·异端》，《全元文》第四册，第 250 页。

② 古代中国是农业社会，历代帝王、大臣均认为僧道不劳而获，与商贾一样是浮食之辈，故不宜滋盛。金章宗时有朝臣上封事言："自古以农桑为本，今之商贾之外又有佛老与他游食，浮费百倍。农岁不登，流殍相望，此末作伤者多故也。"（《金史》卷四十六《食货志》，第 1036 页）

③ 《紫微观记》，陈垣编纂：《道家金石略》，第 475 页。

注重的是个人的解脱，所以他在《修仙了性秘诀》中指出："夫全真者，是大道清虚无为潇洒之门户，乃纯正之家风，是重阳之活计。"① 也就是说，全真道区别于其他各家修道方法的"家风"与"活计"就是"清虚、无为"四个字，这里所说的清虚就是清静之意。对于弘道兴教的有为之事，王重阳虽亦持积极的态度，但并不认为它对于个人修道证真有什么直接的帮助，相反，王重阳指出，一切有为之事如乞食、行符、治病救人等一样，只是修道的方便手段，而手段本身"内无作用难调气，外有勤劳易损形"②，所以他要求教徒彻底放弃世俗的一切欲望，抛却成就一番事业的任何想法，保持心中清静，以无为之心境应世。这对于想在发展全真道教门事业上有所作为的教徒来说，确实有一定的理论障碍，影响全真弟子弘道兴教的积极性。

而丘处机在这个问题上却有另一番解释，他提出了教门用力以积功累行，最终必得圣贤提揳的新思想。丘处机也强调修心是全真一门的关键，说"圣贤向汝心上校勘"③，意即要通过各种苦行磨炼出心性的清静无为境界；但丘处机认为这需要有历劫的修道作积累，加上道包容天地，其大难量，要在短时间内达到与道相契的境界是很难的，所以丘处机反复强调"刹那悟道，须经历劫炼磨；顿悟一心，必假圆修万行"④ 的渐悟式修道次第论。丘处机进一步指出，由于每个人过去在这方面所积累的基础不一样，所以修道的下手功夫不能千篇一律。对于"宿根"不足的修道者，丘处机提倡从大起尘劳、教门用力入手，在世俗的种种有为之事中磨炼自己，待机缘成熟，自然能得到圣贤的提揳，即使此世不一定能成就神仙之果，也会在下世得到应有的福报。特别是致力于兴盛教门、立观度人，是丘处机大加提倡和认可的"致福之基"。丘处机将其修道思想之精华概括为"外修福行，内固精神"八个字，晚年在燕京弘道阐教时对于来参谒的信众和道人皆以"修行之要，独善其身，不若广建道场，为大利益事"⑤ 相授，鼓励全真道徒在大兴教门之事上尽心竭力，不必拘泥于独善其身，更应着力于兼济天下，这和王重阳初创全真教门时的教旨、教风已发生了显著的变化。所以丘处机的高徒尹志平指出其师的思想特点是"惟教人积功行，存无为而行有为"⑥，真是一语点破了丘处机修道思

① 《重阳祖师修仙了性秘诀》，《道藏》第二十三册，第 697 页。
② 《重阳全真集》卷一，《道藏》第二十五册，第 693 页。
③ 《长春真人寄西州道友书》，《真仙直指语录》卷上，《道藏》第三十二册，第 436 页。
④ 《长春真人寄西州道友书》，《真仙直指语录》卷上，《道藏》第三十二册，第 436 页。
⑤ 《渊静观记》，《甘水仙源录》卷十，《道藏》第十九册，第 807 页。
⑥ 《清和真人北游语录》卷三，《道藏》第三十三册，第 173 页。

想及教风上与祖师王重阳的不同。丘处机对全真道创教祖师王重阳的修道思想所做的改造，一方面把弘道阐教、兴盛教门的尘劳之事神圣化，充分肯定其在实现宗教超越目标上的正面价值，为全真道徒致力于教门事业提供了信仰支撑；另一方面，丘处机圆融了无为与有为、出世与入世这两对矛盾的关系，拓展了全真道宗教思想的涵盖面，增强了它与世俗社会的适应性，为振兴全真道准备了理论依据，提供了思想动力。

　　第三，全真道的兴盛过程表明，只有处理好与王权政治的关系，充分发挥宗教服务王权政治、缓和社会矛盾的功能，宗教才能获得王权的礼遇和社会的认同。从王重阳至丘处机，全真道在处理与王权政治的关系方面是比较成功的，其表现是不管受压还是宠遇，它都有没有任何过激的行为，相反，无论谁掌教都强调忠君王遵国法，《教主重阳帝君责罚榜》第一条就是"一犯国法遣出"①。所以元代曾任鄂州教授的俞应卯说，"全真之教虽遗世独立，而尊君亲上之心常存"②。这是全真道能在受压之后重新崛起的秘诀之一。而丘处机在金元之际朝代更替的特殊历史时期，带领全真道徒在饱经战争创伤的北方社会劝善止恶、教化风俗、祈福禳灾，践行慈善济世的道训，充分展示了全真道的济世佐治功能，赢得了元朝统治者和社会各方的认同，拓展了全真道的发展空间。元代，继丘处机之后的全真道掌教尹志平、李志常及其他全真高道，带领全真道弟子主动承担起教化皇室贵胄子弟和普通民众，化导社会风俗，重建社会道德秩序的责任，并尽全真教门之力广行善事，这些济世救人、辅佐时政之举，增加了元朝统治者的信任，获得了王权的继续扶持，同时进一步提升了全真道的社会声誉，增强了全真道教门的吸引力。另外，全真道在教化社会风俗的过程中，对遭受战争重创的儒家伦理道德的提倡、维护、恢复，也赢得了不少儒士的好评。当时以复兴儒学为己责的名士元好问感叹"为之教者独是家而已"③，名士王恽也说"其时设教独全真家"④。在有的地方，复兴儒家圣贤之庙还得依赖全真道之力，如至元十七年（1280），陕西行台李德辉欲修复凤翔府岐山县凤栖乡周公庙，因有司不得力，只好请终南山重阳万寿宫住持李道谦帮忙，修好后交给儒士守护管理。⑤ 此外，全真道

　　① 《全真清规》，《道藏》第三十二册，第 156 页。
　　② 《鄠县秦渡镇重修志道观碑》，陈垣编纂：《道家金石略》，第 479 页。
　　③ 《紫微观记》，陈垣编纂：《道家金石略》，第 475 页。
　　④ 《真常观记》，陈垣编纂：《道家金石略》，第 695 页。
　　⑤ 参见王炜：《谒周公庙记》，王宗昱：《金元全真教石刻新编》，北京：北京大学出版社，2005 年，第 95 页。

积极举行各种斋醮仪式，祝延圣寿，为国家、民众祈福，超度战争亡灵，这正好符合蒙古人敬天的宗教信仰和民族习俗，同时也对在战争中身心饱经苦难的人们起了独到的精神抚慰作用。全真道通过以道济世展示出来的教化与佐治功能得到了蒙古国朝野上下的普遍认可，大大减少了全真道的传播、发展障碍。

从另一个角度讲，元初，由于对汉民族和汉文化知之甚少，马上得天下后采用何种政治文化治理汉地有一个熟悉、选择过程，而全真道主动介的治政事务，协助元朝统治者稳定所占汉地的社会秩序，帮助恢复汉地被战争破坏的文化设施，调和蒙汉在文化、习俗、宗教信仰等方面的对立与冲突，特别是全真道通过受命主持国子学和国家斋醮、祭祀仪式之便向元朝统治阶层选择汉法施加影响，此举加强了元朝统治者对它的倚重程度，同时也赢得了儒家士流的结纳，促进了它在知识分子阶层的流布。

第四，全真道的兴盛过程表明，教团领袖兴盛教门的自觉性和责任担当意识，且能顺时而为，审时度势，创造并抓住机遇，是宗教振兴的重要条件。通过对全真道兴盛过程的历史考察可知，在丘处机西行觐见成吉思汗之前，自教祖王重阳至马钰、谭处端、刘处玄三位继任掌教及王处一等第一代全真弟子，在弘道阐教方面都做了很大的努力，也采用了多种方法与途径，建立了民间教团组织——"三州五会"，使全真道在山东半岛、陕西、河南、河北等地有了一定的影响，发展了不少信众，甚至名动朝阙。但由于金廷对全真道一直不放心，多次抑制甚至禁止它开展传播活动，因此，全真道的发展时快时缓，总体上处于低谷状态。丘处机在面对这种不利的政治环境时，并没有消极等待，而是以积极的心态顺时而动，在兴教事业上依旧如苦修时一样，"下十分功，十分志"[①]。如金大定二十一年（1181）冬，金廷遣返无官方度牒的道人各返本乡，时任全真道掌教的马钰被迫东归宁海，丘处机则灵活应对，通过当地官民共同担保留在了陕西继续修道弘教；金章宗即位之初，对全真道实行禁抑之策，这时丘处机暂避风头，东归故里，借助当地官员的同情庇护继续弘道兴教。金蒙战争爆发后，丘处机审时度势，先后回绝了气势将尽的金、宋朝廷的诏请，却以七十三岁高龄应成吉思汗之诏西行，甘冒风险宣道西域，为全真道争取新的发展机遇。通过丘处机的积极努力，全真道彻底从金代长期处于非法民间宗教组织的尴尬处境中解脱出来，为全真道走向全

---

① 《磻溪集》卷六，《道藏》第二十五册，第843页。

面兴盛创造了有利的政治条件，但这个有利条件绝不是等来的，而是通过以丘处机为教团领袖的众多全真道士尽力争取到的。

早在东晋时期著名佛教高僧道安就说过"不依国主则法事难立"①，在中国古代王权至高无上的特定政治气候中，任何宗教与思想文化的传播若没有王权的认可和支持，将步履维艰，当然更谈不上兴盛于一时了。历史上"三武一宗"废佛事件曾给佛教的传播发展带来沉重打击，元世祖忽必烈焚毁道经也使兴盛几十年的全真道元气大伤，很快由极盛转入滞缓阶段。这说明，是否能得到王权的支持，是宗教能否顺利发展的关键，而这个关键条件的形成，既有努力争取的可能，但也有偶然性、机遇性。因为王权是否支持宗教的传播发展，与经济、伦理、文化、民族习俗乃至统治者个人的宗教信仰都有关系，而这些因素中，有的带有规律性，而有的则不可预测和把握。丘处机自1204 年继刘处玄掌教，在短短二十多年就将全真道推向发展的高峰状态，得益于他能审时度势，争取王权的支持，同时很好地把握住历史赐予的难得机遇。正如尹志平指出的那样，丘处机做到了"可以进则进，可以退则退，可以久则久，可以速则速，无可无不可，动静无我，惟时之是从"②，而同一时期的佛教虽然也为蒙古统治者尊崇和优容，但其在把握历史机遇和处理好王权与教权的关系方面就远不如全真道领袖丘处机那样智慧和灵活了。因此，丘处机能不负祖师王重阳之期望，创出教门大兴的局面，其顺时而为和积极入世的智慧亦是关键。

第五，全真道的兴盛过程表明，只有培养得力的弘教骨干，发展护教功德主群体，为教门兴盛事业提供人才支持，宗教事业才能持续发展。王重阳创教传教时间并不长，前后不过十余年，但全真道能得以持续传承并一度兴盛于世，一枝独秀数十载，众多的全真高道弟子为此所付出的努力居功至著。这说明，重视教门传播骨干力量的培养，是丘处机能振兴全真道的重要原因。樊光春从道教文献及碑刻资料中检索出丘处机亲传弟子共 86 人，再传弟子119 人，三传弟子 51 人，③ 尹志平、李志常、宋德方、于善庆、李志远、綦志远、王志谨、范圆曦、李志柔等在教门兴盛中大有作为的全真高道皆出自丘处机门下或受过丘处机的指点，这批全真教门中的风云人物是振兴全真道的

① 《高僧传》卷五《释道安传》，《大正藏》第五十册，第 351 页。
② 《清和真人北游记语录》卷一，《道藏》第三十三册，第 159 页。
③ 参见樊光春：《全真道龙门派在西北的传承》，载刘风鸣主编：《丘处机与全真道：丘处机与全真道国际学术会议研讨会论文集》，北京：中国文史出版社，2008 年，第 454—465 页。

中坚力量。

丘处机在培养教内弘道骨干的同时，还颇为用心地培育了得力的护教功德主群体，他们中有皇室贵胄、朝廷权臣，也有汉地世侯、地方官吏，甚至起义军首领也成了全真道的信奉者或护持功德主，这表明全真道在争取社会各方力量支持方面所做的努力是十分细致的，而且成效也很显著。全真道起初崛起于民间，然后转变为官方宗教并兴盛一时，实际是社会各方力量共同推动的结果。

第六，全真道的兴盛过程表明，创新传播媒介和传播方法，是宗教扩大影响和增强传播效果的重要途径。王重阳创立的全真道，不但在宗教理论和教规教制上对传统道教做了革新，在传播全真道方面也有新的举措，这就是会社——"三州五会"教团组织的创建。三州五会既是全真道的早期教团组织形式之一，同时它也是全真道的主要传播媒介，下层民众大多数是通过五会这一媒介了解全真道并最终成为信奉者的。五会作为传播媒介，有它利于全真道传播的新特点：一是接触媒介即入会的手续简单，只要每月交四文钱即可；二是信息交流快速方便，会众定期聚集在一起开展修道弘教活动，教团领袖也经常和会众见面，解决会众的疑问；三是传播中的障碍能得到尽可能地减少，平时由会首负责会众与教团领袖之间的联系沟通，重大的宗教活动由会首负责召集，教内的各种信息可直达会众。据全真道史料的记载，王重阳利用五会作为传播媒介，在短短两年多的时间里，就将全真道传遍山东半岛，会众达万人。五会经王重阳首创后，马钰、王处一、刘处玄均继续利用会社这种特殊的媒介传播全真道。丘处机西行东归留居燕京，以天长观为中心，建起了平等、长春、灵宝、长生、明真、平安、消灾、万莲八会，此八会建立后，燕京信奉全真道的人激增，《长春真人西游记》卷下说"京人翕然归慕，若户晓家谕，教门四辟，百倍往昔"①，可见会社这一媒介为全真道的传播建功甚巨。终元一代，全真道会社这种组织形式一直存在，丘处机之后的全真高道们也充分发挥了它在立观度人，兴盛教门中的独特作用。

在传播方法上，丘处机和后继的全真高道们继承王重阳开创的传统，广泛采用诗词劝谕、斋醮活动、符水治病等灵活方式，丘处机在燕京时还开创了"夜谈"这种新的传播方法，并在后来形成了固定的玄学讲坛，由专职人员担任玄学讲师，不定期开讲道教经史，吸引了道俗参与，增强了传播效果。

---

① 《长春真人西游记》卷下，《道藏》第三十四册，第496页。

全真道由草创走向兴盛的轨迹表明，创新传播媒介和传播方法，是宗教扩大影响和增强传播效果的重要途径。

综上所述，全真道兴盛的过程实际上就是它与世俗社会不断适应、不断融合的发展过程，同时也是全真道的宗教形态日益成熟完善的过程。在这一过程中，全真道不断调整自己的教义教规、教团组织、经济形态、宗教伦理、传播手段以适应社会结构的变迁，由初创时的民间非法教团，变成合法的官方宗教组织，从而取得了更好的生存和发展机会。全真道在发展中对现实社会秩序的迎合，特别是它对世俗社会忠孝伦理的认同与维护，其实质是以宗教的形式将世俗伦理规范予以神圣化，加强了这些规范的信服力，从而对战乱之后元代社会秩序的重建和维护发挥了独特的作用。全真道正是在展现其服务于王权政治与世俗社会之功能的过程中，赢得了元代统治者的垂青和世俗社会的认同，迎来了自己的全盛期。

道教文化价值的现代诠释
——读孙亦平教授新著《道教文化》

摘要： 孙亦平教授在其新著《道教文化》中，对道教思想文化内涵的解读和现代价值的诠释有三个方面的特色：一是从阴阳和谐的宇宙观、尊道贵德的人生观、身心双修的养生观、为善去恶的伦理观、度人济世的社会观五个层面，提炼和诠释道教思想文化的现代价值。二是认为"常乐欲生、少私寡欲、知足常乐"是道教幸福观的三层内涵，而"自然中心，天人合一；寄情山水，与物共存；顺应自然，保护环境"则是道教化解生态危机的思想和智慧。三是对道教的学术热点问题提出了独到的见解，如道教仙学在历史上所发生的两次较大的理论转型问题，如何看待道教种类繁多而又颇具神秘性的"道术"问题，道教的巫术是否只能成为通往理性之路的严重障碍问题。

关键词： 道教文化；现代价值；幸福观；生态观；道术与理性

孙亦平教授的新著《道教文化》（南京大学中国思想家研究中心推出的"中华传统文化丛书"之一）放眼于21世纪现代中国社会新文化建设这一宽广的学术视野，借鉴当代西方诠释学的理论与方法，对道教的历史源流、宗教信仰、哲学思想、仙学精神、生命观、伦理观、幸福观、社会观、生态观、科技成就、文化形式、经典与人物等，做了细致深入的探讨，并在此基础上，从继往开来、开陈布新的角度，诠释了道教文化所蕴含的现代价值，是近年来同类专著中的力作，对推进道教文化的研究有重要的学术价值。笔者认为，该书对道教思想文化内涵的解读和对道教文化现代价值的诠释有以下几方面的特色：

一、对道教思想文化的现代价值从宏观上做了提炼和诠释

道教文化内容丰富,特别是作为宗教,又带有一定的神秘性。如何客观、科学地提炼道教文化的各种历史积淀,诠释其中蕴含的现代价值,帮助我们更好地以"道"的智慧来解决现实社会与人生的各种难题,首先要解决的是方法论问题。作者在解读道教历史与思想,诠释道教文化价值时采用的方法是:既有同情的理解,也有理性的思考。作者认为:"对待道教文化这样源远流长的传统,既不能简单地否定,也不能抽象地肯定,只有经过价值重估和重构,才能在现代社会生活中保持活力。"①

基于这样一种科学、客观的态度,作者从丰富多彩的道教文化这座矿藏中,提炼出五个方面的思想智慧之精华,认为它们对于化解现代社会面临的诸多文化难题有着不可忽视的启迪作用和参考价值。这五个方面分别为:一是阴阳和谐的宇宙观。道教以"道"为天地万物的最高抽象,道生万物是通过气的激荡化合、阴阳的清浊变化而实现的。因此,道教特别强调阴阳二气的和谐,所谓"冲气以为和"。作者认为:"道教正是从阴阳和谐的宇宙观出发,认为人要在顺应自然的基础上来利用自然,但这种利用不是随心所欲的破坏和掠夺,而是在与自然共存共荣的同时,使人所赖以生存的自然环境变得如道教的理想人间仙境那样美好。"②因此,道教所倡导的人与自然的和谐共处的观念应当受到肯定。二是尊道贵德的人生观。作者认为,道教尊道贵德的人生观让人领悟到的是"自然无为"之性并将其作为行事的准则,"以一种清静无为、恬淡安宜、合理节欲的态度来面对生活,从而将有限的生命提升到充满艺术精神的诗化境界"③,这是对现代人理解人生意义的有益启迪。三是身心双修的养身观。作者指出:"道教认为'心'既存在于身体之中,其产生的意识活动又对人的身心健康有着重要影响,因此,'修道即为修心',就是要在心性上下功夫。"④这种身心双修的生命观,体现了道教所持有的生命关怀,它既是哲学式的,又是医学式的,对于现代人类提升生命和生活质量仍有积极的参考意义。四是为善去恶的伦理观。"道教伦理通过对缺陷性的现实伦理的批判和解构,构架出一个神圣的宗教伦理——'至善',由此而展

---

① 孙亦平:《道教文化》,南京:南京大学出版社,2009年,第489—490页。(下引同书只注页码)

② 孙亦平:《道教文化》,第491页。

③ 孙亦平:《道教文化》,第493页。

④ 孙亦平:《道教文化》,第493页。

示了对人类无限的终极目标的追求。"① 作者认为："其中所宣扬的为善去恶的道德精神对我国当前的新文化建设还是具有一定的积极意义。"② 五是度人济世的社会观。道教提倡"仙道贵生，无量度人"，其修道是围绕着内以养生、外以度世而展开的。作为个体的人，通过身心修炼来提升生命境界，作为社会的人则应当"拯溺扶危，济生度死"。作者指出，道教这种重生恶死、热爱和平、度人济世的优良传统，在今天构建和谐社会，维护世界和平的新时代亦有积极意义。作者对道教文化现代价值的提炼与诠释，揭开了道教文化的神秘面纱，为读者进一步展开各种专业化研究做了很有学术价值的提示。

二、对道教文化的幸福观和生态观的解读富有新意

近年来，社会上流行用"幸福指数"这一概念来衡量民众对现实生活的满意程度，那么，作为中国传统文化重要组成部分的道教文化，其幸福观的内容是什么？它所表达的幸福观是否能为已进入 21 世纪的人类提供一些有益的借鉴呢？作者在书中专列一章，探讨和解读道教的幸福观及其现代意义。作者认为，道教的幸福观有三个层次的内涵：一是常欲乐生。"在道教看来，'福莫大于生'！幸福不在于占有多少物质财富，拥有多少权力名声，而在于能够身体健康和精神愉悦地活着，永远地活下去，以至于长生不死。……把保重身体、快乐地活着放到了人生幸福的高度，其对生命的热爱与其他宗教的幸福观构成了鲜明的区别。"③ 道教以"常欲乐生"为内涵的幸福观，表现出对自我生命存在以及对人的本质和生命理想的自觉意识。二是少私寡欲。作者指出："道教认为，人的身心是相即不离的，那么，幸福感也有赖于身心和谐。造成人生痛苦的原因，既有身体上的病痛，也有人的过度欲望——嗜欲。……道教的幸福观主要是围绕着人对'欲望'采取什么样的态度，才能使身体的无痛苦和精神的无纷扰而展开的。"④ 作者在回顾和分析了道教的历史后认为，道教内部在对待欲望的态度上可分为两派，由五斗米道发展而来的正一教宣扬少私寡欲、顺情节欲；全真道则模仿佛教，主张出家禁欲修行。但从总体上看，道教倡导少私寡欲、淡泊名利，不使身为物役，心为物

① 孙亦平：《道教文化》，第 495 页。
② 孙亦平：《道教文化》，第 495—496 页。
③ 孙亦平：《道教文化》，第 231—232 页。
④ 孙亦平：《道教文化》，第 239—240 页。

累，以获得恬淡愉悦的幸福状态。① 三是知足常乐。作者指出，道教幸福观的独特之处在于，不多思考人死后的世界如何，而是以"知足常乐"的心态，关注人当下如何才能获得健康的身体与愉悦的心情，以得道成仙来超越死亡，从道德情感中体验生命的美感与境界。道教的"知足常乐"是对已有生活或已实现的愿望感到满足时所表现出的一种适可而止的精神。"知足"是一种智慧，"常乐"是一种境界。二者相辅相成，互为因果。基于上述分析，作者认为，"知足常乐"作为一种心理调节能力，可以帮助人在无穷的欲望和有限的资源之间到达平衡，让人们在生活中常怀一颗感恩的心，感受快乐，享受幸福。②

由于生态环境污染与破坏日趋严重而导致的全球生态危机是人类生存发展面临的另一难题。在寻找解决的思路与办法时，许多有识之士将目光投向了倡导"天人合一"、"道法自然"的道教文化，期望从中汲取智慧，获得启发和借鉴。当代美国物理学家卡普拉（F.Capra）的观点颇具代表性，他说："在伟大的诸多传统中，据我看，道家提供了最深刻并且最完美的生态智慧，它强调在自然的循环过程中，个人和社会的一切现象和谐在两者的基本一致。"作者对此持赞同态度，认为："在当代中国的生态文明建设中，如何借鉴、吸取传统文化，包括道教传统中的顺应自然、保护环境的生态智慧，以促进人类文明社会的可持续发展，就成为一个值得认真研究的重要课题。"③ 那么，道教文化这座前人为我们留下的矿藏中究竟蕴藏了哪些化解生态危机的思想和智慧呢？作者提炼、概况为三个方面：自然中心、天人合一；寄情山水，与物共存；顺应自然，保护环境。如：道教从"天人合一"的思维出发，反对"以我观物"的人类中心主义的立场，而主张"以道观物"，顺应自然之本性，以"无为"的态度对待万事万物；《太平经》提出衡量一个国家是否富足，不是以拥有多少金银财宝为标准，而是以自然界的万物兴旺与物种多少来加以评判；道教构想的"十洲三岛"和"洞天福地"等人间仙境，既体现了对自然山水的敬畏、崇拜，同时也蕴含了寄情山水、与物共存的生态思想；道教从"敬畏生命"出发，把对人的生命的爱护推及自然万物，并制定了相关的戒规，倡导将慈悲之心施于草木，将同情之心施于禽兽，将爱护之心普及

① 孙亦平:《道教文化》，第251页。
② 孙亦平:《道教文化》，第252—255页。
③ 孙亦平:《道教文化》，第280—281页。

于大地上的万物，等等。① 作者还特别指出，道教以"天人合一""道法自然"为核心价值观的生态思想与智慧，"不仅仅是采取一些保护环境的措施，如不杀动物、不毁植物、清洁生产、防治污染、节能减排、发展循环经济等，更为重要的是实现人与自然共生息，实现经济、社会、文化、环境的共赢"②。

幸福观和生态观是当前学界讨论的热门话题，作者对道教文化所蕴含的幸福观和生态观做了发掘、概括、解读、并对其现代价值做了理论思考和诠释，对学界进一步开展这方面的研究无疑是有益的启迪。

三、对道教研究中心的热点问题提出了独到的见解

道教研究领域的人大都知道，孙亦平教授从事道教哲学与思想文化研究20余年，成果丰富，学术积淀深厚，但她还有多年从事佛教研究的学术经历，并在佛教领域也取得了诸多成果，对此知之者可能不是很多。正因为有佛道二教的学术研究积累，在道教研究中，她特别注重从佛道文化的融合互渗来看待道教文化的形成发展历史。因此，孙亦平教授的道教研究学术视野开阔，并在道教领域辛勤耕耘的过程中，对道教的一些主要学术问题形成了自己独到的见解。这在本书中亦多有体现。笔者拜读她的新著《道教文化》后，印象最深刻的是以下三个问题：

其一，关于如何理解道教仙学在历史上所发生的两次较大的理论转型问题。作者指出，从历史上看，道教仙学先后经历了从宣扬"精神主生"转变为追求形体的飞升，再从形体飞升转变为追求精神的升华超越的两次理论转型。但是，道教仙学为什么会发生两次理论转型？这种理论转型对道教本身的发展产生了什么样的影响？如何对这种历史文化现象进行深入的阐释和理解？作者在书中专辟一章，围绕道教研究中的这一热点问题做了细致而又深入的研究。作者从道教仙学的哲学基础与文化精神的角度切入，分别对道教早期经典《太平经》"保养精神，故能长存"，魏晋时期陶弘景"药物养身，术数延命"，唐宋道教内丹学"身为炉鼎，心为神室"，金元全真道"真功真行"，宋元净明道"本心净明，忠孝神仙"等有代表性的仙学思想做了分析，指出：道教的仙学文化之所以会发生两次理论转型，主要是因为吸收了佛教和儒家的心性论，同时在哲学思维上吸收了佛教中般若学"双遣双非"的思

① 孙亦平：《道教文化》，第283—300页。
② 孙亦平：《道教文化》，第301页。

辨方法，并用佛教的思辨方法来发挥老庄的哲学思想，使这一转型体现了明显的"真性本体论"之发展趋向和三教融合的特征。特别是全真道和净明道的仙学思想，打上了明显的三教合一烙印。因此，从道教仙学发展的两次理论转型可以看出，儒释道三教在唐宋后思想到思维走向融合的发展趋势。① 作者对于道教仙学思想的源流及其演变特征的概括和分析，其见解是独到而深刻的。

其二，如何看待道教种类繁多而又颇具神秘性的"道术"问题。在儒家思想长期占据意识形态统治地位的中国古代社会，道教的"道术"被视为"奇技淫巧"受到排斥和歧视，这种认识在今天仍有一定影的影响。作者认为："道士们所从事的各种道术，既是其宗教生活的一部分，也是试图运用客观性的术语和技术性的方法，来解释自然界的运行，乃至参赞天地之化育，以达到生道合一、长生久视的目的。……道士们为了宗教的目的而实践经验科学，为燃料、合金、瓷器、火药、指南针的发明创造了条件，为推动我国古代天文学、地理学、化学、矿物学、医药学和养生的发展做出了贡献。"② 但同时还应看到，在道教文化体系中，道术只是作为一种手段，服务于得道成仙的宗教目的，"即便道教取得了一些科技成就，对中国古代科技的发展有某种推动作用，但它并没有形成真正的关于自然、社会和思维的知识体系的科学，而只能是科技在古代中国的相似物而已"③。这一观点既抓住了道教作为宗教的本质属性，又注意到了道教与自然科技文化的某种关联，不偏不倚，很有说服力。

其三，作者对德国著名学者马克斯·韦伯在其《儒教与道教》一书中提出的"在任何情况下，从道教里都找不出通往理性的——不管是入世的还是出世的——生活方式之路，相反，道教的巫术只能成为产生这种生活方式之路的严重障碍之一"的观点，提出了不同的看法。作者认为，韦伯的这种看法是片面的，其中包含着对道教的不了解而造成的误解。作者指出，道家虽然保留了中国古代社会流传下来的以鬼神崇拜为特点的宗教信仰和原始巫术的成分，但道教又始终以老庄道家思想为基点，通过不断地吸取儒家和佛教的思想理论和修行方法，而致力于向理论化、系统化和伦理化的方向发展，在魏晋南北朝时期就建立起自己精妙而深奥的宗教义学理论和先修人道、再

---

① 孙亦平：《道教文化》第四章，第 121—157 页。
② 孙亦平：《道教文化》，第 303—304 页。
③ 孙亦平：《道教文化》，第 304 页。

修仙道的伦理道德学说，通过不断整合儒佛道三教的文化资源，逐渐扬弃了政治上的异端性，组织上的半军事性，并将"巫术理论"广泛地运用到论证"长生成仙"的信仰之中，发展出了独特的道教科技，成为中国传统文化的三大支柱之一，对中国古代社会中的哲学思想、政治制度、伦理道德、人格思想、审美情趣、科技实践、生活习俗等产生了深远影响。[①] 根据作者的分析可知，道教虽有巫术成分，但这并未阻碍它走向理性化。

总之，读完孙亦平教授的新著《道教文化》之后，读者不仅会收获丰富的道教文化知识与智慧，感悟道教文化的现代意义，还将获得学术研究的新启迪。笔者认为，对于期望了解和深入研究道教文化的朋友来说，这是一部值得一读的著作。

（原载于《世界宗教研究》2010 年第 2 期）

---

① 孙亦平：《道教文化》，第 6—9 页。

第三篇：佛家文化研究

魏晋南北朝佛教传播的三大策略

摘要：作为一种文化现象，佛教在中国的传播及其对儒学产生的影响是中国传统文化研究中的重要课题。从文化传播的视角我们发现，魏晋南北朝时期佛教在中国传播采取了迎合依附、争夺受众、话语渗透等多种策略，造成了佛教在传播中的有意"误读"现象，同时对儒学的传播构成竞争挑战，并弱化了儒学对文化传播话语权的控制，促成了儒学的思想重构。

关键词：佛教传播；迎合依附；争夺受众；话语渗透

佛教于两汉之际从印度传入中国，在与儒道文化经过冲突、碰撞、调和之后，成功地实现了与中国本土文化的融合，成为中国传统思想文化的重要组成部分，在中国历史上长期形成"儒治世、释治心、道治身"的三教并存的思想文化格局，这不能不说是世界文化传播史上的一个奇观，其意义、价值、启示是多方面的，值得我们深入研究探讨。本文从文化传播学的研究视域，具体剖析魏晋南北朝时期佛教在中国的传播特点，解读佛教进入异国他乡后的跨文化传播策略，这对于我们应对当今正席卷全球的跨文化传播浪潮或许不无启迪。

一、佛教传播中对儒学的迎合依附策略

从传播学的角度言，任何传播行为都要受到一定社会环境的影响和制约，佛教的传播也不另外。魏晋时期，佛教作为一种异质文化初入华夏，它在传播中首先面临的一个障碍就是中国本土文化之主干的儒学对它的排斥，其中最为突出的问题是佛教的出家行为与儒家名教观念的冲突。

成书于汉末三国的《牟子理惑论》记载了当时社会上对佛教违背儒家

名教行为的指责和排斥:"今沙门剃头,何其违圣人之语,不合孝子之道也?""沙门弃妻子,捐财货,或终身不娶,何其违福孝之行也?""今沙门剃头发,披赤布,见人无跪起之礼,仪无盘旋之容止,何其违貌服之制,乖缙绅之饰也?"① 佛教采取的传播策略是:在译经解经和传教上尽可能回避与儒家名教的冲突,以迎合和依附的姿态取得中国本土文化的包容与接受。

佛教传播的这种迎合依附策略首先体现在佛经的翻译活动中。从现有的资料看,早在东汉时的佛经翻译中,为了迎合儒家和中国本土的宗教观念,当时的佛经翻译家就用儒家的术语来翻译佛教的名相概念。如把释迦牟尼译为"能仁",将佛陀比附为儒家的仁者;把"世尊"译为"众佑",又把佛陀比附为中国传统观念中福佑众生的神灵。安世高所译的《佛说尸迦罗越六方礼经》则将经中与儒家孝道不一致的内容删除不译,另外加进了子女应奉养父母,奴婢应侍候主人等内容:"一者当念治生,二者早起敕令奴婢,时时做饭食,三者不益父母忧,四者当念父母恩,五者父母疾病,当恐惧求医治之。"② 到了魏晋之际,这种比附在佛经翻译中广为流行,以至成为有统一格式的"格义"方法。其中晋代名僧竺法雅、康法朗等在这面用力甚多,影响较大。《高僧传·竺法雅传》中说:"时依雅门徒,并世典有功,未善佛理。雅乃与康法朗等,以经中事数拟配外书,为生解之例,谓之格义。"这就是说,所谓"格义",乃是用中国固有的思想或概念来比附解释佛教名相义理,以便中国人易于理解接受。

从上述史料的记载看,比附、"格义"之译经解经方法是佛教徒为了便于传教而主动采用的传播手段。而从传播学的角度言,佛经翻译是文化传播中传播者的"编码"行为,这些承载佛教文化信息的符号(传播媒介),经过各种传播渠道到达受传者那里,还要经过一番"解码"行为,才能为受者理解接受。从理论上讲,传者"编码"时应尽可能做到准确,才能保证受者"解码"时不导致信息的走样变形。而实际上,由于受者对信息的理解接受是有选择性的,即符合自己固有文化传统和价值观念的信息则容易接受并记忆保存下来,不符合的则容易被排斥和剔除,因此,受者所固有的文化传统在接受一种异质文化时充当了无形的过滤器作用。这一矛盾是所有跨文化传播都会遭遇的一道棘手难题。佛教在中国传播之初,走了一条在"编码"上有意

---

① 洪修平主编:《儒佛道哲学名著选编》,南京:南京大学出版社,2006年,第321—322页。

② 《大正新修大藏经》(第1册),第251页。

"走样变形"的比附、"格义"之路，其付出的代价是人们对佛教教义的"误读"，但换来的则是中国儒学对佛教传播的包容和接受。

佛教传播的这种迎合依附策略还体现在魏晋时期佛学的玄学化上。进入魏晋，汉代儒学传播的经学方法因其烦琐为儒士所摈弃，传统儒学遭遇危机，学术思想界出现崇尚老庄思想的简约并以之重新诠释儒家经典的新风，由此产生以谈无说有、辨名析理为特色的玄学思潮。玄学从某种角度来说，是儒家的老庄化，它所探讨的中心问题是"本末""有无"这一抽象问题。而这正好和当时的般若类佛经所讲的"非有非无，性空假有"思想有了契合之处。僧人们迎合这股"玄"风，主动介入当时思想界所关注的玄学问题的讨论中，以"玄"释佛，形成般若学"六家七宗"的兴盛局面，一时名僧名士交游唱和，蔚为当时的一大奇观。而佛教则通过依附和借助玄学得到了极大的发展，并在士大夫知识分子阶层广泛传播。然而，般若学的"空"与玄学的"无"有很大的差异，佛教徒之所以"误读"大乘空宗的思想，除了对佛理的把握不准确以外，很大程度上是出于传播佛法之需。

从以上的简单分析中可以发现，佛教在初传期所采取的迎合依附策略是成功的，它帮助来自西域的异质文化之佛教破解了进入异国他乡的第一道难题。虽然，这一策略导致佛教一度严重地走样变形，但这也是跨文化传播中无法回避的结果。

二、佛教传播中与儒学争夺受众策略

任何一种文化，包括宗教在内，在对外传播中总是要想方设法争取各阶层受众的理解接受，取得上下支持，扩大社会影响，获得最佳的传播效果。佛教在中国的传播亦如此。魏晋南北朝时期，在争取中土受众方面，佛教对于统治阶层、知识分子阶层、普通百姓阶层分别采取了不同的传播方法，既取得了王权政治的支持，也吸引了一大批知识分子的信仰，同时在普通百姓中也广为流布，信者日众，对儒学在文化传播中的统治地位构成了有力的竞争和严峻的挑战，同时体现了佛教在华夏传播中的主动性。

（一）依国主以举法事——佛教争取统治阶层扶持的传播方法

中国古代社会的政治制度是高度的封建王朝集权制，王权高于一切并决定一切，无论何种宗教文化乃至意识形态，均听命于王权，为封建王朝服务。佛教要在中土生存发展，首先要取得王权的支持，正如东晋名僧释道安所言：

"不依国主,则法事难立。"①佛徒务争取王权的支持乃至将帝王变成忠实信徒,所采用的传播手段多种多样:有以道术神咒取得崇信者,如西晋高僧佛图澄为石勒、石虎推崇,以之为"国之大宝"(据《高僧传》本传记,他"善诵神咒,能役使鬼物。以麻油燕脂涂掌,千里外事皆彻见掌中";又能"听铃音以言事,无不效验");有以对佛理的精通取得尊重者,如鸠摩罗什先后为苻坚、吕光、姚兴礼遇;也有凭自身的政治才能与王权相互利用者,如北凉名僧昙无谶曾被蒙逊迎为军政参谋;还有的帝王因对宗教的向往而皈依佛教者,如著名的梁武帝。有的帝王还亲自参与佛教的译经、注经活动,如后秦时的姚兴,曾亲自参与协助鸠摩罗什翻译佛经;南朝齐时的竟陵王肖子良精研佛理,撰写了大量的佛经注疏。综观魏晋南北朝时期,除发生过北魏太武帝和北周武帝灭佛事件外,各个王朝对佛教总体上都是加以扶持利用的,这也说明佛教在统治阶层"依国主以举法事"的传播方法是成功的。

(二)交名士以播佛理——佛教吸引知识分子信仰的义理化传播方法

在中国古代社会,士大夫知识分子阶层是文化传承的主要担当者,佛教显然注意到了这一点,在传播过程中极为注重吸引儒学名士的信仰,并通过与他们共同探讨佛理,推动佛教理论建设的义理化传播方法,吸引知识分子信仰佛教。魏晋之际,玄风始畅,众多名僧携般若学加入玄学名士的讨论中,名僧们借注解老庄而广传般若学,使般若学在当时的学术思想界成为与玄学同受瞩目的"显学"。如东晋名僧支遁,不但精通般若学,还对当时清谈名士所推崇的老庄之学尤有研究,他曾以般若学的"即色论"注《庄子》的《逍遥游》,博得了一片称誉之声,时人认为其见解超过了郭象、向秀的水平,被尊奉为"支理"。自此之后,解《庄》的权威,移向了僧侣。道安、慧远、僧肇等,均为名重一时的高僧,在士大夫知识分子中享有盛誉,许多人因慕其名而皈依佛门。据史料记载,道安在襄阳讲经时,江东名士都超闻其名专门遣使送米千斛,并修书累纸,深致殷勤;慧远居庐山,周围形成了一个以文人士大夫为主体的居士群,刘遗民、雷次宗、周续之、宗炳等人皆"弃世遗荣,依远止游"。晋室南渡以后,知识分子中亲佛者骤然增多,大量知识分子投身研习佛教,不仅使佛教的社会地位得到提高,同时也使知识分子阶层逐渐成为佛教传播的主要社会基础,并进而带动一批最高统治者亲佛,大大消

---

① 释慧皎:《高僧传》卷五《道安传》,《大正新修大藏经》(第50册),第351页。

解了佛教传播的社会阻力。

（三）宣因果以化群生——佛教在下层民众中的世俗化传播方法

佛教在向上层传播发展的同时，为争取下层信众，结合中国民众讲实用求实效，崇尚简易方便的心理，着重宣讲因果报应之说，传播弥陀信仰（慧远始倡）、弥勒信仰（道安始倡）、观音信仰，宣称不须经过历劫苦修，只要诚心称念上述诸佛的名号，即可借助佛力往生佛国净土。佛教徒还编译了大量的佛教故事，以通俗易懂的语言和生动的形式，向民众传播以因果报应为基本内容的佛教教义，其形式有说书、转读、唱导等，有说有唱，说唱结合，让世俗众生易于理解接受。此外，佛教徒还以占卜、治病、超亡、礼忏、设斋等世俗化形式扩大佛教的影响，与儒学争夺受众。

从实际效果来说，佛教的上述传播策略取得了很大的成功，特别是在魏晋南北朝这样一个战争频繁、社会动荡不安的时代，佛教以其特有的抚平乱世中人的心灵痛苦的社会功能，获得了传播的机遇。加上佛教徒自身的努力，佛教在两晋南北朝得到了迅速的发展，构成了对儒学的有力竞争和严峻挑战。据唐代道世《法苑珠林》所记，北周建德三年（公元574年）时，有僧尼300万人，佛寺4万处；南朝梁时有僧尼8.27万人，佛寺2846处，加上寺院所蓄养的依附人口，"天下户口几亡其半"①，可见佛教发展状况之盛。

三、佛教传播中对儒学的话语渗透策略

佛教入华前，儒学经汉武帝"罢黜百家，独尊儒术"后，已经完全取得了学术和文化传播的话语控制权，在诸如人才教育、人才举荐、官吏选拔、人物品评、史书编定、礼仪规范、文学艺术等各个领域，均形成了体现儒学理念的话语系统，一切有悖于儒学价值评判标准的话语，都有可能遭到严厉排斥。本文前述的儒学对佛教之出世思想和出家苦修行为的攻击与极力排斥就是很好的例证。但佛教在历经"五令致敬三被诛除"的磨难后不但在华夏站稳了脚跟，还以灵活的传播策略日益获得了上至帝王的扶持，下至民众的崇信，且信众日广，影响日巨。与此同时，在儒学占统治地位的思想文化领域，佛教的话语系统逐渐渗透其中，改变了儒学的绝对控制局面，迫使儒学慢慢走上一条重构之路，并形成儒学发展的另一高峰——宋明理学。宋代以

---

① 李延寿:《南史》卷七十《郭祖深传》，四部丛刊本。

后，佛教徒主动介入儒学之阐释者增多，儒佛话语系统互相渗透和融合，使中国传统文化在物质、制度、精神、习俗、心理等各个层面都浸润了佛教的因素。在这里，我们只探讨魏晋南北朝时期，佛教是如何促成这一有趣的文化互动现象的。

（一）诠释儒典，是佛教传播中对儒学进行话语渗透的方法之一

以佛教思想诠释儒家典籍的做法始于《牟子理惑论》。书中在回答人们对佛教的一系列疑问时，非常娴熟地引用儒家经典如《诗》《书》《易》《孝经》等及孔子之言来加以解释，用佛教的话语和思维转换儒学的本义，消解儒学对佛教的成见。如在回答关于佛陀为何弃位抛妻出家时，便从历代圣贤文王、舜、伊尹、宁戚以国家利益为重而不拘小节的行为中诠释出儒家的大仁大孝不受常规拘束之新说，来印证佛陀的出家成道对其国和其家均有利，符合儒家的大仁大孝之义。东晋高僧慧远，"内通佛理，外善群书"，特别是对《易》有很深的研究，公元392年，殷仲堪在赴荆州刺史任中，登庐山拜会慧远，共论《易》体。公元399年，桓玄攻荆州，杀殷仲堪，亦向庐山慧远致敬，共论《孝经》。就连一向"负才傲俗"的名士谢灵运也心服慧远。虽然慧远是如何解《易》和《孝经》已无从可考，但依理推之，恐其解《易》的过人之处与援引佛理释儒不无关系，否则要出新意殊为不易。从另一角度言，诸如谢灵运一样的儒学名士在皈依佛教后，也极有可能将佛教的话语思维带入儒学中，在儒学中传播。这几个例子可以说明，佛教在中国的传播过程中，通过僧俗之间在典籍上的双向交流对话，促成了彼此的渗透。

（二）设置话题，是佛教传播中对儒学进行话语渗透的又一方法

如前所述，佛教传入中国后，佛徒主动参与魏晋时期的玄学清谈，使般若经类的思想受到内地士大夫的特别青睐。东晋般若学进一步盛行，王室贵族和一切奉佛的士族官僚，几乎没有不研习《般若》思想的。《般若》成了名士玄谈的重要话题。如果说此时佛教还只是以参与的姿态介入话题的设置，那么，东晋以后，佛教在传播中主动创设话题的情况就多了，如因果报应、神灭神不灭等话题，就是由佛教徒设置并引发争论的。以因果报应说的争论为例，这一话题便是在佛经译介传播过程中设立的，并通过争论而成为中国文化的一部分。佛教最初传入中国时，其因果报应说对中国人产生了极大的

心理冲击和强烈的心灵震撼："王公大人观死生报应之际，莫不瞿然自失。"①此后因果报应论成为东汉至南北朝时期中国思想界的热门话题和中国佛教的理论重心，并招致儒家学者的怀疑、反对和批判。史载，东晋以来的何承天、范缜等人，都先后著文抨击因果报应论。少数有佛教信仰的学者，如戴逵（安公）、慧琳等，也对因果报应说持怀疑甚至否定的态度。东晋时慧远等人与怀疑因果报应说的戴逵反复论辩；南朝时宗炳和颜延之为维护灵魂不灭说和因果报应说而跟持反对意见的何承天往返争论。佛教徒甚至还撰述"疑经"，宣传因果报应思想，如北魏时撰述的《妙好宝车经》（又称《宝车经》、《妙好宝车菩萨经》，见《大正藏》第85卷）就宣传中国的泰山信仰与佛教的地狱报应相合的思想。同时，一些僧人还热衷于撰述感应传、灵验传一类著作，一些文人也创作宣传佛教的小说，如颜之推撰《冤魂记》，引经史以证报应。争论的结果是，佛教的因果报应思想与中国传统的"福善祸淫"说相结合，从此，《周易》以来儒家较为简单化的"积善之家必有余庆，积不善之家必有余殃"思想经过佛教的重构而变得更精致，并成为中国人根深蒂固的思想观念。

除上面分析的两种话语渗透方式，佛教在中土传播过程中还通过创新传播媒介（如造像、书画、讲经、唱导、法事、礼忏等），使儒学在有意无意中接受佛教的影响，弱化了儒学对文化传播话语权的控制，促成了儒佛两种异质文化的交融，创造了世界文化传播史上的奇观。

（原载于《社会科学论坛》2009 年 5 月下半月期）

---

① 袁宏：《后汉纪》卷十，四部丛刊本。

天台智顗的"圆顿止观"学说

摘要：智顗在《摩诃止观》等论著中，紧紧结合其空、假、中"三谛圆融"的实相观展开其止观学说，将止观分为"渐次、不定、圆顿"三种层次。同时提出"体真止、方便随缘止、息二边分别止"的"三止"，和"二谛观、平等观、中道第一义谛观"的"三观"，把体现诸法"三谛圆融"之实相义的天台"圆顿止观"作为最高境界，并将此圆融思维贯彻于贪欲与佛道、至恶与至善、烦恼与菩提、生死与法身等二元对立的现象中，提出贪欲即是道、五逆即菩提、至恶与至善无二无别的惊世之论。智顗最后以"观心"统摄其"圆顿止观"，且所观之心非传统佛教经论所指的如来藏自性清净心，而是介尔一念阴妄之心，彻底拆除了横隔在至恶与至善、贪欲与佛道、烦恼与菩提、生死与法身之间的樊篱，打通了二者融通的路径，使原本对立的存在相即互具、圆融无碍。智顗的"圆顿止观"学说，不仅拓展了传统禅法之止观的内容，在修行实践中把止和观、定与慧加以融通，为消除隋朝以前南北方佛教界定慧各有所偏的现象创造了条件，同时使止观成了无所不包的佛教思想学说体系，标志着天台宗教派的成熟与完善，在佛教哲学的理论思维方面亦更显圆熟和思辨化。

关键词：智顗；止观；实相；观心；圆融

天台宗止观学说的成熟与完善，和活跃于陈、隋两代的一位高僧有密切的关系。这位高僧就是名为天台"四祖"，而实为天台宗创始人的智顗。

智顗，人称天台大师，字德安，谷姓陈，生于公元538年（梁武帝大同四年），死于公元597年（隋文帝开皇十七年）。他18岁出家，先学于沙门法绪和慧旷律师，后到光州大苏山师从慧思禅师学心观法。学成后前往当时陈朝首都金陵，弘扬禅学，影响极大。以后他主要在浙江天台山居住，创弘天台一家之教。由于智顗博识善辩，深达禅理，又善于结交陈、隋两朝的皇帝，一时被推举为佛教界的宗匠。天台宗就是依靠智顗的努力，才成为中国佛教史上第一个宗派的。

智顗一生勤于讲解经论，主要通过宣讲佛经的形式来阐发自己的思想，极少亲自操作。现存智顗的著述，绝大部分是智顗口说，由其弟子灌顶笔录成书的，止观学说是在这种讲说的形式下诞生的。

智顗对于止观学说的建立与完善，可以说用力至勤。在所谓"天台三大部"中，《摩诃止观》便占了一部。这部书虽然题为《止观》，但它的内容并不局限于止观。它集中地反映了天台宗的主要思想，是智顗的力作。智顗自己在谈到这部书的内容时也说，这部书非"映望经论而立"，而是在"说己心中所行法门"[1]。通观《摩诃止观》全书我们发现，这部智顗颇为自得的著作，无论从形式还是内容上说，的确算得上独创。

智顗有关止观的著述，除《摩诃止观》外，比较重要的还有《六妙门》（又名《不定止观》）以及《修习止观坐禅法要》（一名《童蒙止观》，又名《小止观》《释禅波罗蜜次第法门》）。这些著述的问世，标志着一个较为成熟完善的止观学说体系到智顗这里正式建立起来了。

一、实相说与止观义

智顗的止观学说，是围绕着如何究尽"诸法实相"而展开的。

智顗的高足弟子章安灌顶在《摩诃止观》的卷首，把智顗一生所述的止观分为渐次、不定、圆顿三种，认为三者"皆是大乘，俱缘实相，同名止观"[2]。对于根性迟钝的众生来说，由于"实相难解，渐次易行"[3]，故为之宣讲"渐次止观"。对于根性不定的众生，则不应拘泥于固定的形式，因此，这类众生适宜于修习"不定止观"。"不定者，无别阶位，约前渐后顿，更前更后，互浅互深"[4]。对于那些具备上等明利之根性的众生，则直接为之说"圆顿止观"，"圆顿者，初缘实相，造境即中，无不真实，系缘法界，一念法界，一色一香无非中道。……纯一实相，实相外更无别法"[5]。灌顶认为，这三种止

---

① 《摩诃止观》卷一，《大正藏》第46册，第1页。
② 《摩诃止观》卷一，《大正藏》第46册，第1页。
③ 《摩诃止观》卷一，《大正藏》第46册，第1页。
④ 《摩诃止观》卷一，《大正藏》第46册，第1页。
⑤ 《摩诃止观》卷一，《大正藏》第46册，第1页。

观虽有顿渐、阶次之差别，但因三者均以"诸法实相"为核心，围绕"诸法实相"而展开，所以三者实质上"同而不同，不同而同"①，"虽有三名而无三体，虽是一体而立三名，是三即一相，其实无有异"②。

和传统禅学仅把止观当作两种修习方法不同，智顗的止观学说有着极为丰富的内容。因此，初读智顗关于止观的著作，往往不容易把握住其中心。灌顶的这一分法，无形中向我们道出了这样一个事实：不论是渐次止观，还是不定止观，抑或天台宗最为推崇的所谓圆顿止观，其目的都在于引导众生究尽诸法实相，获得佛之智慧，见佛性成佛道。因此要比较准确地把握智顗的止观学说，必须从弄清其"实相说"入手。

所谓"诸法实相"，本是般若经类的主要议题。自罗什把龙树中观学派的思想传译到中国之后，它也成了中国佛教中的一个引人注目的问题。在前文我们曾指出，魏晋之际，因受般若学之影响，中国禅学日渐将"诸法实相"作为禅观的主要内容，慧思的禅学便是这一发展趋势中的产物。慧思是智顗的老师，智顗的佛教思想自然会有其老师的影子。但是，般若学中所谈的"诸法实相"，实际上就是诸法性空、毕竟空的另一种表述，它侧重于否定诸法的真实性。而智顗止观学说中的"实相"观，则是对《法华经》"十如是"说的继承和发挥，它在肯定诸法性空、假有的同时，强调由空、假更入中道，即空即假即中，一心即三，认为这才是诸法之真实的相体。

《法华经》（又称《妙法莲华经》）是天台宗的"宗经"，天台宗的主要思想便是通过阐发该经而形成的，引导众生开佛知见、究尽诸法实相即是《法华经》反复强调的一个重要观点。《法华经·方便品》中说："诸佛世尊，唯以一大事因缘故出现于世。舍利弗，云何名诸佛世尊唯以一大事因缘故出现于世？诸佛世尊，欲令众生开佛知见，使得清净故，出现于世。舍利弗，欲示众生佛之知见故，出现于世。欲令众生悟佛知见故，出现于世。欲令众生入佛知见道故，出现于世。舍利弗，是为诸佛以一大事因缘故出现于世。"③"佛之知见"在《法华经》中是指能够究尽"诸法实相"的洞察认识能力，而这种能力唯有佛才具备。"唯佛与佛乃能究尽诸法实相"④，众生一旦把世俗之见转成"佛之知见"，就是脱胎换骨，具有了佛的最主要的品格。

---

① 《摩诃止观》卷一，《大正藏》第46册，第1页。
② 《摩诃止观》卷一，《大正藏》第46册，第2页。
③ 《妙法莲华经》卷一，《大正藏》第9册，第7页。
④ 《妙法莲华经》卷一，《大正藏》第9册，第5页。

《法华经》不满足于般若学泛泛地讲空，它要求在空观的指导下，进一步认识世俗世界的一切方面。也就是说，它不但要求认识到万物的共性即"空性"，还要求认识到万物的无限差别性。为此，《法华经》提出了反映"诸法实相"的"十如是"说。

所谓"十如是"，"谓诸法如是相、如是性、如是体、如是力、如是作、如是因、如是缘、如是果、如是报、如是本末究竟等"①，指的是"诸法实相"的十个方面。"如是"就是"如实"之意，"十如是"即是反映事物实际存在状况的十个范畴。《法华经》以"十如是"解释"诸法实相"，要求从事物的相、性、体、力等十个方面去把握其真实相状，这较诸般若学一味否定的手法，显得更为圆满，它标志着佛教对"诸法实相"的认识向前推进了一步。

智顗对"诸法实相"及"十如是"的阐释发挥，充分体现了他"说己心中所行门"的特色。他说"十如是"有三种读法，"一云是相如、是性如、乃至是报如。二云如是相、如是性乃至如是报。三云相如是、性如是，乃至报如是"②。如果仅仅是读法的不同，倒也没有什么独特性，智顗的独创之处在于他进一步把这三种读法和佛教空、假、中三谛联系起来，从三者相融互即的角度谈论"诸法实相"。智顗说："若皆称如者，如名不异，即空义也。若作如是相、如是性者，点空相性，名字施设，迤逦不同，即假义也。若作如是者，如于中道实相之是，即中义也。分别令易解，故名空、假、中；得意为言，空即假中。约如明空，一空一切空；点如明相，一假一切假。就是论中，一中一切中，非一二三，而一二三，不纵不横，名为实相。唯佛与佛究尽此法。"③

智顗分别从空、假、中三方面解释"十如是"，固然不乏他本人的创造性发挥，但也并非凭空想象，它与《中论》的"三是偈"有着一定的渊源关系。"三是偈"的原文是："众因缘生法，我说即是无。亦为是假名，亦是中道义。"④这首短短四句的偈语，几已蕴含般若学之精义，因此对它进行阐释发挥的人相当多。智顗的佛教思想，特别是关于空、假、中三谛圆融互即的观点，便是通过阐发此一偈语而形成的。

"三是偈"的本意是说，诸法从因缘而生，没有自性因而是"空"。但说

① 《妙法莲华经》卷一，《大正藏》第9册，第5页。
② 《妙法莲华经玄义》卷二，《大正藏》第33册，第693页。
③ 《妙法莲华经玄义》卷二，《大正藏》第33册，第693页。
④ 《中论》，《大正藏》第30册，第33页。

诸法皆"空"并不等于绝对的无,而是说万法皆不过是名言概念上的假象而已。因而说万法皆空并不妨碍其假象的存在,既不执着于空,亦不执着于假,这就是中道。智顗认为,这种理解充其量只是那种还有生灭差别的"生灭四谛"义,远不是天台宗圆融无碍的"即空即假即中"观。智顗认为,空、假、中这三重性质同时存在于任何一事物或现象中,并没有先后次第之差别。谈空则一切皆空,但不妨碍假、中,无假、中不成空;说假则一切皆假,但又不妨碍空、中,无空、中不成假;论中则一切皆中,但亦不妨碍空、假,无空、假不成中。① 这三者的关系"虽三而一,虽一而三,不相妨碍"②。如三点伊,一不相混,三不相离,圆融无碍,相即互具。若能同时从这三个方面去观察分析世间万物,就能把握佛教的绝对真理——诸法实相。

智顗从空、假、中三谛圆融互即的角度去谈论"诸法实相"是有深意的。如果只停滞于"色即是空,空即是色"这种一般性说法,那天台宗也就不会有什么特色,智顗本人也不见得有什么独创。智顗佛教思想的特点就在于他提倡从假入空、因空知假的基础上,更以非空非假、即空即假之中道为至上,这就把天台宗与其他教派严格地区分开来。在《法华玄义》中智顗引《释论》云:

何等是实相?谓菩萨入于一相,知无量相。知无量相,又入一相。二乘但入一相,不知无量相;别教虽入一相,又入无量相,不能更入一相;利根菩萨即空故入一相,即假故知无量相,即中故更入一相。如此菩萨深求智度大海,一心即三,是真实相体也。③

这里的一相即是空,无量相即是假,更入之一相即是中。意思是说,二乘但知空不知假,别教既知空又知假,但不能由假更入空、中。只有天台圆教则既知空知假,更由空、假而入中,即空即假即中。一心即三,这才是真实相体。智顗的独特之处在这里表述无遗。

"诸法实相"之义既明,接下来的问题便是如何引导众生洞察"诸法实相",获得涅槃解脱。

佛教作为一种宗教,解脱问题是它理论中最根本、最核心的问题,是它

---

① 《摩诃止观》卷五,《大正藏》第 46 册,第 55 页。
② 《摩诃止观》卷一,《大正藏》第 46 册,第 7 页。
③ 《法华玄义》卷八上,《大正藏》第 33 册,第 781 页。

整个理论的出发点与归宿。但在如何获得涅槃解脱方面，佛教本身亦经历了一个变化发展过程。小乘佛教在如何解脱这一问题上，强调必须经过累劫苦修方能断生死入涅槃。大乘佛教兴起之后，一反小乘佛教的苦修苦行，转而强调一种无上智慧的获得，追求一种大彻大悟的理想境界，因而这种解脱论带有较浓的"慧解"色彩。《法华经》所说的"佛之知见"，就是这样一种无上智慧，只有获得了此种佛才具备的微妙甚深之智慧，才能彻底洞察"诸法实相"，成就涅槃之德。

智顗在解脱问题上，既适应了大乘佛教的这一发展趋势，同时亦有其自身的特色。《法华经》反复宣导"开、示、悟、入佛之知见"的宗旨，智顗的老师慧思则提出"由定发慧，定慧双修"的解脱方法，而智顗则在此基础上建立了一套融定慧于一体的止观学说。

止观原为传统禅学中的两种修行方法。按佛教的传统解释，止，即止息妄念，专心一境，不分散注意力，亦称之为定。观即观照，也就是在止的基础上，集中观察和思维预定的对象，得出佛教的认识和智慧，故又名曰慧。《维摩诘经》卷五僧肇注"系心于缘谓之止，分别深达谓之观，止观助涅槃之要法"①，亦是从定、慧两个方面去理解止和观。

在佛教众多的修行方法中，智顗也选择了止与观这两种最基本的修习手段。在《修习止观坐禅法要》的开篇，智顗简洁明了地指出：

> 若夫泥洹之法，入乃多途，论其急要，不出止观二法。所以然者，止乃伏结之初门，观是断惑之正要；止则爱养心识之善资，观则策发神解之妙术；止是禅定之胜因，观是智慧之由籍。若人成就定慧二法，斯乃自利利人，法皆具足。②

就是说，通向涅槃的路虽有多条，但最为急要的莫过于止观二法。若能成就此止观二法，则可自利利他作菩萨成佛。

这部《修习止观坐禅法要》（一名《童蒙止观》，又称《小止观》）据说是智顗为其兄陈鍼述作的。大概是为了在家事俗的兄长理解上方便，智顗在此依然沿袭传统的观念，以定慧解释止观，并反复强调："当知止观之二法，

---

① 《注维摩诘经》卷第五，《大正藏》第 38 册，第 381 页。
② 《修习止观坐禅法要》，《大正藏》第 46 册，第 462 页。

如车之双轮，鸟之两翼，若偏修习，即堕邪倒。"①小乘声闻之众，定力虽多，但智慧不足，不能见佛性；十住菩萨，智慧力虽多，但禅定之功稍缺，虽见佛性而不甚了。只有诸佛如来，定慧力等，是故了了见于佛性。

至于为什么偏偏选中止观作为获得解脱的根本方法，智顗自己曾说出一番理由。他说：

止观总持，遍收诸法，何者？止能寂诸法，如灸病得穴，众患皆除；观能照理，如得珠王，众宝皆获，具足一切佛法。《大品》有百二十条及一切法，皆言当学般若，般若只是观智，观智已摄一切法。又止是王三昧，一切三昧悉入其中。②

其意是说，止能使众生摆脱诸法之束缚，是一切三昧之王，修止则一切三昧皆含摄其中；观能使众生洞察佛理，为证得般若的最佳途径，修观则具足一切佛法。这就如同治病，找到了病源并对症下药，病很快就好；又如同寻宝，只要得到珠王，则众宝皆获。

至此，智顗关于止观的阐述，依然没有超出佛教的一般性理解，谈不上有多少自家特色。但当智顗进一步把止观与三谛圆融之实相结合起来，提出所谓"三止三观"说时，天台一家之"圆意"才真正得到体现。

"三止"乃智顗针对空、假、中三谛而提出的，智顗自己说此"三止""未见经论"，是他"映望三观随义立名"③，因此，所谓"三止"纯属智顗的独创。关于"三止"的具体内容，智顗说：

止有三种：一体真止，二方便随缘止，三息二边分别止。一体真止者，诸法从缘生，因缘空无主，息心达本源，故号为沙门。知因缘假合幻化性虚故名为体，攀缘妄想得空即息，空即是真，故言体真止。二方便随缘止者，若三乘同以无言说道断烦恼入真，真则不异，但言烦恼与习有尽不尽，若二乘体真不须方便止。菩萨入假正应行用，知空非空故言方便；分别药病故言随缘；心安俗谛故名为止。三息二分别止者，……今知俗非俗，俗边寂然；亦不得非俗，空边寂然，名息二边别止。

---

① 《修习止观坐禅法要》，《大正藏》第46册，第462页。
② 《摩诃止观》卷三下，《大正藏》第46册，第29页。
③ 《摩诃止观》卷三上，《大正藏》第46册，第24页。

从智顗对"三止"的解释看，所谓体真止者，体空达本之谓；随缘止者，随假安俗之意；息二边分别止，也就是息空假、真俗二边见，显非真非俗之中道的意思。很显然，此"三止"实质上谈的是空、假、中三谛，是从修习"止"的角度，表述对三谛的把握。

和"三止"相对应的是"三观"。"观有三：从假入空名二谛观，从空入假名平等观。二观为方便道得入中道双照二谛，心心寂灭自然流入萨婆若海，名中道第一义谛观。"①二谛观实即空观，亦名慧眼，亦名一切智。智顗认为，若止于此空观，充其量只能获得声闻、辟支佛一类的果位，因为这类众生"定力多故，不见佛性"②。平等观实即假观，亦名法眼，亦名道种智，"住此观中，智慧力多故，虽见佛性而不明了"③。中道第一义谛观则是佛眼，一切种智，"若住此观，则定慧力等，了了见佛性，安住大乘，行步平正，其疾如风，自然流入萨婆若海"④。

"三止"是智顗的一个创造，"三观"却有其经典及思想渊源。从经典上说，"三观"之名出自《璎珞经》，但从思想上讲，此"三观"实即是对北齐慧文"一心三观"的继承和发展。不过，智顗的"三止三观"说，虽不无其先行者的思想影响及经典根据，但更多的是智顗在"说己心中所行法门"。

既然"诸法实相"只能从空、假、中三谛圆融互即的角度去把握，那么，"三止三观"也不应次第而行，而应做到行一止而三止，观一境而三境，三者的关系"不纵不横，不并不别，如三点三目者"⑤，即一而三，即三而一。智顗认为，只有这样才算从根本上体会到了"圆顿止观"的深刻含义。智顗说：

> 圆顿止观者，以止缘于谛，则一谛而三谛；以谛系于止，则一止而三止。……以观观于境，则一境而三境；以境发于观，则一观而三观。如摩醯首罗面上三目。虽是三目而是一面，观境亦如是，观三即一，发一即三。……若见此意，即解圆顿教止观相也。⑥

整部《摩诃止观》从头到尾，无处不渗透着此种中国文化特色鲜明的"圆

---

① 《摩诃止观》卷三上，《大正藏》第46册，第24页。
② 《修习止观坐禅法要》，《大正藏》第46册，第462页。
③ 《修习止观坐禅法要》，《大正藏》第46册，第472页。
④ 《修习止观坐禅法要》，《大正藏》第46册，第473页。
⑤ 《摩诃止观》卷三上，《大正藏》第46册，第23页。
⑥ 《摩诃止观》卷三上，《大正藏》第46册，第25页。

融"精神，这也正是智顗的止观学说和传统止观理论的分野所在，把佛教思想理论的思辨水平推向了一个新高度，同时也充分体现了智顗源于经典而又善于超越发挥的理论创造能力，正如他自己所言，"如此解释本于观心，实非读经安置次比"①。

二、贪欲即是道

智顗止观学说的"圆融"特色还突出地表现在它关于"贪欲即是道"的思想论述中。

在智顗的著作中，"贪即是道，恚痴亦如是"②，"行于非道，通达佛道"③这几句话经常被智顗挂在口中反复强调。在《摩诃止观》中，智顗还把这一思想作为天台一家"圆法"的体现。他说：

云何闻圆法？闻生死即法身，烦恼即般若，结业即解脱。虽有三名而无三体，虽是一体而立三名。是三即一相，其实无有异。……闻一切法亦如是，皆具佛法无所减少，是名闻圆法。④

其意思是说，所谓生死、烦恼、结业与法身、般若、解脱，名虽不同，而体实无异，它们是一而三，三而一的关系，都是中道实相的体现，若对一切均做如是观，则认识到了万法之间圆融无碍的本义。

"贪欲即是道"的思想按智顗本人的说法有两层意义，一为教化众生的方便，一为三谛圆融之实相观的必然结论。在《摩诃止观》中，智顗曾这样解释为什么他反复强调"贪欲即是道"：

佛教贪欲即是道者，佛见机宜，知一种众生底下薄福，决不能于善中修道，若任其罪流转无已，令于贪欲修习止观，极不得止故作此说。譬如父母见子得病不宜余药，须黄龙汤凿齿泻之，服已病愈。佛亦如是，说当其机，快马见鞭影，即到正路。贪欲即是道，佛意如此。若有众生不宜于恶修止观者，佛说诸

① 《摩诃止观》卷三上，《大正藏》第46册，第26页。
② 《摩诃止观》卷二下，《大正藏》第46册，第18页。
③ 《摩诃止观》卷二下，《大正藏》第46册，第18页。
④ 《摩诃止观》卷一上，《大正藏》第46册，第2页。

善名之为道，佛具二说。①

就是说，有一类众生，由于天生福薄，根性迟钝，难以劝其于善中修道。为了不让其罪业流转不停，佛便为之说于贪欲中修习止观。但对于利根众生，佛则为之说于善中修道。因此，所谓"贪欲即是道"，可以看作诸佛教化众生的一种方便手段。

但是，智顗并不仅仅把"贪欲即是道"看作一种权便之谈，在赋予"贪欲即是道"以自家"圆"意之后，他还把这一思想当作其"圆顿止观"学说的重要组成部分。

"贪欲即是道"的思想，在智顗之前就在佛教经论及中土僧人的著述中出现过，如《诸法无行经》中说：

> 贪欲是涅槃，恚痴亦如是，如此三事中，有无量佛道。若有人分别，贪欲
> 瞋恚痴，是人去佛远，譬如天与地。菩提与贪欲，是一而非二，皆入一法门，
> 平等无有异。②

上引经文所说的"皆入一法门"，指的是诸法均为因缘而生故性空，这里是从万法皆入缘起空之平等法门去谈贪欲与菩提"是一而非二"。

中土僧人如僧肇、吉藏等，在他们的注疏论著中，也曾从不同的角度阐发过"贪欲即是道"的思想。例如在《注维摩诘经》中，僧肇说："七使九结，恼乱群生，故名为烦恼。烦恼真性即是涅槃，慧力强者观烦恼即是入涅槃，不待断而后入也。"③

僧肇之烦恼真性即是涅槃的论断，也是建立于诸法性空平等、扫相绝言的基础之上，与上引《诸法无行经》的说法并无多大差别。

三论宗的创始人吉藏则从一切诸法都是不生不灭、非有非无之中道实相的角度，谈"贪欲即是道"。在《大乘玄论》中，吉藏说："贪欲即是道者，然贪欲本来寂灭，自性清净，即是实相。如斯了悟，便名般若。"④

智顗认为，上述诸家关于"贪欲即是道"的思想，论证的角度虽有微小

---

① 《摩诃止观》卷二下，《大正藏》第 46 册，第 19 页。
② 《诸法无行经》卷下，《大正藏》第 15 册，第 759 页。
③ 《注维摩诘经》卷三，《大正藏》第 38 册，第 345 页。
④ 《大乘玄论》卷四，《大正藏》第 38 册，第 345 页。

的差别，但和天台一家从空、假、中三谛圆融无碍、相即互具的角度去谈则差之千里。在《摩诃止观》中，智𫖮是以即空即假即中的实相说为基础阐发其"贪欲即是道"之思想的。在前文我们曾指出，智𫖮所言的"诸法实相"和般若学的性空、毕竟空不同，它要求在认识到万法皆空的同时，进一步于空上见不空即假，由此空、假之认识更入中道观，一念心即空即假即中，这才能把握诸法之真实相状。

如果从即空即假即中的实相观角度去观察诸法，则无论善与恶、生死与涅槃、贪欲与菩提，都不过是"实相"之体现，这些看似对立的东西，实际上是一而二，二而一，相即互具，圆融无碍的。所谓"一切尘劳是如来种，山海色味无二无别。……能于一切恶法世间产业，皆与实相不相违背"①，"即观诸恶不可思议理也"②。如此，"贪欲即是道"也自然是题中应有之义了。

因此，智𫖮提出了一个判别"道"与"非道"的标准："善顺实相名为道，背实相名非道。若达诸恶非恶，皆是实相，即行于非道，通达佛道。若于佛道生著，不消甘露，道成非道。"③这无异于说，无论是善也罢，恶也罢，贪欲也罢，菩提也罢，只要认识到它们不过是"实相"之体现，就可"进入铜轮破蔽根本，本谓无明，本倾枝折显出佛性，是分证真实位"④。

在佛教看来，恶行恶法之极甚者，莫过于"三毒"（贪、嗔、痴）"五逆"（杀父母、毁佛法等），但在智𫖮的"圆顿止观"学说看来，三毒即是道，五逆即菩提，至善与至恶无二无别。"观业重者，无出五逆，五逆即是菩提，菩提五逆无二相。无觉者，无知者，无分别者，逆罪相实相，皆不可思议不可坏，本无本性。一切业缘皆住实际，不来不去非因非果"⑤，"不舍不取但住实际，如此观众生真佛法界，观贪欲瞋痴诸烦恼恒是寂灭行"⑥。

换言之，以智𫖮"贪欲即是道"的圆融思维看，至恶与至善、逆罪相与实相、烦恼与菩提等两边对立的现象并非绝对化，看似对立的两边实则其本性——"诸法实相"并无差别，只要勤修止观皆有向对立面转化的可能，故智𫖮言"离此二边住无所住，如诸佛住安处寂灭法界"⑦。他担心世人对此高

①　《摩诃止观》卷二下，《大正藏》第46册，第18页。
②　《摩诃止观》卷二下，《大正藏》第46册，第18页。
③　《摩诃止观》卷二下，《大正藏》第46册，第17页。
④　《摩诃止观》卷二下，《大正藏》第46册，第18页。
⑤　《摩诃止观》卷二上，《大正藏》第46册，第11页。
⑥　《摩诃止观》卷二上，《大正藏》第46册，第11页。
⑦　《摩诃止观》卷二上，《大正藏》第46册，第11页。

深的法理不解而心生疑惑,故特别提醒说:"闻此深法勿生惊怖。此法界亦名菩提,亦名不可思议境界,亦名般若,亦名不生不灭。如是等一切法与法界无二无别,闻无二无别勿生疑惑,能如是观者,是观如来十号。"[①] 只有修习具备此圆融精神的"观"才能直达诸法实相,这才是"中道正观",也可称之为"佛眼""一切种智","若住此观,则定慧力等,了了见佛性"[②]。有着圆融精神的止观则是佛经所言的"一行三昧","当行此一行三昧,勤行不懈则能得入。如治摩尼珠,随磨随光,证不可思议功德,菩萨能知速得菩提"[③]。

三、观心法门

在止观的修习方面,智顗和他的老师慧思一样具有浓厚的"唯心"色彩,这表现在他和慧思一样把修习止观的核心归结为"观心"。智顗自视甚高的所谓"圆顿止观",在一定程度上讲,实即是一种"观心法门"。

在《摩诃止观》中,智顗曾把止观开为"十境",这十境分别是:一、阴界入境;二、烦恼境;三、病患境;四、业相境;五、魔事境;六、禅定境;七、诸见境;八、增上慢境;九、二乘境;十、菩萨境[④]。第一境中的阴界入,指五蕴、十二入、十八界,也就是世间诸法的总称,它是修习止观的入手处,其余九境则是由观阴界入所次第引发的九种"禅定"境界。因此,所谓"止观十境"以第一境最为重要。

把观阴界入即观世间诸法作为修习止观的第一阶段,这只是从大的方面而言。事实上,世间万法林林总总,五花八门,不可尽数,要一一去观悟,既不可能,亦无必要。最为关键的还是抓住诸法产生之根源,若能从此根源入手,就如同治病得穴,一切都将迎刃而解。

这一根源究竟是什么呢?智顗的回答倒也简洁明了:"心"。他常引用《华严经》的说法:"三界无别法,唯是一心作。心如工画师,造种种五阴。一切世间中,莫不由心造。"[⑤] 既然"心"是变现万法的根源,那么,把观阴界入归结为"观心",自然也就无可非议了。因此,在讨论过"止观十境"之间的相关性之后,智顗接着说:"若欲观察,须伐其根,如灸病得穴。今当去丈就

---

① 《摩诃止观》卷二上,《大正藏》第46册,第11页。
② 《修习止观坐禅法要》,《大正藏》第46册,第472页。
③ 《摩诃止观》卷二上,《大正藏》第46册,第12页。
④ 《摩诃止观》卷五上,《大正藏》第46册,第49页。
⑤ 《摩诃止观》卷五上,《大正藏》第46册,第52页。

尺，去尺就寸，置色等四阴，但观识阴，识阴者心是也。"①

智顗之所以把"观心"作为修习止观的核心，用他自己的话来说，主要是因为"心"是一个"不可思议境"②。在《摩诃止观》卷五，智顗对此"不可思议境"做了阐发：

> 夫一心具十法界，一法界又具十法界百法界；一界具三十种世间，百法界即具三千种世间。此三千在一念心，若无心而已，介尔有心，即具三千。亦不言一心在前一切法在后，亦不言一切法在前一心在后。例如八相迁物，物在相前物不被迁，相在物前亦不被迁，前亦不可后亦不可。只物论相迁，只相迁论物。今心亦如是。
>
> 若从一心生一切法者，此则是纵；若心一时含一切法者，此则是横；纵亦不可，横亦不可，只心是一切法，一切法是心，故非纵非横，非一非异，玄妙深绝，非识所识，非言所言。所以称为不可思议境，意在于此云云。③

很显然，智顗是把一念心具足三千大千世界作为心的不可思议之境界。他还特别强调，在心和万法的关系上，既不能理解成一心产生一切法，也不能理解成一心含摄一切法，而只能说心即是一切法，一切法即是心。它们的关系"非纵非横，非一非异"。人无心则已，只要心念一动，都圆满地具足一切诸法。

智顗十分重视"观心"，还因为"观心"相对于其他修行方法来说较为简便易行，他说："但众生法太广，佛法太高，于初学为难。然心、佛及众生是三无差别者，但自观己心则为易。"④ 既然心、佛、众生三者没有什么差别，那么，观心就是观佛法，因此，智顗说："法界即中也，虚空即空也，心佛即假也。三种具即佛境界也。是为观心，仍具佛法。……又心法者，心、佛及众生是三无差别，是名心法也。"⑤ 如此一来，智顗所倡导的止观法门便显得直截简易了。唐翰林学士梁肃评价说："《止观》其救世明道之书乎！非夫圣智超绝卓尔独立，其孰能为乎？非夫聪明深达得意忘象，其孰能知乎？"⑥

---

① 《摩诃止观》卷五上，《大正藏》第 46 册，第 52 页。
② 《摩诃止观》卷五上，《大正藏》第 46 册，第 52 页。
③ 《摩诃止观》卷五上，《大正藏》第 46 册，第 54 页。
④ 《法华玄义》卷二上，《大正藏》第 33 册，第 696 页。
⑤ 《法华玄义》卷二上，《大正藏》第 33 册，第 696 页。
⑥ 《天台止观统例》，见《修习止观坐禅法要》附录之三，《大正藏》第 46 册，第 474 页。

把"观心"作为修习止观的核心这一原则确定之后，接下来便是如何"观心"。

慧思在这个问题上提出从观悟妄念之心性空无主入手，进而观悟心性无染无净，不断不常，由此获得"无漏禅智慧"。智顗与慧思的相似之处就在于，他也主张截取世俗观念即所谓介尔阴妄的每一念心作为观悟的对象。智顗说：

> 乃取凡地一念之心，具十法界、十种相性，为三法之始。何者？十种相性只是三轨。……直就一界十如论于三轨。今但明凡心一念，即皆具十法界，一一界悉有烦恼性相、恶业性相、苦道性相。若有无明烦恼性相，即是智慧观照性相。何者？以迷明故起无明。若解无明，即是于明。……当知，不离无明而有于明，如冰是水，如水是冰。又凡夫心，一念即具十界，悉有恶业性相，只恶性相即善性相。由恶有善，离恶无善，翻于诸恶，即善资成。如竹中有火性，未即是火事，故有而不烧，遇缘事成，即能烧物。恶即善性，未即是事。[1]

这就是说，随便截取每一闪妄念之心，无不具足十法界（佛、菩萨、声闻、缘觉、人、天、阿修罗、畜生、饿鬼、地狱）十种性相（即十如是），这是真性轨、观照轨、资成轨（分别对应菩萨、缘觉、声闻三乘）三法门的起点。所谓无名烦恼性相实即是智慧观照性相，因为对"明"产生迷惑才有"无明"，如果"无明"消解也就是"明"，就如同冰与水的关系，水冻成冰，冰化了仍旧是水。善与恶之间也是相互依存、相互转化的。

诚然，把现实的介尔阴妄之心，而不是如来藏自性清净心作为观悟的对象，这确实是天台宗的一个创举。因为传统佛教经论对"心"的理解虽各不相同，但在观心问题上，大都以真心、自性清净心作为观悟的对象，天台宗首先打破了这一束缚，把观察人们当下每一念现实之心作为修习止观的起点，所以说这是一个创举，它把佛教的世俗化又向前推进了一步。但智顗并不仅仅止于此，他还进一步地结合空、假、中三谛相即互具来谈对"心"的圆融无碍之观法。

智顗从对空、假、中三谛的不同把握角度，把"观心"分成二种：次第观、不次第观。所谓次第观心，即依次先从假入空，再由空入假，最后得入

---

[1] 《法华玄义》卷五下，《大正藏》第33册，第743页。

中道第一义观。智顗认为，这种对三谛的次第把握，和天台的"圆意"相去甚远，仅仅是一种善巧方便的手段；而不次第观心则"观心具有性德三谛、性德三观及一切法，无前无后，无有次第，一念具足。十法界法千种性相因缘生法，即空即假即中；千种三谛无量无边法，一心悉具足，此即不次第观也"①。也就是说，只有在一念心中同时把握空、假、中三重性质，一心即三，才是"圆顿"的观心法门。

唐代中兴天台的九祖湛然，对于这一"圆顿"的观心法门给予了极高的评价。在《法华玄义释签》中湛然说：

> 若得此意，法华三昧于兹观矣，一经枢键于兹立矣，一代数旨于兹攒矣，佛出世意于兹办矣，十法成观之精髓矣，十不思议之导首矣。②

这说明"观心"在天台宗止观学说中，确有举足轻重的地位。正因为"观心"如此重要，所以《摩诃止观》的后半部分，基本上是围绕这一"观心法门"而展开的，这部分内容因其宗教实践的色彩较浓，故在此略而不论。

（本文为作者硕士学位论文《天台宗"止观学说"初探》的一部分，收入本书时统一了注释格式，并对个别字句做了修改。）

---

① 《观音玄义》卷下，《大正藏》第34册，第887页。
② 《法华玄义释签》卷第四，《大正藏》第33册，第838页。

禅宗十方丛林管理模式的圆融特质及其思想渊源
——以《敕修百丈清规》为中心

摘要： 自唐代马祖建丛林，百丈立清规以后，禅宗十方丛林管理制度逐渐为汉传佛教各宗派所采纳，成为中国汉传佛教寺院的基本管理模式，并延续至今。本文通过解读禅宗十方丛林管理制度随历史发展而形成的几种有代表性的文本，并以《敕修百丈清规》为研讨中心，对丛林清规创制、演变的源流做了初步的梳理，指出丛林清规的管理模式具有五大圆融特质：最高价值唯一性与管理目标多元化的圆融；自利与利他的圆融；尊长敬德与民主平等的圆融；管理与服务的圆融；方内与方外的圆融。文章分析了此五大圆融特质的具体内涵，探讨了其形成的思想文化背景。

关键词： 十方丛林；百丈清规；管理模式；圆融

禅宗十方丛林清规是约束僧团、管理寺院的条例，是中国化的寺院管理制度。丛林清规产生于唐代中叶，先由马祖道一禅师开丛林创建之风，百丈怀海禅师继之立清规之制。怀海禅师亲自制定的《禅门规式》即《古清规》，至迟到宋代就已散佚，其具体内容已经无从了解。但从宋初翰林学士杨亿的《古清规序》一文，约略可以知道这部清规的某些要点。此后，丛林清规在历史发展过程中屡经损益，形成了多种文本，如北宋宗颐撰集的《禅苑清规》，南宋惟勉汇编的《丛林校定清规总要》，元代式咸编成的《禅林备用清规》，元代德辉奉旨编撰的《敕修百丈清规》，清代仪润撰成的《百丈丛林清规证义记》等，它们是其中有代表性和有较大影响的禅宗丛林清规版本，从这些版本的内容变化，可以看出丛林清规发展演变的历史脉络。

禅宗十方丛林清规自产生后，经过长时期的修订补充，由于它对中国政治、经济和思想文化传统具有较强的适应性，体现了中国佛教发展的趋势，因此，唐武宗会昌法难以后，禅宗十方丛林管理制度逐渐为汉传佛教各宗派所采纳，成为中国汉传佛教寺院的基本管理模式，并延续至今。本文拟通过解读丛林清规历史发展中形成的上述几种有代表性的文本，并以元代德辉《敕修百丈清规》为研讨中心，对清规创制、演变的源流做初步的梳理，并对这一管理模式的"圆融"特质及其思想文化背景做一初步的研讨，以就教于方家。

一、最高价值唯一性与管理目标多元化的圆融

禅宗寺院管理制度的创制，肇始于唐代中期的大智禅师百丈怀海。而百丈禅师创制丛林清规，有其特殊的历史因缘。自达摩东来中土创立禅宗后，很长时间内因禅僧人少一直都没有建立专门的禅寺，史载许多禅僧"唯以道相授受，或岩居穴处，或寄律寺"[①]。至五祖弘忍以后禅宗人数渐多，则大都寄居律寺。但因禅宗的修持方法与其他宗派有着显著的不同，如禅宗六祖慧能倡导识心见性，顿悟成佛，注重开显心性本体，而不拘泥于具体的形式，从而在日常修持上免不了与注重行住坐卧不越规矩的律寺制度发生矛盾，影响禅法的开展和禅宗法门的弘扬，而且这一矛盾日渐突出，引起了有志于弘扬禅宗法门的高僧们的重视，百丈怀海禅师即是其中的代表。宋代翰林学士杨亿对此记述道："百丈大智禅师以禅宗肇自少室，至曹溪以来，多居律寺，虽列别院，然于说法住持，未合规度，故常尔介怀。乃曰：佛祖之道，欲诞布化元，冀来际不泯者，岂当与诸部阿笈摩教为随行耶！或曰：《瑜伽论》《璎珞经》是大乘戒律，胡不依随哉？师曰：吾所宗非局大小乘，非异大小乘，当博约折中，设于制范，务其宜也。于是创意，别立禅居。"[②]这段话透出百丈禅师创建禅宗丛林清规的三大历史缘由：一是为了保持自达摩至慧能所创禅宗法门的修持风格特点，同时考虑到禅门弟子从律寺独立出来，另建别院产生的日常管理需要；二是考虑了大小乘戒律的要求，但又不完全受其局限，而是结合禅宗修持灵动活泼的特点而另创适宜的轨范；三是考虑了中国思想文化传统的实际，并加以调和融摄（关于这一点，将在本文第五部分作具体分析）。简言之，百丈禅师创制丛林清规的最初本意是：为禅宗弟子觉悟自

　　① 释德辉：《敕修百丈清规》卷二，《大正藏》第 48 册，第 1119 页。
　　② 杨亿：《古清规序》，引自释德辉《敕修百丈清规》卷八，《大正藏》第 48 册，第 1157页。

性、开悟成佛提供适宜的修持环境。这实际上也是百丈清规在创制时的最高价值理念。

众所周知，任何一种管理制度，都是为体现和实现某种最高价值理念而设计的，禅宗丛林清规作为一种特殊的管理制度亦是如此。从百丈禅师创建丛林清规起，历代禅僧虽对清规有所损益，但为禅宗弟子觉悟自性、开悟成佛提供适宜的修持环境这一最高价值理念一直没有发生改变，这体现在：此后所产生的各种丛林清规都十分注重住持（方丈）的推选和禅堂的管理。

住持，在百丈古清规中称"方丈"或"长老"，这一职位是百丈禅师在设计丛林清规时结合中国和古印度寺院管理制度而独创的，要求推选在佛法修持上有造诣、年长而且法腊高、智德俱优的高僧担任，并且要具备教化众生的能力。杨亿《古清规序》说："凡具道眼，有可尊之德者，号曰长老，如西域道高腊长呼须菩提等之谓也。既为化主，即处于方丈，同净名之室，非私寝之室也。"[①]后来的各种清规在百丈古清规的基础上，对于住持的推选和住持所负的职责加以细化，既突出了禅宗十方丛林管理制度民主平等的特色，同时也继承和贯彻了自百丈以来所确立的注重引导和启发僧众觉悟自性、开悟成佛这一最高价值理念。清代杭州真寂寺住持仪润在其所撰《百丈丛林清规证义记》中对此做了清楚的解说："住持者，主持佛法之名也。丛林立住持者，藉人持其法，使之永住而不灭也。……住持苟非其人。一寺废荡，且遗害于后世，至于数十百年而不可复，岂细故哉。后之举其人者，幸审之；处其位者，宜慎之。诚得其人，以居其位，则明道立法，分执莅事，一切成办。"[②]由此可见十方丛林对于住持选任之重视。

按丛林清规的设计，住持最重要的职责是为本寺僧众说法开示，以自身之言行，倡导活泼灵动而又精进实修的禅门宗风，以免修者懈怠或误入歧途。在清规中住持的职责主要有：上堂、晚参、小参、告香、普说、入室（以上统属于日常说法部分）；念诵、巡寮、肃众、训童行、为行者普说（以上统属日常管理部分）；受法衣、迎侍尊宿、施主请升座、斋僧、受嗣（以上统属对外活动部分）等。百丈古清规中亦有"其阖院大众，朝参夕聚，长老上

① 杨亿：《古清规序》，引自释德辉《敕修百丈清规》卷八，《大正藏》第48册，第1157页。

② 释仪润：《百丈丛林清规证义记》卷五，《卍新纂续藏经》第63册，第412页。

堂升坐，主事、徒众雁立侧聆，宾主问酬，激扬宗要者，示依法而住也"①的描述，禅宗的许多公案就是对这种住持与僧众之间"激扬宗要"的记载，它为后世禅僧开悟自性提供了参禅的话头。这也说明，百丈古清规创制时所遵循的最高理念就是引导禅宗弟子觉悟自性、开悟成佛。

另外，丛林清规还十分重视禅堂的建设，为禅寺僧众提供清静肃穆的修持环境。禅堂，在唐、宋以前称僧堂，明代以后称禅堂，是禅林中僧众日常起居的堂舍，更是僧众坐禅办道之道场。在禅堂中专志修习禅定者称之为清众。百丈古清规规定："所裒学众，无多少，无高下，尽入僧堂。依夏次安排，设长连床，施椸架，挂搭道具。卧必斜枕床唇，右胁吉祥睡者，以其坐禅既久，略偃息而已，具四威仪也。"②这就是说，禅林中常住僧众，不论法腊长短，都必须在僧堂中习禅，日常生活应具备"四威仪"，在清静简朴的环境中参禅悟道，识见本性，开悟解脱。所以后世又将禅堂称为选佛场，意即选出佛祖之道场。《百丈丛林清规证义记》亦说："大约成佛作祖者，均从堂内清众而出，古则内外诸执，无不以参究为事。"③为了管理好禅堂，指导清众修持，清规专门设置了首座、西堂、后堂、堂主、维那、悦众等职事，众僧各司其职，为清众习禅提供服务。这些清规的设计，均体现了对觉悟自性、开悟成佛这一最高价值理念的贯彻。

但由于丛林僧众毕竟来自十方，各人的根基、修持毅力、出家目的等不尽相同，很难避免"或有假号窃形，混于清众，别致喧挠之事"④者，对此，丛林清规结合个体身口意的修持制订了多元化的管理目标，使处于不同修证阶层的僧众能祥和共处，维持丛林的清静肃穆，同时便利僧众互相启迪悟性，共同提高。清规中说："人身难得，戒法难逢；时光易过，道业难成。汝等各净身口意，勤学经律论，慎勿放逸。"⑤体现这些管理目标的清规包括戒律、布萨、忏悔羯磨法、普请法等等，号称"三千威仪，八万细行"，几乎涵盖了丛林僧众日常生活的各个方面。对于触犯清规者，"即当维那检举抽下本位挂

① 杨亿:《古清规序》，引自释德辉《敕修百丈清规》卷八，《大正藏》第48册，第1157页。

② 杨亿:《古清规序》，引自释德辉《敕修百丈清规》卷八，《大正藏》第48册，第1157页。

③ 释仪润:《百丈丛林清规证义记》卷六，《卍新纂续藏经》第63册，第444页。

④ 杨亿:《古清规序》，引自释德辉《敕修百丈清规》卷八，《大正藏》第48册，第1157页。

⑤ 释仪润:《百丈丛林清规证义记》卷七上，《卍新纂续藏经》第63册，第476页。

搭，摈令出院者，贵安清众也。或彼有所犯，即以拄杖杖之，集众烧衣钵道具，遣逐从偏门而出者，示耻辱也"[1]。但这些迫不得已的处罚措施，也是本着"不污清众、不毁僧形、不扰公门、不泄于外"的原则行事，以维护僧众清净解脱的形象，保护世间信众的信心，不至于让信众因为僧众的不如法而丧失了对圆满佛法的敬信，还可在僧团内部使不如法的种种事情依法而消弭于无形。

而对于东西两序班首执事，清规亦设计了各自相应的职责与管理目标。如西序的前堂首座，其职责和管理应达之目标为："表率丛林人天眼目，分座说法开凿后昆；坐禅领众谨守条章，斋粥精粗勉谕执事；僧行失仪依规示罚，老病亡殁垂恤送终。凡众之事皆得举行，如衣有领如网有纲也。"[2] 又如东序的都监寺（古规称监院），其职责和应达之管理目标为："早暮勤事香火，应接官员施主；会计簿书出纳钱谷，常令岁计有余；尊主爱众，凡事必会议，禀住持方行；训诲行仆不妄鞭捶，设当惩戒摈罚，亦须禀议量情示警，母纵威暴激变起讼；差设庄库职务必须公平，毋用私党致怨上下。"[3]

从以上的阐述和分析不难发现，丛林清规自百丈禅师始创，虽经历代禅宗大德的损益，但无不体现和贯彻了将最高价值理念与多元化管理目标圆融于一体的特色，而这两重理念的圆融是一种理事涵摄的融通，此中的"理"，则体现为觉悟自性、开悟成佛之最高价值理念；此中的"事"，则体现为针对住持、东西两序班首执事、列执杂务和大众僧所设计的职责与管理目标。这种理事互摄的圆融，契合了禅宗平常心是道、行住坐卧无不是禅，以及搬柴运水，总是禅机；执爨负舂，无非妙用的宗风。

二、自利与利他的圆融

大乘佛教以自利利他的济世与普度情怀而与原始佛教相区别，禅宗亦秉承了此一自利利他精神。六祖慧能在世传顿教法门时，僧俗两道前往听法和印证者甚众，致使曹溪顿教禅风遍行南北，蔚为佛门显学。禅宗丛林清规的创制者和损益者们，也将此一精神融贯到了清规的制订及完善中，彰显了清规自利与利他相互涵摄、彼此圆融的特质。

---

[1]　杨亿:《古清规序》，引自释德辉《敕修百丈清规》卷八，《大正藏》第48册，第1157页。

[2]　释德辉:《敕修百丈清规》卷四，《大正藏》第48册，第1130页。

[3]　释德辉:《敕修百丈清规》卷四，《大正藏》第48册，第1132页。

丛林清规的自利性，指的是丛林清规的设计，主要围绕一个中心：构建"六和敬"（身和同住、语和无诤、意和同悦、戒和同修、利和同均、见和同解）的和谐修持环境，以利住寺僧众开悟自性，完成自身证道过程。因此，丛林清规特别注重具体管理制度的对内规范和彼此协调功能，主要表现为在住持（方丈）的统一领导下，四大寮口和四大班首、八大执事、四十八单执事各司其职，协调运行，形成一个清净庄严的禅修环境。其中，四大寮口（部门）为：主司物资管理的库房寮、主司人事管理的客堂寮、主司佛事活动管理的维那寮、主司方丈事务与活动管理的衣钵寮。四大班首为：首座、西堂、后堂、堂主，相当于禅堂的长老委员会，负责指导禅堂清众习禅，教育开示后学，维护禅堂威仪，亦相当于丛林的领导层。八大执事为：首座、都监、监院、副寺、维那、衣钵、知客、典座，分别管理丛林的修持、经济、僧纪、后勤、教育、接待等事务，相当于丛林的管理层。四十八单执事则具体分工负责丛林的大小事务，是丛林中的工作人员。四十八单执事又分为列执和序执两大类，而列执和序执又可细分为东西两序。《敕修百丈清规》对两序设置的指导思想做了这样的解说："两序之设，为众办事，而因以提纲唱道，黼黻宗猷。至若司帑庾历庶务、世出世法无不闲习，然后据位称师，临众驭物，则全体备用，所谓成己而成人者也。古犹东西易位而交职之，不以班资崇卑为谦。"① 这样一个层级分明、分工明确、职责清楚、协调有序的管理体制，确实令人叹为观止。

丛林清规的利他性则指丛林清规在创设上体现出的自度度人、慈悲济世的大乘情怀。这其中又包含两个层面：一是利天下出家之众。丛林由十方共建，为十方僧之常住，不是一宗一派的私有财产，众生只要发真实的出家修行之心，经过一定的程序，都可依止某一十方丛林披剃出家，在丛林中过平等的集团修行生活。因此，丛林清规的创制，有为天下出家之人建设一个规矩法度严明的修行场所的利他目的。《禅林宝训音义》解释"丛林"时说："乃众僧所止之处，行人栖心修道之所也。草不乱生曰丛，木不乱长曰林。言其内有规矩法度也。"② 这方面的规范诸如剃度、受戒、护戒、办道具等，规定得十分详细。此外，对于那些云游参方的僧众，无论何时何地，只要有丛林，能懂得规矩，都可以前去挂褡安居。有些大的丛林寺院，和尚还会送给游方

① 释德辉：《敕修百丈清规》卷四，《大正藏》第 48 册，第 1130 页。
② 《禅林宝训音义》，《卍新纂续藏经》，第 64 册，第 438 页。

僧人"草鞋钱"。这方面的规范有安单、挂单制度，更为详细者则有客堂规约。"凡挂单僧至，客堂以礼接待，询问来历明白，随宜送单。如诸方班首、两序，送尊客寮，客堂款待；参学禅和，送上客堂，随众过堂上殿。"①"挂单之事，由是来也，为知客者，随宜送单不得轻慢；为住持者，具慈悲心，勿轻止单。常住道风佛法久住，全在于此。"②这些管理规范体现了丛林平等对待一切众生的慈悲之心，突出了以天下为家的利益众生风范。

二是利天下在家之众。这其中又有两层内涵：第一，丛林严明的规矩法度，僧众精进实修的作风，自然而然地产生弘法利生的功效，令众生对佛法生起敬信，这是间接的利他性。第二，丛林本着报恩之心，做利益世俗众生之法事，这是直接的利他性。如元以后的丛林清规专门设立了祝厘、报恩等施行法事的规范。《百丈丛林清规证义记》："祝厘者是为皇飨佛之辞，以此悦佛神而报皇恩也。……皇以覆护恩德被僧，僧以明道熏修报答，此乃法门第一要事。"③"礼重祭祀，所以报恩酬德。而一切恩中恩为最。……至若诸天，有护法之恩，于是有斋天之规；日月有照临之恩，于是有护日护月之规；檀越有信施之恩，于是有祈晴、祈雨、遣蝗之规。凡此皆报恩也。"④由此可见，丛林清规的利他性，在元明以降有放大的趋势，并逐渐变为世俗化的法事祈祷活动，特别是近代以来这些活动随着教界的改革更具入世色彩。

因此，这种自利和利他的圆融，实质上体现的是出世与入世的圆融，它进一步增强了丛林清规对中国社会与传统文化的适应性，有助于它在汉传佛教寺院和僧团管理模式中得到普遍采纳。而丛林清规之此种自利与利他圆融特质的形成，又与入宋以后中国思想文化领域三教合一的发展趋势密切关联。正如洪修平先生所指出的："入宋以后，儒佛道三教之间的相互影响和相互渗透日益加深，唐宋之际形成的三教合一的思潮逐渐成为中国学术思想发展的主流，以儒家学说为基础的三教合一构成了近千年中国思想发展的总画面。"⑤如《敕修百丈丛林清规》中体现利他性特点的"祝厘""报恩""报本""尊祖"等仪式规范，无疑是吸收了儒家的传统礼仪。因为自经历"三武一宗"灭佛的法难以后，严酷的现实迫使佛教对儒家的伦理思想、儒家的礼仪制度更为

① 释仪润：《百丈丛林清规证义记》卷七上，《卍新纂续藏经》第 63 册，第 484 页。
② 释仪润：《百丈丛林清规证义记》卷七上，《卍新纂续藏经》第 63 册，第 382 页。
③ 释仪润：《百丈丛林清规证义记》卷六，《卍新纂续藏经》第 63 册，第 484 页。
④ 释仪润：《百丈丛林清规证义记》卷七上，《卍新纂续藏经》第 63 册，第 382 页。
⑤ 洪修平：《儒佛道三教关系与中国佛教的发展》，《南京大学学报》（哲学、人文科学、社会科学）2002 年第 3 期。

关注和重视，许多禅师开始试图会通儒佛，有的甚至提出儒佛一致、儒佛无别说，代表人物有延寿、契嵩等禅师，他们在思想和实践上主动向儒家的思想文化和礼仪制度靠近，许多学者对此有深入的研讨，故不赘述。因此，在丛林管理制度的设计上确保僧众修持证道之自利性的同时，彰显利他性（包括利益王道政治和利益世俗众生），必然是一种契理契机的发展方向了。

三、尊长敬德与民主平等的圆融

许多研究禅宗丛林清规的论著，都注意和分析了禅宗丛林清规的民主平等特色，但很少有研究者关注与阐释其强调尊长敬德的另一面。事实上，禅宗丛林清规与世俗管理体制不同的又一特质，正在于它将尊长敬德与民主平等这两个看似相互矛盾的方面圆融于一体而并行不悖：一方面丛林僧众身份地位平等，经济财产全寺僧众公有而非个体私有，实行一日不作一日不食的普请法，充分体现了民主平等之风；而另一方面，僧众依戒腊之长短、德行之差别，从住持到两序班首执事，在日常行事中又有长幼次序甚至尊卑之分。

长幼有序、尊长敬德是中国儒家礼制文化的基本规范，孔子说："长幼之节，不可废也。"① 孟子亦说："朝廷莫如爵，乡党莫如齿，辅世长民莫如德。"② 同时儒家还有尊贤使能的思想传统，孔子说："君子尊贤而容众，嘉善而矜不能。"③ 孔子还说："如有周公之才美，使骄且吝，其余不足观也已。"④ 意思是说，人要以德为先，德不好，即使有周公之才也不足为用。

而古印度寺院的规制则只重僧腊长短，不论其德："寺内但以最老上座而为尊主，不论其德。"⑤ 百丈禅师创制古清规时，注意了对中国儒家文化中长幼有序、尊长敬德传统的融会，同时又结合古印度寺院管理以腊长为尊的特点，形成了出世与入世精神相融通的尊长敬德的丛林规范。如百丈古清规中方丈的推选既注重"道高腊长"，又注重"有可尊之德"；僧堂中位次"依夏次安排"；朝参夕聚时"长者上堂升座，主事徒众雁立侧聆"⑥。这些规制都体现了尊长敬德之精神。与儒家礼制不同的是，禅宗丛林清规判定"尊"的标

---

① 《论语·微子》。
② 《孟子·公孙丑下》。
③ 《论语·子张》。
④ 《论语·泰伯》。
⑤ 释义净：《大唐西域求法高僧传》卷上，《大正藏》第 51 册，第 5 页。
⑥ 杨亿：《古清规序》，引自释德辉《敕修百丈清规》卷八，《大正藏》第 48 册，第 1157 页。

准是个人在佛法修持上的成就即"道眼",判定"长"的标准是僧腊而不是俗世所谓年龄。此后丛林清规的具体内容虽不断扩充和修改,但尊长敬德之精神得到了传承和贯彻,如元代的《敕修百丈清规》就有"僧不序齿而序腊以别俗也。出入有禁止,凡禅诵行坐依受戒先后为次"①的要求;清代《百丈丛林清规证义记》对僧人至方丈室"请益"亦有具体的说明:"学人入室请益,必须诚心搭衣持具,先白维那已。悦众领至室外立,侍者弹门三下,通白住持。住持允,则领学者进室展大具,三拜,长跪合掌,乞求开导。"②

如果说丛林清规的上述尊长敬德之制度安排与世俗管理体制尚有着某种近似或一致,那么,民主平等精神则是丛林清规所独具的亮点。具体而言,丛林清规的民主平等性体现在以下几个方面:第一,地位平等,禅修自由。百丈古清规中规定:"所裒学众,无多少,无高下,尽入僧堂。依夏次安排,设长连床,施椸架,挂搭道具。"③后世依百丈古清规的这一众僧平等精神,亦强调落发出家后应抛弃在俗世中形成的名利、尊贵意识,与众平等共住:"剃发异俗,弃利捐名,不矜其贵,唯重于德。所以侍师执役,与众服劳,受经问义坐禅习观。"④值得一提的是,百丈古清规对清众的日常修禅问道,给予了相当的自由空间:"除入室请益,任学者勤怠,或上或下,不拘常准。"⑤这也体现了禅宗不拘形式,自性自度的思想特点。第二,经济平等,财务公开。禅宗丛林中僧众的生活依佛制戒律是很简单的,而且倡导农禅并作,自食其力,名之为"普请法":"斋粥随宜,二时均平,其节俭者表法食双运也。行普请法者上下均力也。"⑥百丈禅师身体力行,留下了"一日不作,一日不食"的美谈。在经济事务上,丛林规定:"不得非理募化,不得侵克信施,不得擅用招提之物,不得废坏器用不赔偿,不得背众食,不得不白众动无主僧物。右六事不犯,名奉公守正;若犯轻者罚,重者出院。"⑦负责管理丛林经

---

① 释德辉:《敕修百丈清规》卷七,《大正藏》第48册,第1154页。

② 释仪润:《百丈丛林清规证义记》卷五,《卍新纂续藏经》第63册,第414页。

③ 杨亿:《古清规序》,引自释德辉《敕修百丈清规》卷八,《大正藏》第48册,第1157页。

④ 释仪润:《百丈丛林清规证义记》卷七上,《卍新纂续藏经》第63册,第462页。

⑤ 杨亿:《古清规序》,引自释德辉《敕修百丈清规》卷八,《大正藏》第48册,第1157页。

⑥ 杨亿:《古清规序》,引自释德辉《敕修百丈清规》卷八,《大正藏》第48册,第1157页。

⑦ 《日用轨范》,引自《百丈丛林清规证义记》卷七上,《卍新纂续藏经》第63册,第485页。

济的副寺（古规称库头），必须定期向方丈报告并向全寺僧众公开收支账目：
"每日具收支若干金定飞单呈方丈，谓之日单；或十日一次结算，谓之旬单；
一月一结，一年通结，有无见管，谓之日黄总簿；外有米面五味各簿皆当考
算。凡常住财物虽毫末，并是十方众僧有分，如非寺门外护官员、檀越、宾
客迎送庆吊合行人事，并不可假名支破侵渔。"①可见丛林经济管理之严。第
三，会议决策，事务公开。丛林规定："凡事必会议，禀住持方行。训诲行
仆不妄鞭捶，设当惩戒摈罚，亦须禀议量情示警，毋纵威暴激变起讼。差设
庄库职务必须公平，毋用私党致怨上下。"②方丈的产生，也是以民主的方式，
从十方丛林中推选有德高僧担任："凡十方寺院住持虚席，须细访有道德高僧，
方可举请，宜集众共议定。"③各执事或班首的选拔任用，亦实行有典型现代
意味的聘任制——请职，以礼聘请：住持先向有意向者当面请托，征得同意
再挂牌公示，公示无异议方可正式礼聘。各执事秉公执权，向全寺僧众负责，
对住持也不徇私。如维那一职，主司维护寺院僧众纲纪，按清规要求，"凡堂
中失仪，遵规举罚，不得徇情。故须谙练正直之人为之，即住持有犯，亦毫
无私讳"④。

　　从上面的分析可以看出，如果说禅宗十方丛林清规对长者的敬重，源于
古印度佛教寺院以腊长者为尊的传统，那么，它对"德"的提倡和对有德高
僧的敬重，无疑融会了儒家重"德"的传统。只要简单地回顾一下中国佛教
史就可发现：佛教在中国的传播发展过程中，面对的最大阻力和难题就是在
伦理道德方面与儒家传统理念的冲突，历代排佛的言论和灭佛事件的发生，
与此均有极大的关联。因此，历代高僧一直在探讨调和佛教与儒家伦理思想
的矛盾冲突之办法。其结果是，佛教加强了对儒家思想、伦理、制度等方面
的借鉴、吸收，出现儒佛交融的局面。禅宗丛林清规突出对德的倡导，是在
寺院管理制度的层面对儒家重德传统的圆融。当然，丛林清规所重之德，与
儒家所说的德虽有相融合之处，如宋以后禅宗延寿、契嵩等高僧将孝道视为
僧人德行修持的重要内容，但二者在本质上并不完全一样，前者是对出世之
佛法精神的体认和践履，而后者则是对入世之社会人伦秩序与法则的维护和
实践。但至少，丛林清规对儒家重德的理念是认同并加以吸收的。

　　①　释德辉：《敕修百丈清规》卷四，《大正藏》第 48 册，第 1132 页。
　　②　释德辉：《敕修百丈清规》卷四，《大正藏》第 48 册，第 1132 页。
　　③　释仪润：《百丈丛林清规证义记》卷五，《卍新纂续藏经》第 63 册，第 431 页。
　　④　释仪润：《百丈丛林清规证义记》卷五，《卍新纂续藏经》第 63 册，第 444 页。

四、管理与服务的圆融

在世俗的管理制度中，管理与服务始终存在无法消解的紧张关系，并因此而产生诸多矛盾，无形中减弱了制度设计之初的目标功效。但这一问题在禅宗十方丛林清规中却得到了较好的处理，展现了丛林清规管理与服务圆融无碍的特质。

宋慈觉禅师宗颐曾著《龟镜文》，对丛林各执事既为管理之职，又具服务之责的圆融关系做了表述："自尔丛林之设，要之本为众僧。是以开示众僧故有长老，表仪众僧故有首座，荷负众僧故有监院，调和众僧故有维那，供养众僧故有典座，为众僧作务故有直岁，为众僧出纳故有库头，为众僧主典翰墨故有书状，为众僧守护正教故有藏主，为众僧迎待檀越故有知客，为众僧请召故有侍者，为众僧看守衣钵故有寮主，为众僧供侍汤药故有堂主，为众僧洗濯故有浴主水头，为众僧御寒故有炭头炉头，为众僧乞丐故有街坊化主，为众僧执劳故有园头磨头庄主，为众僧涤除故有净头，为众僧给侍故有净人。所以行道之缘十分备足，资身之具百色现成，万事无忧一心为道。"① 也就是说，丛林东西两序执事的设立及职责的分工，其目的只有一个：使僧众不用分心处理日常事务，可万事无忧一心修道。这其中自有无量功德，因此，司职者无不尽心尽责，以至出现劳役杂务，僧众自动请求担任的现象。如专管厕所卫生清洁的净头之职，依例"多以破戒忏罪比丘为之，谓其常打扫秽处洁净，能令众僧欢喜，以除破戒垢秽而还得清净戒也"②。但往往也有首座班首及僧众自动请求担任，认为此乃忏罪立德的好事。《五灯会元》中亦有关于名著一时的大禅师曾执劳役杂务的记载，如雪峰在洞山做饭头，庆诸在沩山为米头，道匡在招庆为桶头，灌溪在末山为园头，绍远在石门为田头，智通在沩山为直岁，晓聪在云居为灯头，嵇山在投之为柴头，义怀在翠峰为水头，佛心在海印为净头。③

而作为未担任任何执事之职的丛林清众，对于两序执事为丛林所做的一切，亦自觉按戒律和清规规范自己的一言一行，以此作为对他们辛苦劳动的报恩。"回念多人之力，宁不知恩报恩？晨参莫请不舍寸阴，所以报长老也；尊卑有序举止安详，所以报首座也；外遵法令内守规绳，所以报监院也；六和共聚水乳相参，所以报维那也；为成道故方受此食，所以报典座也；安处

---

① 《缁门警训》卷六，《大正藏》第 48 册，第 1069 页。
② 释仪润：《百丈丛林清规证义记》卷六，《卍新纂续藏经》第 63 册，第 453 页。
③ 南怀瑾：《禅宗丛林制度与中国社会》，《现代佛教学术丛刊》第 90 期，第 343 页。

僧房护惜什物，所以报直岁也；常住之物一毫无犯，所以报库头也……"① 这其中体现的执事与清众相互尊重、相互服务、相互回报的管理理念，为消弭内部矛盾和对立奠定了思想基础。正因为丛林清规将管理与服务这两重理念融于一体，才使得其管理在和祥的氛围中取得高效。这种管理理念及其产生的管理效果，值得研究借鉴。

如果从佛教思想中探寻此一圆融得以实现的根源，实乃基于佛教视僧为三宝之一，以及善恶言行自有因果报应的观念，同时此一圆融特色亦是马祖、百丈等禅师倡导即心即佛、平常心是道的禅修观在丛林管理制度中的反映。正如宗颐在《龟镜文》中所说的："僧是敬田所应奉重，僧重则法重，僧轻则法轻。内护既严外护必谨，设使粥饭主人，一期王化丛林。执事偶尔当权，常宜敬仰，同袍不得妄自尊大。若也贡高我慢，私事公酬，万事无常，岂能长保？一朝归众何面相看，因果无差恐难回避。"②

五、方内与方外的圆融

最后探讨一下禅宗十方丛林清规圆融方内方外的特质。

圆融方内，指丛林清规既依止戒律而创制，以戒律为清规的纲骨，同时又吸收了其他法门如净土宗、天台宗、华严宗的僧团管理制度。在依持戒律方面，百丈禅师创制清规时即糅合了大小乘戒律，"博约折中，设于制范"。此后历代禅宗大德在修补丛林清规时，对戒律的重视有增无减，对戒律的传授和布萨、护戒、忏悔羯磨等都做了详细的规范。《敕修百丈清规》说："然则参禅问道戒律为先，若不离过防非，何以成佛作祖？"③《百丈丛林清规证义记》也认为："正法得久住，全在持戒也。然制律之初，首创五戒，出家之始，先说十支。百丈集录于清规中，为剃度正范，真至要也。"④ 从丛林清规的历史演变中可以看出，百丈初创时期，为了减少与义学、律学僧众相聚一处所产生的龃龉，适应禅僧修行生活的需要，对戒律采取的是"博约折中"的办法，不拘大小乘戒律的局限而创制独立的僧团管理制度，对僧伽制度建设的中国化做了极有意义的探索，对后世产生了深远的影响。虽然教内教外历代都有人批评丛林清规对传统律制的"僭越"，认为"百丈怀海禅师，始立

---

① 《缁门警训》卷六，《大正藏》第48册，第1069页。
② 《缁门警训》卷六，《大正藏》第48册，第1069页。
③ 释德辉：《敕修百丈清规》卷五，《大正藏》第48册，第1138页。
④ 释仪润：《百丈丛林清规证义记》卷七上，《卍新纂续藏经》第63册，第468页。

天下禅林之规式。议者恨其不遵佛制，犹礼乐征伐自诸侯出"[①]。但正是由于清规的创立与普及，佛教中国化的过程才算是从理论层面至实践层面得以最终完成。此外，也正是禅宗丛林清规圆融、灵活地变革传统僧伽制度，增强了它的适应性，当唐武宗灭佛，会昌法难兴起，义学宗派无法得到国家财政支持而分崩离析、遭受灭顶之灾之时，自食其力、农禅并重的禅宗一系却能在法难之后快速恢复，异军突起，成为后起之秀。对百丈禅师始创丛林清规的圆融精神和推动禅宗法脉昌盛的影响和历史功绩，《宋高僧传》曾做了这样的评价："不立佛殿，唯树法堂，表法超言象也。其诸制度与毗尼师一倍相翻，天下禅宗如风偃草，禅门独行，由海之始也。"[②]明清以降，丛林清规对律制的吸收力度加大，并在清规尊祖章中专门设立了道宣律祖忌，表达了对律制作为清规创设之基础和渊源的认可。

此外，丛林清规在修补完善的历史进程中，还突出了对禅宗以外其他宗派的圆融涵摄，如在尊祖礼仪中增设智者大师忌、贤首法师忌、慧远祖师忌，设立净业堂、制定净业堂规约，在报本章中增加了药师佛诞、弥陀佛诞、弥勒佛诞、准提圣诞、文殊圣诞、普贤圣诞、观音圣诞、势至圣诞、地藏圣诞，反映出禅林生活跳出了狭隘的宗派圈子，用圆融的态度吸收其他教派如天台宗、华严宗、律宗、净土宗的内容。当然，这也是释儒融合及佛教内部诸宗融合的历史趋势在禅林生活中的体现。

圆融方外，指丛林清规对世俗管理文化的吸收融会。如本文第三部分所谈到的，丛林清规在历史演变过程中，不断吸收了儒家长幼有序、尊长敬德的伦理精神，体现出对世间法与出世间法的兼融。至元代释德辉编撰《敕修百丈清规》以后，丛林清规专门设立祝厘、报恩、报本、尊祖等章，参照儒家的礼仪规范，在日常功课中增加了圣节、正节、皇后千秋、景命四斋、国忌佛事、供天、中秋祀月、护日护月等法事科仪，体现出对儒家孝道及皇权政治的依顺。《敕修百丈清规》在解释祝厘章的设立及为何将其置于清规之首时说："人之所贵在明道。故自古圣君崇吾西方圣人之教，不以世礼待吾徒，尊其道也。钦惟国朝优遇尤至，特蠲赋役使安厥居，而期以悉力于道。圣恩广博天地莫穷，必也悟明佛性以归乎至善，发挥妙用以超乎至神，导民于无为之化，跻世于仁寿之域。以是报君，斯吾徒所当尽心也。其见诸日用，则

---

① 《释门正统》卷四，《卍新纂续藏经》第130册。
② 《宋高僧传》卷十，《大正藏》第50册，第771页。

朝夕必祝，一饭不忘而存夫轨度焉。"① 《百丈丛林清规证义记》在解释皇后千秋的祝祀仪式时说："皇后母仪天下，助我皇共致太平，故丛林有千秋之祝，称扬淑德，求佛冥加，臣僧之义，所当然矣。"②

德辉的这一做法，源自此前弌咸所编的《禅林备用清规》，而这一做法的确立，曾经过激烈的争论。有人以为禅林以僧为根本，僧以戒行为根本，所以僧人受戒的仪规应列为清规的首章；有人以为《古清规》特重师道，所以百丈祖师尊奉老师为长老，称为住持，清规应以住持入院礼仪为首。但元代皇权对于佛教的控制比以往各朝严厉，佛教对于皇权的依赖也较往代为强。许多佛教上层人士清醒地认识到这一点，自觉地奉迎皇帝，争取皇帝和官府对禅林的支持。弌咸的老师梦真禅师就主张清规应把为皇帝祝福、祈祷的"祝圣"放在首章，把教主如来降诞的有关仪规列为次章。弌咸采纳了其师的意见，因而才形成上述的特点。这种体例基本上为后来的《勅修百丈清规》所沿袭。这表明，兼融世间人伦法度的做法乃中国佛教管理制度演变之大势所趋，是宋元以后中国佛教与儒家思想文化互相影响、互相吸收、融洽互通在管理制度与实践层面的贯彻。

如果追溯源头，弌咸、德辉、仪润的做法实来自百丈立清规的圆融精神。百丈怀海禅师在始创丛林清规时就本着与戒律不一不异的原则，彰显禅宗自主自悟的精神而创制古清规。此种结合中国本土实情，吸收融会以儒家为主的管理思想与管理制度，对丛林的管理模式不断补充完善的圆融特质，使禅宗十方丛林清规在中国汉传佛教文化中获得了长久的生命力。

圆融，既是汉传佛教十方丛林管理模式的特质，亦是其创新中国佛教以寺院为中心的僧伽管理制度的重要方法，其中所蕴含的一些理念和规制值得加以深入研讨。

（原载于《禅学研究》第八辑，江苏人民出版社，2009 年）

---

① 释德辉：《勅修百丈清规》卷一，《大正藏》第 48 册，第 1112 页。
② 释仪润：《百丈丛林清规证义记》卷一，《卍新纂续藏经》第 63 册，第 383 页。

第四篇：传统文化与管理研究

从管理哲学视角看企业"回归本质"问题 ①

摘要： 经济学、管理学界将企业定位为"经济人"或"营利性生产组织"，认为企业的本质是营利，这容易造成人被物质和工具异化。中国管理哲学认为企业的本质是企业家"内圣外王"的载体，企业的职能是通过功利价值的满足，完成人的道德价值，最终实现人的本体价值。企业的功利价值、道德价值、本体价值这三重价值有机统一，不可分割。国内企业的先行者正对企业"回归本质"展开具有时代特色的路径探索，其"义利兼顾、以义为先、与社会相适宜"的经营哲学，以及建立在"最好的管理是教育人、成就人"理念基础上的人文管理模式，是对企业回归本质实践的有益探索，对完善企业本质的理论亦有积极的意义。

关键词： 企业本质；三重价值；义利兼顾；人文管理

企业是社会经济活动的主体和载体，它首先以"经济人"的角色登上历史舞台。随着社会的进化，企业从最初的工场手工业发展到成百上千人的现代企业，再到企业集团，甚至是跨国公司，大者员工数百万，规模越来越大，企业在社会中的地位也越来越重要。企业虽然是一个生产组织，但它是人们生存发展所依附的主要社会组织，特别是东方人"安土重迁"，有的人一生在一家企业工作，所以企业必然承担经济职能以外的其他一些职能。自 20 世纪 30 年代科斯《企业的性质》一书对企业的产生和职能进行论述，此后企业本

① 本文为国家自然科学基金资助项目"新儒商的儒家价值观与企业创新：基于儒家伦理关系准则、道德认同和伦理领导理论的跨层次实证研究"（项目批准号：71472086）的阶段性成果。

本文第二作者刘晓民，南京大学马克思主义学院博士研究生，研究方向：中国文化与管理、儒佛道三教关系、阳明心学。

质理论成为经济学和管理学界的一个重要话题。

一、企业本质观的历史考察

德鲁克认为："工商企业之所以存在是为了向顾客提供商品和服务，而不是为了给职工提供工作，也不是为了向股东提供股息。"[①] 作为社会组织的重要单元，企业存在的本质是否像德鲁克描述的那样单向度，企业存在的目的或价值是否还应当有其他的层面，如育人安人责任、文化与道德使命等，都是关乎人类命运共同体建设的重要问题。考察历史进程中人们对企业本质的认识演变，拓展企业本质理论的新内涵，对于企业治理、社会治理、国家治理乃至实现人的全面自由发展显得尤为必要。

（一）分工协作论

早在 18 世纪，亚当·斯密就在《国民财富的性质和原因的研究》（简称《国富论》）中提到了企业的产生和企业的存在价值。他认为，人类天生具有交换倾向，社会性的广泛交换就形成了市场。市场需求的大小影响劳动分工，随着市场需求越来越大，人们为更大规模的交换，促成劳动分工越来越密集，投资者将具有专门技术的人们集中起来分工协作生产更多的交换产品，提高生产率，扩大生产规模，这就导致了企业的产生。从企业产生的本源来看，企业最初出现的主要目的是更有效地组织生产活动，是一个立足于专业化生产的社会经济组织。

古典经济学淡出历史舞台后，以马歇尔为代表的新古典微观经济学进入人类视野，它讨论的主题是价格机制。新古典经济理论以"经济人"假设为前提，将企业看作一个生产函数，认为企业的存在价值是将各种生产要素集合起来，实现成本最小化、利润的最大化。

马歇尔在斯密的基础上提出了"组织"一词，将组织与分工结合起来研究。他承认劳动分工和专业化，但是他同时强调作为有机体的组织的作用。社会是个有机体，企业组织不是孤立的，企业组织不应仅仅停留在生产要素的集合层面上，它要关注与内部环节和外部环境的有机协调。"适者生存"，只有协调内外，才能实现企业目的的最大化。

[①] 德鲁克：《管理——责任、任务、实践》，北京：中国社会科学出版社，1988 年，第 37 页。

通过斯密和马歇尔的论述，提出了分工、组织、利润最大化几个企业运行最根本的元素，为企业本质理论的产生奠定了基础。20世纪80年代以来，一些学者开始关注竞争优势，提出了企业资源基础论、企业核心能力理论、企业动态能力和企业知识理论等企业能力理论。这些理论认为，企业的本质是专业化生产组织形式，这其实也是与劳动分工理论一脉相承的，企业的生产性资源、能力和知识是企业市场竞争行为的基础。

（二）契约集合论

20世纪30年代科斯《企业的性质》一书正式揭开了研究企业本质理论的序幕。他提出企业是价格机制的替代物，其理论依旧属于新古典经济学范畴。科斯认为，企业由企业主与企业内的各种生产要素形成稳定的契约关系，而减少了市场运行中的契约数量，进而降低了成本，所以企业的目的就是降低市场成本。这部论著作为契约论的前奏，奠定了科斯在经济学研究方面的理论基石，由此建立的理论体系也帮助他于1991年获得了诺贝尔经济学奖。

奈特从承担风险的角度论述企业存在的必然性。市场存在不确定性，并不是所有人都有面对风险的勇气和判断的智慧，所以"自信和敢于冒风险的人通过保证多疑和胆小的人有一确定的收入，以换取对实际结果的拥有而承担风险或对后者保险"。风险和收益的结合，是奈特对企业本质的解释。

詹森和麦克林认为契约关系是企业的本质，企业是一个与雇员、供应商、客户等相关方签订合约的契约连接点。法玛也认为企业是契约结合点，企业是一群"经济人"通过一系列合约形成的利益共同体，他们提供生产资料、明确分工、划分收益。阿尔钦和德姆塞茨认为"企业的本质是团队生产"，团队生产是每个成员"比较优势"的集合，利用优势集合扩大生产，这个团队也是一种为了利益的结盟。

从以上学者的理论可以看出，他们认为企业的本质就是为了降低成本、扩大收益、明确权责而形成的契约组织。

（三）组织关系论

1938年巴纳德出版《经理人员的职能》一书，勾勒了现代组织理论的基本框架。相对于微观经济学对价格的关注，巴纳德更注重企业自身的建设。他认为企业是一个组织，要想实现利润最大化必须将组织建设好，组织要不断与外部环境相适应。一个组织必须包含三要素：信息交流；做贡献的意愿；

共同的目的。"经济人"选择企业组织主要基于经济理性，这个选择是一种比较净收益的评估。

一直以来，学者们在"经济人"设定基础上，从经济学意义上将企业本质认定为"经济组织"或"营利性生产组织"。但西方学界中也有人有不同的看法，他们认为企业的目的和本质并不仅仅是利润。詹姆斯·柯林斯在《基业长青》中提道："企业需要利润就像人体需要氧气、事物、水和血液一样，没有它们，就没有生命。但这些东西不是生命的目的。"社会是多维的，人也是多维的，把人看作"经济人"未免太过武断，我们还应考虑"社会人""超越人"等层面。企业作为一个人为组织，如果被利润异化，那么就失去了人追求自我实现的初衷。①20 世纪 40 年代，西蒙提出以"管理人"替代"经济人"，这虽然还是立足于企业是经济学组织的基础上，但是西蒙同时也指出："对企业组织的认同并不仅仅是达成企业组织目标追求的一种手段，它也是满足人们内在需求的一种途径。企业组织中的认同根植于人们对自身价值追求的需要之中，根植于人们力图建立一个与特定责任和工作环境有关的共同体的需要之中。这种成员的内在需求和简单的自利不同，它在企业组织行为中实际发挥着极为重要的作用。这是企业组织相对于市场所具有的第二个优势，可能也是最重要的优势，它在形成人们相互间的认同感和归属感方面有着无可替代的作用"②。西蒙认识到了企业还是实现人生价值的场所，这种建立企业共同体的目的并非简单的自利。

国内有学者认为，理解现代工商企业，应从以下四个方面入手：企业是商品和服务生产和分销的实体；是物理资产、流动性资本、技术功能的集合体；是各种管理能力的集合体；置于产业范畴理解现代企业的协作性。③国内也有学者认识到，"并不存在独立的企业价值，从心理、地理、文化、社会等方面来看，企业都必须是社会的一部分，企业的本质是社会组织，而非单纯的经济组织"④。社会是多元复合体，人是一切社会关系的总和。用"经济人"和"经济组织"来定义企业从业者和企业，只看到企业中物的因素，而没有看到人的因素，容易忽视人的主体价值，造成经济对人的异化，阻碍人的自

①　詹姆斯·柯林斯：《基业长青》，北京：中信出版社，2002 年，第 96 页。
②　张锐、张兵：《企业的本质：一种基于管理能力分析框架的新认知》，《学术界》2005年第 3 期。
③　贾良定：《企业是什么？》，《南京大学学报》2001 年第 4 期。
④　张锐、张兵：《企业的本质：一种基于管理能力分析框架的新认知》，《学术界》2005年第 3 期。

我实现，同时也会导致劳资关系的紧张，进而影响社会和谐。

二、中国管理哲学对企业本质的认识

诚如前文所述，西方经济学和管理学界对企业本质的理论研究主要基于"经济人"角度，无论是分工协作论、契约集合论还是组织关系论，诸家的研究成果无非是对此"经济人"从不同学科的角度加以分析而得出，从经济哲学或管理哲学上说，它们并没有本质上的区别。但如果考察一下以中国文化为思想基础的中国管理哲学，其对企业的本质问题则有不同于西学的思维方式、论述和观点。

（一）"企业"的语义学内涵

按汉语的语义学解释，"企"，《说文解字·人部》云："企，举踵也。从人，止声。""业"，中文繁体字写作"業"，《说文解字·業部》云："業，大版也，所以饰悬钟鼓，捷业如锯齿。""企"的本义是指人踮起脚跟远望。按照自然人的日常行为，踮起脚跟是一件颇为费力的事情，可以看成自然人的一种努力；"远望"一词又可以描述成观察、搜寻、探索之义，所以，"企"的含义又可以转换成"自然人努力探索"的意思。"业"的本义是古代悬挂乐器架子横梁上边起装饰作用的、刻成锯齿状的大版之形。通俗地说，"业"具有装饰作用，是装饰性的艺术品，而艺术品则是一种文化的表达。"业"作为具有装饰作用的艺术品，有三种文化含义：其一，作为装饰品的"业"是物化形态的艺术品，是一种物态文化；其二，"业"又是艺术家对社会心理进行理论归纳、逻辑整理、艺术完善后经过系统加工的社会意识，是心态文化，或者确切地说是精神层面的文化。其三，既然"业"是艺术品，是艺术的表现，而在汉字中，"艺"的含义还包括"准则"的意思。《辞海》云：艺，标准；准则。《左传·文公六年》："陈之艺极。"杜预注："艺，准也；极，中也。"引申为法度、限度。可见，"业"作为一种艺术，还具有法度、准则等制度文化的功能。如果对"业"的三种文化形态做逻辑抽象，便可以将"业"定义为："业"是物质文化、精神文化、制度文化的统一。[①]

学界广泛的将企业定义为"经济组织"。而"经济"一词早在《晋书》中

---

① 以上观点引自周凤婷：《在汉语语境下对企业本质的结构》，《管理观察》2009年第5期。

已经出现，《晋书·殷浩传》："足下沉识淹长，思综通练，起而明之，足以经济。"经济在古代有"经邦济世""经世济民"的意思，表达的也是中国文人的价值担当和人生追求。

因此，"企业"的语义学内涵表明，企业的本质绝不是一架单纯追逐经济利益的机器，而应当是物质文明、精神文明、制度文明的创造者；是人生价值最大化的实现者；是构筑和谐社会的参与者。如果全世界的企业都具备企业本质所昭示的崇高理念，全心全意担负起为全人类服务的责任，一切危机和挑战都会化解，人类将有一个美好的未来。

（二）企业本质的三个价值向度

从哲学的视角看，企业的本质问题其实是关于企业存在的价值问题。历来学界谈论企业的本质，皆是从企业的经济属性谈起，而中国管理哲学在一个更高的层次考虑此问题，把企业的本质放在体用、道器的范畴加以讨论，认为企业只是一种手段，它是成己达人之"器"，而"器"的功用发挥，不能离开"体"（本体、道）。

正是在基于这一体用、道器的哲学观，与西方学界重功利主义和科学主义不同，中国文化中的经济学、管理学是哲学的延伸，是从哲学到经济、从哲学到管理的理论，它是一种从世界观、价值观再到方法论，自上而下的、独具特色的体系，用儒家哲学的"体用"论来表述为：经济、管理活动是君子、大人以"天地万物一体"之世界观为"体"的"用"，是实现修齐治平、经世济民理想的方式或工具。

成中英先生提出的 C 理论（中国管理哲学）认为，作为主体自我的人与作为客体的天地万物之间是一体的，也就是天人合一。人的价值可分为功利价值（趋利避害）、道德价值（进德修业）与本体价值（把握生命本体）三个向度，本体价值、道德价值、功利价值三者是相互联系的。其中本体价值是前提，是一切价值的内在基础，是最高的价值；道德价值则是主体的行为方式，它是作为主体的人在对宇宙生命本体取得认识之后所选择的行为方式；而功利价值在其现实的层面上往往只是考虑行为的效果。[①]《礼记》言：临财毋苟得。然而行为必须有一个必要的底线，这个底线，就要由中国文化所强调的道德价值和本体价值来指导功利价值。中国文化群经之首的《易经》，用

---

① 成中英：《易经管理哲学基础》，南京：江苏人民出版社，2005 年，第 79 页。

"元、亨、利、贞"四个字来高度概括人类的经济、管理等社会行为获得最好结果的途径："'元'者,善之长也;'亨'者,嘉之会也;'利'者,义之和也;'贞'者,事之干也。君子体仁,足以长人;嘉会,足以合礼;利物,足以合义;贞固,足以干事。君子行此四德者,故曰'乾:元、亨、利、贞'。"[①]意为君子只要按"善"的最好状态——长人、合礼、合义、干事去经世济民,就能达到体仁、嘉会、利物、贞固的最好结果。

因此,中国管理哲学认为,企业回归本质必须理清和把握企业的本体价值,如此才能把握企业的道德价值;而只有把握道德价值,才能把握企业的功利价值的下限。这样,我们才能够维护经济活动的合理范围,使它不会因为手段而丧失目的。同时,中国管理哲学并不否定功利价值,功利价值的实现是道德价值和本体价值实现的前提和辅助,本体、道德、功利是一而三、三而一的辩证关系,只有功利体现本体,本体呈现为功利,用企业的功利价值来辅助本体价值的实现,才能达成中国文化所说的"知行合一"。故而企业回归本质的最高追求是实现"天人合一""民胞物与"的本体价值理想。

(三)人文管理最适宜于企业本质的回归

企业如何回归本质的问题,不同的学科有不同的观点。立足于中国管理哲学,企业要向回归本质发展,管理的转型首当其冲。现代社会人类经济和管理活动面临的最大问题就是人被工具化、物质化,这也是中国管理哲学强调从科学管理向人文管理转型的根本原因。所谓"人文管理"就是在肯定功利价值的同时,特别强调道德的价值。而以中国管理哲学的观点看,还要进一步强调本体的价值,"人文管理"必须建立在"本体管理"的基础上,才能使人性永葆善性、真性和美性,使员工在企业中获得全面而自由的发展,而不是"唯利是图"的与企业形成对立、防备的关系。

在中国文化中,"管"字"竹"形"官"声,"竹"乃四周堵塞而中空通达之物,可用来制作乐器以发出悦耳的声音,使人在心悦诚服的状态中倾听,故"管"字有疏通与堵塞相结合以奏出和美之音的意思。"理"字的本意是玉之纹理,玉之纹理天然形成,顺玉之纹理蕴含遵循自然规律之意。因此,根据"管理"两字的语义,可解读出"顺应自然规律、在恰当的疏通与堵塞中奏出和谐乐章"的内容。

---

① 《周易·乾卦·文言》。

在中国管理哲学看来，管理学的基本问题是"管理是什么，管理为什么，如何管理"；西方管理学的研究大多集中在如何管理上面，对前两个涉及管理价值观问题的研究有所忽略，而这正是中国管理哲学讨论的核心。

中国管理哲学认为，管理是一种仁术，营利并非管理活动的全部目的。如果说企业的价值是通过实现功利价值进而达成道德价值、本体价值的完成，那么，企业家在经营管理企业中就不应该被经济异化。企业家不应与雇员形成对立，不应将劳资关系看成赤裸裸的"契约关系"和"规避风险"，成就雇员的人生价值、安顿雇员的生命，是企业管理的题中之义。

孔子言：己欲立而立人，己欲达而达人。修己安人是儒家治道的重要内容。中国哲学讲"万物一体之仁"，张载言"民吾同胞，物吾与也"，人与人之间是同胞兄弟关系，企业家与雇员之间也不应是紧张对立的关系，企业家有责任安顿雇员的身心。同时企业家应该有一颗"公心"，心怀"企业乃天下之公器"的器度，不能将企业看成私有财物、将雇员看成为己谋财的家臣，应积极树立与员工休戚相关、亲如一家的共同体意识。这样的哲学延伸到经济管理，使人不至于在经济行为和管理活动中变成机械性的工具和物质的奴隶。

中国的经济管理不多讲管理人，而多讲成就人；中国的经济管理不讲"唯利是图"，讲成己达人、赞天地之化育。企业应该成为君子良知发用的工具，成为修齐治平、内圣外王的载体。在科技昌明的当代，儒家治道之"仁术"可以通过创造性转换和提升发展为企业家精神，发展为企业家"内圣外王"的指导原则。所以在中国哲学中，经济和科技不是单向度的，它们是君子成己达人的"仁术"，是一种修齐治平的载体和手段。对于"仁术"，我们不但不能贬损，而且应该提倡，提倡企业家生财有道、财以辅道。

据《日本企业长寿的秘密及启示》一文介绍，日本拥有3146家历史超过200年的企业。这些企业多依靠"仁"的原则管理，将修身、齐家、治国三者紧密联系起来，形成了企业"慈"、员工"忠"的长寿企业特点。日本长寿企业的历史经验表明，道德、责任、财富并非水火不相容，而是可以共生共长。中国自古有"道德传家，十代以上……富贵传家，不过三代"的说法，若将此古训移至企业，单向追求物质利益者，其发展不可长久，此为短视的发展；而可持续发展需要本着人文情怀回归企业本质，担当道义，成就人才，激活员工创造力。概言之，最好的管理是教育人、成就人，帮助员工在满足功利价值之基础上，实现人的道德价值、本体价值，而这种人文管理是最适宜于实现企业回归本质之"体"的"用"。

三、企业回归本质的实践路径：以 Z 公司为例

企业经过工业革命至今两个多世纪的发展演进，无论东西方学界，均认同企业回归本质问题不但有着理论的应然性，更有着现实的必然性和紧迫性。上述关于企业本质的中国文化语义学、中国管理哲学视角的梳理，有助于人们在实践中探索企业回归本质的路径，提炼出中国文化情境中的企业本质理论，丰富对企业的理解和描述。本文以 Z 公司为例，从管理哲学的视角讨论企业回归本质的实现路径问题。

Z 公司在探索企业回归本质的实践中，建立了以"敬天尊道，尚贤慧物"为核心的企业文化，明确提出"明辨义利，回归本质"的经营哲学，努力融企业的本体价值、道德价值和功利价值于一体，并把企业的人文建设和管理的人文转型提到关系企业"长生久视"之道的高度，提出科技与人文协同发展的观点，多年来企业一直行进在健康平稳的发展之路上，其实践探索经验值得关注和研究。

（一）重塑企业经营哲学

义利观是企业经营哲学的核心，坚持道义为先还是坚持利益为先，这是每一个探索回归本质和管理转型的企业将面对的哲学价值观选择。Z 公司认为，阴阳相济是中国管理哲学的要义，据此，企业不但要积极有为地创造物质财富，还要厚德载物、安顿员工的生命。Z 公司在企业发展的转型期，高度重视企业经营哲学价值观的重建，从明辨义利入手，提出了"义利兼顾、以义为上、与社会相适宜"的企业经营哲学之义利观。

Z 公司领导人借用魏晋时期哲学家王弼的话"夫进物之速者，义不及利；存物之终者，利不及义"，阐述了他对企业经营哲学义利观的新解。他认为：企业在发展之初，会出台种种激励措施以推动企业发展，这时"利"的作用比"义"明显，但企业进入发展的成熟平稳阶段后，要想继续长久发展、永续经营，这时"义"的作用大于"利"；企业不仅仅是经济场所，更是道义场所，企业担当着处理好利益关系的道义责任；"义"的繁体是"義"，由"羊"和"我"组成，意为"养我"，把企业的经济利益合理利用好、合理处置好，这就是道义；《诗经》说"靡不有初，鲜克有终"，若不坚守道义，就会"鲜克有终"。

Z公司领导人强调，企业的所有行为，特别是大的投资项目从设计到管理，在动机和目标上必须坚持以义为先，遵循"尚贤慧物"的管理之道，从管理上引导员工向善向上，成为贤才。而在具体的经营上则要通过创新科技、开拓市场、承担社会责任，以与时俱进的形态，把善的力量传导给社会，与社会相适宜。

（二）在发展转型中推进企业回归本质

Z公司并未把企业回归本质仅仅作为一句口号，而是踏踏实实地把这一理念和认识融入实践探索中，转化为员工和企业的行为准则，同时把企业回归本质与企业发展转型融于一体，在推动企业发展转型中促进企业回归本质。作为生产传统产品的现代企业，Z公司提出"从量的扩张向质的提升转型、从以国内市场为主体向市场国际化转型、从科学管理向人文管理转型"，实现企业发展的"三个转型"，其中最根本的是从单向度的开发利用自然资源，转为双向度、保护性地开发自然资源。

推动企业发展转型和企业回归本质，Z公司的经验是，首先需要发扬敢为人先的开拓精神。Z公司十多年来事业发展运行在平稳、快速、健康的轨道上，基于顶住质疑、敢为人先的开拓创造，正如Z公司领导人所言："只要我们保持对自然的敬畏之心，顺'道'而为，就可以大胆突破各种陈旧观念的束缚，清理附加给企业的诸多杂念，让企业回归本性，走符合本性的发展之路。"[①] 其次是以产品结构调整和产业结构优化为抓手。围绕企业转型，Z公司大力研发服务民生的新产品，重新调整产业布局和资源配置，形成了"三个一体化"的产业链和"两个百万吨"的产品结构，优化了原有的资源配置，放大了资源的效益。Z公司经过调整产品和产业结构后，主业回归到百姓日用常行的民生之列，产品序列清晰，产业结构合理，市场需求持续高走。再次，Z公司实施"技术创造市场"的管理理念，以技术创新释放传统产品的本质力量，从产品单一的传统行业向现代科技研发型企业转向，产品的国际市场开拓成效显著，成为全国同行的出口龙头企业。特别是在资源的循环利用领域，Z公司立足于"有限资源，无限循环"的发展理念，通过引进国际先进技术和开展国际合作，创造性地将生产的隐患变成了企业转型升级的重要资源，建成多个亚洲第一或全国第一项目，既创造了经济财富又保护了环

---

① 参见Z公司内刊《贤文化管理》2015年第2期刊发的《文化育贤》一文。

境和生态、造福国人，使企业在"立德、立功、立言"的进程中不断向本质回归。

（三）企业管理从成物成事转向成己成人

Z公司认为，为了与企业回归本质相适应，企业管理必须从成物成事向成己成人转型。因为企业不是单纯为经济目标存在，只有人才是企业发展的主体和归宿；人既是企业的第一资源，也是企业经营管理的主体，只有员工得到了尊重和成就，才能在企业安身立命，企业的价值才得以圆满完成。为此，Z公司主动将企业文化融入管理的优化和提升中，促进企业管理向人文方向转型升级，推动对管理目标和管理本质认识的转变。Z公司的人文管理模式主要包括两个核心、三个方面。两个核心是"反求诸己"与"三才（天地人）相通"的管理思维；三个方面是：自我管理、压力管理、提醒管理。

Z公司认为，自我管理是根本，压力管理是途径，提醒管理是保障。自我管理是兴业的基础，它相比于管理他人更为重要；自我管理之根本在于修身，修身之要在于修仁。压力管理包括考核、评聘等各种管理工具的应用，提醒管理则以推行廉洁、高效为目标的奖惩考核措施为主，其意在"鼓励做得好的，提醒做得不好的"，保障员工健康成长，干成事干好事不出事。

Z公司认为，管理与被管理之间的界限并非绝对化，其人文管理注重突出管理的教育职能，使管理向"以人为本"的本质回归。Z公司的人文管理强调"成就人先于成就事业"，认为做产品不可能长久，但做人却是长久大计，培养人、成就人比做产品更重要。"以人为本"的管理将"人"置于一切企业行为之本体的地位，在用人上，坚持以德为先，先做人后做事，不断发挥"德行"规范、引导企业经济活动的作用；坚持"以德治企，以德兴企"的管理理念，既为企业培育高素质员工，也为社会培养高素质公民。因此，Z公司的人文管理不仅仅有益于企业的发展和回归本质，也将惠及社会、国家、民族。

企业回归本质是一个仁者见仁智者见智的话题，不同的文化情境和不同的学科语境，会有不同甚至完全相反的观点。本文意在抛砖相玉，期待方家教正。

（原载于《宏德学刊》第八辑）

儒家价值观与企业管理的结合及其成效
——以 Z 公司 "贤文化管理" 为例 ①

摘要： 目前，学界和管理界对于儒家价值观能否与企业管理结合及结合的成效如何等问题存在不同的看法。而 Z 公司领导层在实践中进行了积极探索，他们在儒家价值观的影响下，系统地提出了建设企业"贤文化"的具体路径。公司通过内部全员培训等措施，推行、实践"贤文化"，努力推动形成"贤文化管理"模式，并在促进企业创新、培养德才兼优的创新人才、履行企业社会责任等方面取得了明显的效果。该公司的案例，充分说明了在现代业管理中，吸收和借鉴传统文化，尤其是儒家文化价值观是一条行之有效的路径。

关键词： 儒家价值观；贤文化管理；企业创新；人才培养

一、几个基本概念的界定

为方便讨论，本文对儒家价值观、儒家伦理领导、企业创新、企业社会责任四个基本概念先做一界定。

（一）儒家价值观

对于儒家价值观一直存在不同的理解和概括，因本文研究对象是 Z 公司，故就此访谈了 Z 公司的领导层，结合访谈情况并参考学界观点，将儒家价值观界定为孔孟儒家学派以"仁"为核心，辅之以"义、礼、智、信"的价值取向，体现为"克己复礼""仁者爱人"和"仁民爱物"三个层次。企业领导

---

① 本文为国家自然科学基金项目"新儒商的儒家价值观与企业创新：基于儒家伦理关系准则、道德认同和伦理领导理论的跨层次实证研究（NO.71472086）"及 Z 公司委托课题"基于贤文化的人文管理研究"的阶段性成果。

的儒家价值观可分为道德性、他向性和社会性三个维度。（1）道德性：企业领导人注重自身的道德修养和行为，在个人品行上表现为诚信、正直、不断学习和符合社会规范，即"克己复礼"；（2）他向性：关心和爱护员工，顾及员工感受，愿意为员工着想和谋取利益，即"仁者爱人"；（3）社会性：关注企业所处的社区、社会和环境，负有强烈的社会责任感和使命感，愿意为社会和环境付出努力，即"仁民爱物"。

（二）儒家伦理领导

儒家伦理领导是指企业领导人通过内化儒家价值观，表现出与之对应的修己、安人和安民的领导行为和管理风格。儒家伦理领导也有三个维度：（1）修己：领导人不断学习和反省提高自己的道德和理想修养。（2）安人：在企业经营管理中，关心他人和为他人着想并培育人促进他人发展。（3）安民：在企业发展的同时为员工谋福祉，促进企业与社会、自然和谐发展。

根据 Blasi 提出的"道德认同理论"，当企业领导具有高度的儒家价值观认同时，儒家价值观在自我图式中具有很高的中心性，道德认同的"道德愿望"要素使企业领导努力展现与儒家价值观一致的伦理行为，从而形成儒家伦理领导风格。也就是说，当企业领导秉持儒家价值观时，就认同了儒家价值观中所强调的"仁"，包括"克己复礼""仁者爱人"和"仁民爱物"，进而会表现出与儒家价值观所一致的领导风格：注重个人和员工的道德修养（修己）、关心组织成员（安人）、重视利益相关者和社会环境（安民）。

（三）企业社会责任

企业社会责任是指企业通过一些自愿或非自愿的行为，对相关利益群体（例如，竞争者、商业伙伴、员工、顾客、社区等）履行相应的经济、法律、道德和慈善的责任和义务[①]。这些活动，既能给利益相关者带来福利，也能促进企业的成长，由此推动企业和社会的持续良性发展。

而儒家伦理领导所实行的"修己、安人和安民"其实就是欧美企业所说的企业社会责任 CSR[②]。伦理领导理论的研究成果也表明，伦理领导会正向影

---

① Low，K.C.P.，& Ang，S.-L.2012.Confucian Leadership and Corporate Social Responsibility（CSR），the Way Forward. *Asian Journal of Business Research*，2（1）.

② Zhao，L.，& Roper，J.2011.A Confucian approach to well-being and social capital development. *Journal of Management Development*，30（7/8）.

响 CSR[①]。因此，企业高管的儒家伦理领导会促使企业实施 CSR。

（四）企业创新

Crossan & Apaydin 将创新定义为："在经济和社会领域，开发利用过程中产生的价值增值的新奇性；产品、服务、市场的更新和拓展；新生产方式的发展；新管理系统的建立。创新，既是过程又是结果。"[②] 根据创新的程度不同，Garcia & Calantone 将创新划分为渐进式创新和突破式创新[③]。渐进式创新是指比较低层次的创新，是在当前需求的基础上对目前技术或产品进行的过程创新或微小改进。例如对现有生产工艺的改进、产品线的延伸等。突破式创新指的是较高层次的创新，是颠覆目前的技术和产品，使其变得过时。突破式创新是为了创造新的需求或挖掘潜在需求，所以更容易产生新的市场、新行业或者新产品。

二、Z 公司的儒家伦理领导思想

Z 公司隶属于中国最传统的行业——制盐行业，以工业盐、食用盐、精制盐水为主要产品，同时还有电厂提供上网电、蒸汽等产品，与中石油合作共同提供盐穴储气服务，形成了盐电一体化、盐碱一体化、盐穴一体化的产业格局，是中国制盐行业的领军企业。公司的领导班子共 10 人，年龄在40—55 岁之间，学历均为大学本科以上，其中博士 3 人，高级职称 4 人，领导班子成员均认同和接受儒家价值观。基于传承、弘扬、发展其行业文化的责任感，培育融现代科技精神与儒学人文传统于一体的优秀企业文化的目标，在总结自身 20 多年发展经验的基础上，公司提出了以"敬天尊道，尚贤慧物"为核心要义的企业文化——贤文化，积极建立贤文化管理模式，以此为具体路径贯彻其认同的儒家价值观，培养贤才，打造一个受社会尊重的百年企业。公司的领导层认为，企业是有生命力的社会组织，企业文化体现了企业这一生命体的文化素养和发展潜质，是企业组织生命境界与层次的表现。

---

① Zhu, W., May, D.R., & Avolio, B.J.2004.TheImpact of Ethical Leadership Behavior on Employee Outcomes: The Roles of Psychological Empowerment and Authenticity. *Journal of Leadership & Organizational Studies*, 11（1）.

② Crossan, M.M., & Apaydin, M.2010.Amulti-dimensional framework of organizationa-linnovation: Asystemati creview of the literature. *Journal of Management Studies*, 47（6）.

③ Garcia, R., & Calantone, R.2002.Acritical look at technologica linnovation typologyand in novativeness terminology: aliteraturereview. *The Journal of Product Innovation Management*, 19.

公司总经理 A 是研究中国传统管理思想的哲学博士，他一直将"希言"作为个人的行为准则。"希言"出自老子《道德经》中"希言自然"，表面意思是"少说话、多做事"，更深层意义是"管理者少发号施令，让事物遵循天地自然之道自行发展"。在企业管理中，他较少干预技术、生产等运营与操作层面的工作。但非常重视企业的文化建设。他认为，每个人都需要物质生活，但更需要精神生活，如果精神不安定，没有安身立命，这是最可怕的，建设企业文化就是建设企业员工安身立命的精神家园。A 一直在探索企业的长生久视之道，他引用魏晋哲学家王弼的观点"夫进物之速者，义不及利；存物之终者，利不及义"来说明，企业领导人只有在"义利之辨"上有清醒的态度，把追求"义"放在首位，义利兼顾，才能带领企业走得久远，企业才能得到社会的尊敬。他认为管理既有内在的科学性，同时也有非科学所能描述的微妙之处，而这个微妙之处——管理艺术，需要管理者具备较高的人文素养才能体会和把握，这是公司建设贤文化、提升管理的艺术性的意义。

Z 公司的副总经理 H 是一位儒学博士。他认为贤是儒家文化的一个重要名词和概念，兼具道德和价值观两重意义。儒家从道德修养论角度，将人生的价值追求分为圣、贤、君子等多种层次，贤介于圣与君子之间。北宋著名思想家周敦颐在《通书·志学》中提出："圣希天，贤希圣，士希贤"的"三希真修"思想，其意是说，圣人修养的方向是与天道相契合，贤人修养的方向是成为圣人，士的修养目标是成为贤者。Z 公司的员工大都是受过高等教育、学有专长的知识分子，类似于古代"士"的阶层，以成就贤德贤才为人生目标，既有历史的理论依据，也有着现实的可行性；若有更高的愿力，还可以向"圣"的方向努力。只是这样的人毕竟是少数，而成就贤人则可以成为大多数人的人生目标，故将企业追求的境界定位在"贤"，名其企业文化为"贤文化"。

三、"贤文化管理"模式

如何实现儒家价值观与企业管理的结合？Z 公司通过在企业管理中贯彻儒家伦理领导思想，经过多年的探索和实践后，提出了两者结合贤文化管理模式。从公司的实际看，这一管理模式分以下几个层面：

（一）修己的管理

Z 公司以德才兼备且德才过人为贤人的标志，其贤文化管理首重的是修己——自我管理，目的是引导员工、管理者立德、尚贤，厚实企业的道德资本。Z公司《贤文化纲要》"尚贤"篇对贤才的表述是："知之不易，行之亦艰，惟贤者可通知行。如是则知中有行，行中有知，知则真切笃实，行则明觉精察，知行合一方为贤才。贤者内修其身，博学厚德，达者外建其功，修己安人。"公司领导层在日常工作中也很注意以身作则，严格遵循企业规章制度，发挥道德模范作用，以自身行动引导员工重视德行的修养。公司实施道德和科技双重培训，围绕贤才培养形成了一系的修己、尚贤的管理措施：

1. "招生不招工"，广纳贤才。

公司总经理A说："企业拥有资源只是一方面，真正发展好，还要靠人来做。……最大的资源不是自然资源，而是人力资源。"[①] 本着"人才强企"的战略，从2003年开始，公司开始实行"招生不招工"的新政，从高校毕业生中招录所需人才，充实到生产、技术、市场、管理等部门，而且新员工的学历、专业、地域结构不断优化。

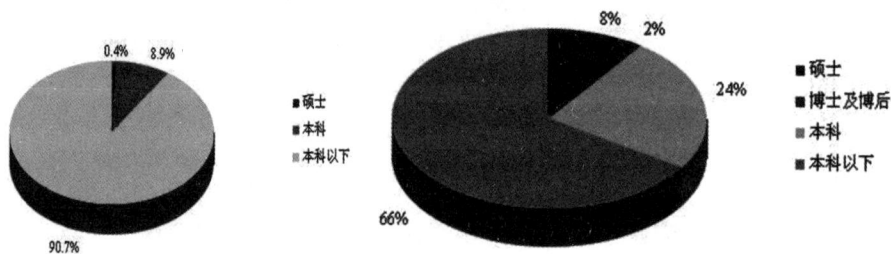

（2003年Z公司员工学历构成图）　　（2013年Z公司员工学历构成图）

2. 培训育贤

公司的员工培训有新员工入职培训、贤文化专题培训、行知班日常培训等多种形式。首先是新员工入职培训。公司新员工上岗之前要经过"人文综合素质培训"。培训内容分四大板块：综合知识——了解所从事行业和企业自身的发展历史与现状；专业知识——企业所涉及的基本专业理论与知识体系，如安全生产、工艺技术原理、管理体系、市场工程建设等；人文通识——弥补大学教育中所缺的中国历史文化知识，特别是道德修养与实践智慧；实地参学——结合培训所学，实地考察同行企业、中国历史文化教育基地。经过培训，要"以润物细无声的方式，为新员工种下一颗贤文化的种子，建立一

---

① 《在加快转变经济发展方式监督检查会上的发言》，Z公司2012年内刊。

个明确的理念，引导新员工由知识性的分散思维回归到整体性的综合性思维，尽快融入贤文化，适应角色转换[①]。"通过人文培训，使新员工安定身心，脚踏实地，勇于做中国文化的传承者与开新人。"[②]

其次是贤文化专题培训。公司先后在南京大学、贵州大学等高校举办了多期贤文化全员落地培训。公司总经理 A 在介绍此培训宗旨时说："期望员工通过学习传统文化达到文化觉醒，意识到人之所以为人是因为良心和道德的存在，从而确立一种正确的价值取向，让自己的内心变强大，进而以良好的德行影响和带动周边的人。如是，企业也会随之发展，外在的经济指标也就'随心所欲不逾矩'了。"[③]贤文化专题培训的内容分"贤文化与儒家智慧、贤文化与道家智慧、贤文化与佛家智慧、贤文化与易学智慧、贤文化与西方文明智慧、先贤王阳明及其心学"六大专题板块，全方位展示贤文化的思想渊源与现实品格，同时辅之以诗、书、礼、乐、艺、茶、养、武之教，修身调心，厚实人文素养，深化对贤文化的理解，建立"志贤"的主流价值观。

第三是"行知班"日常培训。公司为引导员工践行"知行合一"的贤文化精神，使贤文化真正成为员工的价值观、思维方式和生活方式。在全公司开展"行知班"建设活动中，重点是将应知应会的业务知识、岗位技能、管理能力、职业道德等事项逐一落实到行动上，使"行"为真行，"知"为真知；从寻找存在的具体问题入手，通过研讨性学习培训提出解决方案并一一落实到行为中，使工作中的短板得以不断改善；发现"知"的不足并在"行"中完善，进而改善"行"的效果，从岗位操作员变成合格的工厂工程师；发现对贤文化"知"与"行"的不足，按照"知行合一"的要求做到"日日新"；在"行知班"建设过程中，结合具体工作、具体问题、具体案例学习、理解贤文化。

（二）安人的管理

公司《贤文化纲要》之"明本"篇说，员工和客户乃企业之本，本立则企业固。公司的贤文化管理提出，企业的发展是成就员工的自然结果，因此，企业要关心员工，改善员工工作环境和福利，帮助员工进步和发展；企业要培养人和成就人，给有才能者充分的施展空间（尚贤）。同时，企业要关心供

---

① 《2014 年度新员工培训工作简报》，Z 公司 2014 年内刊。
② 《公司 2014 年度新员工培训总结报告》，Z 公司 2014 年内刊。
③ 麻婷，蒋红翠：《贤文化培训让学员志贤的步伐更加坚定》，Z 公司 2014 年内刊。

应链上的合作伙伴，尤其是要急客户之所急，从客户立场不断改进产品和服务。公司副总经理C指出，公司很早就提出了"对社会尽责，对客户企业尽责"的经营思想，并一直秉持"为两碱企业服务，与两碱企业共生共长"的服务理念。为此，采取了一下相关措施：

1. 实施安居工程

为了保证青年员工的生活无忧，公司为无住房的员工、五班三运转的郊外员工修建了员工公寓，配齐家具，免费提供电视、水电、网络的使用；改造职工食堂，完善食堂管理，保证职工饮食安全、健康、美味；修建科研中心，改善科研人员和管理部门的办公条件；新建篮球场、网球场等健身场所，美化厂区环境，等等。

2. 五条通道选贤

公司领导层认为，企业管理的首要职能和职责是教育人、培养人，实施贤文化管理，其主要任务是育贤选贤。公司根据青年员工的性格特点、专业特长、职业取向，将其与企业的业务板块相结合，在人力资源管理上推出五条通道选拔贤才，这五条通道是：工厂工程师、技术工程师、市场工程师、专业主管、综合主管。以该公司盐厂为例：

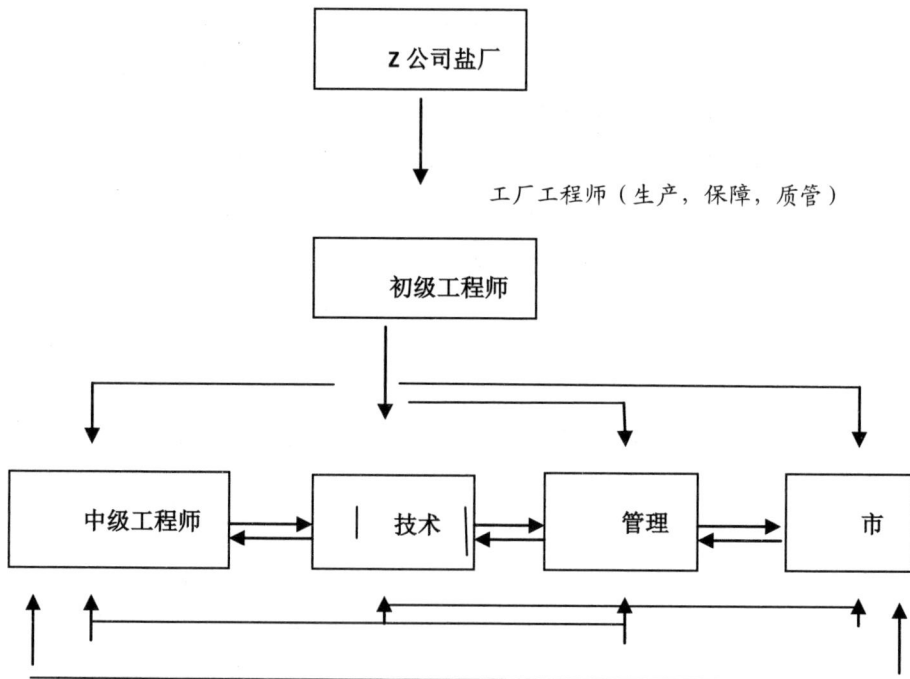

（Z公司盐厂员工成长通道略图）

每年新引进的高校毕业生，均需在生产一线锻炼数年，熟悉企业和读懂企业，进而融入企业，然后再经双向选择，分流到上述五条通道定向培养。

公司的工厂工程师既是生产者同时又是管理者，它打破了管理者与被管理者严格区分的局限，同时，这种管理制度也使生产一线的工作变得丰富和更具创造性，增强了在生产一线工作的成就感和受尊重感。

3. 绩效评估励贤

公司的贤文化管理将培训和考核紧密相连，本着公平、公正、公开的原则，采用三层考核法，即日常工作考核、理论知识考核、员工互相评分考核，由于这种考核制度能够全面考核员工，促进员工成长成才，故称为"360 度考核"。为科学使用考核结果，建立对员工努力向贤的激励机制，公司采用绩效评估法，在每年年底进行一次以上述三层考核为主要数据支撑的评估，此评估被作为资源分配、人才选拔的重要依据（但不是唯一依据，还要兼顾其他要素）。除了绩效评估，Z 公司还设置了各种奖项、荣誉，奖励在尚贤中表现优秀的人才，以此激励员工志贤尚贤。

（三）安民的管理

1. 成立跨职能边界的技术研发团队

公司下属有技术部和技术中心两个研发部门，技术部有 30 多名专职的科研人员，技术中心则由各种自发式技术研发团队构成。公司提倡厂矿员工参与研发，当公司公布一系列需要研发的科研课题时，技术部、技术中心和厂矿员工自发组成研究团队，如 QC 小组等，团队通过研讨觉得可以承担某课题，则向公司申请攻关任务。参加研发的厂矿员工平时在厂矿工作，科研任务需要的时候就集中讨论和实验，并常常利用业余时间进行所分配的研发任务。跨职能边界的技术研发团队不仅给予了员工参与感、信任感、归属感和成就感，也充分调动了员工的主观能动性和学习积极性，使得公司的技术创新能力和创新速度大为增强，为新项目研发和实施奠定了坚实的基础。

2. 带动周边区域经济发展

据副总经理 C 介绍，公司强调企业不仅要自己发展，同时也要带动周边区域经济的发展，增加对周边经济需求的关注，为社区与社会谋福祉。公司副总经理 B 和 C 都表示，为了实现节能减排绿色生产，公司多次引进国内外先进生产工艺，鼓励内部创新和组织多种员工培训，在提高生产率的同时减少生产过程中的能源消耗和废物排放。另外，公司还积极推动热电厂向社区集中供热，帮助当地服装产业、化工产业等多个传统产业的转型升级。为了缓解长三角地区季节性用气不均的供需矛盾，公司积极推进与中石油、中石化、德国 SOCON 公司等合作，使当地居民的天然气需求得以保障，同时利用采矿后形成的盐穴存储石油和天然气，既为国家的战略储备做出了贡献，也防止了盐穴塌陷可能造成的危害。

综上可见，公司领导层对于儒家价值观有着深刻的认知和理解，他们高度认同儒家价值观，并将之形成"贤文化纲要"作为公司文化和经营理念，作为领导企业持续发展的"基本法"。在实际经营过程中，公司领导一方面按照道德性儒家价值观要求，树立终身学习观和正确的贤才观，不断完善自身修养（修己），另一方面则遵照他向性儒家价值观的"以人为本、培养贤才"要求，积极提高员工品德素养和技术水平，改善员工生活环境和质量，并逾越简单的产品供应关系，树立"与供应链客户共进退"的合作理念（安人）。同时，公司领导还放眼社会，帮助社区发展、注重自然保护、积极为国家发展贡献力量（安民）。

"贤文化"管理植根于企业生产经营的实践，从积淀深厚的传统文化中汲取养分，融合了对生命意义、自然与人之关系、企业长久之道等诸多问题的思考，凝聚着对生命、天地的敬畏之心和对社会责任的担当精神，志在探索现代企业"立德、立功、立言"的管理之道。

四、Z 公司贤文化管理的两大特点

贤文化管理传承中国传统管理智慧，在思维特征上突出地体现了"反求诸己"和"三才相通"两大特点。

一是"反求诸己"。这一思维方式源自古代大儒孟子。《孟子·公孙丑上》说："仁者如射，射者正己而后发，发而不中，不怨胜己者，反求诸己而已矣。"孟子把成就仁德比作射箭，先端正自己然后把箭射出去；射不中不能怨别人超过自己，而应找自己的不足。"反求诸己"是中国传统文化思维方式的鲜明个性，《中庸》要求"反身而诚"，宋代理学家提倡"居敬穷理"，明代王阳明则倡导"致良知"，这些都是对"反求诸己"的发挥。

公司的贤文化管理继承了中国文化这一独特的思维方式，要求做人做事必须先从找出自己的不足入手，而不能反过来先找他人的过错，只有首先发现自己的不足并诚心地改正和完善自己，才能促成问题的圆满解决，概言之即"贤于内，王于外"。个人如此，企业也应当如此。例如，当接到客户的投

诉时，按照贤文化管理"反求诸己"的要求，相关部门单位首先应当认真检查生产、质量、服务等各个环节可能存在的问题，找出导致客户投诉的直接和间接原因，相关的员工也应当"反求诸己"，看看自己在其中应当承担什么责任，有什么差错。问题找出后勇于担当，立即解决，并借此改正和完善生产经营管理中的短板，员工个人也在修正企业短板的同时，完善自己的不足，不断地向"贤者"目标接近。

二是"三才相通"。"三才相通"的思维，亦源自中国传统文化。《周易》提出天道、地道、人道的观念，认为："立天之道曰阴与阳，立地之道曰柔与刚，立人之道曰仁与义"。老子则提出"人法地，地法天，天法道，道法自然"的思想，道教经典《太平经》则提出天地人"三合相通"的理念。不管如何表述，中国传统文化在提倡天地人和谐共存、协调发展的理念上是高度一致的。"贤文化"管理要求在开发利用岩盐资源的同时，认真探索资源的可持续利用途径，思考如何确保企业的经济行为更加人文化，企业如何与居民、环境和谐发展。正是基于这一思考，公司提出了"有限资源，无限循环"的发展理念，并建构起了"三个一体化"的发展格局，即：盐电一体化、盐碱一体化、盐穴一体化，使宝贵的岩盐资源在创造经济财富、造福国人的同时，避免耗竭式开采，最大限度地减少资源的浪费。与此同时，经过技术改革，逐步实现了水、热在企业内部各个生产环节之间的循环利用，使企业朝着"大循环、零排放"的目标接近。公司总经理在诠释"敬天"这一贤文化核心理念时说，盐盆是大自然所赐，我们在开采利用它时，必须对大自然心存敬畏，此资源不是我们专有，不能无所顾忌地为我所用，而应将有限资源尽量为人类多造福[①]。

五、Z 公司实施贤文化管理的成效

Z 公司探索和实践贤文化管理已有多年，到底取得了什么样的成效呢？

（一）员工的人文素养和企业的美誉度显著提高

众所周知，文化建设的最高目标是形成精神信仰，这一目标位于企业文化金字塔的顶端，规范和引领着企业的行为方向与员工的价值追求，使文化的力量逐级逐层地渗透于企业的方方面面，给企业打上鲜明的文化标识，培

---

① 《2014 年在总结表彰大会上的讲话》，Z 公司 2014 年内刊。

育出独特人文素质的员工队伍。公司经过多年的贤文化建设，虽然还未达到形成精神信仰的层次，但在统一员工的精神追求和价值观方面，已有了明显的效果。走进企业，贤文化已成为主流意识，修贤育贤、尚贤志贤的风气在各厂矿得到倡导，润物细无声地影响着企业的生产经营和员工的文化修养。

（二）履行企业社会责任的业绩突出并得到认可

自 2014 年公司盐业技术转化与应用中心正式成立并运行，以推动制盐行业的节能、推动制盐行业的减排、推动制盐业向本质的回归为三大任务。尤其是公司成立的特种盐市场部，联合公司技术中心的博士团队研制六大类特种盐新品种，积极开发特种盐市场，改变国人的用盐观念，使盐这个再平凡不过的物品，以更丰富的种类进入生活日用领域，提高大众的生活品质。如今，"特种盐"及其产品结构调整思路已得到全行业的认同。自 2010 年始至今，连续六年获得"企业资信等级 3A 级"殊荣。这是政府、社会、用户、消费者对 Z 公司履行社会责任、推动盐业回归服务民生之本质的高度认可。

（三）管理的效益和精细化程度不断提升

公司探索和实践的贤文化管理，将文化融入管理的提升中，促进现代企业管理向人文方向转型升级，不但带动了管理思维方式的转变，更带动了对管理目标和管理本质认识的转变。

一是贤文化管理"反求诸己"的思维方式，使自我管理与管理他人变得同样重要，从而打破管理与被管理的界限，推动了以自我管理为特色的"工厂工程师"制度的实施。特别值得一提的是，"工厂工程师"制度运行几年来，员工从"要我学"转为"我要学"，系统驾驭能力大大提升，并能主动思考改进生产工艺，"在生产管理上实现了较大的创新和突破，在增产不增人的情况下，各生产单位成功推行五班三运转和年休假制度，大大提升了管理的效率和效益"[①]。

二是贤文化管理突出了管理的教育职能，使管理的人文精神得到更加全面的贯彻。管理从本质上说到底是什么？中山大学著名管理哲学教授黎红雷先生应邀在 Z 公司"宿沙讲坛"做《无为智慧与现代企业管理》的报告时说：

---

① 周小丽等：《实施效果如何？员工有何评价？未来如何完善？》，Z 公司 2014 内刊。

"管理就是教育，管理者就是教育者，管理的过程就是教育的过程。"[①] 这与贤文化管理的特点一致。

三是公司的精细化管理水平得到显著的提高。公司 ERP 系统由 U8 平台升级为 NC 平台，VMI 代管业务得到深化应用，集团仓库五金超市体系建立完善，增强了公司在销售、物流、计量、质检、领料等方面的集团管控能力，实现公司内部各业务、母子公司之间信息的无缝对接。全年散湿盐的损耗率由 2012 年的 1.12% 下降至 2013 年的 0.75%，由此可产生 180 万元的经济效益，仓库库存资金占用同比下降 4.9%。公司的合作伙伴、用友公司业务代表说："这三年我看见 Z 公司的管理水平一直在提升，内控能力在不断加强，且速度很快。"[②]

自 2012 年启动管理提升活动以来，在贤文化的引领下公司取得了"计划管理到班组批次、仓库物资周转率提高、基本实现全年无大修"的效果，基本做到了"新增项目不增人、岗位增加不增人、班次增加不增人"的高效管理目标。[③]

（四）技术创新能力和成果数量持续增长

Z 公司与南京大学、南京工业大学、天津大学、荷兰阿克苏诺贝尔公司、瑞士赛普公司等高校和科研机构共建了产学研合作平台。设立了江苏省博士后创新实践基地和博士后科研工作站等科研平台。

自 2012 年以来，公司成功进入江苏省高新技术企业行列，科技研发也取得喜人的成绩：多个省级高新技术产品得到认定，2011—2013 三年来申报专利 32 项，获批 16 项实用新型专利，5 项技术在行业重点推广。

（五）员工的组织公民行为更加自觉

公司施行贤文化管理以来，员工们积极践行贤文化，除了兢兢业业地做好岗位工作，还在业余时间主动参与和完成本职工作以外的社会公益活动，赢得了社会的称誉，树立了可敬可爱的贤者形象。

---

① 郑明阳：《著名管理学专家黎红雷、葛荣晋为 Z 公司管理提升传道解惑》，Z 公司 2013 内刊。
② 麻婷：《Z 公司：三措并举提升自主研发水平》，Z 公司 2013 内刊。
③ 麻婷：《Z 公司：三措并举提升自主研发水平》，Z 公司 2013 内刊。

结语

以儒家为思想主流的中国传统文化价值观能否为现代企业管理者所借鉴和利用，从而在现代企业管理中发挥作用，其借鉴和利用的价值究竟几何，在管理学界一直是仁者见仁，智者见智，难有定解。而具有很深传统文化教育背景的 Z 公司领导层，在他们的公司管理工作中率先提出的"贤文化"管理模式，无疑是在目前学界论而未决的情况下，于实践中对此而做出的积极、系统而有效的探索。通过"贤文化"管理模式的这一实践及其初步成效，让我们看到了中国传统文化及其价值观在现代企业管理中涌动着的生命力。

（原载于《南京晓庄学院学报》2017 年第 2 期）

儒家价值观对企业创新的影响机制
——中盐金坛案例研究 ①

摘要：近年，随着国学热的兴起，越来越多的人开始关注儒家价值观对于当代社会经济的影响和作用。目前关于儒家价值观对于企业创新的影响，还存在不同的观点。本文基于道德认同和伦理领导理论，以中盐金坛盐化有限责任公司为研究案例，探索了儒家价值观对于企业创新的作用机制。研究发现：公司领导层的儒家价值观会引发其儒家伦理领导，儒家伦理领导行为会推动企业实施社会责任活动，而企业社会责任活动最终促进企业创新。

关键词：儒家价值观；儒家伦理领导；企业社会责任 CSR；企业创新；道德认同

一、引言

众所周知，创新是企业发展乃至整个社会进步的不竭动力。儒家价值观到底能不能促进企业创新呢？本文基于道德认同和伦理领导理论，提出儒家价值观对企业创新影响关系的递推式假设，并以中盐金坛盐化有限公司为研究案例，对假设进行验证，从而对"儒家价值观与创新关系"这一问题加以回答，并揭示企业领导儒家价值观对于企业创新的作用机制。

① 本文为国家自然科学基金项目"新儒商的儒家价值观与企业创新：基于儒家伦理关系准则、道德认同和伦理领导理论的跨层次实证研究（No.71472086）"的阶段性成果，同时也是中盐金坛公司"基于'贤文化'的中盐金坛人文管理研究"项目第一阶段成果。
本文第二作者郑称德，南京大学商学院教授，南京大学（盐城）电子商务研究院院长，研究方向：企业管理、电子商务。

二、理论与假设

（一）儒家价值观

儒家价值观是指，推崇传统的仁、义、礼、智、信的价值观念，其核心是"仁"。不同层次的儒家价值观具有不同"仁"的表现，分别为"克己复礼""仁者爱人"和"仁民爱物"①。

根据"仁"的三个层次，本文将企业领导的儒家价值观分为道德性、他向性和社会性三个维度：（1）道德性：企业领导人注重自身的道德修养和行为，在个人品行上表现为诚信、正直、不断学习和符合社会规范，即"克己复礼"；（2）他向性：关心和爱护员工，顾及员工感受，愿意为员工着想和谋取利益，即"仁者爱人"；（3）社会性：极为关注企业所处的社区、社会和环境，负有强烈的社会责任感和使命感，愿意为社会和环境付出努力甚至可以为此牺牲企业的收益，即"仁民爱物"。

（二）儒家伦理领导

企业领导的儒家伦理领导，是指企业领导人通过内化儒家价值观，表现出与之对应的修己、安人和安民的领导行为和风格。儒家伦理领导也具有三个维度：（1）修己：领导人不断学习和反省提高自己的道德和理想修养。（2）安人：在企业经营管理中，关心他人和为他人着想并培育人促进他人发展。（3）安民：在自身和企业发展的同时为人民谋福祉，促进整个企业、社会和自然的和谐发展。

根据 Blasi 提出的"道德认同理论"，当企业领导具有高度的儒家价值观认同时，儒家价值观在自我图式中具有很高的中心性，道德认同的"道德愿望"要素使企业领导努力展现与儒家价值观一致的伦理行为，从而形成儒家伦理领导风格。也就是说，当企业领导秉持儒家价值观时，就认同了儒家价值观中所强调的"仁"，包括"克己复礼""仁者爱人"和"仁民爱物"，进而会表现出与儒家价值观所一致的领导风格：注重自己个人的道德修养（修己）、关心组织成员（安人）、重视利益相关者和社会环境（安民）。

由此可提出假设 1：企业领导的儒家价值观认同会正向影响其儒家伦理

---

① 吴铸新：《论中国儒家思想的仁学》，《华中农业大学学报》（社会科学版）2009 年第 2 期。

领导。

（三）企业社会责任

企业社会责任（Corporate Social Responsibility，CSR）是指企业通过一些自愿或非自愿的行为，对相关利益群体（例如，竞争者、商业伙伴、员工、顾客、社区等）履行相应的经济、法律、道德和慈善的责任和义务[①]。理想的 CSR 活动，既能给利益相关者带来福利，也能促进企业的成长，由此推动企业和社会的持续良性发展。

根据解决不同的社会问题，Porter & Kramer 将 CSR 划分为反应型的 CSR 和战略型 CSR。反应型的 CSR 是指，做一个良好的企业公民，根据规章制度或者利益相关者的要求被动地减少企业经营活动中已经产生的或者可能产生的对社会的负面影响。反应型企业社会责任活动主要是帮助企业解决一些普通类型的社会问题，尽力减轻企业经营活动对社会造成的损害。而战略型的 CSR 是指主动将利益相关者利益纳入企业战略和目标，主动寻找和创造企业与利益相关者的共享价值。而战略型的 CSR 主要解决的是价值链主导的社会问题或者竞争环境主导的社会问题。

按照企业社会责任活动的对象的不同，Steven 和 Mendibil 则将 CSR 划分为环境型、供应链型、社区 / 社会型、顾客型以及员工型的企业社会责任。环境型的 CSR 活动包括，最小化浪费、资源循环再利用项目；减少对环境有害型化学材料的适用；遵守 ISO14001 等。供应链型的 CSR 包括，与顾客和供应商发展长期的伙伴关系；开展供应商学习项目，遵守 ISO9001 等。社区 / 社会型的 CSR 活动包括，与当地学校建立一些项目活动支持当地教育事业；为一些社会问题进行慈善捐赠；促进当地就业等。顾客型的 CSR 活动，包括设计一些兼容性的产品；环保的设计；鼓励顾客参与产品设计等。员工型的 CSR 活动包括，员工培训项目；安全的办公条件；和谐的、道德的以及公平的办公氛围；雇佣年老的和残疾的员工等。

儒家思想与企业社会责任（CSR）的内涵是一致的，儒家伦理领导所实行的"修己、安人和安民"其实就是欧美企业所说的企业社会责任 CSR[②]。伦

---

① Low，K.C.P.，& Ang，S.-L.2012.Confucian Leadership and Corporate Social Responsibility（CSR），the Way Forward. *AsianJournal of Business Research*，2012，2（1）.

② Zhao，L.，& Roper，J.2011. A Confucian approach to well-being and social capital development. *Journal of Management Development*，2011，30（7/8）.

理领导理论的研究成果也表明，伦理领导会正向影响 CSR[①]。因此，企业领导的儒家伦理领导会促使企业实施 CSR。

由此提出假设 2：企业领导的儒家伦理领导会推动企业实施 CSR。

（四）企业创新

Crossan & Apaydin 将创新定义为"在经济和社会领域，开发利用过程中产生的价值增值的新奇性；产品、服务、市场的更新和拓展；新生产方式的发展；新管理系统的建立[②]。创新，既是过程又是结果。"根据创新的程度不同，Garcia & Calantone 将创新划分为渐进式创新和突破式创新[③]。渐进式创新是指比较低层次的创新，是在当前需求的基础上对目前技术或产品进行的过程创新或微小改进。例如，对现有生产工艺的改进、产品线的延伸等。突破式创新指的是较高层次的创新，是颠覆目前的技术和产品，使其变得过时。突破式创新是为了创造新的需求或挖掘潜在需求，所以突破式创新更容易产生新的市场、新行业或者新产品。

无论是反应型 CSR 还是战略型 CSR 都会正向影响企业的技术创新和管理创新，具体影响方式为：在实施 CSR 过程中发现新的创新机会、通过组织学习和获得有创造力的员工产生创新、CSR 实施发展了与利益相关者的长期稳定关系使得利益相关者积极为企业商业运营提供新的创意[④]。彭正龙和王海花的实证研究也表明，中国企业对内部利益相关者（股东和员工）、外部利益相关者（供应商、分销商、消费者、竞争者和政府机构等）以及边缘利益相关者（环保组织和慈善组织等）承担责任，不仅利于企业从内外部获取产品或服务的创意，且能推进其技术研发速度和产品商业化速度，进而提升开放

① Zhu, W., May, D.R., & Avolio, B.J.2004. The Impact of Ethical Leadership Behavior on Employee Outcomes: The Roles of Psychological Empowerment and Authenticity. *Journal of Leadership & Organizational Studies*, 2004, 11（1）.

② Crossan, M.M., & Apaydin, M.2010. Amulti-dimensional framework of organizational innovation: Asystematic review of the literature. *Journal of Management Studies*, 2010, 47（6）.

③ Garcia, R., & Calantone, R.2002.Acritical look at technological innovation typology and innovativeness terminology: aliteraturereview. *The Journal of Product Innovation Management*, 2002（19）.

④ Bocquet, R., Bas, C.L., Mothe, C., & Poussing, N.2013. Are firms with different CSR profiles equally innovative? Empirical analysis with survey data. *European Management Journal*, 2013, 31（6）.

式创新绩效 [①]。

据此可建立假设 3：儒家伦理领导所产生的企业社会责任活动会促进企业创新。

三、研究设计

（一）数据的收集

为了获得有效的资料，案例研究的资料和数据主要来源于访谈记录、相关文档、企业档案、参与性观察、实物证据以及实地观察等各个方面。Yin 认为资料越完善，他们之间互相佐证的力度就越大，进而有助于实现研究之中的"三角验证"，同时能够有效地避免同源性的误差，增加研究效度。

（二）建立证据链

证据链是本文进行研究的思路依据，基于证据链进行的研究活动能够有助于研究过程紧扣文章的主题，以确保高效的获得相关资料。本文的研究目的是基于儒家伦理视角，探讨领导人儒家价值观与企业创新之间的关系。为了很好地理清多种概念之间的关系进而解决这个问题，本文调研访谈的内容主要涵盖四个方面，即中盐金坛领导人对于儒家价值观、儒家伦理领导、企业社会责任和企业创新的观点，如表 1 所示

表 1　证据链

证据链		
研究问题		证据来源
研究主题：新儒商的儒家价值观与企业创新的关系		理论探讨
儒家价值观	道德性（克己复礼）	访谈、二手数据
	他向性（仁者爱人）	访谈、二手数据
	社会性（仁民爱物）	访谈、二手数据
儒家伦理领导	修己	访谈、二手数据
	安人	访谈、二手数据
	安民	访谈、二手数据

---

① 彭正龙，王海花：《企业社会责任表现对开放式创新绩效的影响》，《经济管理》2010 年第 1 期。

证据链		
研究问题		证据来源
企业社会责任（CSR）	员工型企业社会责任	访谈、二手数据
	顾客型企业社会责任	访谈、二手数据
	社区/社会型企业社会责任	访谈、二手数据
	供应链型企业社会责任	访谈、二手数据
	环境型企业社会责任	访谈、二手数据
企业创新	创新	二手数据

（三）多重数据来源

研究团队成员采用私人访谈和群体座谈等方式对中盐金坛的总经理、直接下属、各职能部门负责人分别进行采访（表2）。平均每人约为1个小时，我们在访谈完成的当天晚上整理访谈记录，用以确保案例信息的准确性和充裕性。本文的二手数据主要来源于中盐金坛的企业内刊、官方网站、百度搜索以及媒体报道等。另外，研究团队成员亲自现场观察中盐金坛的工作环境和员工的办公方式。

表 2 被访者信息

被访者信息		
姓名	岗位	性别
Z	总经理	男
A	副总经理	男
B	副总经理	男
C	副总经理、市场总监	男
D	总工程师	男
E	金赛盐厂厂长	男
F	加怡热电厂厂长	男
G	金东公司经理	男

（四）数据整理和分析

对于案例的数据分析，主要是从对大量定性数据进行文本分析进而提炼出主题的一个过程。表达一定意思的一段文字就视为一个条目，而文本分析的过程就是将条目进行归类。

对不同来源的定性数据，本研究数据分析的方式是采用文本分析法对案例内容进行归类。本研究由 3 名小组成员分别阅读全部的案例资料之后，根据我们建立的证据链，将不同的定性数据归类到不同的概念下。归类的原则是：第一，录入的条目必须与研究的主题相关；第二，对于访谈数据或者文档数据，同一人表达意思相似的条目只计入一个条目；第三，经 3 人一致认同的条目，才可以编入条目库。在文本分析过程中，本文一方面关注多种资料的相互补充和印证；另一方面对于典型事件进行单独分析。

四、案例公司中盐金坛简介

中盐金坛盐化有限责任公司（以下简称"中盐金坛"），位于江苏省金坛市（2015 年 7 月起撤市设区，隶属常州市管辖），是以井矿盐生产为主营业务的国有中央二级企业。2014 年，中盐金坛年产值 10.5 亿元，利税 1.72 亿元，利润总额 0.85 亿元，资产总额超过 15 亿元，是中国井矿盐生产企业中人均产值、销售额和利润名列前茅的企业，2013 年经中国盐业协会推荐、中国轻工业联合会评定，为中国制盐十强企业之一。自 2007 年起，中盐金坛连续七年被国务院国资委和中国盐业总公司评为中国盐业的"标杆企业"，中盐总公司号召"全国盐业学金坛"。中盐金坛的工业盐产品在苏浙沪等省市氯碱企业的市场占有率达到 45%，"一次盐水"产品销售半径覆盖华东地区 300 公里范围内的化工企业。

中盐金坛的经营业绩获得了多方认可，荣获多项荣誉和称号：所属金赛盐厂被国务院国资委评价为"世界上单套制盐装置产能最大、人数最少的现代化盐厂"；国内"一次盐水"产品的开创者和市场领导者和规模最大的"一次盐水"生产企业；国内第一家成功应用热泵技术制盐的企业，亚洲规模最大的"热泵＋盐硝联产"装置拥有者；中国食用盐出口重点企业，国际市场中国高端盐品牌的开创者。"金坛盐"牌食用盐已远销日本、新加坡、澳大利亚、新西兰、印度、马来西亚、越南、巴西等 20 多个国家和地区，成为中国优质盐的代表品牌；是中国井矿盐行业第一家省级高新技术企业；亚洲首个利用盐穴储存天然气的制盐企业，建成亚洲第一座盐穴储气库。

五、中盐金坛领导的儒家价值观与儒家伦理领导

中盐金坛公司总经理 Z 是研究中国传统智慧的哲学博士，他一直将"希

言"作为个人的行为准则。"希言"出自老子《道德经》中"希言自然",表面意思是"少说话、多做事",更深层意义是"管理者少发号施令,让事物遵循天地自然之道自行演变"。在企业管理中,他较少干预技术、生产等运营与操作层面的工作。公司副总经理 A 也是一位儒学博士。他认为,从儒家角度看,"天地之道"的实质就是"仁"。

中盐金坛把这种"天地之道"或"仁"做了进一步提升和阐述,概括为"敬天尊道,尚贤慧物"八个字,并取"咸(盐)"的谐音,命名为"贤文化",作为公司文化核心理念,并印成小册子在全公司培训推广。

公司副总经理 A 指出,"贤文化纲要"实际上是按照"仁"的要求所制定的企业行动纲领。他通过公司实例对此做了具体解释:

（一）修己

管理者、员工都要自律,遵守社会规范和企业管理制度,不断加强学习和反省,提高自己的道德修养和工作能力,诚实守信,与同事互帮互助,和睦相处(贵和、顺性、致远)。中盐金坛领导层在日常工作中也很注意以身作则,严格遵循企业规章制度,以发挥道德模范作用,以自身行动引导员工的德行和思想。在此基础上,公司提出以"教育人、培养人、成就人"的方式进行人文管理,实施道德和科技双重培训,努力培养德才兼备、真正受人尊敬的员工。为此,公司文化部编辑出版《贤文化管理》《中盐人》等刊物,组建了"贤文化研究会"和开办"行知班"向全体员工开展道德素质教育,设立"贤德奖""贤才奖",激励员工向"贤"看齐。

（二）安人

员工和客户乃企业之本(明本)。企业要关心员工,改善员工工作环境和福利,帮助员工进步和发展。企业要培养人和成就人,给予有才能者充分的施展空间(尚贤)。企业要关心供应链上的合作伙伴,尤其是要急客户之所急,从客户立场不断改进产品和服务。例如,为了贯彻"以人为本"的战略,保证青年员工的生活,公司领导决定为无住房的员工、五班三运转的郊外员工修建了 48 套员工公寓,公寓免费供应电视、水电、网络等。对于与供应链上大型两碱企业客户的合作,副总经理 C 指出,中盐金坛很早就提出了"对社会尽责,对客户企业尽责"的经营思想,并一直秉持"为两碱企业服务,与两碱企业共生共长"的服务理念。

（三）安民

企业需坚持见利思义、义为利先（慧物），不能只顾自身利润最大化而损害社会的利益，更要注重为社区与社会谋福祉。公司副总经理 B 和 C 都表示，为了实现节能减排绿色生产，公司多次引进国内外先进生产工艺，鼓励内部创新和组织多种员工培训，在提高生产率的同时减少生产过程中的能源消耗和废物排放。另外，公司还积极推动加怡热电厂向社区集中供热项目，帮助当地服装产业、化工产业等多个传统产业的转型升级。为了帮助缓解长三角地区季节性用气不均的供需矛盾，中盐金坛积极推进与中石油、中石化等公司的合作，使人们的天然气需求得以保障。公司也积极与中石油、中石化、德国 SOCON 公司合作，利用采矿后形成的盐穴存储石油和天然气，既为国家的战略储备做出了贡献，也防止了盐穴塌陷可能造成的危害。

公司副总经理 A 认为，相对于通过关注竞争对手而采用各种竞争策略抢夺市场，中盐金坛认为更重要的是做到上述三个层次的"仁"。一个企业如果能严格遵循"修己、安人、安民"之仁道，努力保持企业内部、企业与供应链伙伴、企业与社区社会及自然的和谐，则会促使企业不断改进产品技术、生产工艺流程和管理模式，从而带动技术和管理等方面的创新，也就自然地使企业赢得市场、提高效率，企业发展也就能可持续了。

综上可见，中盐金坛领导层对于儒家价值观有着深刻的认知和理解，他们高度认同儒家价值观，并将之形成"贤文化纲要"作为公司文化和经营理念，作为领导企业持续发展的"基本法"。在实际经营过程中，公司领导一方面按照道德性儒家价值观要求，树立终身学习观和正确的贤才观，不断完善自身修养（修己），另一方面则遵照他向性儒家价值观的"以人为本、培养贤才"要求，积极提高员工品德素养和技术水平，改善员工生活环境和质量，并逾越简单的产品供应关系，树立"与供应链客户共进退"的合作理念（安人）。最后，中盐金坛领导还放眼社会，帮助社区发展、注重自然保护、积极为国家发展贡献力量（安民）。由此，我们验证了假设 1。

六、公司领导的儒家伦理领导与企业社会责任（CSR）

（一）修己（向客户学习）与顾客型企业社会责任

总经理 Z 认为，企业技术改造、产品设计或其他经营活动需要以客户为导向，努力提升客户体验。总工程师 D 表示，针对客户提出的种种问题和建议，公司一方面表示对客户的感谢，另一方面马上组织员工开会讨论并对相关知识进行深入学习和吸收，将其一一实践到日常生产和管理中。

（二）安人（改善员工工作环境）与员工型企业社会责任

随着中盐金坛日渐做大做强、业务逐渐增多，企业安全生产管理面临着一系列新挑战，引起了中盐金坛领导的深入思考：要消除管理中的短板，必须总结实践经验，建立安全的管理制度，为员工营造一个安全的工作环境。为此，公司以贤文化为价值指导，提出了"敬畏生命，居安思危，重在防范，安于未然"的安全文化理念，并开展经常性的安全培训、安全演练和严格的检查，利用各种宣传平台广泛宣传安全文化，使充满"贤味"的安全文化理念深入人心，渗透到生产经营和管理的各个环节。

（三）安人（促进员工发展）与员工型企业社会责任

总经理 Z 认为，用人文指导科技，用科技促进人文，才能实现人文科技的良性互动。副总经理 A 表示，全公司坚持贯彻"以人为本，科技兴盐"的战略，一方面全力践行用人文推动企业发展，促使青年员工可以在这个过程中形成正确的价值观和人生观，以此来指导人生和事业；另一方面全力践行用科技强盛企业，促使青年员工可以在此过程中增强科研水平和职业技能。在此战略思想的指导下，中盐金坛根据员工需求提供各种培训，同时健全薪酬福利制度和晋升体系，为员工长期发展提供多种保障。

（四）安人（关心合作伙伴）与供应链型企业社会责任

总经理 Z 认为，企业要想长远发展，必须关心客户，寻找多种合作机会谋求共同利益。副总经理 A 也表示，公司通过积极推动中盐金坛与价值链上企业的合作，一方面为企业和合作商创造了共享价值，另一方面也降低了企业的经营风险。"盐碱一体化"和"盐电一体化"就是公司推进的典型合作项目。

盐碱一体化。根据对市场调查的分析，公司总经理 Z 提出"让卤水直接进入离子膜电解槽"的大胆设想，并督促技术部全力研发"一次盐水"产品。"一次盐水"产品提高了对氯碱企业客户的服务水平，降低了供应链的整体成本，有利于社会环保。中盐金坛公司向客户企业输送"一次盐水"产品，实现"盐碱一体化"。

盐电一体化。2006 年中盐金坛公司出资收购加怡热电厂，解决了金赛盐厂热能供应上的瓶颈。中盐金坛的"盐电一体化"不仅仅是用热电厂为盐厂供热，而是体现为盐厂和热电厂的气、水循环利用：

热电厂废气再利用。由于金赛盐厂净化车间与加怡热电厂距离较近，金赛盐厂开始采用净化成本更低的"石灰烟道气法"，利用热电厂产生的石灰烟道气中的二氧化碳净化高硝卤水中的 Ca^{2+}、Mg^{2+} 和 SO_4^{2-}，有效节约卤水净化投料成本。

盐厂与电厂的水循环。盐电水循环是指，一方面电厂为盐厂提供生产所需的工业用水，另一方面盐厂制盐生产过程中所产生的冷凝水又回至电厂。中盐金坛将制盐产生的高温高质水和经"反渗透水项目"回收后的部分水一起作为供热产品，销往全市 100 多家浴室和周边众多企业，开创了一个新的盈利业务。

（五）安民（推动绿色生产）与环境型企业社会责任

金赛盐厂厂长表示，中盐金坛强调绿色生产，关注改良生产工艺努力使企业做到节能减排与保护环境。公司实施了许多有利于保护环境的战略型企业社会责任活动，如：金赛盐厂的热泵制盐与水循环利用、加怡热电厂的脱硫脱硝除尘技改、建设绿色矿山等。

金赛盐厂的热泵制盐与水循环利用模式，不仅大量降低了生产外取水量，保证了生产用水的品质，而且减少了水资源的外排量，并能充分利用起冷凝水的热量，既节能又环保。

加怡热电厂积极响应国家环保政策号召，于 2011 年即着手进行锅炉烟气脱硫提标改造和烟气脱硝除尘工程实施，历经 2 年完成后，二氧化硫排放浓度控制到 5mg/Nm3 以下，远低于国家要求的 50mg/Nm3 排放限值。

绿色矿山项目。中盐金坛公司一直秉承"矿山治理、绿色创建、生态提升、整合集约"的总体思路，以高效利用、生态优先和示范效应为原则，做到环境与开发利用相宜以及兼顾发展与保护环境，实现资源的有效利用，形成了"资源—产品—再生资源"的循环经济模式，使金坛盐矿成为建设"节能减排，高效环保"绿色矿山的典型和示范工程。

（六）安民（促进社区与社会发展）与社区/社会型企业社会责任

中盐金坛副总经理 C 告诉我们，中盐金坛强调企业不仅要自己发展，同时也要带动周边区域经济的发展，增加对周边经济需求的关注。这种关注使得中盐金坛实施了不少有利于社区和社会的项目，其中典型的是"工业园集中供热"和"盐穴一体化"。

工业园集中供热项目。中盐金坛经考察后发现，如果通过提供工业园区集中供热，将当地企业的利益纳入加怡热电厂经营的范畴，不仅可在日常生产中节能减排降低用热企业的经营成本，还能带动当地经济的发展。加怡热电厂通过为工业园区集中供热，取代原先分散的几百座小锅炉，不仅帮助了当地服装企业、化工企业等多个传统产业的转型升级，也推动了金坛市的招商引资。

盐穴一体化。为了更好地保障国家能源需求，减少燃气资源浪费，中盐金坛在利用盐穴进行天然气储存方面先行一步。2007 年，中盐金坛与跨国公司德国 SOCON 合作，依托该公司在世界盐穴声呐测量的领先技术，建成国内首个盐穴储气库。

由上可见，中盐金坛领导首先按照"主动学习"的"修己"要求，积极向客户学习以改善自己的生产过程和技术，实施了顾客型 CSR；第二，根据"改善员工的工作环境"和"促进员工发展"的"安人"要求，制定了安全管理制度、完善员工培训体系和考核制度，实施了员工型 CSR；第三，根据"关心合作伙伴"的"安人"要求，实施了"盐碱一体化"和"盐电一体化"等供应链型 CSR；第四，按照"关注环境和社会"的"安民"要求，实施了节能减排技改、绿色矿山建设、工业园区集中供热、盐穴一体化等环境型 CSR 和社区 / 社会型 CSR。其中，中盐金坛公司根据客户建议而做出的生产工艺调整以及为了避免出现更多生产事故而制定的安全管理制度，由于是被动地减少对利益相关者的负面影响，属于反应型的 CSR 活动。中盐金坛主动地完善员工培训体系和考核制度实现本企业与员工的共同发展、通过盐碱一体化和盐电一体化实现本企业与供应链上企业的共同发展等措施都创造了企业与利益相关者的共享价值，属于战略型的企业社会责任。由此可认为，中盐金坛的儒家伦理领导有效推动了该公司实施各项 CSR 活动（该公司儒家伦理领导层次与 CSR 活动的具体对应关系见下图），假设 2 得到验证。

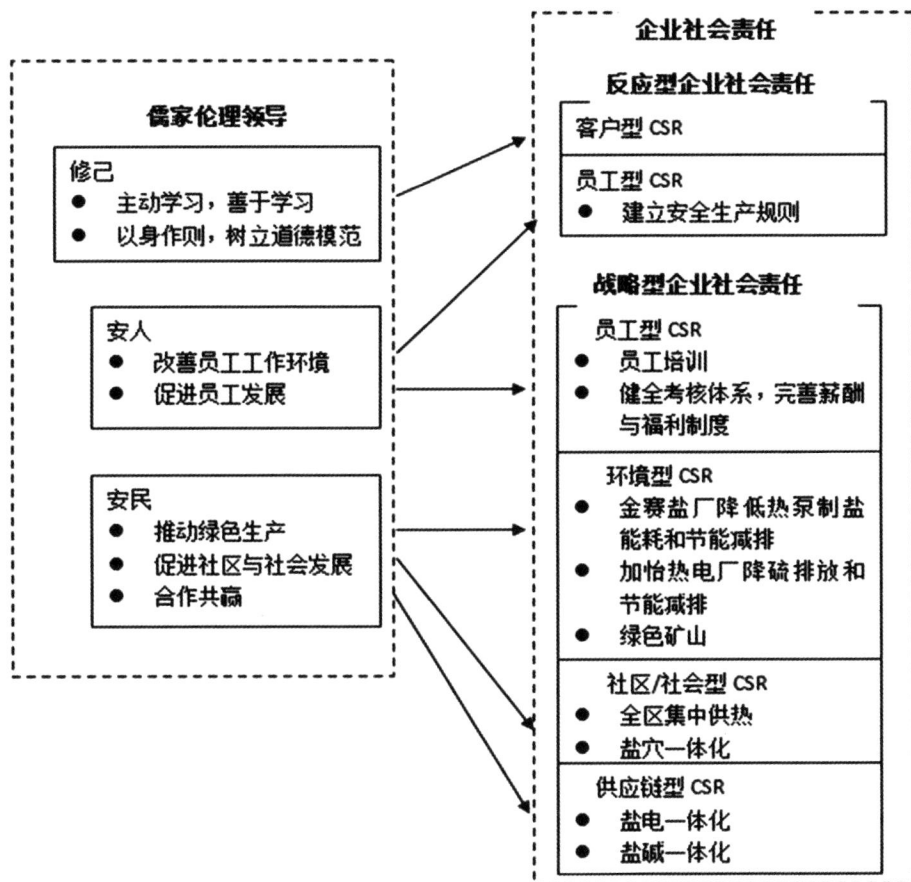

图示中盐金坛领导层的儒家伦理领导对企业社会责任活动的影响

七、中盐金坛的 CSR 与企业创新

（一）员工型 CSR 与管理创新

1. 改进值班制度

为了符合中盐金坛颁布的安全生产规则，保障安全生产，中盐金坛改善了原有的值班制度，对人员进行重新编班。中盐金坛副总经理 B 介绍说，2013 年 3 月，盐厂电仪班由值班制改为老员工值班、新员工倒班相结合的运转方式。此举主要是为了更及时、更快速处理突发事故，以更好应对盐厂仪表设备逐渐老化的问题。接着，更加人性化的"五班三运转"生产模式相继在各生产部门实行。

2. 员工职业发展的"五条跑道"

中盐金坛将前述培训制度和综合考核机制相结合，建立了颇具特色的"职业发展五条跑道"制度。这五条跑道是指"综合管理、技术研发、市场工程师、工厂工程师、专业主管"五条职业发展道路。新进员工经过在厂矿一段时间的实习期和锻炼之后，中盐金坛根据各部门需要向厂矿选拔人才，厂长结合员工的全面绩效评估结果和员工自身发展要求向公司"举贤"，员工可就任管理、技术、销售等岗位，或者留在厂矿聘任"工厂工程师"。

"工厂工程师"是中盐金坛颇具特色的人力资源管理探索，是为留在厂矿的员工提供的晋升渠道。设立"工厂工程师"的主旨是让普通员工不再桎梏于定岗制，而是通过巡岗制掌握整条制盐生产线，使每个人都成为工程师，快速成长为技术人才。中盐金坛的"工厂工程师"分为三级：初级工程师、中级工程师和高级工程师，每级又分为 A、B、C 等不同档次，被评为不同级别和档次的工程师每月可领取不同的津贴。

员工对"工厂工程师"模式给予了充分的肯定。某受访员工认为，"工厂工程师"不仅是一个头衔，更是一种荣誉，它体现了对人的尊重，为员工建立了一种公平竞争机制，帮助员工实现了自己的价值，使优秀员工脱颖而出。2013 年，中盐金坛又进一步面向行政人员实施"专业主管"岗位聘用制度，旨在使企业去行政化，增强专业化，形成专业管理的机制和人才队伍，强化扁平化管理，这也成了员工发展的"第五条跑道"。

3. 金赛盐厂取消专职过程化验岗位

金赛盐厂通过对盐硝车间和卤水净化车间人员进行专业技能培训，使人人都能掌握化验技巧，进而取消了存在多年的过程化验岗位。金赛盐厂厂长表示，该厂今后由盐硝车间和卤水净化车间人员进行化验，各车间根据自身实际情况自行进行化验，这不但保证了化验的时效性，也将促进员工的综合素质提升。取消过程化验岗位之后，过程化验融入生产操作中，实现了过程控制和"精兵简政"。

4. 跨职能边界的技术研发团队

中盐金坛下属有技术部和技术中心两个研发部门，技术部主要包括十几个专职的科研人员，技术中心则由各种自发式技术研发团队构成。中盐金坛提倡厂矿员工参与研发。当公司公布一系列需要研发的科研课题时，技术部、技术中心和厂矿员工自发组成研究团队。团队通过研讨觉得可以承担某课题，则向公司申请攻关任务。参加研发的厂矿员工平时在厂矿工作，科研任务需要的时候就集中讨论和实验，并常常利用业余时间进行所分配的研发任务。跨职能边界的技术研发团队不仅给予了员工参与感、信任感、归属感和成就感，也充分调动了员工的主观能动性和学习积极性，使得公司的技术创新能力和创新速度大为增强，为新项目研发和实施奠定了坚实的基础。

中盐金坛副总经理 A 指出，上述管理创新带来了良好的效果，不仅留住和培养了人才，每年还吸引了不少优秀人才加入公司。截至调研之日，中盐金坛 400 余名员工中，具有硕士及以上学历 43 人，博士 10 人，进站博士后 4 人，高级职称 7 人（正高 2 人），工厂工程师已达 120 人。

（二）供应链型 CSR 与产品和技术创新

为了努力降低生产成本、保护环境以及更好地为供应链上的企业创造价值，中盐金坛不断加大科研投入和人才培训力度，进行产品和技术创新。

1. 无中生有的"一次盐水"

2007 年，中盐常化与中盐金坛合作成立了金东精制盐水有限公司，直接对卤水进行加工处理，通过中盐金坛铺设的管道向氯碱客户企业输送"一次盐水"产品，实现"盐碱一体化"。"一次盐水"是中盐金坛在制盐行业的创举，通过"让卤水直接进入氯碱企业客户的离子膜电解槽"，不仅实现了与氯碱企业的技术耦合，更消除了用户对于盐泥排放的担忧，真正为客户创造了价值。

2. 高硝母液循环利用技术

"一次盐水"的诞生有效解决了客户的成本和环保问题，高硝母液循环利用技术则是在此基础上，通过继续深化技术研发，进一步帮助客户企业解决环保问题。

3. 新型绿色食用盐

中盐金坛副总经理 C 表示，在 2013 年 12 月，中盐金坛公司在原有产品的基础上，经过技术开发增添了两款新的绿色食品，即"深井碘盐和深井无碘盐"。经过申报和审核，最终确认这两种新产品各项指标均符合绿色食品要求。

（三）环境型 CSR 与技术创新

同样，中盐金坛将内外部利益相关者纳入企业经营战略，实施了一系列环境型的社会责任活动，在此过程中进行了多项技术创新。其中最典型的是金赛盐厂从多效蒸发真空制盐到热泵制盐的技术创新。

金赛盐厂主要制备传统的颗粒盐，产品不像"一次盐水"那样具有开创意义。但在制盐技术和工艺上，金赛盐厂下了很大的功夫，并取得了卓有成效的突破，大大提高了产品质量。卤水净化采用"石灰—烟道气"净化工艺，制盐采用"单机机械热压缩（热泵）+母液回收"等，降低了能耗，使中盐金坛快速进入世界先进的制盐企业行列。

中盐金坛不断进行技术改进。计划投资建设的一期技改项目（俗称"三期项目"），拟采用汽轮机带动压缩机运行，与用电机带动压缩机的二期热泵制盐技术相比，该技术节能优势更显著。公司总工程师指出，热压缩制盐技术在国内尚属首例，将是我国制盐技术的又一次革新，一期项目技改后可继续节省 15% 的单位能耗，中盐金坛整体制盐的技术指标和人均产值都将跨入世界先进行列。

（四）环境型 CSR、社区／社会型 CSR 与技术创新

中盐金坛公司领导将践行社会责任融入企业经营的内在战略，通过相关技术创新和改进落实企业环境保护和社区服务的社会责任，推动建设绿色企业。

1. 首创的"盐穴一体化"

中盐金坛一直努力寻找对于盐穴资源综合利用的新路径，并通过开发盐穴利用技术创新性地提出"盐穴一体化"，并产生了良好的社会效益。

2. 供热技术改进

中盐金坛总工程师 D 介绍说，对于集中供热项目，企业斥资 2000 多万元将两台抽凝机组改为背压机组，一方面大幅度提升供热量和供热稳定性，另一方面还提高了机组的运行效率，每年实现节约标煤 38138 吨以及减少排放二氧化硫 350 吨。

据上分析，中盐金坛在实施员工型 CSR、供应链型 CSR、环境型 CSR 和社区／社会型 CSR 过程中，产生了多项管理、技术和产品创新。其中，产品创新中对包装盐的产品线进行延伸而产生的绿色食用盐，是在原有产品技术上的整合，属于渐进式产品创新；技术创新中对于集中供热技术的改造，也是属于在原有技术的上的改造，同样属于渐进式的创新；改善值班制度、跨职能研发团队、取消化验岗位等是在原有管理制度上的改进，属于渐进式管理创新，但属于制盐行业的"首创"；而"职业五条跑道""一次盐

水""冷冻析硝＋热泵蒸发工艺"的高硝母液循环利用技术、热泵制盐技术等属于"从无到有"的突破式创新。由此可见，中盐金坛儒家伦理领导所推进的 CSR 活动既产生了渐进式创新，也产生了突破式创新，假设 3 得到验证。

八、结论

本文研究发现，公司领导的儒家价值观对于企业创新具有正向影响，其作用机制是：公司领导层的儒家价值观会引发其儒家伦理领导，儒家伦理领导行为会推动企业实施社会责任活动，而企业社会责任活动最终促进了企业创新，即具有"企业领导的儒家价值观→儒家伦理领导→CSR→企业创新"的递推关系。本文同时也发现，儒家伦理领导的不同风格维度会导致企业实施不同类型的 CSR，"修己"风格的儒家伦理领导主要实施反应型 CSR，"安人"和"安民"风格的儒家伦理领导会实施战略型 CSR，而战略型 CSR 则更容易引发突破式创新。

本文的理论贡献主要在于：首先，对企业领导儒家价值观与企业创新关系的实证研究，初步揭示了儒家思想对企业创新的真实影响，并总结出了其影响路径和影响结果。其次，由于儒家思想核心理念具有层次性，本文研究也辨析了不同的儒家价值观维度对管理行为和企业创新的影响。

本文的实践价值在于：首先，通过实证研究儒家价值观对于企业创新的作用，能为企业领导人应用儒家价值观指导企业实践提供效果上的支持和机理性解释，这不仅让他们知晓儒家价值观对于企业经营的影响，增强他们对儒家价值观的认同和进行组织内化的信心，也将有助于促进更多的企业家接受儒家价值观以帮助企业提高绩效。其次，目前企业应用儒家价值观于管理实践大多处于摸索阶段，如何能让儒家价值观内化取得更好的效果还缺乏指导性建议，一些企业领导仍倾向于通过道德模范作用影响员工行为，对制定伦理制度和伦理培训还存在认识上的不足。本文对于中盐金坛的案例分析，为儒家价值观内化提供很好的管理启示。

（原载于《中国盐业》2016 年第 17 期）

王阳明危机管理策略简论
——以"投江游海"事件为例

摘要： 王阳明一生经历多次事关朝政安危和个人生死的重大危机，但每次都能以过人的智慧和勇气渡过难关，转危为安，这其中他所独具的危机管理策略及对策略的娴熟运用，是他能够扭转不利形势、化险为夷乃至取得胜绩的重要原因。王阳明在遭遇人生第一次仕途险境乃至生死危机——上疏救言官而忤逆权宦刘瑾，被下狱廷杖、毙而复生、谪龙场驿时，为缓解危机的蔓延扩大，采用了制造"投江游海"的传奇故事——新的焦点事件——这一危机管理策略，在把握时机、转移焦点、选择传者、获取同情、掌控路径等方面均展现了此危机管理策略的高明之处，是古代成功地将危机管理策略应用于政治危机处置的一个经典案例，极富跨时空的启发意义。

关键词： 王阳明；投江游海；危机管理

王阳明"立德、立功、立言（真三不朽）"的一生，经历了多次事关明王朝政权存亡与个人仕途晦明乃至生死攸关的危机事件，其中正德元年因上疏救言官戴铣等而忤逆权宦刘瑾，被下狱廷杖、毙而复生、谪龙场驿，这是王阳明人生中的第一次重大危机事件。从正德元年十一月下诏狱至正德三年春赴龙场谪所，这期间王阳明经历了从危机突发至危机蔓延的煎熬，父亲王华由礼部左侍郎受牵累迁官南都，后被刘瑾矫旨致仕。王阳明为摆脱危机而制造了"投江游海"事件，在当时的官场和王阳明师友群中引发种种议论。1997年，托马斯·伯克兰在研究危机传播时把这种社会现象概括为"焦点事件"理论。① 按照这个理论，王阳明有意制造"投江游海"事件的危机管理策略，的确起到了抑止危机继续蔓延而波及更多无辜者的效果，同时也为他自己未及时赶赴谪地龙场提供了自圆其说的理由，消解了由此可能引发朝廷问责的更严重危机。本文试从把握时机、转移焦点、选择传者、引发同情、掌控路径五个角度，对王阳明制造"投江游海"这一"焦点事件"以消解危机蔓延的管理策略做一简析。

一、把握时机

危机发生。王阳明为明弘治十二年（1499）进士，被谪前为兵部武选清吏司主事。据《明通鉴》，正德元年十一月，南京科道官戴铣、薄彦徽等上疏留内阁大学士刘健、谢迁，言"元老不可去，宦竖不可任"②，得罪权宦刘瑾。瑾大怒，遂矫旨逮戴铣、薄彦徽等下诏狱。王阳明抗疏救之，"疏入，亦下诏狱"，"已而廷杖四十，既绝复苏"③。

危机蔓延。据《明通鉴》载，王阳明于正德二年春闰月出狱④，谪贵州龙场驿丞。但危机并未结束。"先生至钱塘，瑾遣人随侦"⑤，随时有生死之虞。即使谪赴龙场，"龙场在贵州西北万山丛中，蛇虺魍魉，蛊毒瘴疠"⑥，也难避一死。其父王华于明成化辛丑年（1481）状元及第，时官礼部左侍郎，王阳明得罪刘瑾后，瑾复移怒于王父。杨一清《海日先生墓志铭》言，"丁卯，迁南京吏部尚书"，后又"勒令致仕"。家中祖母年高，亦为阳明忧心。按刘瑾的权势及个性，极有可能牵累更多的亲朋故旧。

"焦点事件"。王阳明制造"投江游海"这一焦点事件的初始时间，按成书于嘉靖十一年秋的杨仪所著《高坡异纂》（卷下）所记，在正德丁卯年（正德二年，1507）仲秋（农历八月），当时正是"三试之后，举子毕集于杭"的

---

① 托马斯·伯克兰（Thomas Birkland）的焦点事件理论。托马斯·伯克兰在1997年提出了另一种研究危机传播的视角，他认为那些"突然发生的、不可预知的事件"在促进公共政策讨论方面起着重要作用，这被他称为"焦点事件"。伯克兰相信焦点事件在设置公众议题方面具有扮演主要角色的能力，因为媒体对焦点事件的采访能够引起广泛关注并促使政府或组织采取改善行为，最终使得危机事件发生后对公共政策产生后续影响。

② 束景南：《王阳明佚文辑考编年（增订版）》（上），上海：上海古籍出版社，2015年，第234页。（下引同书只注页码）

③ 吴光等编：《王阳明全集》卷三十三《年谱一》，上海：上海古籍出版社，2012年，第1005页。（下引同书只注页码）

④ 束景南：《王阳明佚文辑考编年（增订版）》（上），第234页。

⑤ 束景南：《王阳明佚文辑考编年（增订版）》（上），第234页。

⑥ 束景南：《王阳明佚文辑考编年（增订版）》（上），第234页。

浙江乡试期间。王阳明出狱后南归至杭，先后在净慈寺、胜果寺养病，乡友故旧多有来访者，当时亦为杭州一瞩目事。"一日，忽失王公所在，舍人见所寓僧舍壁上有二纸，或又得其双履于江上，以为真死矣。"① 举子们寒窗苦读，皆以中举进入仕途为盼，自然对朝廷各种官场故事极为关注。而王华、王阳明父子科考成功，官居要职，在家乡浙江的举子心目中当有较大的影响。王阳明选择在这个时机"托为投江"以化解日见蔓延的仕途危机与人生凶险，不能不说极具危机管理智慧，时机的把握非常到位。史实亦如此：王阳明投江的消息传出后，"省中皆闻之，执僧四出追访，士子聚观，前诗、辞随毁于众人之手"②。

二、转移焦点

王阳明托为投江之后，朝野对王阳明的关注和议论焦点，很快从其上疏受谪、何时赴谪地、未来仕途的吉凶等，转为关注他的生死消息，危机事件的焦点议题成功转移，危机蔓延暂时得到缓解。不久，王阳明自己公开了他投江后的系列奇遇："七日后至广信，自言入江有神人救之。一夕漂到漳州府境，登岸，有中和堂主人邀归山室中，赠以诗曰（略）。公自言从漳州至广信，所经寺观驿舍，皆有题留。"③ 王阳明还特意公开了他此次奇遇沿途所写诗词记述，以示其事虽奇但其实可信。此外，王阳明此番奇遇本身亦成为当时官场、民间热议的新焦点，引起了许多关注处于危机旋涡中王阳明安危与去向者的兴趣或疑惑。王阳明至交好友湛甘泉听说后笑之曰："此佯狂避世也。""故为之作诗，有云：佯狂欲浮海，说梦痴人前。"④ 王阳明后与湛甘泉"会于滁，乃吐实"⑤。

束景南先生所著《王阳明佚文辑考编年》从《高坡异纂》中辑出了王阳明《游海诗》三诗一文，并据相关文献，对阳明诡托投江南遁的时间、缘由及其入山遇虎、逢异人等事逐一进行考证，最终还原了事件的本来面目，揭

---

① 杨仪：《高坡异纂》（下），转引自束景南：《王阳明佚文辑考编年（增订版）》（上），第252页。

② 杨仪：《高坡异纂》（下），转引自束景南：《王阳明佚文辑考编年（增订版）》（上），第252页。

③ 束景南：《王阳明佚文辑考编年（增订版）》（上），第252页。

④ 吴光等编：《王阳明全集》卷三十八，第1150页。

⑤ 鹿博：《阳明学重大文献辑佚工程的历史完成——评束景南教授新著〈阳明佚文辑考编年〉》转引自束景南：《王阳明佚文辑考编年（增订版）》（上），第252页。

明了阳明真正远遁的时间、路线、经历与过程:"确考阳明乃于八月中旬制造投江自沉现场,即由钱塘沿富春江、兰江南下,七日至广信(此七日之行被阳明虚构为沉江游海遇仙,驾飓风渡海等神话经历);由广信经建阳,又七日至武夷(此七日之行被阳明虚构为入山虎不食、遇异人授计等神话经历);在武夷探访九曲溪、武夷精舍、武夷冲佑观之后,感觉武夷山亦非理想之世外隐居之地,决计返归,遂于次日(九月初)离开武夷由原路归返,经建阳、广信、衢州、金华、芜湖,九月下旬抵南都见王华。来途十四五日,归途二十余日。"[①]

三、选择传者

上述投江游海的信息源实由王阳明一手制造并首传,而信息的辗转传者是他的师友、门生、参加当年乡试的浙江举子等。王阳明余姚同乡好友陆相曾撰《阳明先生浮海传》,今佚,《四库全书总目》著录为一卷,内容为"是书专纪王守仁正德初谪龙场驿丞,道经杭州,为奸人谋害,投水中,因飘至龙宫,得生遣之事"[②]。黄宗羲《姚江逸诗》卷八云:"陆相,字良弼。……良弼《吴舫集》中有《阳明山人浮海传》,其事甚怪异。良弼故与阳明交,非得之传闻者,是必阳明口授,故能如是之详也。"[③]也就是说,投江游海的传奇故事,出自阳明口述或私下授受。所以,投江游海神遇的故事传出后,阳明弟子皆心领神会,不以为非。既为王阳明的至友又为其门人的黄绾在撰写《阳明先生行状》时,将此奇遇写入,并认为这是阳明赴谪龙场丞时的一段传奇经历。

投江游海的传奇故事首造者为王阳明本人,信息源从他自己发出,传播这个新奇"焦点事件"的人中,除阳明的同乡兼师友陆相外,阳明弟子季本亦是积极的传播者。季本(1485—1563),字明德,号彭山,浙江会稽人,年轻时师事王阳明,官至礼部郎中。嘉靖五年,王阳明写信给季本,就《论语》"吾十有五而志于学"一章的解释问题进行辨析。阳明逝后,季本忠实于阳明学说并广为传习。他在《跋阳明先生游海诗后》一文中说:"此阳明先生记游海时所作也。既毕之暇,则手书一卷,以授其徒孙君允辉,允辉以授余。是岁,余携之游南雍时,同舍孙君朝信,平湖人也,异而爱之,中分而各取

---

① 束景南:《王阳明佚文辑考编年(增订版)》(上),第252页。
② 束景南:《王阳明佚文辑考编年(增订版)》(上),第253页。
③ 束景南:《王阳明佚文辑考编年(增订版)》(上),第253页。

其半。此其所存也。"① 王阳明游海故事"茫昧幽渺，世所罕有……或其有为而自托焉，未可知也"②，但故事出自阳明本人撰作，且经他的门人广为流传，这是亲历授受过程的季本认可的。

可见，王阳明在此番危机处理过程中，选择门人作为新焦点事件主要的流传者是颇费了一番心思的。

四、获取同情

王阳明之所以撰作投江游海的传奇故事，一者本欲避世隐居不赴龙场驿谪地，二者表明自己投江乃以身许国、忠君报亲之举。

据束景南先生辑考，王阳明在正德二年三月至六月隐居杭州万松古刹"胜果寺"时，写有散曲《套数》，题名"归隐"，中有"平白地生出祸苗，逆天理那循公道。因此上把功名委弃如蒿草。本待要竭忠尽孝，只恐怕狡兔死，走狗烹，做了韩信的下梢"；"府库充，何足道；禄位高，何足较，从今耳畔清闲，不闻宣召。芦花被暖度良宵。三竿日上，睡觉伸腰，对邻翁野老，饮三杯浊酒村醪，醉了还歌笑"③。而在《南屏》《卧病净慈写怀》《移居胜果寺诗二首》诸诗中，亦云："花竹日新僧已老，湖山如旧我重来。""把卷有时眠白石，解缨随意濯清漪。""便欲携书从此老，不教猿鹤更移文。"此均可见阳明意欲隐居不赴谪之心。

收入杨仪《高坡异纂》（卷下）的《游海诗》（三诗一文）中，王阳明特意传递了"生曾许国惭无补，死不忘亲恨有余。自信孤忠悬日月，岂论遗骨葬江鱼"④ 等许国无门、遗亲有恨的情怀；以及"予死之奄然兮，伤吾亲之长也。羌吾君之明圣兮，亦臣死之宜然。臣诚有憾于君兮，痛谗贼之谀便"⑤ 的以死报君、伤亲之长、痛斥谗贼乱国的忠心苦节，不能不令读者动容，引发同情和痛惜之感。故阳明的门人季本在读诗后认为王阳明投江遇海神相救，实为"先生忠义之气所感"，同时对其飘然出尘世之志表示"固有不易得者矣"⑥。

王阳明后来放弃隐居避世的想法而改赴龙场谪地，是因为在武夷山遇到

---

① 束景南：《王阳明佚文辑考编年（增订版）》（上），第253页。
② 束景南：《王阳明佚文辑考编年（增订版）》（上），第253页。
③ 束景南：《王阳明佚文辑考编年（增订版）》（上），第253页。
④ 束景南：《王阳明佚文辑考编年（增订版）》（上），第249页。
⑤ 束景南：《王阳明佚文辑考编年（增订版）》（上），第251页。
⑥ 束景南：《王阳明佚文辑考编年（增订版）》（上），第253-254页。

二十年前在南昌铁柱宫教他导引养生术的道士，其人对阳明说："公既有名朝野，若果由匿迹，将来之徒假名以鼓舞人心，朝廷寻究汝家，岂不致赤族之祸？"[1]王阳明认为其言有理。王阳明此经曲折后进至"险夷原不滞胸中，何异浮云过太空？夜静海涛三万里，月明飞锡下天风"的新境界，遂"由武夷而归，十二月返钱塘，赴龙场"[2]。

不管是开始的隐居避世、放弃宦途，还是中途决定以死许国、忠君报亲，乃至最后委曲赴谪，王阳明通过撰作系列诗词所制造的投江游海的传奇故事，当是获得了广泛的理解和同情，达到了危机管理的效果。虽然经历重重艰难，但从后来的史实可知，此前因下狱廷杖受谪产生的危机确实并未继续蔓延扩大，当王阳明到达龙场后，他以死许国报亲的忠直声誉使他在龙场得到贵州提学副使席书、当地民众和安宣慰司使的礼遇。谪居龙场不到三年，随着刘瑾的诛除和朝廷政局的变化，王阳明的仕途迎来了新的转机——升任吉安庐陵知县。

五、掌控路径

王阳明实施其制造新的焦点事件以抑止危机蔓延、转移危机话题的危机管理策略过程中，在对外传播其投江游海的奇遇故事时，较好地掌控了传播路径：只传不回应的单向传播。

如前所述，王阳明撰作的投水入龙宫、游海遇神仙、入山饿虎不食、巧遇二十年前铁柱宫道士并向其出示早先写好的预言诗等传奇经历，事虽诡诞不经，但确系阳明所自造伪托，有意扩散流传，并非陆相、季本、杨仪等虚构，后来阳明也向弟子与友人道破。非常有意思的是，在处理危机的过程中，新的"焦点事件"的制作者、提供者是王阳明，流扩散传者是其门人和友人，而整个传播过程只是单向度的"只传不回应"的过程，不像其他信息传播一样，高度重视受者的反馈并及时调整传播策略，以确保传受之间信息的充分流通。相反，当有人向阳明询问过程的实情时，阳明皆笑而不答，不置一词。[3]

英国危机公关专家里杰斯特（M.Regester Michael）曾提出处理危机时信息发布的"三T法则"：以我为主提供情况（tell you own tale），尽快提供情

---

① 吴光等编：《王阳明全集》卷三十八《阳明先生行状》，第1161页。
② 吴光等编：《王阳明全集》卷三十三《年谱一》，第1006页。
③ 束景南：《王阳明佚文辑考编年（增订版）》（上），第253页。

况（tell it fast），提供全部情况（tell it all），而王阳明的危机管理策略并非完全如此。虽然王阳明主动提供的与此事件有关的信息（诗、文等）"篇章累积，不可胜纪"①，但王阳明并不过多地关注信息接收者的反馈，只管传而不重回应，这与中国传统文化强调意会、意在言外、以心传心等思想与一定的关系，同时也是王阳明对《道德经》"故抗兵相加，哀者胜矣"②"坚强者死之徒，柔弱者生之徒"③的道家智慧的灵活运用，体现了他掌控信息流传路径的危机管理策略。

（原载于《中国文化与管理》2020 年第 1 卷）

---

① 束景南：《王阳明佚文辑考编年（增订版）》（上），第 253 页。
② 《老子·第六十九章》。
③ 《老子·第七十六章》。

第五篇：圣贤思想与传统文化传播研究

传统文化在现代企业传播的形态和效果
——中盐金坛贤文化个案解读

摘要： 本文基于传统文化在现代企业传播的形态和效果视角，对具有浓厚儒家文化特征的中盐金坛贤文化的传播形态、传播效果做了深度的解读，特别是对贤文化的内涵与历史传承、贤文化建设与传播的历程、贤文化传播的途径与形式、贤文化的传播效果等做了深入分析，为传统文化在现代企业的传播研究提供了一个典型案例。

关键词： 中盐金坛；贤文化；传播形态与效果

中国制盐业历史悠久，盐的生产、运输、销售曾经是封建时代各个王朝经济的重要命脉，盐业的繁荣与国家、民族、文化的兴盛息息相关。历史上盐业先民在生产盐的同时，创造了丰富多彩的盐文化，为中华传统文化的形成和积淀做出了重要贡献；同时，盐文化也成为中华文化的重要组成部分。正是基于传承中国盐文化并在新时代弘扬发展这一特殊行业文化的责任感，培育融现代科技精神与人文传统于一体的优秀企业文化，中盐金坛公司总结自身二十多年的发展经验，提出了以"敬天尊道，尚贤慧物"为核心价值观的贤文化，为培育贤才、奠定受人尊敬的百年基业提供精神动力和智力支持。中盐金坛提出的企业贤文化，是传统文化在现代企业传播的一种活泼形态，在当前国家大力提倡弘扬传统文化的新形势下，值得学界关注和研究。

一、传统文化在中盐金坛传播的现实形态

中盐金坛公司之所以在建设企业文化的过程中，主动从传统文化的资源中汲取智慧和养分，首先源于其领导人对企业文化与传统文化之关系的独到

理解，以及对现代社会环境下传承发展传统文化的积极探索。

（一）基础：对企业文化与传统文化关系的理解

中盐金坛公司的领导人认为："企业文化与传统文化之间，是源和流的关系，企业文化的源泉就在传统文化的经典中，企业文化只是一个'流'，中盐金坛的贤文化，其实就是从中国传统文化源泉中出来的一个'流'。如果这个'流'能成为下一代的'源'，我们这一代为往圣继绝学的中间传承角色就担当好了。中国传统文化的很多思想者，多数都是在普通的工作岗位上，孔子说过'执鞭之士'也可以做。现在我们是在一个企业里做企业文化工作，思想家并不是一生出来就是思想家、哲学家。我们现在就是在普通的岗位上，争取能够有文化思想、文化产品出来。'祸莫大于肤浅'，如果思想不深刻，只是呼吁一个口号，不能从传统文化源泉中找到深刻的思想，不能深入浅出，也就不能成为下一代的'源'。"①

中盐金坛的领导人还认为，企业文化关注和研究的对象不是管理的具体方法，也不是具体的管理工具，这些是管理的外在部分、外部因素，企业文化应当关注和研究管理的内在部分、内部因素。换言之，企业文化应当研究管理的主体——人，而不是管理的客体——方法或工具。如果企业文化以人这一管理主体为关注和研究对象，那么，价值观和思维方式就顺理成章地成为企业文化的核心内容。转换成管理话语——人的自我管理是企业文化的核心。②

人的自我管理是传统文化特别是儒家文化讨论的核心问题，从儒家创始人孔子到历代儒学思想家，无不将修己作为其道德哲学的根本，正如《大学》所言，"自天子以至于庶人，壹是皆以修身为本"。明代思想家王阳明则明确提出以"成圣作贤"为第一等事，以此作为自我管理的最高追求。因此，企业文化也应当围绕"做第一等事"来思考和探索管理之道，通过选择"做什么样的人，做什么样的事"，确立管理的价值取向。基于此种理解，中盐金坛领导人认为，建设企业文化并不是针对具体问题提供解决工具或方法，而应立足于更高层次，为企业员工建设足以安身立命的精神家园，所以企业文化是管理的"心法"。

① 管国兴：《企业文化的使命》，《贤文化管理》2015 年第 2 期。
② 钟海连：《企业文化是管理的"心法"》，《贤文化管理》2015 年第 4 期。

中盐金坛公司贤文化以"敬天尊道，尚贤慧物"为核心理念，所提炼的正是中盐金坛人的管理"心法"，其思想源头则是儒家的圣贤文化。

（二）探索：汲取儒家智慧建设企业贤文化

盐，自古以来即被视为"百味之祖""食肴之将"，其最本质的特性就是"咸"。正是这一独特的"咸"味，使盐成为人类"开门七件事"之一。从字面和读音上看，"咸"与儒家文化的"贤"相通，受此启发，中盐金坛公司将其企业文化命名为"贤文化"，既体现盐文化的特征，又体现中盐人对儒家文化的融贯。在探索如何弘扬传统文化和建设贤文化的过程中，中盐人首先对儒家的"贤"做了现代诠释。

1. 对贤和贤者的新解

贤，是儒家文化的一个重要名词和概念，兼具道德和价值观两重意义。儒家从道德修养论角度，将人生的价值追求分为圣、贤、君子等多种层次，贤介于圣与君子之间。北宋著名思想家周敦颐在《通书·志学》中提出："圣希天，贤希圣，士希贤"的"三希真修"思想。中盐金坛人认为，现代企业员工大都是受过高等教育、学有专长的知识分子，类似于古代"士"的阶层，以成就贤德贤才为人生目标，既有历史的理论依据，也有着现实的可能性；若有更高的愿力，还可以向"圣"的方向努力，只是这样的人毕竟是少数，而成就贤人则可以成为大多数人的人生目标，故中盐人将企业追求的境界定位在"贤"，名其企业文化为"贤文化"。

中盐金坛的贤文化首先从"贤"的字义入手诠释了他们对于何为"贤"的理解。据许慎《说文解字》，贤字从贝，其本义是"多财也"。段玉裁《说文解字注》在注解"贤"字时说："贤，本多财之称，引申之凡多皆曰贤。人称贤能，因习其引申之义而废其本义矣。"随着时代的变迁，贤的本义用得越来越少，而其引申义则渐成通义。引申义在使用的过程中，也有了多重衍变：一是超过义。韩愈《师说》："弟子不必不如师，师不必贤于弟子。"二是意为"善"。《礼记·内则》："若富，则具二牲，献其贤者于宗子。"郑玄注："贤，犹善也。"三是"尊重"义。《论语·学而》："贤贤易色。"贤文化之贤，取"德才兼备、德才过人"之义，同时兼具"善、尊重、超过"之意。

如果说从字义上诠释"贤"，更多的是理解"贤"的内涵，那么，从具体表现言之，贤者的德才兼具、德才过人是一个什么样的状态呢？中盐金坛的管理者和员工从儒家创始人孔子的论述中得到了启迪。他们认为，贤者应当具备以下品行和才能：

一是安贫乐道。孔子称赞其弟子颜回之贤："贤哉回也，一箪食，一瓢饮，在陋巷，人不堪其忧，回也不改其乐。贤哉回也。"①"安贫乐道"的贤德修养体现在企业生产经营活动中，要求企业和员工"义利兼顾，以义为上"，换言之，即以维护义——公共利益作为企业行为的价值取向，在此前提下实现企业和员工之福利。时任国务院总理温家宝曾说，企业家要流着道德的血液，其所倡导的也是一种安贫乐道的精神。

二是知人善任。鲁哀公问政于孔子时，孔子提出"见贤必进之，而退与分其禄"，"国无事则退而容贤"②的观点。中盐金坛人认为，企业要发展，必然是贤者在位，能者治企，实施人才强企战略，用好用活人才这个第一资源，使英雄有用武之地，只有员工得到发展，企业才能兴盛。

三是见贤思齐。孔子说："见贤思齐焉，见不贤而内自省也。"③企业向优秀者学习借鉴，员工向贤者看齐，消除自身短板，则企业充满发展活力。

四是贤贤易色。子夏曰："贤贤易色。事父母能竭其力；事君，能致其身；与朋友交，言而有信。"④这句话是说：看到贤人能肃然起敬，在家能竭心尽力地爱家庭，爱父母；在社会上做事，对人、对国家能放弃自我的私心，所谓许身为国。企业员工若能在事事物物上做到向优秀者学习，则能不断向贤者的目标接近。

要言之，中盐金坛人心目中的贤者，是德才兼备、德才过人、博学厚德、知行合一的人格典范，是浸润了中国优秀传统文化风骨、同时又兼具现代文明素养的时代精英。正如中盐金坛公司《贤文化纲要》之《尚贤》所言："知之不易，行之亦艰，惟贤者可通知行。如是则知中有行，行中有知，知则真切笃实，行则明觉精察，知行合一方为贤才。贤者内修其身，博学厚德，达者外建其功，修己安人。"

2.《贤文化纲要》：传统文化融入企业文化的成果

2013年8月，中盐金坛公司发布《贤文化纲要》，正式将公司企业文化定名为"贤文化"。贤文化的核心理念为"敬天尊道，尚贤慧物"八个字，此为中盐金坛人的主流价值观，亦为中盐金坛人对"贤"的现代解读。

---

① 《论语·雍也》。
② 《孔子家语·贤君第十三》。
③ 《论语·里仁》。
④ 《论语·学而》。

以下为中盐金坛《贤文化纲要》的具体内容，共935个字：

创业之路，必著艰辛，世代相续，力行无悔。金盐人秉自然之恩泽，承宿沙之精神，习时代之文明，育贤者之气象，水中寻盐，化盐为水，回报社会民众，贡献国家民族。由此立百年基业，成最受尊重之誉。

敬天

世间万物乃天生之，地养之。故人当用仁心助天生物，助地养形。如此，则天地间万物得以畅茂，资用富足，瑞应常现，天下和乐，此为企业者不可不审且详也。盐盆资源为天赐珍物，金盐人深察于资源有限，不敢以私心恣意取利，故怀敬畏感恩之心，构循环发展模式，珍惜资源，爱护万物，保一方碧水蓝天，以不失天地之心，顺四时生，助五行成。

尊道

企业运行，必有其道，尊道而行方能长久。道也者，不可须臾离也，可离非道也。万物乃道生之，德蓄之，尊道贵德为应然之理。尊道之要在于进德，进德之要在于修身。故治企之大者，在尊道贵德，因循相习，自然天成，无为而治，臻于化境。

明本

员工为企业之本，本立则企业固；科技为兴盐之方，方举则企业强。人文科技，二者不偏。若此必汇通中西，融贯古今，明本达用，人成则事成，事成则业兴。

顺性

诚为人之本性，亦为企业之本性，故顺性者必明诚，不诚则无以成己成物。致诚之道，在于博学、审问、慎思、明辨、笃行。人心本静，盖因私欲起则不静。致诚者少私寡欲，清静自守，智慧由生，开物成务，功业可定；顺性者辛而不躁，劳而不愠，洵美且乐。

尚贤

知之不易，行之亦艰，惟贤者可通知行。如是则知中有行，行中有知，知则真切笃实，行则明觉精察，知行合一方为贤才。贤者内修其身，博学厚德；达者外建其功，修己安人。

慧物

水无私心，利万物而不争，谦下而容众，攻坚而无不胜，此为上善。企业亦如是，无私则容，容则公，公则无争，无争则无所不利。故贤者之德若水，和而不同，随方就圆，近者亲而远者悦；贤者慧物，见利思义，重义而兼利，责任为先，富国利民。

贵和

礼者，企业之法度也；乐者，企业之伦理也。以礼治企，可辨秩序；以乐和人，其乐融融。礼之用，和为贵。治企之道，选贤任能，贤者在位，赏罚有制，见贤思齐。员工博学于文，约己以礼，文之以乐，礼乐兼备，则人莫不敬也。

致远

诚实无欺，是为信也。员工无信不立，企业无信不兴，故讲信为企业兴盛之源。睦者，和也，讲信则人和事齐。然世事复杂，贤者如有源之水，盈科而后进，以己之信，平沟壑，涤污杂，讲信修睦而致远。

3. 贤文化的两大思维特征

贤文化不但在思想内容上传承中国传统文化，而且在思维特点上也延续了国学道统，其思维方式一是"反求诸己"，二是"三才相通"。

首先是"反求诸己"。这一思维方式源自古代思想家孟子。《孟子·公孙丑上》说："仁者如射，射者正己而后发，发而不中，不怨胜己者，反求诸己而已矣。"孟子把成就仁德比作射箭，先端正自己然后把箭射出去；射不中不能怨别人超过自己，而应找自己的不足。"反求诸己"是中国传统文化思维方式的鲜明个性，《中庸》要求"反身而诚"，宋代理学家提倡"居敬穷理"，明代王阳明则倡导"致良知"，这些都是对"反求诸己"的发挥。

贤文化继承了中国文化这一独特的思维方式，认为若想成就贤德贤才，必须从找出自己的不足入手，而不能反过来先找他人的过错，只有首先发现自己的不足并诚心地改正和完善自己，才能促成问题的圆满解决，概言之即"贤于内，王于外"。个人如此，作为社会组织的企业也应当如此。例如，当接到客户的投诉时，按照贤文化的思维方式，企业首先应当认真检查生产、质量、服务等各个环节可能存在的问题，找出导致客户投诉的直接和间接原因，相关的员工也应当"反求诸己"，看看自己在其中应当承担什么责任，有什么差错。问题找出后勇于担当，立即解决，并借此改正和完善生产经营管理中的短板，员工个人也在修正企业短板的同时，完善自己的不足，不断地向"贤者"目标接近。

其次是"三才相通"。"三才"，指的是天、地、人，"三才相通"，与科学发展观提倡的人与自然和谐发展有异曲同工之处。

"三才相通"的思维，亦源自中国传统文化。《周易》提出天道、地道、人道的观念，认为"立天之道曰阴与阳，立地之道曰柔与刚，立人之道曰仁与义"。老子则提出"人法地，地法天，天法道，道法自然"的思想，道教经典《太平经》则提出天地人"三合相通"的理念。不管如何表述，中国传统文化在提倡天地人和谐共存、协调发展的理念上是高度一致的。

中盐金坛人在开发利用岩盐资源的同时，就在认真探索资源的可持续利用途径，思考如何确保企业的经济行为更加人文化，企业如何与居民、环境和谐发展。正是基于这一思考，中盐金坛提出了"有限资源，无限循环"的发展理念，并建构起了"三个一体化"的发展格局，即：盐电一体化、盐碱一体化、盐穴一体化，使宝贵的岩盐资源在创造经济财富、造福国人的同时，避免耗竭式开采，最大限度地减少资源的浪费。贤文化将"三才相通"的思维凝结成"敬天尊道，尚贤慧物"八字理念。现在，以中盐金坛为核心的金坛盐盆经济共同体成员企业，在谋划工作、思考企业发展时，人与自然协调发展、企业与天地和谐共存的价值追求已成为自然而然的习惯，"三才相通"把中盐金坛的事业推向了与天地大道相契的坦途。

（三）贤文化建设的三个目标层次

中盐金坛把贤文化建设摆在极其重要的位置，并且把培育企业贤才、厚实企业道德资本、建立贤文化管理模式作为贤文化建设的三个层次的目标。

1.培育贤才

培育贤才是贤文化建设的最高目标。

传统产业，尤其是有着几千年悠久历史的盐业要从劳动密集型转向知识型、技术型的现代高新技术企业，人才是关键。从真空制盐技术的引进与国产化革新、一次盐水的多次"革命"、盐穴综合利用，到特种盐的研发推广，从多层级科研平台的构建到进入江苏省高新技术企业行列，中盐金坛的每一次转型升级，都离不开人才队伍的支撑。中盐金坛人在追梦的过程中深刻地认识到，人才是企业的第一资源，企业的发展是成就人才的自然结果。正因如此，当《中国企业报》的记者在中盐金坛采访，想了解中盐金坛快速发展、不断创新的动力来源时，公司领导一语道破其中的奥妙："转变经济发展方式，做好这项工作，归根结底还是要先实现人的转型。""其实无论是做企业也好，还是做其他方面的工作也好，最为关键的是要正确地理解和实践'以人为本'。"①

自 2003 年从高校引进第一批人才以来，至今中盐金坛已招录 200 多名高校毕业生，学历层次横跨专科、本科、硕士、博士，从根本上改变了企业的人员结构。但高学历并不等同于高能力、高素质，什么样的人才是中盐金坛所需的？换言之，应当把企业员工培养成何种人才？中盐金坛人给出的回答是：向贤努力，成为贤才。

公司领导在回答"什么样的员工才称得上是人才"的问题时说："以德为先，德才兼备。"在回答"公司发展迫切需要什么样的人才"时说："企业人才是多方面各层次的组合，我们需要一线技术层面的应用型人才，在转型升级过程中，需要研究型人才，在管理上需要德才兼备的通才型人才。""贤才的最大特点是：无论工作和生活，向贤努力已成为一种思维方式和行为习惯。"② 因此，培育贤才，是公司管理的第一要务，文化建设作为管理的重要环节，理所当然地将成就贤才作为最高目标。

从另一个角度讲，企业作为社会组织，也应担当起富民育人的责任，并在建立富民育人的业绩中彰显企业的价值。孔子到卫国，看到卫国人口众多，弟子冉有问道："既庶矣，又何加焉？"孔子答曰："富之。"冉有再问："既富矣，又何加焉？"孔子回答说："教之。"③孔子当年提出的"庶、富、教"的思想对于现代企业也是适用的。企业是一个小社会，它天然地担当富民育人之责，由一企之富足安定，推及国家、民族之富足安定；由培育一企之高素质人员，推及培育一国一民族之高素质公民。因此，培育贤才，不仅仅是企业的行为，更有着全社会的意义；贤文化建设不仅有益企业发展，也将惠及社会、国家、民族。

2.厚实企业道德资本

儒家认为，人之所以为人，是因为人是有道德的。孔子以道德教化为治国的原则，他说："为政以德，譬如北辰居其所而众星共之。"④中盐金坛把人才定位为德才兼备、以德为先的贤才，可见"德"在贤才培育中是处于第一位的；公司领导把员工贤德的养成视为企业的道德资本，而贤文化建设担负

① 万斯琴、麻婷：《转型改革打造百年老店》，《中国企业报》2014 年 1 月 21 日，第 24版。

② 周小丽、耿晓辉：《成长成才备受关注，公司领导回应员工"五问"》，《中盐人》2013年 12 月 30 日，第 3 版。

③ 《论语·子路》。

④ 《论语·为政》。

着培育员工贤德的功能，在厚实企业道德资本方面负有第一责任。正如中盐金坛党委副书记、纪委书记冯良华所言，"公司建立贤文化，用中国传统文化来熏陶每一位员工，提升员工的修养"①。

2013 年 11 月 12 日，贤文化研究会在金坛盐盆经济共同体宣布成立，中盐金坛公司主要领导到会祝贺并发表讲话，明确指出贤文化研究会的立会宗旨是为企业培育道德资本。他说，"道德是一种无形价值，道德也是企业资本"，"贤文化研究会以培育贤才、养成贤德为出发点和落脚点，组织会员学习、研究、传播中国盐文化和传统文化，以成就贤德贤才为价值取向，把中国传统文化的义利之辨落实到个人的实践中，有了这样的价值追求，就会使我们在立身处世上呈现出不一样的气象"。

在中盐金坛，企业的各种行为被视为道德智慧的实践过程，而这种实践体现为追求"义利兼顾，以义为上，与社会相适宜"的总体效果。具体言之，中盐金坛贤文化所指的道德智慧，包含三个方面，一是无私，二是和而不同，三是慧物，若达此三境界，则近者亲而远者悦，企业的生命力将长盛不衰。老子《道德经》曾以"水德"为例来形容："上善若水，水利万物而不争，处众人之所恶，故几于道。"② 中盐金坛在新员工入职的第一天起，用一个月的时间开展贤文化培训，入职以后，还将接受贤文化专题培训，在班组中也持续不断地开展对贤文化的"行知"培训，这些举措旨在使贤文化进入员工的心灵世界，与员工的生命打成一片，成就如大地般厚实的道德素养，担当起振兴中国盐业的责任，这也就是《周易》乾卦所言的"厚德载物"。

中盐金坛倡导贤文化，是应对道德危机的顺势而为。须知企业的发展，在于人的发展；企业之长久，需要积累深厚的道德资本。因此，我们把'德'放在第一位，先立德再立功。一个企业若没有振奋的精神和高尚的品格，就不可能屹立于现代企业之林。

积累道德资本，就是要把贤文化精神贯穿于企业行为的全过程、各方面，使我们的事功奠基于厚实的"德"之上，进而合乎天地之"道"，因此，这是一个道德智慧实践的过程。③

---

① 麻婷：《金坛盐盆经济共同体有了人文建设的高端平台》，《中盐人》2013 年 11 月 15 日，第 1 版。

② 《老子·第八章》。

③ 郑明阳：《积累道德资本，为百年企业奠基》，《中盐人》2014 年 11 月 30 日，第 1 版。

《中盐人》评论员的这篇文章，表达了他们对道德作为企业资本的认识，以及通过建设贤文化厚实这一特殊资本的坚决路径。

3.建立贤文化管理模式

企业文化如果只停留在口号、标语或理念阶段，它的影响力有限，其独特的凝心聚力、引导启智功能亦难以发挥。如果能把企业文化融入管理思想及其制度设计中，化身为员工和企业的行为准则，使企业的组织原则和管理方法带上独特的文化标识，则企业文化软实力的作用将发挥得更加全面透彻。

基于此种思考，中盐金坛人创办《贤文化管理》内刊，提出了探索贤文化管理模式的构想，并期待此种努力能在管理全盘西化的当今时代，为中国管理学的建立尽一己之力，呼吁学界和业界有识之士关注、重视中华文化的管理智慧。以下为其"贤文化管理"论纲：

"贤文化管理"植根于现代企业生产经营的实践，从积淀深厚的中华传统文化中汲取养分，融合了对生命意义、自然与人之关系、企业长久之道等诸多问题的思考，凝聚着对生命、天地的敬畏之心和对社会责任的担当精神，诞生于践行"以人为本，科技兴盐"的中盐金坛公司，志在探索现代企业"立德、立功、立言"的管理之道。

"贤文化"是用感恩自然、回报社会的胸怀和宿沙煮海之精神培育贤者的思想体系，这种培育是以润物细无声的方式进行引导和规避，是中国式的管理艺术。

"贤文化"提倡敬天尊道，以顺应的方式和敬畏的心态顺天生物，应地运行，助人进德修身、成圣成贤，达自然天成之功效，乃无为而治之管理。

"贤文化"引导人守清静之本，顺至诚之性，达成人之用。人成则事成，事成则业兴，开物成务，功业可定，乃明本顺性的中国式管理之道。

"贤文化"教育人内修其身，博学厚德；外建其功，修己安人；知则真切笃实，行则明觉精察；在倡导克己修身、疏堵结合中铸就圣贤。这是中国式管理的直接体现。

"贤文化"提倡和而不同、随方就圆、亲密和悦、厚德慧物，这正体现汉字"管""理"之本意，是利万物而不争、谦下容众的中国式管理。

"贤文化"主张以礼治企，以乐和人，使秩序可辨，其乐融融。这种管理之道，约己以礼，文之以乐，礼乐兼备，赏罚有制，诚如以"管"为器，疏堵结合，和谐的旋律油然而生，管理的神韵跃然纸上。

"贤文化"指出"信"为企业兴盛之源，"睦"乃人和事齐之象，讲信修睦使贤者如有源之水，盈科后进而致远，如"管"中之音，悠扬绵延，如玉之纹理，浑然天成。

"贤文化"体现出中国式管理思维，构成中国管理思想的特有体系，是中国传统智慧与现代企业管理的结合，是中盐金坛几代员工，积二十多年之力，对中国管理学的"知"与"行"之结晶。

"贤文化管理"是中盐金坛人对传统和现代管理思想的继承和发扬，是中国管理学建设中一支生机勃勃的思想力量。它突出敬天、尊道、明本、顺性、尚贤、慧物、贵和、致远的"贤文化"理念，力争在对中国传统智慧和现代管理经验吸收总结的基础上，建立现代企业修贤育贤的管理模式，推动中国管理学的成熟与发展，为世界走向"良知"发用流行的和谐之境，贡献中国企业人的心智成果。①

二、贤文化建设与传播的历程

事物的发展总是一个过程，"贤"文化不是凭空出现的，它也有着一段关于成长、成熟、发展、完善的故事，贤文化的确立，经历了三个重要阶段：

纵观中盐金坛企业文化建设史，有两个重要的转折点值得关注：一是2006公司总经理管国兴提出"公司比拟于人"和做"全球最受尊重企业"的观点，他说，"一、公司治理比拟于人的行为规范；二、企业战略比拟于人的理想；三、企业公民比拟于人的社会责任；四、企业文化比拟于人的习惯行为；五、企业的内部管理比拟于人的修身养性"②，同时提出"一个人要不断提升和完善人格，最终实现完美的理想人格，用'成贤作圣'或者是'内圣外王'来形容，一个企业也必须有所追求，实现完美的人格化，达到最高境界——'全球最受尊重企业'"。另一个转折点是2012年12月出台《贤文化纲要》（征求意见稿），提出贤文化十个条目，这标志着贤文化的初步成型。因此，中盐金坛的贤文化建设过程分可为三个时期：1988—2006年为积蕴期，2007—2012年为成长期，2012年末至今为成熟期。各个阶段的内容及其特点如下：

---

① 孙鹏:《"贤文化管理"：现代企业"立德立功立言"之道》,《贤文化管理》2014年第1期。

② 管国兴:《现代公司越来越趋向人格化》,《中盐人》2006年12月1日。

（一）积蕴期（1988—2006年）

中盐金坛公司从1988年成立以来，一直关注公司企业文化的发展，但在1988—2006年，公司处于起步阶段，难免将更多的精力倾注在质量、产量等关乎生存的方面。

2002年《盐化人》刊发总经理管国兴的文章《江南雨》，其中提道："一方水土养一方人，江南雨滋养了江南的才子佳人，也滋生了江南的企业文化。江南雨无私奉献、润物无声的力量以及锲而不舍的精神是人生和企业所必须具有的信念。企业的各项工作也要拿出江南雨的精神，善于挤、善于钻，全体员工无论是处于何种岗位，都要有那种专心致志做好每件事，滴水穿石的江南雨精神。"可以说，"江南雨精神"是这一时期企业文化的最大特点，此文在《中盐人》2007年第6期第1版、2010年9月25日第4版两次刊登，足见其重要性。

2002年，在公司召开的"迎新春，话发展"知识分子座谈会上，总经理管国兴提出"以人为本，科技兴盐"的发展战略，要求企业动员所有员工的积极性，"必须尊重人、关心人、爱护人、培养人"。

可见，"江南雨精神""以人为本，科技兴盐"成为这一时期企业文化关键词。

（二）成长期（2007—2011年）

随着企业的发展壮大，中盐金坛的企业文化也随之成长、成熟。

《中盐人》2007年刊登的《英雄造时势，时势造英雄——从"中盐之星"评比谈开去》，2008年刊发的《学习〈现代企业班组建设与管理〉有感》，2009年刊发的《中盐金坛公司召开深入学习科学发展观活动动员大会》和《万红千紫春无限，只待新雷第一声——从做最受尊重的企业谈开去》，2010年刊载的《加强学企合作，传承弘扬中国盐文化》，以及2011年发表的《做最受尊重企业——中盐金坛公司企业文化建设之路的回顾与思考》等文章，都提到了"全球最受尊重企业"一词。中盐金坛确立了做"全球最受尊重企业"的美好愿景，从"尊重"二字可以看出公司文化开始寻求一种价值上的认同。

孟子说"人之异于禽兽者几希"，这个"几希"就是"德"。"德"是中国传统文化的重要条目。在中盐金坛公司召开的2008年度总结表彰大会上，总经理管国兴提出，我们要树立信心，确保增长，提升企业文化内涵。在用人上，坚持以德为先，先做人后做事，讲求信誉，讲求道德，不断发挥"德行"在经济社会发展中的规范、教育、引导作用；坚持"以德治企，以德兴企"的管理理念，力倡"言必行，行必果"的行为准则，采用"内修文德，外治武备"的用人机制；培养员工的道德意识，强调做人要"修身养德"，培植出"厚德载物、推己及人"的处事风范。2010年第1期第2版《以德治业，以德兴业》一文提道："以德治业，以德兴业，是公司管理理念的根本，是企业文化的精髓。公司致力于建设和遵循现代儒家企业制度，在生产经营管理和用人上坚持以德为先，先做人、后做事的理念，修身养德，厚德载物，推己及人，不断发挥德在经济社会中的规范、教育、引导作用，促使健康企业、理性经济的形成。"同样，2010年第1期第3版《遥知不是雪，为有暗香来——解读公司企业文化》中也对此进行了深入解读。

2010年8月《中盐人》改版后的第1期第4版刊登的《中盐金坛企业文化的核心理念》一文提道：企业关心员工的工作、生活条件的改善，这是发展企业的一个目标，即把人放在中心位置。

因此，这一阶段企业文化的关键词为"最受尊重企业""德""以人为本"。

（三）成熟期（2012—）

这一阶段有两个标志性事件，其一，在2012年12月《中盐人》期刊上，《贤文化纲要》（征求意见稿）提出了十个条目，这是贤文化的一个雏形；其二，公司对各厂、矿、部、办进行了贤文化调研和宣讲，先后进行了两次贤文化培训，并围绕贤文化开展了多次主题活动。在此过程中，陆续听取了各方面的意见和建议，对《贤文化纲要》进行分析、研究和修改，于2013年8月25日刊登了《贤文化纲要》修改稿，形成"敬天、尊道、明本、顺性、尚贤、慧物、贵和、致远"八条目，并以"敬天尊道，尚贤慧物"为贤文化的核心理念。自此，公司"贤文化"正式成型。

公司的"贤"文化谐音"咸"，既寓意着古语"成贤作圣"，又体现了公司产品"盐"的文化品质。贤文化不是无源之水，无本之木，一者它吸收了中国传统文化中儒家"仁者爱人"的伦理文化，道家"尊道贵德"的生命文化，佛家"理事圆融"的智慧文化，二者它融入了盐文化"耐得住煎熬、蓬勃向上、只留玉洁在人间"的气魄，也代表了不离世俗而超越世俗、扎根于生活、化成于人文的圣贤气象，三者它传承了江南文化之刚柔并济、崇尚文教、开放包容的品格。①

经过二十多年的积累，"贤"文化终于由萌芽发展壮大，并结出累累硕果。时至今日，贤文化进入成熟期，已深刻地融入员工的精神世界，对公司转型升级产生潜移默化的影响。未来，贤文化还将经历发展、完善阶段，为公司成就最受尊重的百年基业提供源源不断的智慧和不竭的精神动力。

贤文化在对待企业文化与企业发展的关系上，提出要处理好以下三个问题：

一是人文与科技的关系。"以人为本，科技兴盐"，是中盐金坛人对人文与科技的鲜明态度，也是对企业管理中定性与定量关系的诠释。

人之所以是万物之灵，就在于它有道德，有自己独特的文化精神。人文精神是一种普遍的人类自我关怀，表现为对人的尊严、价值、命运的维护、追求和关切，对人类遗留下来的各种精神文化现象的珍视，对一种全面发展的理想人格的肯定和塑造。

中盐金坛贤文化强调"以人为本"，将"人"置于一切企业行为之本体的地位。公司不仅关心职工的工作、生活条件的改善，为职工个人价值的实现和家庭生活的幸福创造良好的条件，同时引导和培育职工成为一个超越低级趣味的人，成为对社会、对国家、对民族有贡献的人，更高的目标是成为一个贤者。

"以人为本"，对职工的要求，就是希望企业员工一是要脚踏实地，对自己负责，对他人负责；二是要修身养性，提升职业境界，从每一项细小的工作中，能悟到做人的根本，能悟出人的价值。因此，"以人为本"不仅仅是经济意义上的话语，同时更具有道德层面的意义。

"科技兴盐"，关注的是如何运用人类的科技手段来发展企业。盐矿是大自然赐给我们的宝贵财富，但也是一种消耗式资源。中盐金坛倡导"有限资源，无限循环"，依靠引进先进科技和集成式的技术创新，建立绿色循环发展模式，把这一珍贵的资源开发好、利用好，造福人类，造福社会。同时，要成为受尊敬的制盐企业，为中国在世界制盐领域建立应有的地位，科技是根本保障，只有依靠先进科技，才能把金坛盐盆资源开发利用到极致。

"以人为本，科技兴盐"是一种定性和定量相结合的理念，如果说"以人

---

① 此段内容吸收了南京大学哲学系研究生余丹、王垭，南京财经大学学生朱惟玥 2014 年在中盐金坛公司的暑期实习报告《中盐金坛企业文化简史纲要》。

为本"更多地体现定性，那么"科技兴盐"体现的是定量，定性与定量有机结合，人文与科技相得益彰，如车之两轮，推动企业不断向前发展。

二是品行与事业的关系。"贤于内，王于外"是中盐金坛人对于个人品行修养与成就事功的辩证理解，同时也是"以人为本，科技兴盐"这一文化理念的具体化，体现了中盐金坛人对传承和弘扬中国传统盐文化的鲜明态度。中国历代圣贤皆极为重视和强调人的品德修养为建功立业的根本，这是实现企业愿景的思想动力和智慧源泉。

"贤于内"，就是要求员工通过修身养性，养成良好的品德，成为君子，向贤者的目标努力；"王于外"，就是要秉持高尚的品德，努力践行自己的理想，推己及人，在社会上有所建树。换言之，"贤于内，王于外"要先修其德，再立其功。富而有德，众望所归，就能受到社会的尊重，真正做到"王于外"。

"贤于内，王于外"，还要求员工博学厚德。博学，即通过积累专业知识和磨炼岗位技能，提升专业素养和职业境界。厚德，即思想、品行如大地般厚重起来，勇担社会组织赋予的责任。

三是德治与法治的关系。治企者以德为先，以德治企，富而有德。儒家认为"人之所以为人"，是因为人是有道德的。孔子言："为政以德，譬如北辰居其所而众星共之。"①昌明道德必先富民兴业，富民兴业是企业的基本职责。管子曰："仓廪实则知礼节，衣食足则知荣辱。"②但"甚富不可使，甚贫不知耻"③，故富而不可不宣德，富而有德，众望所盼。而法治，强调以制度管人，按制度办事，法治是德治的必要辅助。二者的关系是，德治为根本，法治为辅助。

企业都有其自身的发展历程，然而不同的企业在发展的过程中，所经历的情况可能会有天壤之别。每一个企业的管理都是从"人治"开始的，只是不同的企业，其所持续的时间不一样而已。企业在不断的发展过程中会慢慢地迈向"法治"时期，当各种规章制度得到不断的完善，企业员工都能完全执行好的时候，企业管理开始走向新的高度——"德治"，在这个阶段，企业员工基本能够严格的约束自己，并利用企业文化去影响进入公司的新员工。

文化管理是企业管理的最高境界，文化管理是通向无为而治的途径。当

---

① 《论语·为政》。
② 《管子·牧民》。
③ 《管子·侈靡》。

"德治"深入人心的时候，企业文化就能使企业在激烈的市场竞争中越走越远。

三、贤文化传播的途径与形式

企业文化确立后，如何使员工理解、认同、融入，实现企业文化由精神向生产力和人的素质的转化，是企业文化建设的重要阶段，也是企业文化建设的主要任务。在传播媒介发达的网络时代，可供利用的传播渠道很多，但培训这一传统方法，仍然是企业文化传播的最有效的途径。中盐金坛的贤文化传播，采用的主要途径是最为传统的方法——培训，包括新员工入职培训、管理人员贤文化专题培训、行知班建设等。

（一）人文培训

1. 新员工入职培训

中盐金坛每年都要从当年高校毕业生中招聘30余名新员工，从事生产、技术、市场、管理等工作，在上岗之前，必须参加一个月时间的集中培训。对于新员工入职培训的定位、培训内容、培训师资、培训方法，中盐金坛有其独到的理解和做法。

培训层次。中盐金坛将新员工入职培训分为两大层次，采取两种方法进行。一个层次是人文素质培训，采用集中时间、系统学习的方法；另一个层次是岗位技能培训，采用师傅带徒弟的方式，由新员工所在班组具体组织进行，不搞集中培训。技能培训之所以放在班组开展，一是所需时间较长，二是实践操作性很强，不同岗位之间知识、技能、要求差别很大，所以适合于以师徒相授的传统方式分散进行，这方面因涉及专业技术问题，不做详述。而其集中一个月时间举行的人文培训，特色鲜明，内容丰富，颇有可圈可点之处。

培训内容。中盐金坛人文培训的内容主要分为四大板块：综合知识——了解所从事行业和企业的生存发展历史与现状；专业知识——企业所涉及的基本专业理论与知识体系，如安全生产、工艺技术原理、管理体系、市场工程建设等；人文通识——弥补理工科专业的新员工所缺的中国历史文化知识，特别是道德修养与实践智慧，同时有助于理解贤文化；实地参学——践行"读万卷书，行万里路"的精神，结合培训所学，实地考察同行企业、中国历史文化教育基地。详细的课程设计参见本文附表。

培训的定位。中盐金坛公司将新员工培训定位为"理解和融入盐盆经济共同体文化——贤文化的人文综合素质培训"。公司领导指出："做产品不可能长久，但做人却是长久大计，培养人、成就人比做产品更重要。因此，管理的第一职能是教育，管理不仅是科学、艺术，更是哲学。在一个月的培训中应以润物细无声的方式，为新员工种下一颗贤文化的种子，建立一个明确的理念，引导新员工由知识性的分散思维回归到整体性的综合性思维，尽快融入贤文化，适应角色转换。"① 在这一思想指导下，新员工培训领导小组明确了培训要求和培训目的："既有科学的训练，更注重培养人文的情怀，以养成家国天下的责任担当精神；在认识宇宙人生方面，既掌握科学的方法，也了解人文的途径；在探索'无知之谷'时，养成博学、审问、慎思、明辨、笃行的方法。通过人文培训，使新员工安定身心，脚踏实地，勇于做中国文化的传承者与开新人。"②

长期以来，东西方的学术界、实业界皆存在一个认识误区："把企业仅仅看作生产物质财富的组织，而未考虑人文因素，这样一个缺乏人文关怀的企业是一个生命力不健全、不旺盛、不完整的企业，这样的企业是无法让人安身立命的。因此，中盐金坛期望通过培训能使新员工不仅仅从物质文明的视角认识企业，更要从精神文明视角重新审视企业，多角度、立体化、全方面地认识自己的工作和职场，从而在尽快短的时间内适应角色的转变，真正把企业作为自己安身立命的场所。"③

培训的效果。每次培训结束后，新员工培训办公室都会做一次问卷调查，以了解本届新员工培训的效果。从问卷调查的反馈情况看，对于培训的满意率，均在90%以上。2014年8月15日出版的《中盐人》，从"反求诸己：体会自我升华的愉悦""敬天尊道：探讨敬畏之下的责任担当""一阴一阳之谓道：感受平和之心看待得失""明德立本：思考未来的志贤之路"四个层面，对新员工培训的感悟与收获做了详细报道，有事例，有分析。一个月的集中培训结束后，公司组织举行培训汇报会，新员工打破常规的汇报形式，以情景剧和歌舞、太极拳表演、PPT主题汇报的"新花样"，与观众分享了一个月来的学习收获，表达了对贤文化的理解和对未来职场的信心，也让观众感受了一场传统文化的洗礼。

---

① 新员工培训工作领导小组：《2014年度新员工培训工作简报》（第2期）。
② 新员工培训工作领导小组：《2014年度新员工培训总结报告》。
③ 新员工培训工作领导小组：《2014年度新员工培训总结报告》。

2. 贤文化专题培训

从 2012 年到 2014 年，中盐金坛在南京大学先后举办了三期贤文化专题培训班，针对各个层次的管理人员进行贤文化落地宣贯。选择在人文底蕴深厚的百年名校——南京大学，集中 8—9 天的时间脱产学习、研讨贤文化，这是金盐人在企业文化建设方面的创举。参与授课的南京大学博士生导师、科技思想史专家李曙华教授评价说："现在有很多企业目光短浅，只贪图眼前利益，但见到你们正在传承和弘扬传统文化，让我看到了中华文化的未来和希望。"教育部长江学者特聘教授、南京大学洪修平教授赞道："你们做了一件很有意义的事。"①

培训宗旨。中盐金坛公司在阐述其培训宗旨时说：历经二十多年的发展，中盐金坛不但奠定了坚实的物质基础，同时构筑了独具个性的精神大厦，此精神大厦以"贤文化"命名。

贤者，有德有才之谓也。二十多年来，金盐人秉持向贤之志，在贤文化的推动下，以不凡的发展业绩，成长为中国盐行业的新标杆。

两千多年前，孔子告诉我们，国家富裕了，就要对民众施行教化，使国民成为有道德素质的群体，这才是国家长治久安之道。治国如此，治企亦然。因此，通过培训提升员工的素质，养成高尚的职业之"德"和精明的干事之"才"，成就一批"贤于内王于外"的企业精英，才能从容应对复杂经济形势的挑战，开拓企业发展的新空间，在世界范围振兴中国盐业，进而成就受尊重的百年基业。②

公司的经营班子期望未来的中盐金坛不仅是集聚财富的经济实体，更是志同道合者安身立命之所；既是员工实现价值和价值增值的平台，更是传承弘扬中国传统文化的重要基地。通过培训，开启员工慧性，将贤文化的思想智慧融入事业、家庭、生活之中，使身心和悦，家庭和谐，工作和顺，生活和美，企业和乐，使中盐金坛人的共同事业在"敬天尊道，尚贤慧物"的路上走向更高境界，走得更加久远。要言之，中盐金坛贤文化培训的宗旨为："博学厚德，修心养身，知行合一，成贤合道"。

培训内容。贤文化专题培训的内容分"贤文化与儒家智慧、贤文化与道家智慧、贤文化与佛家智慧、贤文化与易学智慧、贤文化与西方文明智慧、

① 麻婷、马建军：《"贤文化"培训带给我们什么？》，《中盐人》2013 年 6 月 25 日，第 3 版。

② 郑明阳：《中盐金坛公司贤文化培训手册》，2013 年，第 1 页。

先贤王阳明及其心学"六大专题板块，全方位展示贤文化的思想渊源与现实品格，同时辅之以诗、书、礼、乐、艺、茶、养、武之教，修身调心，厚实人文素养，提升职业境界，深化对贤文化的理解，建立"志贤"的主流价值观。

担任培训教学的老师主要来自南京大学相关学科的名师或教授、博士，他们从讲解国学经典《大学》《中庸》《老子》《坛经》《周易》《传习录》的思想精华入手，引领学员体悟国学智慧与贤文化之渊源关系；介绍中国古代圣贤修身处世、建功立业的经典案例，开启良知，润养智慧；同时，展示贤文化之礼、乐、艺、茶、养、武的独特魅力，净化身心，澡雪精神，在学习新知识的同时，打开视野，别具慧眼看待工作与人生，修身养性，道术兼通，助益员工的职业境界上一个新层次。

培训期间，结合不同阶段学习、研讨主题，组织参访优秀企业和国学圣地，践行古代贤者"读万卷书，行万里路"的参学精神。

培训效果。中盐金坛公司组织的三次贤文化专题培训，无论是课程设计还是师资力量配备上，都可谓精心设计。培训均在著名高等学府南京大学举行，先后邀请了近50位知名教授、博士授课60余次，三期共安排26天脱产学习，培训了近150名管理干部，在企业内外引起了不小的反响，受到了广泛的关注与好评。《中盐人》对培训的效果做了专题采访报道，有兴趣者可以参阅。

（二）以《中盐人》为主体的媒介传播

除了培训，由中盐金坛公司和中盐常化公司共同主办的纸媒《中盐人》，是贤文化传播的主阵地。

1.《中盐人》概况

《中盐人》的前身为《盐化人》，创办于1998年10月，主办单位为金坛市盐业化学工业总公司有限公司，A4纸黑白印刷，主要起公司信息的上传下达作用，实为一份公司内部的工作简讯。2003年2月更名为《中盐人》，由中盐金坛盐化有限责任公司主办，A4纸黑白印刷。2005年改为小四开铜版纸彩色印刷，开始有了新闻版面意识，文章内容注重多样化。2010年7月，中盐金坛公司成立企业文化部，专职从事企业文化建设，《中盐人》转由该部门编辑出版。8月，《中盐人》实施改版工程，主办单位增加中盐常州化工股份有限公司，版式由小四开铜版纸彩印，改为对开彩印大报，月刊，在中盐金坛公司网站上同时发行《中盐人》PDF 数字版。2013 年 10 月，出版周期改为半月刊。

随着公司"敬天尊道，尚贤慧物"的贤文化确立，《中盐人》在贤文化的引领下，开启了新的办刊之路。采编人员把贤文化贯穿在整个报纸的编辑策划流程中，版面的栏目设置充分体现贤文化的精气神，通过营造浓厚的贤文化氛围，增加贤文化对读者的渗透力和凝聚力，使贤文化成为推动公司"创新发展，转型发展"的强大精神动力。

2.《中盐人》版面内容

《中盐人》以企业内部员工为主要目标受众，努力把这份内刊建设成中盐人共同的思想家园。为此，编辑部确立了"传播先进文化，报道发展动态，反映员工心声，助推改革创新"的办刊理念，形成"要闻言论、动态新闻、专题报道、文艺副刊"的版面布局，一方面及时报道生产经营的重点、热点、亮点新闻，满足员工的信息需求，另一方面对企业重点新闻进行深度解读，引导员工理解新闻背后的"新闻"，用新闻事实来诠释贤文化，使新闻报道在"见人见事"基础上更要"见心"——贤文化精神。同时，在文艺副刊这个平台上，用读者喜闻乐见的文艺形式传递企业的人文精神和人文关怀，交流对贤文化的理解。

3.《中盐人》对贤文化的传播

《中盐人》以贤文化理念统领新闻报道，通过具体、生动的新闻故事揭示抽象的贤文化理念或精神，文艺副刊重点抒发员工的"贤悟"，使贤文化变得可触、可感、可亲。为了准确、生动、深入地传播贤文化，《中盐人》采取了如下措施：

一是公开宣告以"宣传贤文化、解读贤文化、融入贤文化"为办刊方针，并围绕这一方针从报道的选题、新闻价值的解读等方方面面传递贤文化，以此增强贤文化的辐射力。

二是开设"贤文化培训""新员工培训""贤德贤才""一线风采""中盐人素描"等贤文化专题或专栏，对贤文化主题活动、员工的志贤故事做深度报道，并配发评论，以此增强贤文化的感染力。

三是在副刊推出"经典丰饶贤文化""朴素的道德""诚者天下行""育英才，修贤德"《传习录》中的人生智慧""孔子与《论语》"等专题或专版，从多种角度诠释、传播贤文化，以提升贤文化的影响力。

（三）行知班传播

中盐金坛为推进公司学习型组织建设，践行"知行合一"的贤文化精神，使贤文化真正成为员工的价值观、思维方式和生活方式，从 2014 年起，在全公司开展"行知班"建设活动。

1."行知班"建设的提出

以贤文化为指导，实践"知行合一"精神，确保公司生产经营的计划、部署和企业管理的规章制度，在班组和员工层面贯彻落实，加强 5S 现场管理，进一步提高工作效率，并造就一支可爱可敬的员工队伍。通过"行知班"建设，在全体员工和管理人员中树立尊重劳动、热爱劳动的职业观念，养成亲力亲为、严谨细致的工作作风，培育发现问题、解决问题的实践能力，形成团结合作、共同进步的职场氛围。同时，通过"行知班"建设，开辟上下沟通的新路径，提高管理效率和执行力。

2. 传播贤文化是行知班的重点

"行知班"建设的重点是员工如何将应知应会的业务知识、岗位技能、管理能力、职业道德等事项逐一落实到行动上，使"行"为真行，"知"为真知。为此，2014 年"行知班"建设活动的重点内容为：从寻找存在的具体问题入手，通过研讨性学习提出解决方案并一一落实到行为中，使工作中的短板得以不断改善；发现"知"的不足并在"行"中完善，进而改善"行"的效果，从岗位操作员变成合格的工厂工程师；发现对贤文化"知"与"行"的不足，按照"知行合一"的要求做到"日日新"；在"行知班"建设过程中，结合具体工作、具体问题、具体案例学习、理解贤文化。[①]

3."行知班"的活动内容

"行知班"是一种没有先例可循的探索性班组建设措施，如何开展此项活动，活动内容是什么，从《中盐人》等公开报道的案例看，主要有以下方面：一是综合管理部门与生产单位的班组结对子联合开展劳动。如公司生产部全体员工到金赛盐厂盐硝车间擦拭设备、清洁门窗地面，以形成尊重劳动、亲力亲为的职业精神；金东公司深入市场部了解市场动态，灵活组织生产。二是组织生产单位之间的学习交流，解决生产中的现实问题。如金东公司由厂长带领各班班长、中控至金赛盐厂学习热压缩工艺和工序操作，通过现场跟踪操作，采集大量工艺参数比对分析后，找到了蒸发罐频繁堵塞的根本原因，

---

① 《中盐金坛公司关于开展"行知班"建设活动的通知》，2014 年 2 月 14 日。

初步提出了解决方案。三是班组每个月拿出一天休息时间组织集中学习和劳动。如电厂由班组技术骨干授课，参与的员工讨论交流生产操作中遇到的问题，各自提出意见与建议，同时加强现场设备管理，清扫现场卫生，以培养员工爱厂爱劳动的主人翁意识，尽快成长为全能值班员；矿区组织员工学习贤文化、增强道德意识、提升操作技能、加强生产协调及 5S 现场管理。四是将 QC 小组活动纳入行知班建设，提高员工发现问题和解决问题的能力，激发员工的主动性和创造性，把班组建成学习型组织。五是将行知班建设与党建活动相结合。如公司党政办公室深入盐厂学习观摩，与生产单位共同研究解决党建中的实际问题，提高党建水平。

（四）贤文化研究会传播

2013 年 11 月 12 日，由金坛盐盆经济共同体的四家企业——中盐金坛、江苏盐道物流、金坛金恒基安装公司、金坛金赛物流公司联合发起成立的贤文化研究会举行第一次会员大会，讨论通过了章程，选举产生了组织机构，发布了 2014 年工作计划。这标志着，金坛盐盆经济共同体诞生了自己的人文建设平台，共同体的文化——贤文化建设进入一个新阶段。

1. 贤文化研究会的宗旨

《贤文化研究会章程》规定，本会宗旨为：在金坛盐盆经济共同体中推动形成学习、研究、宣传、践行贤文化的良好环境，为贤文化体系的构建和丰富完善提供智力支持，为贤文化的传播积聚力量。[1]

在研究会的成立大会上，名誉会长、中盐金坛公司总经理、党委书记管国兴把贤文化研究会的宗旨概括为"培育道德资本"，他说："道德是一种无形价值，道德也是企业资本。作为学习、研究中国盐文化和传统文化的人文高地，贤文化研究会要秉承传统文化之独立研究精神，以成就贤德贤才为价值取向，把中国传统文化的义利之辨落实到个人实践中。"[2]

2. 贤文化研究会的传播职能

根据《贤文化研究会章程》，该会的职能是：组织开展主题鲜明的贤文化学习、研讨、参观、考察、调研等活动；邀请专家、学者为会员做学习辅导报告或专题讲座，指导会员学习研究贤文化和中国传统文化；组织会员与高

---

[1] 《贤文化研究会章程》，2013 年 11 月。

[2] 麻婷：《金坛盐盆经济共同体有了人文建设的高端平台》，《中盐人》2013 年 11 月 15 日，第 1 版。

校师生开展学习交流活动，帮助会员获得相关资源和信息；为金坛盐盆经济共同体的企业文化建设提供支持和服务。

贤文化研究会会长在接受《中盐人》的采访时说，研究会的定位虽然比较高，但设计和开展的活动会脚踏实地，使员工易于接受，乐于参与，通过高品位的活动享受贤文化的美感和乐感，实现自我提升。[①]

3.贤文化研究会的传播活动

贤文化研究会成立后，即在金坛盐盆经济共同体中开展"贤文杯"有奖征文大赛，首届"贤文杯"活动期间共收到参赛作品 50 篇（部），其中微电影 1 部，相声剧本 2 部，诗歌 1 首，小小说 1 篇，散文及其他体裁作品 45 篇。评选出特别奖 1 部，一等奖 3 篇，二等奖 5 篇，三等奖 10 篇，优秀奖 11 篇，共计 30 篇（部），由大赛组委会给予物质和荣誉奖励。这是金坛盐盆经济共同体职工学习研究贤文化成果的一次集中展示和检阅。

2015 年 7 月，贤文化研究会组织了"讲述贤的故事"专题活动，深挖员工在生产经营中创造的文化成果，提炼为贤文化建设的素材，并生动地展现蕴藏在员工身边体现贤文化精神的典型事例。此次活动收到 28 篇（部）作品，评出获奖作品 16 篇（部），其中微电影 1 部，相声 1 部，摄影作品 1 幅，诗歌散文演讲词 7 篇，水墨配诗作品 1 幅，书法作品 3 幅，刻纸作品 1 幅，贺卡 1 张。

研究会开展贤文化传播的主要活动形式是成立读书会，组织和指导员工阅读经典。研究会在《中盐人》发布的《读经典倡议书》中说："阅读经典，就是与经典对话，在对话中理解先贤的人生，理解先贤的思想与感情，从而反观自身，体味自我的生命状态，反思自我的生命历程，回归自我生命的本质。一句话，在经典中重新发现自己。贤文化研究会乐于搭建平台，使您零距离地亲近中外文化经典，吸取经典的智慧，成就智慧的人生。"[②]读书活动分为平时自主阅读和集体研读两种形式。参加者需平时自主阅读相应经典，养成良好的阅读习惯；集体研读时，由贤文化研究会将相关经典的重点章节印制成单页供集体研读，并设计若干问题以供讨论，贤文化研究会将邀请相关学科的博士，以志愿者的方式指导会员阅读和讨论。

贤文化研究会推荐的首批阅读书目为十二部中外经典:《论语》《孟子》

---

①　贤文化研究会:《读经典倡议书》,《中盐人》2014 年 9 月 15 日，第 4 版。
②

《道德经》《庄子》《易经》《六祖坛经》《传习录》《圣经故事》《古希腊神话与传说》《古罗马神话》《全球通史》《新教伦理与资本主义精神》。

贤文化研究会成立至 2015 年，已组织十多次读经典活动，研读了《传习录》《论语》《周易》，加上其他的一系列活动，该会已在员工中产生了较大的影响，这是中盐金坛探索贤文化传播的一种鲜活有效的形式。

四、贤文化建设与传播的效果

如果从正式发布《贤文化纲要》算起，中盐金坛公司的贤文化建设与传播迄今已进行六年。六年来，贤文化建设与传播取得了什么样的成效呢？

（一）员工的价值观得到提升和统一

众所周知，文化建设的最高目标是形成精神信仰，这一目标位于企业文化金字塔的顶端，规范和引领着企业的行为方向与员工的价值追求，使文化的力量逐级逐层地渗透于企业的方方面面，给企业打上鲜明的文化标识，培育出独特文化风貌的员工队伍。

中盐金坛经过多年的贤文化建设，虽然还未达到形成精神信仰的层次，但在统一员工的精神追求和价值观方面，已有了明显的效果。走进企业，贤文化已成为主流意识，修贤育贤、尚贤志贤的风气在各厂矿得到倡导，润物细无声地影响着企业的生产经营和员工的文化修养，在这方天地，"贤故事"随处可遇，可感可触。

盐矿老员工仲贵喜认为："人不能延长自己生命的长度，但可以拓展生命的宽度。通过贤文化建设，几年后，员工的气质肯定会有变化，素养肯定会有提高。"[1] 盐矿老员工冯连庚认为："一个没有文化的企业，难以让人尊重。贤文化主要体现在道德层面，提得很及时。如果要受人尊重，就必须做到贤。"[2] 公司厂矿领导认为，《贤文化纲要》是吸收优秀传统文化、结合公司实际提出来的企业文化，其核心在于重德，使我们的工作有了努力的方向。贤文化不但统一了员工的价值观，而且员工们已经在自觉地将贤文化贯彻到工作和生活当中。加怡热电厂副厂长王国华说："从要我工作，向我要工作转变，

---

[1] 麻婷：《信心、感动、方向——贤文化调研纪实》，《中盐人》2013 年 1 月 25 日，第 2 版。

[2] 麻婷：《信心、感动、方向——贤文化调研纪实》，《中盐人》2013 年 1 月 25 日，第 2 版。

就是在接近贤。"① 加怡热电厂安全主管陆胜认为,当我们以敬畏自然的心态开发资源,并保护好一方碧水蓝天,就做到了贤文化倡导的"敬天"②。

自 2013 年始,公司设立"贤德""贤才"奖,获奖员工达 122 人,接近公司总人数的三分之一。公司在每年举行的总结表彰大会上对获奖员工颁奖,以此引导和激励员工确立向贤之志,员工也以获得贤德贤才奖为至高的荣誉。

据《中盐人》报道,获得 2014 年度"贤才奖"的加怡热电厂员工黄轶震对工作非常有激情,在电厂十多年,不仅上班的 8 小时全身心投入,下了班也一样爱动脑筋钻研工作上的事。他的经验是:下了班把上班时遇到的问题在脑子里过一遍,不仅让自己的知识更加牢固了,有时还能发现一些生产上的小缺陷。有人问他为什么这么有激情,他说:"这都是很自然的事情,干一行爱一行嘛,我热爱这份工作,工作起来自然有激情。"③

获得 2014 年度"贤德奖"的金东公司员工陈华虎肯吃苦,不服输,什么脏活、累活他都抢着干,他说:"我就是一个平平凡凡的人,干着平凡的工作,过着平凡的生活,不求有功,只求做好工作,无愧于心。"④

这种扎根基层、在平凡的岗位上全身心坚守着一份责任的贤文化精神,在今日的中盐金坛已成为常态。在贤文化的熏陶下,员工们用朴实的方式——兢兢业业地做好岗位工作,实践着他们对贤的"知"。

员工的价值观统一了,管理中的"内耗"减少了,企业的生产经营效益自然而然地提高了。自 2005 年至今,中盐金坛在利税方面对中盐总公司的贡献一直位居前列,连续 10 多年成为金坛市纳税大户前三名,仅以 2011—2014 五年为例,累计向国家纳税达 7.85 亿元,并于 2011 年起进入江苏常州地区五星级企业行列。此外,2009 年被国务院国资委评为"中央企业先进集体",2012 年,中国盐业总公司授予中盐金坛公司"特别贡献奖",2012、2013 年被中国轻工业协会评为"中国制盐十强企业"。中盐金坛人以无可争辩的事实,证明了企业的发展是员工的发展之自然结果,同时向世人昭示了其企业文化——贤文化的力量。

---

① 麻婷:《信心、感动、方向——贤文化调研纪实》,《中盐人》2013 年 1 月 25 日,第 2 版。
② 麻婷:《信心、感动、方向——贤文化调研纪实》,《中盐人》2013 年 1 月 25 日,第 2 版。
③ 张花等:《闪光在一线的"贤德贤才"》,《中盐人》2015 年 3 月 30 日,第 3 版。
④ 张花等:《闪光在一线的"贤德贤才"》,《中盐人》2015 年 3 月 30 日,第 3 版。

（二）经济转型和回归盐业本质的进程提速

中盐金坛公司的领导人认为，中国文化的最大特征是一种道德实践智慧型的文化，在经济和社会生活中，明辨义利是这种文化关注和讨论的主题，也是个体向君子、贤人乃至圣人提升的要津①。2015 年 3 月 15 日的《中盐人》发表了评论员的文章《明辨义利，回归本质》，系统地表达了中盐金坛人从"义利之辨"的角度对贤文化的诠释，以及对盐行业本质的理解。

先说"明辨义利"。道义为先，还是利益为先，是每一个企业或行业在改革过程中将面对的选择，我们探索调结构促转型之路，选择的是道义为先。中国盐业有着两千多年的专营历史，这一制度在给盐行业和历代封建王朝财政经济带来丰厚收益的同时，也导致盐行业长期局限在产品结构单一的圈中，缺乏改革与创新的动力，成为既传统又落后的产业，至今在世界盐业同行中依然是大而不强，振兴中国盐业成为当代盐业人应担的道义。而要担当起这份道义和历史责任，就必须顺应国际盐业发展大势，借助改革之力，走出依赖专营的模式，调整盐产品的结构，打破小圈子，融入大市场，为古老的盐行业找到新出路。

次言"回归本质"。我们是井矿盐生产企业，与海盐相比，我们认为井矿盐是盐中的"贵族"，它和大自然赐予人类的其他矿产资源一样，其定位在于服务民生，提高百姓的生活品质，而食盐只是其中的一种，生活中的诸多领域如交通、医药、畜牧、水处理等，都有盐的用武之地，欧美盐业同行在生活用盐领域先后开发出成百上千的品种，在这方面走在了我们的前面。因此，研发特种盐，取之于大自然，用之于改善民生，这是传承盐宗宿沙之精神，回归盐的日用常行之本质的应有之义。

要言之，通过研发生产特种盐以调结构促转型，是基于"明辨义利，回归本质"的选择，也是贤文化"明本顺性"的应然之举；这个选择也是以修贤成贤为志向的金盐人的必然选择。

上述评论员的文章提出，通过调整产品结构以融入国际大市场，推动中国盐行业的振兴是中盐金坛人选择的"大义"，推动盐行业向本质的回归，是中盐金坛人"明辨义利"的应然之举。他们这样说，也在这样做着。

2014 年 10 月 31 日，中盐盐业技术转化与应用中心正式落户中盐金坛。

---

① 麻婷:《金坛盐盆经济共同体有了人文建设的高端平台》,《中盐人》2013 年 11 月 15 日, 第 1 版。

中盐金坛公司总经理、党委书记管国兴表示，中盐金坛将借助中心这一高层次平台，承担起三大任务：一是推动制盐行业的节能，二是推动制盐行业的减排，三是推动制盐业向本质的回归。①

研发特种盐，在民生领域推广特种盐，提高百姓的生活品质，这是中盐金坛在探索制盐业"回归本质"过程中迈出的重要一步。公司总工程师兼技术部部长陈留平对此做了如下的解读：

无论从经济效益，还是环保效益考虑，散湿盐都应当退出市场舞台。这两年，我们的技术团队就在着力研发特种盐产品，目的就是使公司的产业结构实现大调整，让金坛的精制盐应用于更适合的领域。

为此，我们必须不断加大科研投入，增强自身的科研能力。通过引进和培养人才，做大技术团队，做细研发项目，做深研究课题，确保每个产品的关键成分都能自主研发。以创新产品来创造市场，比如环保型防冻除冰剂、果蔬洗涤盐、畜牧盐都是靠技术推动市场需求的形成。②

走在"回归本质"的发展之路上的中盐金坛，"在大工业盐方面，未来将不再使用精制盐，而是进行盐水革命，推广全卤制碱；精制盐的发展之路是开发特种盐市场，回归盐的本质，为提升大众的生活品质服务，为中国上亿吨级的制盐产能寻找到市场"③。

2014 年 6 月，中盐金坛成立特种盐市场部，与公司技术中心的博士团队联手，研制六大类特种盐新品种，积极开发特种盐市场，改变国人的用盐观念，使盐这个再平凡不过的物品，以更丰富的种类进入生活日用领域，提高大众的生活品质。中盐金坛目前开发出的环保型防冻除冰剂，在原料选用、加工工艺、技术指标等方面具有较强优势，尤其是低碳钢腐蚀率的性能使其具有良好的环保特性。另外，公司还建立了除冰剂的使用规范，能够做到科学合理的使用，使其对环境的影响很小。资料显示，世界盐业机构将目光投向生活用盐，以提高人的生活品质为追求，在引领盐的利用上，对资源重在循环利用，对环境加以保护，对生命予以关照。中盐金坛的特种盐事业与世

---

① 麻婷：《勇担三大责任，引领"科技兴盐"》，《中盐人》2014 年 11 月 15 日，第 3 版。

② 管国兴：《传统制盐业如何发展？看中盐金坛的转型之路》，《今日中国》，2014 年 7 月 18 日。

③ 转引自中国盐业总公司网站 2015 年 1 月 29 日新闻报道《中国盐业总公司召开 2015 年工作会议》。

界盐业发展方向不谋而合。①

如今，中盐金坛首提的"特种盐"及其产品结构调整思路已得到中国盐业总公司的认可，要求"加大投入，加快特种盐的产业化步伐"②。中盐金坛公司研制的防冻除冰剂已在江苏多地投入使用，同时打入日本市场，在东京、长野、丰桥和佐井等地区得到推广使用。谈到特种盐的未来规划，中盐金坛公司总工程师兼技术部部长陈留平说："公司将走绿色环保之路，培育特种盐产业群，为进一步满足市场需求，还将建医药用盐、畜牧盐、果蔬洗涤盐等一系列高端特种盐项目。"③此外，江苏盐道物流公司还为特种盐打开市场搭建"绿色通道"，负责特种盐的运输、仓储和包装等项目。为满足特种盐市场，将投资4.9亿元，建设占地面积145亩，总建设面积53420平方米的绿色物流园区，届时加工配送特种食用盐的生产能力可达80万吨。

"我们这代盐业人还怀揣着一个伟大梦想，要让中国成为世界盐业强国。""中国早已是世界第一产盐和用盐大国，目前年产能近1亿吨，但盐的品种还不够丰富，在世界盐行业仍缺乏话语权，我们这代盐业人应主动挑起振兴中国盐业的大梁，这是我们的责任与使命。"④中盐金坛人如是说。

"回归本质"的另一层含义是平衡好企业作为"社会人"与"经济人"的双重责任，在"义"与"利"的关系上，毫无疑问地选择生财有道、义在利先，主动担当起企业的社会责任，使企业的行为和影响惠及民生。在这方面，中盐金坛公司投入大量的资金，做了令许多业界人士一时无法理解的履行社会责任的科技革新项目：引进MVR制盐技术以降低真空制盐的能耗；持续推动盐水"革命"以带动氯碱企业全卤制碱，节约能耗、减少排放⑤；对加怡热电厂全面实施环保改造并取得显著成效⑥；不断推进盐穴综合利用，把隐患变成资源；制定不合格产品召回制度，并进行不合格产品召回演练⑦等等。

① 万斯琴：《盐改谋变，中盐金坛率先培育特种盐产业群》，《中国企业报》2014年12月23日，第34版。

② 万斯琴、麻婷：《中盐金坛：转型改革打造百年老店》，《中国企业报》2014年1月21日，第24版。

③ 万斯琴、麻婷：《中盐金坛：转型改革打造百年老店》，《中国企业报》2014年1月21日，第24版。

④ 马建军、麻婷：《氯碱行业全卤制碱或成可能》，《中盐人》2014年4月30日，第1版。

⑤ 高良俊：《改造后，电厂环保水平又有提高》，《中盐人》2014年12月15日，第1版。

⑥ 麻婷：《利用盐穴宝库，中国盐业大有可为》，《中盐人》2013年6月25日，第2版。

⑦ 姚静、麻婷：《中盐金坛举行不合格产品召回演练》，《中盐人》2014年5月30日，第1版。

付出和回报虽然不会立竿见影地取得平衡，但从一定时期或从长远来看，付出必然收获回报。2014 年 8 月 18—19 日，由中国矿业联合会、江苏省国土资源厅、江苏省矿业协会、江苏省地质调查研究院、常州市国土资源局组成专家组，对中盐金坛盐化有限责任公司金坛盐矿国家级绿色矿山建设进行验收。在验收意见中专家们评价道，金坛盐矿在建设国家级绿色矿山过程中，"构建了内外和谐的企业文化理念体系，发布了《贤文化纲要》，把'敬天尊道，尚贤慧物'作为公司'贤文化'的核心价值观，编辑出版《人文管理》、《中盐人》等刊物，设立'贤德奖'、'贤才奖'，激励员工向'贤'看齐；成立贤文化研究会，培养贤文化中贤力量；职工收入年增长达 10%。经综合评定，中盐金坛盐化有限责任公司金坛盐矿达到了国家级绿色矿山标准，专家组一致同意通过国家级绿色矿山建设验收"①。

2013 年 2 月，中盐金坛通过中国制造网审核，入驻国际电子商务平台②，2014 年通过联合利华等第三方社会责任审核，审核周期由一年一次延长为两年一次③；多次获得常州市、金坛市"重合同，守信用企业"荣誉；自 2010 年始至今，连续获得"企业资信等级 3A 级"殊荣。这是政府、社会、用户、消费者对中盐金坛人在成长之路上明辨义利，坚守贤文化"明本顺性"的理念，推动盐业回归服务民生之本质的高度认可。

（三）管理的人文特色和精细化水平明显提升

毋庸讳言，中国企业的管理，主要采用的是源自西方的科学管理模式，这种管理模式建立在西方科学理性主义思想文化的基础上，从工业革命时期开始发轫、成熟、发展，其优点在实践中已得到了充分的彰显。与此同时，其人文关怀的不足，也日益暴露出来。进入 21 世纪，唯经济效益之马首是瞻的发展模式及相应的管理模式，受到了越来越多的质疑和批评，以人为本的观念进入发展和管理的主题。如何在管理的提升和转型升级中更多地体现人文因素，使人本身成为发展的目的并享受发展的成果，而不是成为赚钱的工具，是一个具有挑战性和迫切的现实性的课题。中盐金坛公司提出贤文化、建设贤文化，将贤文化融入管理的提升中，积极推行人文管理，促进现代企

---

① 中国矿业联合会：《江苏省绿色矿山调研及金坛盐矿核查验收情况报告》2014 年。
② 姚桂霞、马建军：《金坛盐入驻国际电子商务平台》，《中盐人》2013 年 2 月 25 日，第 1 版。
③ 姚桂霞：《中盐金坛通过联合利华社会责任审核》，《中盐人》2014 年 9 月 30 日，第 2 版。

业管理向人文方向转型升级，不但带动了管理思维方式的转变，更带动了对管理目标和管理本质认识的转变。

一是贤文化"反求诸己"的思维方式，使自我管理与管理他人变得同样重要，从而打破管理与被管理的界限，推动了以自我管理为特色的"工厂工程师"制度的设计和实施。特别值得一提的是，"工厂工程师"制度运行三年来，员工从"要我学"转为"我要学"，系统驾驭能力大大提升，并能主动思考改进生产工艺，"在生产管理上实现了较大的创新和突破，在增产不增人的情况下，各生产单位成功推行五班三运转和年休假制度，大大提升了管理的效率和效益"①。

二是贤文化"尚贤慧物"的思想，突出了管理的教育职能，使管理的人文精神得到更加全面的贯彻。管理从本质上说到底是何种活动？中山大学著名管理哲学教授黎红雷先生应邀在中盐金坛"宿沙讲坛"做《无为智慧与现代企业管理》的报告时说："管理就是教育，管理者就是教育者，管理的过程就是教育的过程。"②这与贤文化管理的特点一致。

三是贤文化"明本顺性"的要求，使管理向"以人为本"的本质回归，人在管理的实施过程中，从工具回归到目标和价值取向。中盐金坛公司总经理管国兴说："管理既是一门科学，更是一门艺术。自从有了科学的管理，企业发展步入快车道。因此，我们首先要承认管理是一门科学，有它的内在科学性；同时管理中有很多微妙的东西，更需要提升管理者自身素养，使管理成为一种艺术。"③要使管理成为艺术必须用人文来提升管理的境界。中盐金坛成立16年来，已经从原有的粗放式经营进入转型升级阶段。

贤文化的提出，拓展了管理人员的视野，促进了管理水平的提高。中盐金坛公司总经理管国兴说："近年来，公司在计划管理、品质管理、设备管理、信息化管理等方面取得了明显的进步，企业管控能力和执行力不断提升，科技和人文建设快速向前推进，同时也进一步提升了公司员工的凝聚力和企业形象。"④特别通过把贤文化精神融入公司管理中，使公司的精细化管理水平得到显著的提高。据《中盐人》报道：

---

① 周小丽：《实施效果如何？员工有何评价？未来如何完善？》，《中盐人》2014年12月30日，第3版。

② 郑明阳：《著名管理学专家黎红雷、葛荣晋为中盐金坛管理提升传道解惑》，《中盐人》2013年11月30日，第1版。

③ 管国兴：《管理是一门艺术》，《中盐人》2013年10月30日，第1版。

④ 麻婷：《2013，中盐金坛转型升级步伐稳健》，《中盐人》2014年1月15日，第1版。

2013 年，ERP 系统由 U8 平台升级为 NC 平台，VMI 代管业务得到深化应用，集团仓库五金超市体系建立完善，增强了公司在销售、物流、计量、质检、领料等方面的集团管控能力，实现公司内部各业务、母子公司之间信息的无缝对接。全年散湿盐的损耗率由 2012 年的 1.12% 下降至 2013 年的 0.75%，由此可产生 180 万元的经济效益，仓库库存资金占用同比下降 4.9%。信息化的深入推进，也使财务结账时间从 2012 年平均 3 天缩短为现阶段子公司 1 天、本部 2 天。年底，OA 系统正式上线，实现办公电子化。正在实施的项目管理、资产设备管理、成本管理、质量管理等一系列管理提升板块，将于 2014 年陆续上线。届时，将真正实现人人参与成本管理，达到生产效益的最大化。[1]

已跟进中盐金坛信息化建设三年时间的用友软件股份有限公司常州分公司代表说："这三年我看见中盐金坛的管理水平一直在提升，内控能力在不断加强，且速度很快。在信息化构建过程中，公司领导积极推进，员工的支持配合力度也很大，说明信息化在公司内部的认知度越来越高。"[2]

自 2012 年启动管理提升活动以来，在贤文化的引领下，中盐金坛的专业化、精细化、理性化的管理思路在公司内部逐步落地，并取得了"实现同质化集中供卤、计划管理到班组批次、仓库物资周转率提高、基本实现全年无大修"的管理提升效果，基本做到了"新增项目不增人、岗位增加不增人、班次增加不增人"[3] 的管理目标。

（四）市场"贤商"团队建设成绩斐然

中盐金坛贤文化提出以后，很快辐射到了公司销售部门，培育一批"贤商"成为市场部门人才队伍建设的目标。中盐金坛公司副总经理兼特种盐市场部长江一舟说："在特种盐营销队伍的培养壮大上，我们重视营销人员'术'的提升，但更关注营销人员'德'的储备，这是特种盐市场建设的一个重要任务。员工只有具备担当精神，对家庭、企业、社会和国家负责，才会拿捏好心中的那杆秤，也才会认同我们企业的发展方向。"[4]

①　麻婷:《中盐金坛:三措并举提升自主研发水平》,《中盐人》2013 年 1 月 25 日,第 2 版。
②　麻婷:《中盐金坛:三措并举提升自主研发水平》,《中盐人》2013 年 1 月 25 日,第 2 版。
③　万斯琴、麻婷:《中盐金坛:转型改革打造百年老店》,《中国企业报》2014 年 1 月 21 日,第 24 版。
④　麻婷:《特种盐市场需要培育和引导》,《中盐人》2014 年 10 月 30 日,第 1 版。

在中盐金坛领导人的心目中，"贤商"队伍的"贤"，"不单指个人的文化素养，还包含个人的技术素养。只有对社会具有良好的洞察力，才能算是一位'贤商'。营销员不仅要重视对业务技能和贤文化的学习，更要注重在技术方面的学习提升"①。

中盐金坛的"贤商"培育从构建和谐的客户关系着手。《贤文化纲要》说："诚为人之本性，亦为企业之本性，故顺性者必明诚，不诚则无以成己成物。"市场营销人员以"明诚"的态度获得客户的信任，与客户建立和谐的关系。如：外贸营销人员面对美元走低、远洋船运费用提高的严峻形势，通过精心安排生产和发货，努力为客户争取最优质的海运服务、最优质的海运价、最实惠的目的港服务，使得出口量不减反增。一次盐水市场下滑时，客户对质量的要求比平时苛刻，营销人员始终把客户的要求放在第一位，真诚地对待客户提出的各种要求，多次赴客户单位进行沟通协商，进一步优化一次盐水的工艺和检验标准，同时采取提质保价的销售策略，用诚信打动客户，维护了市场份额。②

包装盐销售团队坚持走高端市场路线，找准市场，精心培育忠诚度高的客户群，重视和有一定市场影响力、精通盐行业且关注产品品质的规模企业开展合作。2013年中盐金坛出口量增加了30%，澳大利亚和中国台湾地区出口量实现了翻一番，开拓了希腊、毛里求斯、菲律宾、联合利华马来西亚等新市场。对中盐金坛来说，这不仅是量的扩大，更重要的是数据后面是客户对中盐金坛的信任和产品质量的肯定，和谐的客户关系将因此更加长久、坚实。③

在贤文化的熏陶下，市场营销人员应对市场变化的"定力"不断提升，心态也变得更为平和，综合素质朝着"贤商"的目标靠近。2013年9月，盐行业恶性竞争加剧、上下游化工企业开工不足、市场持续萎缩，产品的积压又造成了价格战和无序竞争，在一段时间内公司市场销售人员被浮躁的情绪所左右。市场部销售科长任辉回忆说："那段时间，我们想起了去年在南京大学举行的贤文化培训开班仪式上领导的讲话，'追求智慧，放眼视界'。只有心定了，才能生慧。我们决心让心静下来。"④于是，在市场部领导的带领下，销售人员调整心态，积极走访市场，拓展销售半径，开发出两个地区的新用

① 江一舟：《我们需要怎样的"市场工程"师》，《中盐人》2015年1月30日，第1版。
② 韩雪：《关注销售细节》，《中盐人》2013年11月5日，第3版。
③ 马建军：《中盐金坛十大新闻》，《中盐人》2014年1月15日，第3版。
④ 任辉：《定心跑市场》，《中盐人》2013年11月15日，第3版。

户，最终销售市场恢复了以往有序发运的状态，销售价格也逐渐稳步提升。通过迎接逆境的考验，公司主管市场的领导更加体会到了培育"贤商"的重要。他说，市场部提出培育"贤商"，我们希望用贤文化来培养和提升人员素质，使员工队伍朝着贤的方向前行。① 特种盐市场部副部长金柳表示，特种盐市场部将加强业务培训，提高专业技能；加强经销商管理，努力探索销售方法的转变；发挥好团队的力量，助推销售人员向"贤商"转型，为迎接"后专营时代"做准备。②

可以预期，贤文化将对中盐金坛的市场工程建设和"贤商"队伍的培育发挥越来越大的影响。

（五）员工的组织公民行为更加自觉

中盐金坛公司开展贤文化建设以来，员工们积极践行贤文化，除了兢兢业业地做好岗位工作，还在业余时间主动参与和完成本职工作以外的社会公益活动，赢得了社会的称誉，树立了可敬可爱的志贤者形象。

盐厂硝包装车间班长杨洪财，连续五年在车间度过春节。更让人感动的是，他不但自己过年上班不回家，在公司电厂做保洁的妻子、在盐厂码头工作的儿子也都在岗位上过春节，一家人把对公司的热爱融入了平凡的工作中，心中想的是："公司养育了我们这么一大家子，我们怎么能不以认真工作来回报呢？"③

"金盐之星"陆明军，为了让外地员工能回家过年，春节他代了不少班。他的话特别的朴实："外地员工难得回家一趟，我家就在金坛，无所谓啊。"④

2013年10月26日，研究生毕业的中盐金坛技术部工程师李娜，为当地的中小学第二届科学节开设"崛起中的新盐都"讲座，受到了师生们极大的欢迎。"从来不知道，我们每天吃的盐原来是这样开采出来的！""也从来不知道，被开采完的盐穴居然还有这么多的用途，可以存储天然气，可以储油，甚至还可以用来发电！""身为金坛人，为家乡能拥有这样的盐矿、这样先进

① 蒋红翠、荀美子：《20句话读懂中盐金坛的2014·2015》，《中盐人》2015年1月15日，第3版。

② 蒋红翠、荀美子：《20句话读懂中盐金坛的2014·2015》，《中盐人》2015年1月15日，第3版。

③ 曹建明、徐文婷、马建军：《蛇年春节，一线员工怎么样过？》，《中盐人》2013年2月25日，第1版。

④ 高良俊等：《在班组过年：春节坚守岗位的故事》，《中盐人》2015年3月15日，第2版。

的制盐装置、这样与国际接轨的企业，真是深感自豪！"①

盐厂青年员工林峰、孟各拾金不昧的行为，更是在公司传为佳话②，公司员工参与当地无偿献血活动已成为常态。

近几年来，公司 400 多名员工先后向 2008 年汶川地震捐款 32450 元、2009 年台湾"莫拉克"台风捐款 21794 元、2010 年玉树地震捐款 31531 元和舟曲泥石流捐款 26280 元。一份捐款一份关爱，涓涓细流表达了中盐金坛公司全体员工对灾区同胞的真情关爱，为灾区的抗灾救灾、重建家园尽一些微薄之力。③

2013 年 4 月 20 日四川省雅安发生 7.0 级地震，许多生命瞬间消逝，美好家园沦为废墟。中盐金坛公司领导和员工及时伸出友爱之手，支援灾区亲人，共计募得善款 46300 元，此外市场部外贸科在第一时间采用淘宝救援的方式进行了援助，用他们的实际行动履行企业人的社会责任，践行贤文化的博爱精神。

金赛盐厂的仲俊翔是电仪主管，电仪工作压力大、任务艰巨，但是他从来不抱怨，而是怀着一颗挚爱的心来对待工作。仲俊翔常挂在嘴边的一句话就是："我们要学的东西还有很多很多，学习是没有止境的。"④ 为了实践他所学习的理论，他总是在车间加班研究操作。就这样仲俊翔通过多学多做多试，持之以恒，终于通过自学搞定了仪表，由门外汉变成了干盐车间的仪表大师。在同事们看来，无论什么问题，身在何处，他都会在第一时间赶来解决。仲俊翔的徒弟陆军对师傅毫无保留的传授感触颇多："师傅很有耐心，在我们学习之初，都是到现场手把手教我们，给我们讲机器的原理，如何调试，如何修理，不厌其烦。在我们逐渐能上手的时候就会放手让我们做，让我们学着慢慢独立。"⑤ 在仲俊翔的字典里，"责任"是一个神圣而坚定的词。刻苦钻研，勤奋好学，无私传授的仲俊翔，他的青春之歌充满贤韵。

（原载于《中华文化与传播研究》第 1 辑）

---

① 李娜：《金坛盐盆知识讲座受当地中小学生欢迎》，《中盐人》2013 年 11 月 15 日，第 2 版。

② 麻婷：《盐厂青年员工林峰、孟各拾金不昧受称赞》，《中盐人》2011 年 7 月 25 日，第 2 版。

③ 郑明阳：《中盐金坛公司社会责任案例汇编（2010-2014）》。

④ 徐文婷：《激扬贤韵的青春之歌——干盐车间电仪主管仲俊翔素描》，《中盐人》2014 年 8 月 30 日，第 1 版。

⑤ 徐文婷：《激扬贤韵的青春之歌——干盐车间电仪主管仲俊翔素描》，《中盐人》2014 年 8 月 30 日，第 1 版。

贤文化组织传播与"尚贤"治理建构：基于理念与实证的研究 ①

摘要：以"学为圣贤"为第一等事的华夏文明在组织传播过程中，形成了尚贤希圣等理念和追求，在治身、治世、治国等领域呈现出华夏文明独特的"圣贤气象"。研究表明，先秦时期，构成华夏文明的儒、墨、道、法等主要学派都基于治理视角探讨过圣贤文化，虽然道家、法家没有特别鼓励尚贤，但儒家、墨家却大力提倡尚贤，后世董仲舒、周敦颐、朱熹等人，对尚贤文化多有继承发展。

关键词：贤文化；组织传播；"尚贤"治理；反求诸己；三才相通

"贤"是华夏文明所提倡的传统美德，尚贤理念是中华民族的重要精神内核，有研究者对贤文化进行过专题研讨②。通过研究发现，尚贤、希圣等思想，不仅蕴含家国治理、社会教化等功能，而且在团队建设、社会治理等方面呈现独特的组织传播气象。本文从三方面对尚贤思想与组织传播的关系开展研究：其一，从探讨贤字的内涵流变入手，梳理先秦儒、墨、道、法四大学派有关贤的思想和观点并加剖析，继而梳理董仲舒、朱熹对尚贤思想的继承与发展。其二，以 CiteSpace 软件为工具，以中国知网文献数据库关于"贤"的现有文献为对象，分析贤的研究现状、热点及进展。其三，以案例企业中盐金坛盐化有限责任公司的贤文化建设为例，剖析贤文化组织传播的路径，

---

① 本文为国家社科基金一般项目"华夏文明传播的观念基础、理论体系与当代实践研究"（编号：19BXW056）的阶段性成果。

本文第二作者蒋银，《贤文化》编辑，研究方向为贤文化、盐文化。

② 尹娇：《中华传统文化核心范畴"贤"的语义分析及文化阐释》，硕士学位论文，福建师范大学，2012 年。

以及在构建企业"尚贤"治理方面的经验和效果。

一、尚贤的源与流：文化传播视角的梳理

（一）贤字内涵的流变

汉字作为华夏文明传播的主要载体，其自身的流变即呈现出华夏文明的变化概况与发展规律。

"贤"，会意法造字，其本字为"臤"，从各时期的字形变迁来看，如图1，在甲骨文字形中，左为臣，本意为俘虏、奴隶，右为又，意为抓持、掌握、管理，整体可理解为对奴隶、俘虏进行很好的掌控。金文承续甲骨文字形，当"臤"作为单纯字后，金文再加"贝"另造"賢"代替。《形音义字典》解金文字形的贤曰："象人手执贝审视之形，能识贝之优劣者为贤。"①篆文、隶书、楷书、行书承续金文字形。

图 1 "贤"字的字形演变 ②

王筠《说文句读》提道："不言从取者，古者以取为贤，后乃加贝。"③钱桂森《段注钞案》指出："其义为多才而其字从贝，盖从坚贝取譬为义，亦形声兼会意之字。"④以上表明，贤字存在由"臤"加"贝"而形成"賢"的这种演变过程。

究其字义演变，贤最初含义为多财，即钱财多，后引申出有才能，有德行的含义。许慎《说文解字·贝部》言："贤，多财也。从贝，臤声。"⑤段玉裁《说文解字注》："多财也。财各本作才。今正。贤本多财之称，引伸之，

---

① 高华平：《从出土文献中的"贤"字看先秦"贤"观念的演变》，《哲学研究》2008 年第 3 期。

② 象形字典网，http：//www.vividict.com/WordInfo.aspx？id=34232019-6-1。

③ 王筠：《说文解字句读》，北京：中华书局，2016 年，第 78 页。

④ 庞月光：《古汉语词义辨析二则》，《北京教育学院学报》（社会科学版）1997 第 1 期。

⑤ 许慎：《说文解字》，北京：中华书局，2018 年。

凡多皆曰贤。人称贤能，因习其引伸之义而废其本义矣。"①语言文字学家杨树达在《增订积微居小学金石论丛·释贤》中提出："以臤为贤，据其德也；加臤以贝，则以财为义也。盖治化渐进，则财富渐见重于人群，文字之孳生，大可窥群治之进程矣。"②历史学家顾颉刚在《"圣""贤"观念和字义的演变》中也曾指出，贤原来只是多财的意思，才能、德行的含义是后有的③。贤的"多才"义和"德行"义是在春秋战国时期形成。

贤的"多财"之义引申发展为"多才"，而"有德"之义是后续的进一步发展。贤的甲骨文所具掌控奴隶、俘虏的含义，蕴含勇猛之力，是一种技能的体现。有学者曾提出："远古时代的人们，由于生产力落后，只能靠体力技能获取生活资料，财富多的直接原因就是依靠体力技能。"④所以，多财，其本质意味着有更多的才能。侯外庐等在《中国思想通史》中提出："'贤'字最早见于《尚书·君奭》篇，《诗经·大雅·行苇》篇与《诗经·小雅·北山》篇。"⑤《诗经·大雅·行苇》中有言"敦弓既坚，四鍭既钧，舍矢既均，序宾以贤。""序宾以贤"即按射箭命中的次序排列宾客的席位，"贤"在此处即有射箭的技能之义。⑥

贤的"德"义源于"献"字。"献"和"贤"具有通假的关系，《汉语大辞典》解"献"曰："古代指贤者，特指熟悉掌故的人。"《尚书·虞夏书·益稷》："万邦黎献，共惟帝臣。"意即"天下万国的百姓与宿贤，都是舜帝的臣子"。古代借"献"为"贤"的通假例还有南宋朱熹《四书章句集注》解"文献"曰："文，典籍也；献，贤也。"⑦清代刘宝楠《论语正义》解"文献"亦谓："文谓典策，献谓秉礼之贤士大夫。"⑧

学者单纯指出，"记录'贤'的技能含义和'献'的德才含义结合而成现

① 段玉裁：《说文解字注》，南京：凤凰出版社，2018年。

② 杨树达：《增订积微居小学金石论丛》，上海：上海古籍出版社，2013年，第36页。

③ 顾颉刚：《"圣""贤"观念和字义的演变》，《释中国》，上海：上海文艺出版社，1998年，712页。

④ 尹娇：《中华传统文化核心范畴"贤"的语义分析及文化阐释》，硕士学位论文，福建师范大学，2012年。

⑤ 侯外庐，赵纪彬，杜国庠，邱汉生：《中国思想通史》第一卷，北京：人民出版社，1980年，第34页。

⑥ 阮元：《十三经注疏（清嘉庆刊本）》，北京：中华书局，2009年。（本文涉及十三经内容皆出于此，下同，不再标注）

⑦ 朱熹：《四书章句集注》，北京：中华书局，2003年。

⑧ 刘宝楠：《论语正义》，北京：中华书局，1990年。

代'贤'字含义的最早文献为《国语·周语中》"①。《国语·周语中》中原文为："王曰:'利何如而内,何如而外?'对曰:'尊贵、明贤、庸勋、长老、爱亲、礼斩、亲旧……狄,豺狼之德也,郑未失周典,王而蔑之,是不明贤也。'"至此,贤字已有了德行和举贤之义。

除"有才能,有德行"外,贤还具有其他一些义项,宗福邦等在《故训汇纂》中列出贤的 85 个义项,主要为才、能、货贝多于人、大、善、劳、坚、胜、益、愈等等②。尹娇在《中华传统文化核心范畴"贤"的语义分析与文化阐释》一文中,结合《辞源》《辞海》《康熙字典》《古汉语字典》等多部权威汉语词典的阐述,将"贤"的义项总结为 7 项,分别为有德行、多才能;有德行、有才能的人;优良、美善;尊崇、器重;胜过、超过;辛劳;对人的敬辞。

总的说来,贤字的本义应是多财,即钱财多,之后首先发展出才能多、德行多的引申义。在其之后,贤的字义又发展出更多的引申义,现代汉语中又发展出"贤德""贤达""贤惠""贤明""贤能""贤哲""贤士""贤良"等多个词义。

(二)先秦诸子的"尚贤"思想

在华夏文明的传播发展过程中,先秦时期诸子百家争鸣的思想文化传播环境,使儒、道、墨、法等学派形成充分的对话交流。对于贤德是否应予以推崇?当时诸子的观点可分为儒家、墨家的"尚贤"和法家、道家的"不尚贤"这两大流派。

1. 儒家:尊贤有等的尚贤观

儒家的尚贤思想发源于孔子。西周末期,礼制僭越,"礼乐征伐自天子出"变为"礼乐征伐自诸侯出",进而"自大夫出",以至出现"陪臣执国命"的"天下无道"状态。③礼乐的崩坏造成了社会秩序失衡和价值体系的混乱。面对礼崩乐坏的现状,孔子提出"仁义"结合的治世之道,一方面继承周礼,一方面倡导维新。

"尚贤"是孔子倡导的仁政的重要组成部分,据笔者统计,仅《论语》中提及"贤"至少 24 次。《论语·子路第十三》记载道:"仲弓为季氏宰,问政。

---

① 单纯:《贤与中国文化之元》,《青岛大学学报》1996 年第 3 期。
② 宗福邦,陈世铙,肖海波:《故训汇纂》,北京:商务印书馆,2003 年。
③ 《论语·季氏》。

子曰：先有司，赦小过，举贤才。曰：焉知贤才而举之？曰：举尔所知，尔所不知，人其舍诸！"由此可见，"举贤才"是孔子所提倡的为政之道。《论语·泰伯》言："舜有臣五人而天下治。武王曰：'予有乱臣十人。'孔子曰：'才难，不其然乎！唐虞之际，于斯为盛。有妇人焉，九人而已。三分天下有其二，以服事殷。周之德，其可谓至德也已矣。'"舜有五贤臣而天下治，武王有九贤臣得以代殷而王，孔子称赞他们能够任用贤能，感叹人才难得，同时反映出尚贤的重要性。《史记·孔子世家》也记录有"鲁哀公问政。对曰：'政在选臣。'季康子问政，对曰：'举直错诸枉，则枉者直。'"孔子认为选对正直的人对为政具有积极作用。孔子还对知贤不用贤的行为给予批评，子曰："臧文仲，其窃位者与？知柳下惠之贤而不与立也"[1]。

对于何为贤才，孔子认为"德才兼备"是贤才必备的基本条件，朱熹曾为孔子的"举贤才"作注阐释为："贤，有德者；才，有能者。"[2]此外，在《论语》中对"贤才"的品质也多有描述，如安贫乐道、知人善任、见贤思齐、贤贤易色等。

孔子虽然把德行纳入了贤才的考量标准，但值得注意的是，他倡导的是"亲亲有术，尊贤有等"的尚贤观。孔子坚持周礼的"君臣父子"之道，延续宗法血缘，把仁作为儒家最高道德规范，而仁的根本在于血缘亲情，"仁者，人也，亲亲为大。义者，宜也，尊贤为大"[3]。亲爱亲族是最大的仁。孔子所倡导的尊贤、举才，仍是维护封建等级制度的，在孔子看来"百工居肆以成其事，君子学以致道"[4]，其认为贤才主要出自君子，即"士"阶层。

孟子的尚贤思想在继承孔子的基础上有深化拓展，其强调"尊贤使能"对"仁政"具有重要作用。"尊贤使能，俊杰在位，则天下之士皆悦，而愿立于其朝矣。"[5]"尊贤育才，以彰有德。"[6]孟子认为，好的政治应当尊重、培育贤才，表彰道德高尚的人，国家强盛的关键在于重用人才，"不信仁贤，则国空虚"[7]。

孟子强调了君主识别贤才、任用贤才的重要性，"虞不用百里奚而亡，

① 《论语·卫灵公第十五》。
② 朱熹：《四书集注》，南京：凤凰出版社，2016年。
③ 《中庸》。
④ 《论语·子张》。
⑤ 《孟子·公孙丑章句上》。
⑥ 《孟子·告子下》。
⑦ 《孟子·尽心下》。

秦穆公用之而霸。不用贤则亡，削何可得与？""君子之所为，众人固不识也。"① 其以秦穆公任用贤才百里奚而得以称霸诸侯的例子论证选贤任能的重要性，同时也指出识别贤才是一项难得的技能。除识别人才外，还需要举贤养贤，"悦贤不能举，又不能养也，可谓悦贤乎？"②

而对于个人如何成贤，孟子认为关键在于修身。孟子认为人"性本善"，"仁、义、礼、智根于心"③，"居移气，养移体"④。他指出，地位与环境等后天因素可以改变人的气质、修养、内涵。孟子认为要养成贤德，重在修身，要在实践与苦难中获取磨炼。正所谓："故天将降大任于斯人也，必先苦其心志，劳其筋骨，饿其体肤，空乏其身，行拂乱其所为，所以动心忍性，曾益其所不能。"⑤ 孟子眼中的贤者，应先知先觉，使人昭昭；应知其大者，以急务为先；应知于性命，不失本心。

较之于孔子，孟子对如何发挥贤者的作用，其观点更为明确，"贤者在位，能者在职"⑥ 是孟子理想政治的典范。他认为贤明的人身居高位，能干的人担任要职，如此国家才能长治久安。孟子还提出大德与小德、大贤与小贤的关联规律："天下有道，小德役大德，小贤役大贤；天下无道，小役大，弱役强。斯二者，天也，顺天者存，逆天者亡。"⑦ 此外，孟子也进一步拓展了贤者的来源："舜发于畎亩之中，傅说举于版筑之间，胶鬲举于鱼盐之中，管夷吾举于士，孙叔敖举于海，百里奚举于市。"⑧ 特别是孟子"左右皆曰贤，未可也；诸大夫皆曰贤，未可也；国人皆曰贤，然后察之，见贤焉然后用之"⑨ 的察贤举贤的观点，具有古代朴素的民主思想特征。

然而，在孟子时期，"尚贤"与"用亲"仍未对立起来。"为政不难，不得罪于巨室。"⑩ "国君进贤，如不得已，将使卑踰尊，疏踰戚，可不慎与？"⑪ "用下敬上，谓之贵贵；用上敬下，谓之尊贤。贵贵、尊贤，其义一

---

① 《孟子·告子下》。
② 《孟子·万章下》。
③ 《孟子·尽心上》。
④ 《孟子·尽心上》。
⑤ 《孟子·告子下》。
⑥ 《孟子·公孙丑》。
⑦ 《孟子·离娄上》。
⑧ 《孟子·告子下》。
⑨ 《孟子·梁惠王下》。
⑩ 《孟子·离娄上》。
⑪ 《孟子·梁惠王下》。

也。"① 这些皆体现出孟子"尚贤"思想仍有"亲亲有术，尊贤有等"的成分。孟子甚至对墨子的兼爱思想进行了直接的批判："墨氏兼爱，是无父也，无君无父是禽兽也。"②

2. 墨家：兼爱观念下的尚贤

春秋战国之交的著名思想家墨翟，作为一个平民，在少年时代做过牧童，学过木工，其所处阶层使他相当关注小生产者的利益。对于"尚贤"，墨子是先秦诸子中最为积极的倡导者，墨子的"尚贤"思想精华主要体现于其《墨子·尚贤》三篇。兼爱是墨子的代表理论，他针对儒家"爱有等差"的说法，主张爱无差别等级，不分厚薄亲疏。同样的，墨子的尚贤观也打破儒家的亲亲之道，与用亲观形成对立。

"故古者圣王之为政，列德而尚贤。虽在农与工肆之人，有能则举之。""以德就列，以官服事，以劳殿赏，量功而分禄。故官无常贵，而民无终贱，有能则举之，无能则下之，举公义，辟私怨。"③ 墨子坚定地主张"任人唯贤"，选贤任能，不重出身，"在农与工肆之人"只要有贤都可举之，这同时也反映出墨子所代表平民阶级对提升阶级地位的渴望。"官无常贵，民无终贱"的观点更饱含"尚同"思想，具有人人平等的超前意识。"不党父兄，不偏贵富，不嬖颜色"④，体现出墨子对儒家"亲亲有术"的宗法等级观念的突破与批判。

墨子更把"尚贤"提升到"为政之本"的高度。墨子以古时尧任用舜，禹任用益，汤任用伊尹，文王任用闳夭、泰颠的典故为论证之据，提出"夫尚贤者，政之本也"⑤。墨子还指出，国家兴衰的奥秘在于能否实现人尽其才。他认为，若是国家重用大量贤才，国家就会被治理得很好，否则，国家就会被治理得很差。"国有贤良之士众，则国家之治厚；贤良之士寡，则国家之治薄。"⑥ 并且，"贤者之治国也，蚤朝晏退，听狱治政，是以国家治而刑法正。贤者之长官也，夜寝夙兴，收敛关市、山林、泽梁之利，以实官府，是以官府实而财不散。贤者之治邑也，蚤出莫入，耕稼树艺，聚菽粟，是以菽粟多

---

① 《孟子·万章下》。
② 《孟子·滕文公》。
③ 《墨子·尚贤上》。本文所用《墨子》为方勇译注本，北京：中华书局，2015 年。
④ 《墨子·尚贤中》。
⑤ 《墨子·尚贤上》。
⑥ 《墨子·尚贤上》。

而民足乎食。故国家治则刑法正，官府实则万民富。"① 墨子指出贤者治国将带来国家有治而刑法严正，官府充实而万民富足的实际效果。此外，墨子认为贤才的任用与国家的长治久安密切相关，他指出，用贤是十分急迫的。"入国而不存其士，则亡国矣。见贤而不急，则缓其君矣。非贤无急，非士无与虑国。缓贤忘士，而能以其国存者，未尝有也。"②

对于什么样的人是贤才？墨子也有提出他的观点："厚乎德行，辩乎言谈，博乎道术。"③ 可见，德行、才能、学问是墨子的选贤标准。三项标准中，又以德行为首。"富之、贵之、敬之、誉之"，墨子认为要吸引贤才，任用贤才，就必须做到使贤才富有、显贵，同时要尊敬、赞誉贤才。

此外，墨子认为"兼相爱"的尚贤使能促成"交相利"的实现。"古者圣王唯能审以尚贤使能为政，无异物杂焉，天下皆得其利。"④ 他认为古时候的圣王正是因为尚贤使能为政，没有其他事情掺杂在内，因此天下都能受益。

3. 道家与法家的"不尚贤"

除儒家与墨家积极倡导"尚贤"思想外，道家和法家则对尚贤之说提出了怀疑和反对。道家所崇尚的是"道法自然，无为而治"，最早主张不尚贤的是老子。他认为："不尚贤，使民不争。"⑤ 释德清在《道德经解》中指出："盖尚贤，好名也。名，争之端也。"⑥ 其注解《道德经》时认为，尚贤意味着名利，会引发民众的明争暗斗。"圣人之治，虚其心，实其腹，弱其志，强其骨。常使民无知无欲，使夫知者不敢为，为无为，则无不治。"⑦ 在老子看来，崇尚贤士，会引起民众的争执。他认为，只有使人民摆脱欲望和诱惑，才能复归无知无欲的朴素状态；只要做事顺应客观规律，天下就能得到很好的治理。此外，老子还认为圣人应有所作为但不矜持，有功劳而不自居，并且不克意表现自己的贤，"是以圣人为而不恃，功成而不处，其不欲见贤"⑧。

老子之后，道家的另一代表人物庄子也反对举用贤士。可以说，庄学对

---

① 《墨子·尚贤中》。
② 《墨子·亲士》。
③ 《墨子·尚贤上》。
④ 《墨子·尚贤中》。
⑤ 《老子·第三章》。本文所用为《老子道德经注》本，王弼注，楼宇烈译注，北京：中华书局，2011年。
⑥ 释德清：《道德经解》，上海：华东师范大学出版社，2009年，第39页。
⑦ 《老子·第三章》。
⑧ 《老子·第七十七章》。

圣贤有更尖刻的批判，其提出"至德之世，不尚贤，不使能"①的观点。"闻在宥天下，不闻治天下也。"②"在宥"是庄子的政治主张，不同于儒墨倡导的贤人治世，按《庄子·在宥》的观点，"在之也者，恐天下之淫其性也；宥之也者，恐天下之迁其德也"。也就是说，"在宥天下"就是对天下不必加以人为的管束（以仁义、刑法进行治理），而应以无为的态度对待天下，使天下不变化其本性（德）即可，"故君子不得已而临莅天下，莫若无为。无为也，而后安其性命之情"③。

"举贤则民相轧，任知则民相盗。之数物者，不足以厚民。民之于利甚勤，子有杀父，臣有杀君；正昼为盗，日中穴阫。"④庄学一派直接指出举荐贤才将会引发人民的相互伤害，如果任用智者就会促成百姓出现伪诈。他甚至引用案例警示大众：世人会因私利，做出儿子杀死父亲，臣子谋害国君，大白天抢劫盗窃等恶劣行径。"曰：'某所有贤者，'赢粮而趣之，则内弃其亲，而外弃其主之事；足迹接乎诸侯之境，车轨结乎千里之外，则是上好知之过也。上诚好知而无道，则天下大乱矣！"⑤而老、庄道家所倡导的"至德之世"，邻近的国家相互观望，鸡狗之声相互听闻，百姓直至老死也互相不往来。不管是老子还是庄子，道家学派认为，如果统治者一心追求智巧，那么就会扰乱天下太平。

值得注意的是，道家的"不尚贤"并非"尚不贤"或完全否定贤才及贤良的品格、精神、气质，因为《道德经》《庄子》亦有多处描述贤人的优良品质。道家的"不尚贤"一方面是不支持对贤才的特意标榜与突出，道家认为这种行为打破了"道法自然"的平衡状态，与"无为而治"背道而驰。另一方面，南怀瑾在《老子他说》中提出：这也是因为道家认为贤与不贤难以分辨。⑥"白石似玉，奸佞似贤。"⑦

有别于道家"无为而治"视域下的不尚贤，法家的不尚贤是基于其"尚法"的思想理论。法家代表人物慎到非常崇尚法治，《慎子·逸文》指出："民

① 《庄子·天地》。本文所用《庄子》为方勇译注本，北京：中华书局，2015 年。
② 《庄子·在宥》。
③ 《庄子·在宥》。
④ 《庄子·庚桑楚》。
⑤ 《庄子·胠箧》。
⑥ 南怀瑾：《老子他说（初续合集）》，北京：东方出版社，2014 年。
⑦ 《抱朴子·内篇·祛惑》。

一于君，事断于法，是国之大道也。""国家之政要，在一人心矣。"① 慎到认为百姓、官吏听从于君主的政令，而君主在做事时依法行事，方是治国之大道；同时保持人心的平稳和谐，对于维护国家的稳定有关键意义，而要实现这个目标，关键在实行法治。慎到主张贵势，"贤不足以服不肖，而势位足以屈贤矣"②。慎到认为贤德并不能使不肖者服从，但权势地位却能使贤人屈服，权势才是进行政治活动的第一要素。于是他反对人治、心治与尚贤，对于人治，慎到提出："君人者，舍法而以身治，则诛赏予夺从君心出矣，舍法以心裁轻重，同功殊赏，同罪殊罚，则怨之所由生也。"③ 他认为君主如若舍弃法治而以个人意志，即进行人治、心治来定夺赏罚，那么就会造成同样功劳不一样的赏赐，同样罪过不一样的惩罚的现象，进一步导致怨恨的产生和国家的混乱动荡。对于尚贤，"立君而尊贤，是贤与君争，其乱甚于无君。故有道之国，法立，则私议不行；君立，则贤者不尊"④。慎到认为尚贤会影响君主一元化的政治统治，同时也与尚法相矛盾。

商鞅则主张贵贵，反对尚贤。《商君书·开塞》指出："既立君，则上贤废而贵贵立矣。然则上世亲亲而爱私，中世上贤而说仁，下世贵贵而尊官。上贤者以道相出也，而立君者使贤无用也。"⑤ 商鞅提出历史分阶段演进的说法，认为远古时代人们爱自己的亲人而偏爱私利，中古时代人们推崇贤人而喜欢仁爱，近世人们的思想是推崇权贵而尊重官吏。他认为，君主确立之后，崇尚贤德的思想就要废除，尊重显贵的思想随即树立起来。确定君主的地位后，崇尚贤人的准则便失去效用。商鞅同样反对人治，"以治法者强，以治政者削"⑥，认为法治强于人治。"凡世莫不以其所以乱者治，故小治而小乱，大治而大乱，人主莫能世治其民，世无不乱之国。奚谓以其所以乱者治？夫举贤能，世之所治也，而治之所以乱。世之所谓贤者，言正也；所以为善正也，党也。听其言也，则以为能；问其党，以为然。故贵之不待其有功，诛之不待其有罪也。此其势正使污吏有资而成其奸险，小人有资而施其巧诈。"⑦ 商鞅直接提出，任用贤人这一尚贤的方式，就是用乱国的方法治国的体现，因

---

① 许富宏编：《慎子集校集注》，北京：中华书局，2013年。

② 《慎子·威德》。

③ 《慎子·君人篇》。

④ 《慎子·逸文》。

⑤ 石磊注：《商君书》，北京：中华书局，2018年。

⑥ 《商君书·去强》。

⑦ 《商君书·慎法》。

为贤的标准难以辨别，贤才的名声是出自他的党羽，统治者因此一味的尚贤，会造成赏罚不明，会使贪官污吏与小人有可乘的机会。

法家的集大成者韩非坚决维护君主的地位。“尧、舜、汤、武或反群臣之义，乱后世之教者也。尧为人君而君其臣，舜为人臣而臣其君，汤、武为人臣而弑其主、刑其尸，而天下誉之，此天下所以至今不治者也。”①韩非认为尧、舜、汤、武都是违反君臣之间道义、扰乱后世教令的人物，但世间对他们却进行称赞，这是导致天下得不到治理的原因所在，“此明君且常与而贤臣且常取也”。韩非认为贤能之士对君王之权力造成威胁，任贤会导致君王之地位不能得到保证，因而直接提出“尚法不尚贤”的观点，认为废弃常道去尊尚贤人就会发生混乱，舍弃法制而任用智者就会产生危险。“是废常上贤则乱，舍法任智则危。故曰：上法而不上贤。”②

韩非还对统治者提出一个重要的管理原则，即勿见好恶于下，他认为任用贤人和随意举贤是统治者的两种祸患，因为喜好贤能，群臣就会粉饰自己的行为，不显露自己的实情，从而导致统治者无法真正识别臣下。“人主有二患：任贤，则臣将乘于贤以劫其君；妄举，则事沮不胜。故人主好贤，则群臣饰行以要君欲，则是群臣之情不效；群臣之情不效，则人主无以异其臣矣。”③

法家的不尚贤虽倡导不举贤才，崇尚法治，反对人治，但法家并不否定德行的重要性，就韩非子而言，还充分强调了为政者需要具备良好的道德修养：“智术之士，必远见而明察，不明察，不能烛私；能法之士，必强毅而劲直，不劲直，不能矫奸。”④

总体而言，道家和法家的“不尚贤”不是对贤良品德予以否定，不是聚焦于要不要道德，而是从自身角度对“尚贤”这一政治举措提出独特的观点与看法。

（三）汉代以后“尚贤任能”渐成治道主流

继先秦诸子深入探讨贤德后，华夏民族于汉代建立起大一统的国家政权，为了对广袤领土予以有序治理，因而汉廷中央政权积极选拔出各地的贤良精

---

① 高华平等译注：《韩非子》，北京：中华书局，2015年。
② 《韩非子·忠孝》。
③ 《韩非子·二柄》。
④ 《韩非子·孤愤》。

英，并在官僚组织中对贤良美德予以传播颂扬和赞誉提倡，尚贤之治渐成思想界的主流。其中汉代董仲舒、宋代朱熹等儒家代表人物对尚贤理念做了进一步的传承发展，并将尚贤任能的思想从国家层面加以推动和传播，成为深入华夏文明治道的核心价值观。

董仲舒言："治身者以积精为宝，治国者以积贤为道。"① 在董仲舒看来，明君治国，重在任贤、用贤，他认为贤才关乎国家的兴衰成败、长治久安。"政乱国危者甚众，所任者非其人"②。"夫鼎折足者，任非其人也；覆公餗者，国家倾也。是故任非其人，而国家不倾者，自古至今，未尝闻也。故吾按春秋而观成败，乃切悁悁于前世之兴亡也，任贤臣者，国家之兴也。"③"贤积于其主，则上下相制使。血气相承受，则形体无所苦；上下相制使，则百官各得其所。形体无所苦，然后身可得而安也；百官各得其所，然后国可得而守也。"④

对于贤才，董仲舒一方面强调其自身的品质，如"仁义"，"率一国之众，以卫九世之主，襄公逐之不去，求之弗予，上下同心而俱死之，故谓之大去。春秋贤死义，且得众心也，故为讳灭。以为之讳，见其贤之也。以其贤之也，见其中仁义也"⑤。如"清廉"，"气之清者为精，人之清者为贤"⑥。

另一方面，他强调统治者要识贤、任贤，同时建议统治者以谦卑的姿态礼待贤才。"夫智不足以知贤，无可奈何矣；知之不能任，大者以死亡，小者以乱危。"⑦ 董仲舒认为知贤是任贤的必要前提，而同时如果仅仅知贤而不用贤，那也会造成国家危乱。"鲁庄以危，宋殇以弑"都是知贤而不用贤酿成恶果的佐证。"夫欲致精者，必虚静其形；欲致贤者，必卑谦其身。形静志虚者，精气之所趣也；谦尊自卑者，仁贤之所事也。故治身者，务执虚静以致精；治国者，务尽卑谦以致贤。能致精，则合明而寿；能致贤，则德泽洽而国太平。"⑧ 董仲舒认为，统治者想要广纳贤才，就必须具有谦卑的态度，礼贤下士，如此才能招来贤才，让国家太平。

---

① 《春秋繁露·通国身》。
② 班固：《汉书·董仲舒传》，北京：中华书局，2016 年。
③ 《春秋繁露·精华》。
④ 《春秋繁露·通国身》。
⑤ 《春秋繁露·玉英》。
⑥ 《春秋繁露·通国身》。
⑦ 《春秋繁露·精华》。
⑧ 《春秋繁露·通国身》。

另外，南宋朱熹和吕祖谦在《近思录·圣贤气象》①中辑录北宋周敦颐、程颢、程颐、张载四者的著述时，首次专门论述了"圣贤气象"。圣贤气象是宋代儒者所追求的理想人格和人生境界的外在表现，钱穆先生曾指出圣贤气象为宋明理学家一绝大发明。圣贤气象是对先秦"圣贤崇拜""君子风范"的继承与发展，其与先秦的儒学一脉相承。

《近思录·圣贤气象》明确罗列出了其所肯定的圣贤之人，为世人树立了圣贤榜样。一方面是周敦颐、程颢、程颐、张载四者所界定的圣贤，他们认为古往今来的圣人有 11 人，分别为尧、舜、禹、汤、周文王、周武王、孔子、颜子、曾子、子思、孟子。而认为荀子、扬雄、毛苌、董仲舒、诸葛亮、王通、韩愈这 7 人有各自缺陷而不能成为圣人，前 6 人可称之为贤人，韩愈则可称为豪杰。另一方面，朱熹和吕祖谦二人将周敦颐、程颢、程颐、张载四者也肯定为圣贤。有学者对《近思录》中判断圣贤与非圣贤的根本标准进行概括，认为最根本的标准就只有一条，即求道、明理，遵循规律做事发言。道、理都指的是规律，必须认真探索、彻底地认识掌握事物的规律。②

在朱熹看来，根据气质的不同，人可划分为"生而知之者""学而知之者""困而学之"者和"困而不学者"四类。"言人之气质不同，大约有此四等。杨氏曰：'生知、学知以至困学，虽其质不同，然及其知之一也，故君子惟学之为贵。困而不学，然后为下。'"③在此基础上，朱熹阐述了圣人、贤人、众人和下民的区别所在："人之生也，气质之禀，清明纯粹，绝无渣滓，则于天地之性，无所间隔，而凡义理之当然，有不待学而了然于胸中者，所谓生而知之圣人也。其不及此者，则以昏明、清浊、正偏、纯驳之多少胜负为差。其或得于清明纯粹而不能无少渣滓者，则虽未免乎小有间隔，而其间易达，其碍易通，故于其所未通者，必知学以通之，而其学也，则亦无不达矣，所谓学而知之大贤也。或得于昏浊偏驳之多，而不能无少清明纯粹者，则必其窒塞不通然后知学，其学又未必无不通也，所谓困而学之众人也。至于昏浊偏驳又甚，而无复少有清明纯粹之气，则虽有不通，而懵然莫觉，以为当然，终不知学以求其通也，此则下民而已矣。"④朱熹认为"生而知之者"是"圣

---

① 朱熹，吕祖谦：《近思录》，叶采，茅星来等注，程水龙整理，上海：上海古籍出版社，2016 年。
② 张永伟：《近思录圣贤气象研究》，硕士学位论文，湖南师范大学，2018 年。
③ 《论语集注·季氏第十六》。
④ 《论语集注·季氏第十六》。

人","学而知之者"是"贤人","困而学之"者是"众人","困而不学"者则是"下民"。同时，朱熹也在此指出学习的对象是"义理"。

朱熹认为立志求志、德才兼备是圣贤的品质修养。一方面，在朱熹看来，立志是人为学、为事之本，"学者大要立志"①，"人之为事，必先立志以为本，志不立则不能为得事"②。除有志向和理想外，朱熹认为只有努力不辍才能是圣贤："圣贤只是真个去做，说正心，直要心正；说诚意，只要意诚；修身齐家，皆非空言。"③"然求造圣贤之极致，须是便立志如此，便去做，使得。"④另一方面，圣贤须德才兼备、体用兼尽："若偏于德行，而其用不周，亦是器。君子者，才德出众之名。德者，体也；才者，用也。"⑤"有德而有才，方见于用。如有德而无才，则不能用，亦何足为君子？"⑥

二、组织传播视域下华夏文明尚贤理念的传播与实践

为了知悉学界的已有相关成果，掌握各大交叉领域的最新研究动态，笔者运用 CiteSpace 文献计量工具，以中国知网收录的相关文献为分析样本，根据软件绘制的知识图谱及数据统计情况，分析尚贤理念与组织传播实践等交叉领域的研究主体、研讨内容、研究热点等变量。

笔者以中国知网数据库为数据来源。检索式设定为"主题 OR 关键词 OR 篇名＝'贤'"，检索年限为所有年份，文献类别包含期刊、会议、硕士论文，经去重、去无关文献后得 593 篇，文献时间跨度为 1988 年至 2019 年。笔者将每 3 年作为一个时间段，利用 CiteSpace 软件提取每个时间段出现频次前 5% 的数据进行图谱绘制。

---

① 《朱子语类》卷八，北京：中华书局，1986 年。
② 《朱子语类》卷十八。
③ 《朱子语类》卷八。
④ 《朱子语类》卷一一八。
⑤ 《朱子语类》卷二四。
⑥ 《朱子语类》卷三五。

（一）与"贤"相关研究成果的时序变化情况

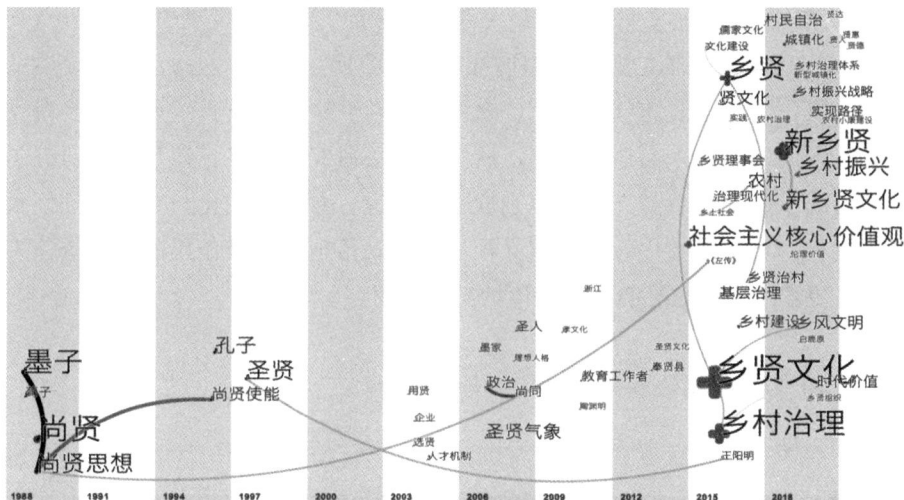

图 2　贤相关研究的主题时序变化展示图

　　从研究的时序看来，有关贤的研究流变呈现从理论研究向实践应用方面转变的特征。起初，学者集中于探讨墨子、荀子、孔子等的尚贤思想，如张国福于 1988 年发表《墨子"尚贤"思想浅析——兼谈先秦尚贤之风》，阐述了春秋战国时期，崇尚贤者已蔚然成风[1]。许凌云于同年发表《墨子尚贤、兼爱论》，提出尚贤思想古已有之，但值得注意的是贤人的含义在各个阶级是不同的，必须意识到墨子尚贤主张的阶级性质和时代意义[2]。此外还有徐进于同年发表《荀子尚贤思想初探》，总结荀子尚贤则治、唯贤是取、得贤必用的思想精髓[3]。

　　此后，从 1990 年到 2010 年，有关贤的研究较为分散，林翊探讨了墨子尚贤思想和企业人才机制建立的关联，朱汉民、周俊勇、刘觅知、陈钢等探讨了宋儒所推崇的圣贤气象的理想人格的成因与要求标准，并分析了圣贤气象对自我发展、人才培养等具有的引领价值。2010 年至 2015 年间，开始出现贤的文化实践研究，余志权、胡德军分别以象贤中学、上屋小学为例，阐述以国学经典为基础开展贤文化教育的实践案例。周宗波、陈磊、陈慧君等

　　①　张国福：《墨子"尚贤"思想浅析——兼谈先秦尚贤之风》，《中国人才》1988 年第 6 期。

　　②　许凌云：《墨子尚贤、兼爱论》，《齐鲁学刊》1988 年第 3 期。

　　③　徐进：《荀子尚贤思想初探》，《东岳论丛》1988 年第 4 期。

阐述了上海奉贤区将"敬奉贤人，见贤思齐"的贤文化融入日常工作，培训良好家风，提升居民文明素质，最终荣获上海首个区长质量奖的实践经历。

从 2015 年到当前，贤的相关研究进入井喷期。实施乡村振兴战略是党的十九大报告中的重要内容，对此，众多学者对乡贤文化进行了研究，乡贤文化为主题的研究成果高达 110 篇，成为贤相关研究的热点。该阶段的研究包括对传统乡贤与新乡贤文化的区别联系的探究，对乡贤文化与乡村治理间关系的剖析，对乡贤文化与社会主义核心价值观落地的积极作用的探讨等诸多内容，更注重于考虑贤的文化价值的实践应用。

（二）典型研究力量的主体结构与基本特征

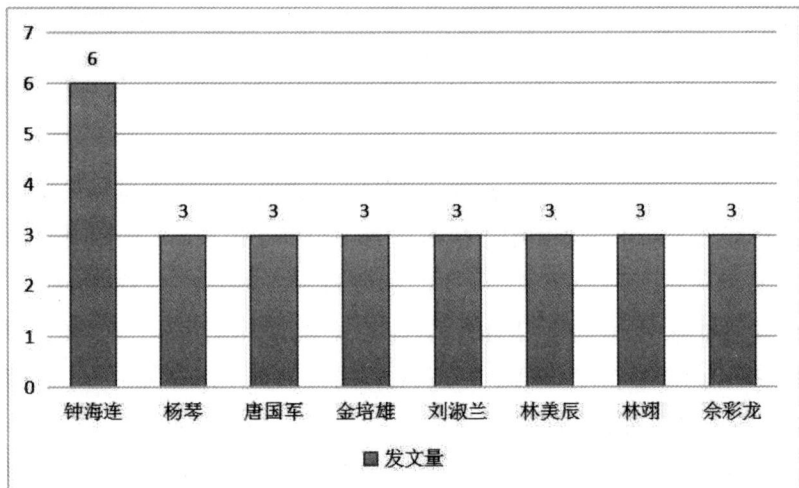

图 3　贤相关研究前 8 名高产作者示意图

贤的相关研究成果数量排名前 8 的作者如图 3 所示，发文量最高的学者发文量为 6 篇，主要研究了贤文化在企业中的传播，以及贤文化作为传统文化对企业管理所具有的积极作用。随后的 7 位学者发文量都为 3 篇，其中杨琴、刘淑兰、佘彩龙围绕乡贤文化进行了研究[1]，林翙探讨了"尚贤文化"对企业人才机制建立的启示[2]，金培雄以吴江区思贤实验小学为例探讨了"贤文

---

[1]　佘彩龙，叶方，杨琴：《新乡贤文化对农村小康建设的作用探究——以浙江省绍兴市上虞区新乡贤文化为例》，《思想政治工作研究》2018 年第 9 期；刘淑兰：《乡村治理中乡贤文化的时代价值及其实现路径》，《理论月刊》2016 年第 2 期。

[2]　林翙：《墨子的尚贤思想与现代企业人才机制的建立》，《北方经贸》2003 年第 12 期。

化"教育的价值与模式①，唐国军则分析了《新语》中的长者圣贤模式②。可见，目前尚缺乏对贤进行集中性研究的学者，现有研究相对零散，研究者之间的联系也较为松散。

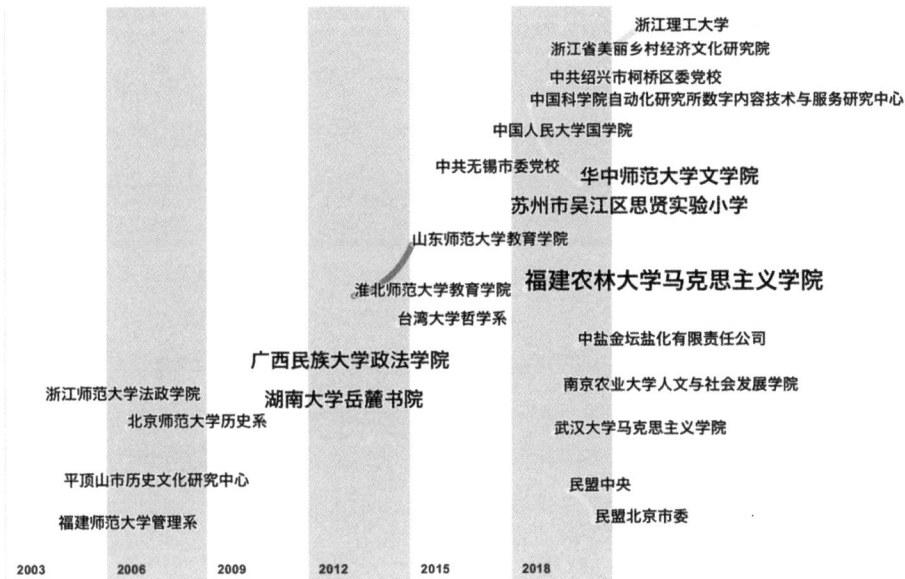

浙江理工大学
浙江省美丽乡村经济文化研究院
中共绍兴市柯桥区委党校
中国科学院自动化研究所数字内容技术与服务研究中心
中国人民大学国学院
中共无锡市委党校　　华中师范大学文学院
苏州市吴江区思贤实验小学
山东师范大学教育学院
淮北师范大学教育学院　福建农林大学马克思主义学院
台湾大学哲学系
中盐金坛盐化有限责任公司
广西民族大学政法学院
南京农业大学人文与社会发展学院
湖南大学岳麓书院
武汉大学马克思主义学院
浙江师范大学法政学院
北京师范大学历史系
平顶山市历史文化研究中心　民盟中央
福建师范大学管理系　民盟北京市委

2003　2006　2009　2012　2015　2018

图 4　贤相关研究的研究机构时序分布展示图

　　贤的相关研究机构情况统计如上图。由图可知，现有的研究机构主要可分为三类，其一是各大高校及下属院系，如浙江理工大学、中国人民大学国学院、南京农业大学人文与社会发展学院、武汉大学马克思主义学院等。其二是研究中心，如平顶山市历史文化研究中心、中国科学院自动化研究所数字内容技术与服务研究中心。其三是其他机构，包括企业、党校、小学等，如中盐金坛盐化有限责任公司、苏州市吴江区思贤实验小学、中共无锡市委党校等。

　　就各类型研究机构的研究内容来看，企业、党校和小学的相关研究更侧重于探究贤文化的传播与实际运用，主要以自身经验为基础研究贤文化与企业文化、乡贤文化、教育工作的联系，这些机构的研究也都集中于近 5 年内。

---

　　①　金培雄：《将"贤文化"基因植入教师的精神生命——也谈新建学校教师文化建设的策略》，《江苏教育研究：理论》2017 年第 13 期。
　　②　唐国军：《因世而权行：汉初长者政治及其治国指导思想新论——汉初长者政治与〈新语〉的长者圣贤模式研究》，《广西社会科学》2009 年第 8 期。

高校院所及研究中心如平顶山市历史文化研究中心、福建师范大学管理系、浙江师范大学法政学院、湖南大学岳麓书院、台湾大学哲学系等，多研究尚贤文化与圣贤气象等内容，而中国人民大学国学院、浙江理工大学、武汉大学马克思主义学院、浙江省美丽乡村经济文化研究院等，多为对乡贤文化的研究，再次验证上文提及的有关贤的研究流变呈现从理论研究向实践应用方面的转变。

（三）相关研究的常规方法、主题及论争焦点

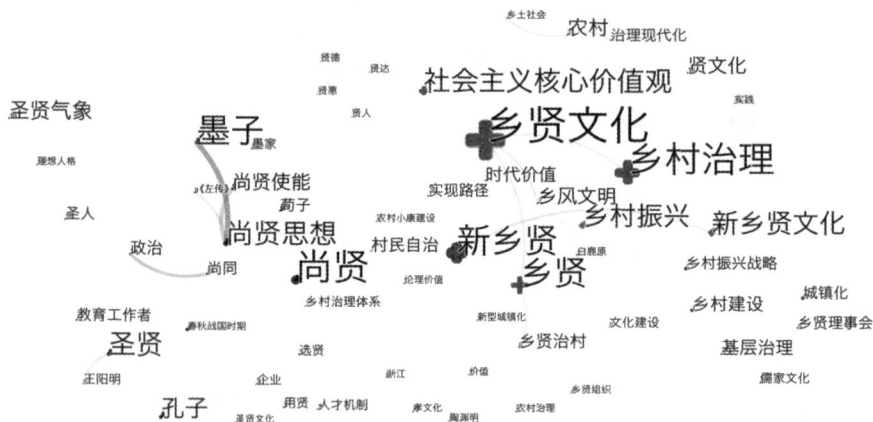

图 5　贤相关研究的关键词聚类展示图

根据所提取得到的关键词图谱及收集的文献数据分析可知，目前，对贤的有关研究主要可分 3 类。

1. 文字语言学角度对"贤"的研析

学界从文字学、语言学角度对"贤"的代表性研究成果有：章锡良在《说"贤"与"您"》中探究了贤的本义和引申义，并且提出宋、金、元时，贤还具有指代第二人称的作用，而伴随时代发展，贤的这一指代作用被更具有区别性的您所替代。① 陈淑梅在《近代汉语中的人称代词贤》中也指出贤除形容词和名词用法外，在近代汉语尤其唐宋时期的口语类文献中，还具有第二人称代词的特殊用法。黄锦君则分析了贤作为人称代词在二程语录中的使用情

---

① 章锡良：《说"贤"与"您"》，《苏州大学学报》（哲学社会科学版）1988 年第 4 期。

况，阐述贤在作第二人称使用时并无尊称之意……并且有时也具备指代复数的用法。①

在运用比较研究这种常规方法的基础上，有学者阐述了引人深思的观点。吴小如提出贤与"愚"相对，他强调在贤的使用过程中要注意到：其是上对下、长对少、尊对卑的敬称。②高华平结合出土的春秋战国时期金文和楚简文献，重新阐述了贤的字形和字义演变，并且结合文献资料，剖析贤的演变历程与时代、地域文化的紧密联系。③

而且，黄卫星等从多学科角度剖析了贤的文化含义，认为在哲学范畴，贤指大哲学家；从伦理学角度，贤指人的德行与才能；从社会学角度，贤是区别人伦等级和处理人际关系的重要标准；而在中国古代文艺范畴，贤则表现为古代贤人、贤士、贤哲的形象与风范。④尹娇在硕士论文中分析了贤的语义系统及语义演变过程，以儒家经典《论语》《孟子》《荀子》为研究文本，着重探讨了贤在儒家视野中的语义流变。⑤

2. 思想义理层面对"贤"的探究

从哲学、历史等角度开展与贤有关的思想研究是学界的传统。这部分研究主要是以传统经典为对象，剖析古代贤哲有关贤德的理论见解。一方面，众多学者对"尚贤"思想进行了探讨。刘凡华、赵永建、李贤中、侯建新、李洪华、李德龙等学者以《墨子》为对象，对墨子的尚贤主张进行剖析，阐述墨子为百姓谋福利、改变社会不平等、追求天下大同的出发点，以及其注重道德品行、表达能力和知识涵养，不辟远近，不辟亲疏，不辟贵贱，礼遇人才，给予人才尊重的"尚贤使能"的人才观。

黄建聪、刘冠生、徐进、李贤中等探讨了荀子的尚贤思想，认为其是对墨子尚贤思想的继承与发展。荀子把德、能作为选贤的标准，以德为先、德才兼顾，并且提出了根据礼、法、道建立起各管理阶层并设官分职，量才用人，同时进行监督考核以充分发挥贤人能力。许华松、张伦学等探讨了孔子

---

① 黄锦君：《二程语录与近代汉语研究》，《四川大学学报》（哲学社会科学版）2002 年第 5 期。

② 吴小如：《披"书"三叹》，《文史知识》2001 年第 2 期。

③ 高华平：《从出土文献中的"贤"字看先秦"贤"观念的演变》，《哲学研究》2008 年第 3 期。

④ 黄卫星，张玉能：《"贤"字的文化阐释》，《汕头大学学报》2018 年第 8 期。

⑤ 尹娇：《中华传统文化核心范畴"贤"的语义分析及文化阐释》，硕士学位论文，福建师范大学，2012 年。

的尚贤思想，提出孔子"举贤才"的主张突破了维护宗法等级制度的"亲亲"原则，但其尚贤思想基于"为政在人"的人治思想，具有服务君主专制统治的局限性。

刘瑞龙、梁文丽、李宁宁等以《史记》为对象，认为司马迁在对先秦尚贤思吸收的基础上有了进一步丰富与发展，《史记》中的诸多人物形象的塑造彰显出贤者的魅力，德才观与贤人治国理念共同构成了司马迁尚贤思想的核心内容。范浩从整体的角度，以先秦诸子文献为对象进行梳理，剖析了儒家诸子内部以及与其他诸子间尚贤思想的共性与差异①。王少林依据民族学、古文献学、古文字学等的相关文献，考察分析了尚贤思想的源流，辨析了诸子尚贤观念的共性与差异，认为尚贤思想对先秦政治及之后的社会政治产生了巨大影响②。

另一方面，部分学者对"圣贤气象"这一思想主张进行了研究。朱汉民指出"圣贤气象"是宋儒所推崇的理想人格，这种追求将东汉"节义名士"与魏晋"风流名士"的两重特点进行了调和，不仅具有心忧天下、救时行道的一面，还兼具洒落自得、闲适安乐的一面③。姜锡东指出朱熹和吕祖谦在《近思录·圣贤气象》中辑录北宋周敦颐、程颢、程颐、张载四位先哲的著述，首次专门论述了"圣贤气象"，其划分是否圣人、有无圣贤气象的标准，主要看是否求道、明理、循理④。

钱萌萌阐述了朱熹"贤者气象"思想的圣贤观继承了孔孟传统的理想人格标准，仁智并举、以智启德、事功显著，但同时其将圣贤世俗化，提出圣人可学可为的途径⑤。周俊勇则从仁、智、勇三个角度分析了孔子所具有的圣贤气象，并指出其圣贤气象的形成得益于时代背景、生长背景、儒者思想上的异质"道"和其本身的思想境界⑥。刘萍将《论语》中体现的圣贤气象概括为乐而好学、孝而能敬、治世弘道三方面⑦。刘觅知阐述了王船山对宋儒圣贤气象的继承与发展，认为王船山继承了心忧天下、民胞物与的价值理念，同

---

① 范浩：《先秦儒家尚贤思想研究》，硕士学位论文，陕西师范大学，2018 年。
② 王少林：《先秦尚贤观念变迁研究》，硕士学位论文，苏州大学，2012 年。
③ 朱汉民：《圣贤气象与宋儒的价值关怀》，《湖南大学学报》（社会科学版），2009 年第 6 期。
④ 姜锡东：《论"圣贤气象"——宋代朱熹、吕祖谦〈近思录〉研究之一》，《河北学刊》2006 年第 6 期。
⑤ 钱萌萌：《朱熹思想中的"圣贤气象"浅析》，《文学界》（理论版）2011 年第 5 期。
⑥ 周俊勇：《试论孔子圣贤气象的表现及其成因》，《皖西学院学报》2013 年第 4 期。
⑦ 刘萍：《观〈论语〉中的圣贤气象》，《中小企业管理与科技》2010 年第 11 期。

时又结合社会变迁的情况，增添了豪杰精神①。

值得关注的是，还有部分学者探究了贤的思想与现实的联系，阐述贤的思想的现代价值。钟杨、钱宗范等剖析了儒家举贤选能的做法与作用，指出了举贤用能思想对现代管理活动以及当代社会发展等问题所具有的指导作用。万宝方、黄亮、刘朝晖等学者阐述了尚贤思想尊重贤才、任用能人的主张，以及重贤之因、众贤之术、选贤之阈、选贤之标准和原则与现代的人本管理观念具有一致性，对企业等组织树立科学的人才观具有积极作用。钟海信提出我国党政干部队伍建设可参考墨子尚贤重贤的思想，选拔任用干部时坚持任人唯贤、德才兼备的标准②。马忠认为圣贤气象在规范社会秩序、确立道德原则等方面具有强大的塑造力，其所倡导的治学理念、道德标准、涵养素质对当代中华文化建设具有借鉴意义③。

3. 传播、管理等应用实践不断推出研讨热点

由于思想理论与实践应用存在密切的互动关系，因而在当今社会的组织传播、社会治理等过程中，实践环节不断推出一些与贤相关的研讨热点。其中比较典型的便是关于尚贤文化的传播及应用，这一角度的研究主要剖析贤文化在团队建设、社会治理中的价值，并着重探讨贤文化应如何在组织中传播。具体细节又可分为三大方面。

一是贤文化与乡村、社区等组织建设等的关联。对乡村而言，主要体现为新乡贤文化的有关研究。新乡贤一般指在新的历史时期，肩负新使命，对乡村建设有功的人，其突破了传统乡贤乡绅思想的局限性。现有研究中，杨琴以浙江省绍兴市上虞区新乡贤文化建设为例，总结了其从文化、乡村治理、机制体制三个层面创造新乡贤文化的做法，提出新乡贤文化是全面建设农村小康社会的一剂良方，在推进文化繁荣发展、引领乡村社会风尚、助推乡村经济发展、促进乡村社会稳定、推动乡村生态文明、完善基层治理体系等方面有不可或缺的作用④。

崔亚男以崔河村为例，阐述了崔河新乡贤营造文明村风、加强基层组织

① 刘觅知：《论王船山对宋儒圣贤气象的继承与发展》，《求索》2011 年第 1 期。
② 钟海信，彭冬芳：《墨子尚贤思想对我国党政干部队伍建设的启示》，《天水行政学院学报》2007 年第 2 期。
③ 马忠，於天禄：《浅析"圣贤气象"及其现代价值》，《中国德育》2016 年第 24 期。
④ 杨琴，叶方，余彩龙：《新乡贤文化对农村小康建设的作用及实现路径——以浙江省绍兴市上虞区新乡贤文化为例》，《北京农业职业学院学报》2018 年第 1 期。

建设的过程，展现新乡贤文化对乡村治理发挥的积极作用[①]。胡鑫等以问卷调查的形式剖析了北京郊区村庄新乡贤文化的建设效果，指出新乡贤文化发挥了积极的作用，大部分村民对新乡贤心存感激、非常敬重。但部分乡镇在新乡贤文化建设过程中仍存在宣传力度不够的问题[②]。

许军以浙江省县以下实践为案例，阐述了浙江省基层党委和统战部门以空间维度、地域文化、乡情纽带为基本途径的全新统战工作模式[③]。成耀辉分析了新乡贤文化对航道系统培育和践行社会主义核心价值观的引领、激励和促进作用，同时指出可通过与辖区航道沿线乡镇结对结亲，组织航道人到航道沿线乡镇参观学习，与新乡贤们谈心交流，在航道系统召开新乡贤事迹报告会、新乡贤文化成果展示会等活动，多途径传播新乡贤文化[④]。

在社区贤文化建设方面，上海市奉贤区的研究较为集中，曹继军、颜维琦、张竹林等学者剖析了奉贤区贤文化建设的特征，他们指出奉贤区贤文化建设以"家训家风"建设为落脚点，将文化建设工作与社会主义核心价值观的践行有机集合，工作中以发掘传统节庆资源、开展丰富多彩活动、搭建向上向善道德平台、树立典型的方式推进贤文化建设，同时注重经验总结和长效工作机制的建设。

二是贤文化与学校德育建设及学生教育。杨盛彪探讨了墨子的尚贤思想对大学生思想政治教育和促进高校学工队伍建设所具有的积极作用[⑤]。寿祖平指出"贤文化"具有亲善性的特征，是师资队伍建设中的重要抓手和动力源泉，他提出学校可在"贤文化"的引领下，以匠心教育、五级培训、搭建舞台等路径来提升教师综合素养[⑥]。谢镜新以广东省广州市从化希贤小学为例，指出在"贤文化"的引领下，构建家校和谐关系、互补关系、互动关系以共

① 崔亚男：《崔河村新乡贤文化与乡村治理》，《农家参谋》2018 年第 9 期。

② 胡鑫，马俊哲，鄢毅平：《北京郊区新乡贤文化建设调查问卷分析》，《北京农业职业学院学报》2016 年第 6 期。

③ 许军：《新乡贤统战：基层统战工作的整合拓展与全新模式——以浙江省县以下实践为案例》，《统一战线学研究》2018 年第 2 期。

④ 成耀辉，洪登富：《新乡贤文化在航道系统培育践行社会主义核心价值观中的作用》，《交通企业管理》2018 第 6 期。

⑤ 杨盛彪，彭冬芳，卓福宝：《刍议墨子"兼爱、尚贤"思想在高校学工队伍人才培养中的作用》，《学理论》2010 年第 13 期。

⑥ 寿祖平，赵凤，赵建龙：《"贤文化"引领的师资队伍建设研究》，《职业》2018 年第 13 期。

建良好的育人环境，具有重要意义①。

张艳以江苏省江阴市长山中学的"德行教育"为例，阐述该中学以经典诵读课堂、实践课堂、午间课堂、弟子规课堂等八大课堂，让贤文化浸润学生发展，并逐步实现"尚贤向美，德才兼备"的目标的过程②。蒋海兰阐述了南宁市马山县古零镇中心小学在"尚德明智，贤能体健"的办学理念的引领下，积极营造"尚贤"文化氛围，开展学生德育活动及校园文化活动的经历③。

黄建龙介绍了上海奉贤区从师资队伍的"贤文化"培训入手，助推贤文化教育的经验，展示了区内贤文化教育的丰富案例，如洪庙中学开发的"贤文化"教育读本，奉贤中学推出的"贤文化"课堂教学展示课和南桥小学开发的"走进两百年，学做小贤人"德育课程等④。徐莉浩剖析了上海奉贤区"贤文化"教育尊重学生主体性，强调课程开放性，强化教育实践性，注重资源整合的基本思路⑤。朱皓华以思贤实验小学具体课堂教学过程为例，探讨如何在小学数学课堂教学中渗透"贤文化"，同时指出用"贤文化"的理念指导小学数学课堂教学，可使学生在掌握数学知识的同时，学习、接受、生成"贤文化"的思想观念⑥。

三是贤文化与企业建设及管理方面的研究，该部分的研究成果数量相对较少。余明阳提出企业内部关系整合要结合"尚贤使能"思想，让各类人各司其职，具体为贤者居上、能者居中、工者居下、智者居侧⑦。刘雯提出企业在人才选用方面需要贯彻墨子的尚贤思想，从德行两方面考量人才，坚持"任人唯贤"，对人才"富之、贵之、敬之、誉之"⑧。

此外，近年来中盐金坛盐化有限责任公司对企业的贤文化传播及内涵研

①　谢镜新：《构建"三个关系"，促进家校合作——贤文化引领下家校合作的策略研究》，《时代教育》2015年第8期。

②　张艳，王伟：《守望孩子一生的幸福——记江苏省江阴市长山中学的"德行教育"》，《红蕾·教育文摘旬刊》2014年第1期。

③　蒋海兰，李斌：《尚德明智贤能体健——南宁市马山县古零镇中心小学办学纪实》，《广西教育》2017年第32期。

④　黄建龙：《助推学校教师实施"贤文化"教育》，《现代教学》2015年第1期。

⑤　徐莉浩：《开展以"贤文化"为主题的中华优秀传统文化教育》，《现代教学》2015年第1期。

⑥　朱皓华：《"贤文化"在小学数学教学中的渗透研究》，《华夏教师》2017年第4期。

⑦　余明阳：《贤者、能者、工者、智者，各居其位——企业内部关系整合》，《经济工作月刊》1996年第5期。

⑧　刘雯：《尚贤机制对现代企业用人的影响》，《知识经济》2009年第1期。

究进行了研究。《贤文化管理：现代企业"立德立功立言"之道》一文解析了中盐金坛"贤文化"管理的"敬天尊道，尚贤慧物"的核心思想的内涵，同时指出"贤文化管理"是对传统和现代管理思想的有机结合与发展，对建立现代企业修贤育贤的管理模式，推动中国管理学的成熟与发展具有积极意义①。

《传统文化在现代企业传播的形态和效果——中盐金坛贤文化个案解读》一文则结合中盐金坛公司贤文化的工作实际，解读了中盐金坛公司贤文化的传播形态、传播效果，揭示了企业所倡导的贤文化的内涵、历史传承，企业贤文化建设与传播的历程、贤文化传播的途径与形式，分析了企业贤文化的传播效果，从而为传统文化在现代企业的传播研究提供了一个典型案例②。

总体说来，近年来，贤的思想与文化价值越发受到关注，越来越多的学者与机构开始对贤进行研究，贤相关研究的热度逐渐升高，其研究的实践性和应用性更为凸显，研究的角度也更为多元。但值得注意的是，对贤的基础性研究，也就是从语言学角度的研究以及对贤思想这两方面的研究仍相对零散，尚缺乏系统性的整理，贤相关研究的根基仍不丰厚。

三、尚贤管理：现代企业传播与实践贤文化的案例分析

如前所述，成贤作圣是儒家文化倡导的治身目标，尚贤任能是儒家文化主张的治世方法，因而以"贤"为核心的文化体系是中华优秀传统文化的重要组成部分。贤文化包含了华夏文明对贤的理解，对成贤的追求，对贤才的培养，对贤者的选拔任用，对贤能治理的设计等一系列内容，是一套蕴含着华夏文明修齐治平之道的文化治理体系。在现代网络技术主导文化传播的社会，对传统贤文化治理体系进行创造性转换和创新性发展的意义何在？通过解读案例企业中盐金坛盐化有限责任公司（以下简称"中盐金坛公司"或"中盐金坛"）传播和实践贤文化、探索"尚贤"管理的路径和效果，可以直观、生动地理解华夏文明"尚贤"气象的现代价值。

（一）从传承与开新的角度阐释"贤文化"

贤，是儒家思想乃至中国文化的一个重要名词和概念，兼具道德和价值

---

① 孙鹏：《贤文化管理：现代企业"立德立功立言"之道》，《中国盐业》2016 年第 5 期。
② 钟海连：《传统文化在现代企业传播的形态和效果——中盐金坛贤文化个案解读》，《中华文化与传播研究》2017 年第 1 期。

观两重意义。儒家从道德修养论角度，将人生的价值追求分为圣、贤、君子等多种层次，贤介于圣与君子之间。北宋著名思想家周敦颐在《通书·志学》中提出："圣希天，贤希圣，士希贤"的"三希真修"思想，其意是说，圣人修养的方向是与天道相契合，贤人修养的方向是成为圣人，士的修养目标是成为贤者。

中盐金坛公司总结自身发展经验，立足于几千年的盐文化传统，汲取儒家文化的思想智慧，同时融入现代科技文明的新元素，提出了以"敬天尊道，尚贤慧物"为核心理念的贤文化作为企业文化，旨在培育贤才，成就受人尊敬的百年基业。中盐金坛人认为，现代企业员工大都是受过高等教育、学有专长的知识分子，类似于古代"士"的阶层，以成就贤德贤才为人生目标，既有历史的理论依据，也有着现实的可能性；若有更高的愿力，还可以向"圣"的方向努力，只是这样的人毕竟是少数，而成就贤人则可以成为大多数人的人生目标，故将企业追求的境界定位在"贤"，名其企业文化为"贤文化"。

中盐金坛的贤文化首先从"贤"的字义入手诠释他们对于何为"贤"的理解。贤文化之贤，取"德才兼备、德才过人"之义，同时兼具"善、尊重、超过"之意。从具体表现言之，贤者的德才兼具、德才过人是一个什么样的状态呢？中盐金坛的管理者和员工从儒家创始人孔子的论述中得到了启迪。他们认为，贤者应当具备乐道不忧、知人善任、见贤思齐、贤贤易色等品行。

要言之，中盐金坛人心目中的贤者，是德才兼备、德才过人、博学厚德、知行合一的人格典范，是浸润了中国优秀传统文化风骨、同时又兼具现代文明素养的时代精英。正如《贤文化纲要》之《尚贤》所言："知之不易，行之亦艰，惟贤者可通知行。如是则知中有行，行中有知；知则真切笃实，行则明觉精察，知行合一方为贤才。贤者内修其身，博学厚德，达者外建其功，修己安人。"

为建立融行业文化与中华道德文化于一体的企业文化，中盐金坛公司发布了《贤文化纲要》，并正式将公司企业文化定名为"贤文化"。贤文化的核心理念为"敬天尊道，尚贤慧物"，此为中盐金坛人的主流价值观，亦为中盐金坛人对"贤"的现代解读。中盐金坛于2012年出台《贤文化纲要》，提出贤文化核心条目，标志着"贤"文化的初步成型。

贤文化不但在学理层面上传承中国传统文化，而且在实践中也延续着"反求诸己""天人合一""三才相通"等传统文化的思维方式。

（二）多种组织渠道传播贤文化

中盐金坛贤文化的组织传播，主要渠道有培训、行知班、贤文化研究会、宿沙讲坛等。

1. 新员工入职培训

中盐金坛每年都要从当年高校毕业生中招聘新员工，从事生产、技术、市场、管理等工作，在上岗之前，必须参加一个月时间的集中培训。新员工入职培训定位为"理解和融入贤文化的人文综合素质培训"，分为两大层次，采取两种方法进行。一个层次是人文素质培训，采用集中时间、系统学习的方法；另一个层次是岗位技能培训，采用师傅带徒弟的方式，由新员工所在班组具体组织进行，不搞集中培训。人文培训的内容主要分为四大板块：综合知识——了解所从事行业和企业的生存发展历史与现状；专业知识——企业所涉及的基本专业理论与知识体系，如安全生产、工艺技术原理、管理体系、市场工程建设等；人文通识——弥补理工科专业的新员工所缺的中国历史文化知识，特别是道德修养与实践智慧；实地参学——践行"读万卷书，行万里路"的精神，结合培训所学，实地考察同行企业、中国历史文化教育基地。

2. 贤文化专题培训

贤文化专题培训的宗旨是，通过培训，提升员工的素质，养成高尚的职业之"德"和精明的干事之"才"，成就一批"贤于内王于外"的企业精英，从容应对复杂经济形势的挑战，开拓企业发展的新空间，在世界范围振兴中国盐业，进而成就受尊重的百年基业；通过培训，开启员工慧性，将贤文化的思想智慧融入事业、家庭、生活之中，使身心和悦，家庭和谐，工作和顺，生活和美，企业和乐，使中盐金坛的事业在"敬天尊道，尚贤慧物"的路上走向更高境界，走得更加久远。要言之即"博学厚德，修心养身，知行合一，成贤合道"。

贤文化专题培训的内容分"贤文化与儒家智慧、道家智慧、佛家智慧、易学智慧、西方文明智慧，先贤王阳明及其心学"六大专题板块，全方位展示贤文化的思想渊源与现实品格，同时辅之以诗、书、礼、乐、艺、茶、养、武之教，修身调心，厚实人文素养。担任培训教学的老师主要为教授、博士，他们从讲解国学经典《大学》《中庸》《老子》《坛经》《周易》《传习录》的思想精华入手，引领学员体悟国学智慧与贤文化之渊源关系；介绍中国古代圣贤修身处世、建功立业的经典案例，开启良知，润养智慧；同时，展示贤文化之礼、乐、艺、茶、养、武的独特魅力，净化身心，澡雪精神，在学习新知识的同时，打开视野，别具慧眼看待工作与人生，修身养性，道术兼通，助益员工的职业境界上一个新层次。培训期间，结合不同阶段学习、研讨主题，组织参访优秀企业和国学圣地，践行古代贤者"读万卷书，行万里路"的参学精神。

3. 行知班

为推进公司学习型组织建设，践行"知行合一"的贤文化精神，使贤文化真正成为员工的价值观、思维方式和生活方式，从 2014 年起，中盐金坛在全公司开展"行知班"建设活动。

"行知班"建设的提出。以贤文化为指导，实践"知行合一"精神，确保公司生产经营的计划、部署和企业管理的规章制度，在班组和员工层面贯彻落实，加强现场管理，进一步提高工作效率，并造就一支可爱可敬的员工队伍。通过"行知班"建设，在全体员工和管理人员中树立尊重劳动、热爱劳动的职业观念，养成亲力亲为、严谨细致的工作作风，培育发现问题、解决问题的实践能力，形成团结合作、共同进步的职场氛围。同时，通过"行知班"建设，开辟上下沟通的新路径，提高管理效率和执行力。

传播贤文化是行知班的重点。"行知班"建设的重点是员工如何将应知应会的业务知识、岗位技能、管理能力、职业道德等事项逐一落实到行动上，使"行"为真行，"知"为真知。"行知班"建设活动的重点内容为：从寻找存在的具体问题入手，通过研讨性学习提出解决方案并一一落实到行为中，使工作中的短板得以不断改善；发现"知"的不足并在"行"中完善，进而改善"行"的效果，从岗位操作员变成合格的工厂工程师；发现对贤文化"知"与"行"的不足，按照"知行合一"的要求做到"日日新"；在"行知班"建设过程中，结合具体工作、具体问题、具体案例学习、理解贤文化。

"行知班"的活动内容。"行知班"是一种没有先例可循的探索性班组建设措施，如何开展此项活动，活动内容是什么，从《中盐人》等公开报道的案例看，主要有以下方面：一是综合管理部门与生产单位的班组结对子联合开展劳动。二是组织生产单位之间的学习交流，解决生产中的现实问题。三是班组每个月拿出一天休息时间组织集中学习和劳动。四是将 QC 小组活动纳入行知班建设，提高员工发现问题和解决问题的能力，激发员工的主动性和创造性，把班组建成学习型组织。五是将行知班建设与党建活动相结合。

4. 贤文化研究会

2013 年 11 月 12 日，由金坛盐盆经济共同体的四家企业——中盐金坛、江苏盐道物流、金坛金恒基安装公司、金坛金赛物流公司联合发起成立贤文化研究会。这标志着，金坛盐盆经济共同体诞生了自己的人文建设平台，共同体的文化——贤文化建设进入一个新阶段。

贤文化研究会的宗旨。在研究会的成立大会上，中盐金坛领导人把贤文化研究会的宗旨概括为"培育道德资本"，他说："道德是一种无形价值，道德也是企业资本。作为学习、研究中国盐文化和传统文化的人文高地，贤文化研究会要秉承传统文化之独立研究精神，以成就贤德贤才为价值取向，把中国传统文化的义利之辨落实到个人实践中。"

贤文化研究会的传播职能。根据《贤文化研究会章程》，该会的职能是：组织开展主题鲜明的贤文化学习、研讨、参观、考察、调研等活动；邀请专家、学者为会员做学习辅导报告或专题讲座，指导会员学习研究贤文化和中国传统文化；组织会员与高校师生开展学习交流活动，帮助会员获得相关资源和信息；为金坛盐盆经济共同体的企业文化建设提供支持和服务。

贤文化研究会的传播活动。贤文化研究会成立后，即在金坛盐盆经济共同体中开展"贤文杯"有奖征文大赛，首届"贤文杯"活动期间共收到参赛作品 50 篇（部），这是金坛盐盆经济共同体职工学习研究贤文化成果的一次集中展示和检阅。2015 年 7 月，贤文化研究会组织了"讲述贤的故事"专题活动，深挖员工在生产经营中创造的文化成果，提炼为贤文化建设的素材，并生动地展现蕴藏在员工身边体现贤文化精神的典型事例。

研究会开展贤文化传播的主要活动形式是成立"尚贤读书会"，组织和指导员工阅读经典。读书活动分为平时自主阅读和集体研读两种形式。参加者需平时自主阅读相应经典，养成良好的阅读习惯；集体研读时，由贤文化研究会将相关经典的重点章节印制成单页供集体研读，并设计若干问题以供讨论，贤文化研究会邀请相关学科的博士，以志愿者的方式指导会员阅读和讨论。至今，"尚贤读书会"已组织开展读书活动 45 场次，在引领企业所在地的读书活动方面产生了重要影响。

5. 宿沙讲坛

2013 年 1 月 6 日，中盐金坛公司创设"宿沙讲坛"，志在打造一个以"盐与中国文化"为主题、融人文与科技于一体的传播交流平台，以传承和弘扬我国优秀传统文化，传播盐业文明，推动中国盐业的振兴，实现中国人的"盐业强国梦"。宿沙讲坛迄今已开办78讲，听众达数千人。

宿沙氏是传说中炎黄时期的部落首领，生活在今山东半岛胶州湾一带，他是"煮海为盐"的发明者，后世尊其为"盐宗"。宿沙讲坛面向公司全体干部职工和当地市民，先后礼请美国夏威夷大学、清华大学、中科院、南京大学、中国人民大学、中山大学、复旦大学、中南大学、中国盐文化中心、厦门大学、南京中医药大学等高校、科研单位的专家学者开讲"世界经济与中国管理哲学""科技创新与盐穴利用""传统文化的价值观""无为智慧与企业管理""儒家智慧与企业管理""用执行力提升竞争力""道家心理保健智慧""中国盐文化源流""企业形象传播""国学智慧与现代人生修养""中国养生文化"等专题，深受听众欢迎，影响力不断提升。

本着开放与创新精神，中盐金坛公司正与南京大学、厦门大学等百年学府联手打造宿沙讲坛，推动宿沙讲坛走进高校，向高校师生和当地市民开放，提高讲坛的辐射力和品牌效应。未来，宿沙讲坛将成为企校共建的高质量学术文化传播平台，使古老的盐业文明和现代盐业科技创新成果，惠益民生，为创造美好生活贡献盐业人的智慧。

（三）贤文化组织传播的效果

中盐金坛把科技与人文视为企业发展的两大动力，如鸟之双翼，车之两轮，协同用力，共同构筑金盐人的百年基业，实现盐业人的强国梦。正是基于此认识，中盐金坛把贤文化建设摆在极其重要的位置，并且把培育企业贤才、厚实企业道德资本、建立尚贤管理模式作为贤文化组织传播的三个目标层次。

1. 人才培育和道德建设形成"尚贤"共识

首先，培育贤才是贤文化建设的最高目标。"无论是做企业也好，还是做其他方面的工作也好，最为关键的是要正确地理解和实践'以人为本'。"[1]自2003年从高校引进第一批人才以来，至今中盐金坛已招录200多名高校毕业生，学历层次横跨专科、本科、硕士、博士。但高学历并不等同于高能力、高素质，什么样的人才是中盐金坛所需的？换言之，应当把企业员工培养成何种人才？中盐金坛给出的回答是：向贤努力，成为贤才。

---

[1]　万斯琴、麻婷：《中盐金坛：转型改革打造百年老店》，《中国企业报》2014年1月21日，第24版。

公司领导在回答"什么样的员工才称得上是人才"的问题时说："以德为先，德才兼备。"在回答"公司发展迫切需要什么样的人才"时说："企业人才是多方面各层次的组合，我们需要一线技术层面的应用型人才，在转型升级过程中，需要研究型人才，在管理上需要德才兼备的通才型人才。""贤才的最大特点是：无论工作和生活，向贤努力已成为一种思维方式和行为习惯。"① 因此，培育贤才，是中盐金坛管理的第一要务，文化建设作为管理的重要环节，理所当然地将成就贤才作为最高目标。

其次，正如古人云："为政以德，辟如北辰居其所而众星共之。"② 中盐金坛把人才定位为德才兼备、以德为先的贤才，可见"德"在贤才培育中具有第一位的高度；公司领导把员工贤德的养成视为企业的道德资本，而贤文化建设担负着培育员工贤德的功能，在厚实企业道德资本方面负有第一责任。正如中盐金坛领导所言，"公司建立贤文化，用中国传统文化来熏陶每一位员工，提升员工的修养。"③

中盐金坛主要领导明确提出，开展贤文化建设是为企业培育道德资本。他说，"道德是一种无形价值，道德也是企业资本"，"贤文化研究会以培育贤才、养成贤德为出发点和落脚点，组织会员学习、研究、传播中国盐文化和传统文化，以成就贤德贤才为价取向，把中国传统文化的义利之辨落实到个人的实践中，有了这样的价值追求，就会使我们在立身处世上呈现出不一样的气象"④。

在中盐金坛，企业的各种行为被视为道德智慧的实践过程，而这种实践体现为追求"义利兼顾，以义为上，与社会相适宜"的总体效果。具体言之，中盐金坛贤文化所指的道德智慧，包含三个方面，一是无私，二是和而不同，三是慧物，若达此三境界，则近者亲而远者悦，企业的生命力将长盛不衰。老子《道德经》曾以"水德"为例来形容："上善若水，水利万物而不争，处众人之所恶，故几于道。"中盐金坛在新员工入职的第一天起，用一个月的时间开展贤文化培训，入职以后，还将接受贤文化专题培训，在班组中也持续不断地开展对贤文化的"行知"培训，这些举措旨在使贤文化进入员工的心

---

① 《成长成才备受关注，公司领导回应员工"五问"》，《中盐人》2013 年 12 月 30 日，第 3 版。

② 《论语·为政》。

③ 《金坛盐盆经济共同体有了人文建设的高端平台》，《中盐人》2013 年 11 月 15 日，第 1 版。

④ 《老子·第八章》。

灵世界，与员工的生命打成一片，成就如大地般厚实的道德素养，担当起振兴中国盐业的责任，这也就是《周易》乾卦所言的"厚德载物"。

2. 企业管理凸显"尚贤"气象

中盐金坛高度重视贤文化管理模式的探索，公司管理层认为，企业文化如果只停留在口号、标语或理念阶段，它的影响力有限，其独特的凝心聚力、引导启智功能亦难以发挥。如果能把企业文化融入管理思想及其制度设计中，化身为员工和企业的行为准则，使企业的组织原则和管理方法带上独特的文化标识，则企业文化软实力的作用将发挥得更加全面透彻。基于此种思考，中盐金坛提出了探索尚贤管理模式的构想并付诸实践，期望能在管理全盘西化的当今时代，为中国管理学的建立尽一己之力。

公司领导层认为，企业管理的首要职能和职责是教育人、培养人，实施"尚贤"管理，其主要任务是育贤选贤。中盐金坛《贤文化纲要》论述道："治企之道，选贤任能，贤者在位，赏罚有制，见贤思齐。"为此，中盐金坛根据青年员工的性格特点、专业特长、职业取向，将其与企业的业务板块相结合，在人力资源管理上推出五条通道选拔贤才，这五条通道是：工厂工程师、技术工程师、市场工程师、专业主管、综合主管。

中盐金坛《贤文化纲要》之"明本"篇说，员工和客户乃企业之本，本立则企业固。中盐金坛"尚贤"管理提出，企业的发展是成就员工的自然结果，因此，企业要关心员工，改善员工工作环境和福利，帮助员工进步和发展；企业要培养人和成就人，给有才能者充分的施展空间（尚贤）。同时，企业要关心供应链上的合作伙伴，尤其是要急客户之所急，从客户立场不断改进产品和服务。中盐金坛很早就提出了"对社会尽责，对客户企业尽责"的经营思想，并一直秉持"为客户企业服务，与客户企业共生共长"的服务理念。

"尚贤"管理强调，企业不仅要自己发展，同时也要带动周边区域经济的发展，增加对周边经济需求的关注，为社区与社会谋福祉。为实现节能减排绿色生产，中盐金坛多次引进国内外先进生产工艺，鼓励内部创新和组织多种员工培训，在提高生产率的同时减少生产过程中的能源消耗和废物排放。另外，公司还积极推动热电厂向社区集中供热，帮助当地服装产业、化工产业等多个传统产业的转型升级。为了缓解长三角地区季节性用气不均的供需矛盾，公司积极推进与中石油、中石化、德国 SOCON 公司等合作，使当地居民的天然气需求得以保障，同时利用采矿后形成的盐穴存储石油和天然气，既为国家的战略储备做出了贡献，也防止了盐穴塌陷可能造成的危害。

中盐金坛"尚贤"管理传承中国传统管理智慧，在思维特征上突出地体现了"反求诸己"和"三才相通"两大特点。

"尚贤"管理作为一种传承华夏圣贤文化的企业治理模式，在企业价值观和管理思维方式的转变中贯穿了华夏文明的人文精神，体现了"以人为本"的基点。同时，将管理的第一职能明确为"教化"并积极倡导自我管理，打破了传统意义上管理者和被管理者之间的界限，使企业管理最终通向"无为而治"成可能。此外，"尚贤管理"植根于企业生产经营的实践，从积淀深厚的传统文化中汲取养分，融合了对生命意义、自然与人之关系、企业长久之道等诸多问题的思考，凝聚着对生命、天地的敬畏之心和对社会责任的担当精神，在探索现代企业"立德、立功、立言"的管理之道方面做出了有益的探索。

（原载于《广西职业技术学院学报》2019 年第 6 期、2020 年第 2 期，有删节）

企业报如何提高传播效果
——以《中盐人》为例 ①

摘要： 新媒体不断涌现、受众期望值水涨船高，企业报要提高传播效果面临着前所未有的挑战。以中盐金坛公司企业报《中盐人》为案例，通过调查分析，总结出当下影响企业报传播效果的主要因子有：传播者、受众、传播内容、传播渠道、传播环境。从《中盐人》的阅读率、满意度、公信力，以及监督功能、引导功能、文化功能的实现程度六个方面，分析其实际传播效果，提出增强企业报传播效果的措施：办报方针必须鲜明化并持之以恒，推动传播团队的现代转型，满足受众的多层次信息需求，发挥好言论的引导和凝聚功能，编辑部的延伸与接地气等。

关键词： 企业报；传播效果；影响因子；《中盐人》

企业报在传播企业信息、增强企业凝聚力、建设企业文化等方面有着不可替代的作用。但由于企业报非社会主流媒体，其生存发展空间有限，且一直面对许多难题的困扰，比如：自身定位不清、编辑素质不高、理论指导缺位等，严重影响着企业报传播效果的提高。近年来，由于新媒体的不断涌现，外部传媒对企业报构成的生存压力大大加强，网络、微博、微信等多向互动型传播媒体的出现，使以单向灌输式宣传为特点的企业报受到极大的冲击，企业报对读者的吸引力不断下降，生存的危机感日益增强。

鉴于此，企业报急需探寻一条改革之道。但目前学界和业界对于企业报的研究成果少，尤其是从新闻传播学角度进行专业研究者更少，且现有研究

---

① 本文为中央企业党建思想政治工作研究会 2014 年三项课题结题成果。

成果多局限于一般概念层面的梳理和实践层面的经验总结，缺乏理论深度和普遍的指导意义。本文以传播学相关理论为指导，以《中盐人》为个案，综合采用文献研究法、案例研究法、问卷调查法、访谈法等多种手段，深入分析影响企业报传播效果的主要因子，探讨提高企业报传播效果的具体措施。

一、影响《中盐人》传播效果的主要因子

传播效果的形成是一个复杂、动态的过程，从传播者到接收者，经过传播内容、传播渠道、传播环境，再到传播效果形成之后的反馈，这些因素作为变量，无时无刻不在影响传播的效果。

本文以《中盐人》为个案展开研究。《中盐人》由中盐金坛盐化有限责任公司主办①，苏新出准印号 JS-D077，半月刊，四版新闻纸彩色印刷，发行量为 2000 份，发行对象为两公司所有员工。《中盐人》的办报方针为：传播先进文化，报道发展动态，反映员工心声，助推改革创新；其功能定位是：聚焦人才的培育和成长，结合企业中心工作对重点新闻展开深度报道，解读企业发展战略和发展方向，引导发展舆论，通过生动、具体的新闻故事展现企业文化精神。

作为企业内刊，囿于较小的媒介生态圈，《中盐人》传播过程中的变量较为固定。为详细了解《中盐人》传播效果的影响因子，笔者设计了 400 份关于《中盐人》传播效果影响因子的调查问卷向读者发放，回收有效问卷 376 份；随机抽样访谈 6 次，共访谈 29 人，其中：男 21 人，女 8 人；研究生 3 人，本科生 11 人，大专及以下 15 人；岗位从一线员工到中层领导，年龄 20—50 岁不等。通过调查分析发现，当下影响《中盐人》传播效果的主要因子有：传播者、受众、传播内容、传播渠道、传播环境。

（一）传播者

办报作为企业的组织传播行为，主办方共同设立了专门的传播机构——《中盐人》编辑部，主编 1 名，专职从事新闻信息传播的采编人员 5 名，学历结构为：博士 1 人，硕士 1 人，本科 3 人，大专 1 人；专业结构为新闻传播专业 2 人，美术设计专业 2 人，中文专业 1 人，理科专业 1 人；除主编外，

---

① 2016 年 5 月起，因企业情况发生变化，《中盐人》由中盐金坛盐化有限责任公司独家主办。

年龄在 24—29 岁之间，从业时间不足 5 年。除了专业的采编人员之外，《中盐人》还有分布在公司各厂区各部门的通讯员 25 人，他们和编辑部人员共同参与报纸的采编活动。

（二）受众

根据 400 份问卷调查的统计，《中盐人》受众群体的构成和基本特征为：男性读者 70%，女性 30%；87% 的读者年龄在 40 岁以下，只有 13% 在 41 岁以上；读者的学历为硕士及以上 6%，本科 29%，大专及以下 65%；从读者阅报的动机来看，42% 的受访者看报是因工作需要，其他按照比例从大到小排列为情感接近需要、学习需要、认知需要；从阅读习惯来看，80% 都有不同的阅读习惯，按照比重由大到小分别为：先看标题、按先后顺序看、先看图片、先看喜欢的，只有 5% 的受访者有相对固定的阅读习惯，另有 17% 的受访者会从头到尾把报纸看完。访谈中，超过 1/4 的受访者希望在报纸上看到重要性突出的内容和接近员工生活的内容，有 76% 的读者提到报纸内容应更加接近员工、多报道员工生活。另外，新闻的标题、图片编排、栏目设置都会影响到受众对报纸内容的接受程度。

（三）传播内容

《中盐人》在新闻方面主要报道企业生产经营的动态信息、企业改革发展的战略和具体措施、企业的先进典型和人物故事、企业文化与企业管理等。《中盐人》有四个版面：一版为要闻言论，二版为综合新闻，三版为专题报道，四版为副刊。同时，报纸还开设了"读数字""一线风采""管理＆信息化""安全！安全！""革新之花""工作日志""成长在线""我献一计""班组故事""圣贤仁训"等栏目，其版面结构比较合理。

（四）传播渠道

目前，发行仍然是影响报纸传播效果的制约因素。为了保证报纸的发行及时畅通，《中盐人》设有三条发行渠道：一是由各生产单位的通讯员负责分发所在单位的报纸，行政管理部门则由编辑部成员亲自发放；二是在企业网站提供报纸的电子版并及时更新；三是在行业内部和部分客户中免费交流、交换。

（五）传播环境

《中盐人》作为企业自有的媒介资源，是员工了解企业的一个主要窗口，同时，凭借对企业信息资源的垄断性、信息发布的权威性等天然优势，《中盐人》也是外界获取企业信息的重要途径，这是《中盐人》传播环境中有利的一面。但是现代社会人们被手机、互联网、电视、报纸、微信等众多媒体所包围，由于信息泛滥，读者的选择权有限，当下《中盐人》的实际传播环境是：外媒冲击势不可挡，众多强势的信息供应者时刻在挤压《中盐人》的生存空间，员工阅读《中盐人》的习惯是否能继续保持下去面临不确定因素。

二、《中盐人》传播效果分析

笔者采用问卷调查和随机访谈两种方式，对《中盐人》传播效果的现状做了考查，并从阅读率、满意度、公信力，以及监督功能、引导功能、文化功能的实现程度等六个方面分析《中盐人》的现实传播效果。

（一）阅读率

报纸的覆盖率及阅读率是了解报纸传播效果的重要参数，本次调查中我们通过问卷了解到《中盐人》的阅读情况为：企业职工人手一份《中盐人》，76% 的受访者表示每期《中盐人》必看，24% 的人偶尔会看，从不看的人数为 0。数据表明，《中盐人》实现了在企业各厂、矿、部门的全覆盖，报纸阅读率比较高。

（二）满意度

从传播学角度言，受众对报纸是否满意以及满意度如何，直接影响着报纸的受众占有率，进而影响着报纸的影响力。满意度可从读者对报纸的文字报道、图片报道、专题策划、受众反馈机制等的满意程度加以了解。

关于文字报道。我们从报道的时效性、专业水平、接近性、可读性几个方面对《中盐人》做了调查。在调查受众为何喜欢《中盐人》时，选择"时效性强"的受访者比例为 28%，这一数据表明，《中盐人》为半月刊，出版周期较长决定了其时效性先天不足。关于报道的专业水平，49% 的受访者认为《中盐人》的新闻报道比较专业，37% 的受访者认为《中盐人》的报道符合新闻写作规范，另有 57% 的受访者认为《中盐人》副刊文章语言优美、连贯流畅，这一数据显示受众对《中盐人》报道的专业水平评价较高。接近性是构成新闻价值的要素之一，通常情况下读者对自己周边事件的报道会投入更多的关注，同时对自己写的稿件或认识的人写的稿件往往阅读兴趣更大。据调查统计，《中盐人》读者有过投稿经历的占调查对象的88%，投稿被刊用率达82%，从这两个数据看，《中盐人》报道内容的接近性强比较强。关于可读性，有两种理解，一是指新闻内容与新闻形式结合的尺度，一是指新闻便于阅读、吸引读者的特性。我们以问卷的形式调查了受众对《中盐人》可读性的评价，82%的员工认为报纸内容贴近员工、内容新颖，能够与企业热点挂钩，可读性高，但也有17%的员工认为报纸可读性一般。

关于图片报道。有67%的受访者认为《中盐人》的图片报道中规中矩，能表达新闻事实，另有32%的受访人认为《中盐人》的图片报道形象生动，视觉效果好。访谈中读者希望《中盐人》增加图片报道的比例，提高图片的质量和编排水平。

关于专题策划。为了提高可读性、贴近性，提高受众参与办报的积极性，《中盐人》结合企业的中心工作和职工的专业兴趣开设了许多栏目，对此，超过80%的受访者认为栏目设计得"较为合理"。但读者对《中盐人》专题策划的评价并不高，访谈中发现，受访者认为《中盐人》的专题、栏目识别度较低，仅对部分栏目如"读数字""一线风采""标题新闻"等较为关注，而对其他栏目印象不深，希望增设有奖竞答、幽默笑话、养身知识类栏目或专题。可见，《中盐人》的专题策划需要提高受众的参与性和互动性，内容上增强喜闻乐见性。

关于受众反馈机制。受众反馈机制是企业报及时调整传播内容和传播策略的重要依据之一，这种传者和受众之间的互动，有助于报纸提升其传播效果，至关重要。调查中了解到，《中盐人》的受众反馈有以下两种渠道：一种为正式的公开渠道，即通过编辑部邮箱、"编读往来"栏目征集读者意见并实现互动；一种为非正式渠道，一方面由编辑部成员与受众进行不定期交流以采集意见或建议，另一方面，由通讯员负责收集身边员工对《中盐人》的意见及时向编辑部报告。调查结果显示，非正式渠道的机动性强而且时间周期短，收效较好。

（三）公信力

公信力是公众对媒体的信任及其强度的集合体现。对于企业报，公信力体现在报纸的真实性、专业性及影响力方面。据调查，有75%的受众认为

《中盐人》的报道真实、客观，24% 的人认为基本可信。同时我们调查了受众对《中盐人》的总体评价，满意度在 8—10 分的受众占总人数的 61%，还有 35% 的受众给出了 6—8 分的评价。这说明《中盐人》在真实性、专业性和影响力这三方面都有较佳的表现，具有较强的公信力。

（四）监督功能

对偏离企业价值观的行为、可能污染企业文化的不良习气进行警示和批评是企业报的职责，而这一监督功能的实现主要依靠言论。调查中我们统计了《中盐人》2012—2013 年言论发表的情况：2012 年《中盐人》刊发解说型言论 3 篇，引导型言论 3 篇；2013 年解说型言论增加到了 7 篇，引导型言论 3 篇，同时还增加了 1 篇批评型言论，其中由企业中层以上领导撰写的言论增加到了 6 篇，占言论总数的 54%。数据说明《中盐人》重视发挥企业报的监督功能且在不断进步，但两年中仅刊发 1 篇批评性言论，其监督效果有待提高。

（五）引导功能

调查中了解到，《中盐人》在发挥企业报的引导功能上做了很多努力，除言论引导外，策划专版、开设专题是常用的形式。2012 年第 9 期三版《工厂工程师：现代科学管理的人文转向》专题，提出"工厂工程师"及"人文管理"的新概念；2013 年第 10 期一版《以"智高点"抢占转型升级"制高点"》，详细解读公司的人才强企战略及其成效；2013 年第 14 期三版《新东掀起"绿色革命"，找回企业的碧水蓝天》专题报道，解读低碳、环保、节能、绿色发展理念；2013 年第 10 期二版《ERP 销售管理：为客户提供更好的产品与服务》阐述公司为客户创造价值的营销理念。此外，《中盐人》还出版了"金盐之星""宿沙奖章"增刊，通过宣传先进典型引导员工提升职业道德和职业素养。《中盐人》通过专版报道、开设专栏、出版增刊等形式，整合企业价值观，凝聚发展合力，引导职工在岗位上发挥想象力和创造力，提高工作效率，为企业新一轮创业奠定思想舆论基础。调查同时显示，《中盐人》专题、专版报道的受众接受程度还需提高，引导功能的实现还需继续努力。

（六）文化功能

企业报文化功能的实现，是指传播企业文化的效果、对员工素养提升的影响力、对员工文化需求的满足程度、存史资政育人功能的实现，而副刊则是企业报实现其文化功能的最佳载体。《中盐人》副刊现有"圣贤仁训""诗苑""盐史拾零""文化评论""灯下漫笔""艺苑小站""摄影"等栏目，着力传播"敬天尊道，尚贤慧物"的贤文化，发挥文化育贤的功能。《中盐人》2014年第12期副刊《育英才·修贤德》专题，刊登了职工子女学国学的收获与感受；2014年第14期副刊是新员工培训专题，通过展示新员工培训期间所学之新知识、所做有意义之事、所学之感悟，让读者充分了解文化育贤工程的内容。调查显示，40％的受众表示关注《中盐人》有关企业文化的报道，但喜爱阅读副刊的人数在接受调查的总人数中占比并不太高。这个现象表明《中盐人》传播企业文化的效果尚有待提升。

三、增强企业报传播效果的措施

（一）办报方针必须鲜明化并持之以恒

企业报，作为报纸的一种，应该有鲜明的办报方针和持之以恒的实施态度，这样才能形成自身的办报风格和特色。《中盐人》的办报方针建立在"尚贤"的企业文化核心价值观之基础上，通过报道、解读企业与员工的"尚贤"故事，传播贤文化、宣贯贤文化，实现报纸的育人功能。本次调查发现，《中盐人》办报方针比较明确并有自身特点，如何持之以恒地实践办报方针，是今后需要努力的方向，如此，方不至于使办报方针形同虚设。

（二）推动传播团队的现代转型

企业报的稿件来源，除了依赖专职采编队伍外，还要依靠通讯员队伍。通讯员的新闻传播业务素质相对不高，培训通讯员至关重要。《中盐人》的采编队伍和通讯员队伍比较精干，但要落实好办报方针的要求，就需要采编团队在素养上"转型升级"：

1. 提高专职采编人员的职业境界

"职业境界"是指，办报人对企业文化和企业价值观的认识、理解、认同程度，以及通过报纸传播企业文化、建设企业文化的职责意识及其贯彻落实能力与创新精神。企业报有别于其他类别报纸之处在于其垄断了企业的信息流，但这也正是企业报采编工作的难点——要深刻理解企业，读懂企业，既要掌握企业的生产经营活动，又要深刻领悟企业的文化，以此指导采编工作。

《中盐人》的专业采编人员业务素质基础较好，但对公司历史与现状的理解程度还比较浅显，这就要求专职采编人员吃透企业情况和企业文化精神，并融入办报实际工作中。

2. 培养通讯员团队的"新闻眼"

通讯员由基层员工兼任，新闻专业素养欠缺。解决此问题，除了学习，还要依靠编辑部的引导、培训与沟通。《中盐人》的办报实践经验表明，在专业采编人员较少的情况下，可采取如下办法培养骨干通讯员以弥补力量的不足：邀请骨干通讯员参加报纸的编前会，使其更好地理解采编意图；编辑部与骨干通讯员联合采写新闻，在实践中培养通讯员的新闻敏感性和写作能力。

3. 建设办报的智库——评报团队

《中盐人》建有由读者组成的评报团队，同时不定期邀请高校学者和同行专家对报纸进行专业的点评。办报智库为编辑部了解受众的信息需求、提高报道质量、完善报纸的编排，乃至提高企业报的传播效果起到了极为重要的帮助作用。

（三）满足受众的多层次信息需求

1. 提高解读新闻信息的能力，使新闻更有"品位"

与手机、互联网等新兴媒体相比，企业报作为传统报纸无法快捷便利地满足读者的要求，因此，企业报应找准自身优势，提高对新闻信息的解读能力，对企业新闻事件做深度报道，满足读者多层次的信息需求。对于《中盐人》来说，采编人员要立足贤文化，讲好贤故事，透过企业新闻信息解读好贤文化精神，如此新闻方有"贤味"。

2. 加强新闻报道策划，使专栏、专题、专刊更贴心

企业新闻事实的报道经过精心策划之后，可以挖掘出新闻事件背后的意义及其所传达的多层次信息。这就要求企业报编辑从被动等稿转变为主动策划，联合通讯员采写稿件，同样的内容，不同的组合，形成 1+1>2 的合力。

3. 新闻报道故事化、图片化，吸引读者眼球

目前企业报的新闻报道大都就事而报，尤其是人物和新闻事件的报道有点"硬"，而采用故事化的写作手法，通过对细节、现场等的描写，使报道的趣味性和接近性更强，也可让新闻报道适当变"软"。另外，报纸是视觉传播媒介，图片的视觉感、感染力有时优于文字。因此，企业报要加大图片报道的分量，这也是读图时代媒介发展的大趋势。

4. 重视版面策划

现今版面策划与包装几乎成为报业人士的共识，众多大众报纸的探索与实践让我们受到启发——头版视窗化、杂志化。《中盐人》已经开始学习应用都市类报纸的封面化报道方式。

5. 精心打造文艺副刊

"新闻招客，副刊留客"，但因为副刊稿件绝大部分来源于企业内部员职工，稿源有限，故需在提高品位上做文章。针对副刊存在的问题，《中盐人》编辑部推出精品栏目，如"文艺评论""i 推荐""品读印象""艺苑小站"等，并尽量做到期期副刊有主题。此外，《中盐人》通过副刊发现有潜力的作者，鼓励热心读者担任当期责编或者栏目主持人，培养一批素质较高的副刊作者队伍。

（四）发挥好言论的引导和凝聚功能

企业报承担着引导舆论、解疑释惑、鼓舞士气的作用，应当加强企业报的批评监督、引导舆论功能。

企业报的言论最好是篇幅短，开口小，小中见大，小中求深，文字凝练。对于员工普遍关心而在较少篇幅内又无法议论透彻的论题，不妨通过系列言论的方式来解决。在选题上，企业报的言论应贴近企业的生产经营活动和员工的实际，寻找员工所关注、感兴趣的热点问题，以及企业的难点问题，针对这些问题进行分析评论，提高言论在引导、凝聚方面的传播效果。

（五）编辑部的延伸与接地气

1. 鼓励员工参与办报

在拓展办报资源方面，目前《中盐人》建立的栏目主持人制不失为一个好办法，近 20 个栏目由员工来负责策划、组稿、采写等，编辑部主要是为其出主意、提思路。这样既可发动员工的力量参与办报，为编辑部注入新鲜的活力，又可减轻编辑部的工作负担。

2. 密切报纸与员工的关系

聚焦一线热点人物和事件，把更多的版面留给一线员工，让员工在企业报唱主角，这样才能抓住员工的心；稿件尽量刊用员工撰写的，或者确定选题后，联合员工一起采写；精心制作新闻标题，使读者只需读题就能了解新闻事实；写短新闻，尽量用图片说话。

综上所论，新媒体时代传播环境的多变性和复杂性，对企业报是一个严峻的挑战，但同时也是企业报重新起航的一个机遇和起点。希望本文能起到抛砖引玉的作用，使更多的学者、业内人士把目光投向新时期企业报的改革发展问题，产生更多有分量的研究成果，在理论创新的推动下，使企业报在现代传媒的百花园中找准自己的位置，绽放出独特的光彩。

（原载于《中国盐业》2017 年第 2 期）

2018 年华夏组织传播研究综述 ①

摘要： 组织传播不仅涉及新闻传播学，而且关联到组织行为学、管理心理学、新媒体技术等相关学科。作为一个交叉领域，各国学者都对其非常重视，中国学界近年正在努力推进组织传播的本土化研究，并已形成不少成果。本文通过统计分析 2018 年前后的相关研究成果、归纳这一领域的研究趋势发现，在华夏组织传播研究领域，研究者首先是从企业管理的视角展开探索；其次，从学校教育、社区建设等角度，对组织传播的研究工作也比较多；再次，有学者运用理论思辨、实地调研等方法，分析组织传播的内涵特征，展望华夏传播的未来趋势。此外，还有学者在分析个案的基础上，对家风、民俗的组织传播进行研究。从研究方法、研究内容来看，个案分析的研究方法被频繁运用，大多数研究成果属于中微观研究，而总体概括的研究方法使用频次不高，宏观型的研究成果较少。总体而言，虽然 2018 年华夏组织传播研究涌现出不少的成果，但是在理论高度、研究深度、实践可操作度等方面，还有待加强，期待学界在今后出现更优秀、更丰富的研究成果。

关键词： 传统文化；组织传播；新媒体；华夏传播；研究综述

虽然有关组织传播的学术理论，由西方学界率先提出，但作为一种社会实务的组织传播，其实早已充溢于中华文明的发展历程中。因为组织传播的本质是：组织成员间、组织内部机构间、组织与外部社会间的信息交流和沟通，这种传播活动普遍存在于古今中外的各种人类组织中。由于华夏文明与西方文明存在差异，因此，华夏组织传播具有明显的中国特色。例如，在层级结构、传播机制、文化氛围等方面，华夏组织传播具有不同于西方组织传

---

① 本文第二作者蒋银，《贤文化》编辑，研究方向为贤文化、盐文化。

播的特点。近年来，随着习近平总书记提出要"高度重视中华优秀传统文化，并将其作为治国理政的重要思想文化资源"①，深耕华夏组织传播研究便成为这一倡议的题中之义。于是，华夏组织传播作为一项对中国社会组织中的信息流动现象和观念的研究，越来越受到学界的关注。本文旨在通过对 2018 年前后华夏组织传播的研究成果进行概览和耙梳，描绘出现有研究的学术样态和主要观点，并对现有成果进行总结和反思，以供学界参考。

一、组织传播的内涵与华夏组织传播的研究内容

组织传播是社会组织在组织内部和组织与外界所从事的信息活动，它一方面涵盖组织成员之间、组织内部机构之间的信息交流和沟通，另一方面也涉及组织外的信息沟通与交流传播。具体地说，组织传播是人们通过各种相互依赖的关系结成组织网络，为应付外部环境的不确定性而创造和交流信息，这种传播活动普遍存在于古今中外的各种人类组织中。

从受众范围来看，人际传播范围最小，大众传播和网络传播的范围较大，而组织传播的范围介于他们之间。从传播时效、传播场合来看，组织传播进行的多是即时传播，并且组织传播的接收多在正式场合，而大众传播的接收可在任何场合进行。人们接收大众传播不一定要聚精会神，而是可以"一心二用"甚至"一心三用"的，可以经常看到人们一边洗脸刷牙一边听收音机，坐公交的时候翻翻报纸，而进行组织传播是很难几件事同时进行的。基于上述缘由，组织传播通常在固定的机构进行，面临固定的对象，其传播方式多是指令式的，因此在倡导集体主义的中华文化中，华夏组织传播研究存在明显的意义。

考虑到西方文化推崇个人主义，而中华文化倡导集体主义，因此，华夏民族的组织传播与西方世界的组织传播势必存在差异，因此华夏组织传播研究应当凸显中国特色。本文所选取的样本文献不仅包括明确以组织传播为研究对象的成果，而且也包括可以从组织传播角度进行解读的文献。换言之，或许一些学者并非有意识在进行华夏组织传播研究，但其研究成果实际上与华夏组织传播研究范畴确有重合之处，本文也将其纳入样本文献之中。

在此基础上，本文以中国知网数据库为主要来源，同时运用超星发现和

---

① 中共中央宣传部：《习近平总书记系列重要讲话读本》，北京：人民出版社，2016 年，第 201 页。（下引同书只注页码）

谷歌学术等搜索工具，以"（华夏 or 华夏文明 or 传统文化）and 组织传播"为主题，在网络中进行模糊检索，将时间框选为 2017 至 2019 年 6 月，经筛选过滤后得到 87 篇相关文献，资源类型包含期刊论文、报刊论文及硕士论文。其中，对于期刊论文，本文重点关注《中国社会科学》《文史哲》《历史研究》《清史研究》《新闻与传播研究》《现代传播》《国际新闻界》等人文社科权威、核心期刊。依据研究主题的相关性、学术期刊的权威性以及文章的质量等标准，本文细致考察了中文论文 48 篇，英文论文 3 篇以及学术著作 2 部。

二、2018 年华夏组织传播研究的学术样态

众所周知，信息传播是古今社会的常见现象，每个人都或多或少地与传播学发生过链接，可以说，传播学是很多人路过但是少有人驻足的十字路口。作为传播学衍生的子领域，华夏组织传播更是融合了历史学、传播学、政治学、新闻学等诸多学科。作为一个交叉研究领域，不同学科的专家学者常常就同一问题从不同的角度进行分析与探讨，形成学术对话与争鸣。也正是因为这样，华夏组织传播研究也越发地生机盎然。

本文在整理组织传播的近年成果时，提取了所收集文献的发文时间，并且根据文献的分类号对文献所属学科进行了分类。基于此，本文发现近年的华夏组织传播研究成果在发展趋势、学科分类、研究主题、热点、视角以及方法上均颇具特点。

从发文时间来看，2017 年至今，华夏组织传播研究成果数量成直线型递增趋势，显示出学者对该领域的持续关注。尤其值得注意的是，2019 年半年的研究成果数量已达到 37 篇，已经超过 2018 全年 29 篇的成果数量，显示出该领域逐渐成为研究的热点。

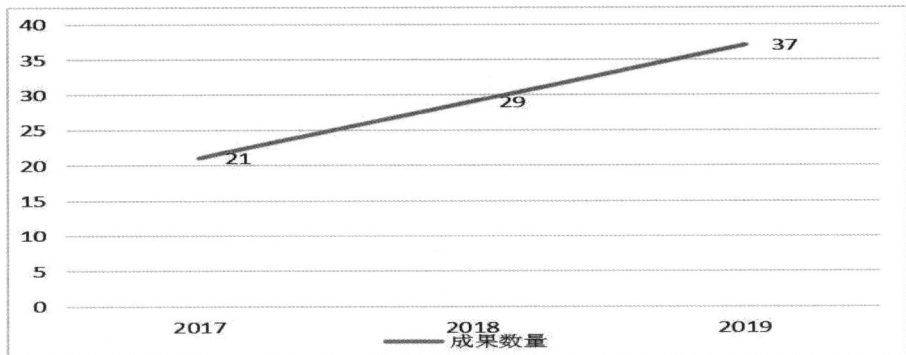

图 1　2017—2019 年华夏组织传播研究成果数量发展趋势图

从文献的学科属性来看，华夏组织传播相关研究涉及学科广泛，包含教育学、管理学、传播学、民俗学、体育学、民族学、艺术学、哲学、政治学、法学、文学多个学科。其中教育学、管理学、传播学的研究成果数量更多。

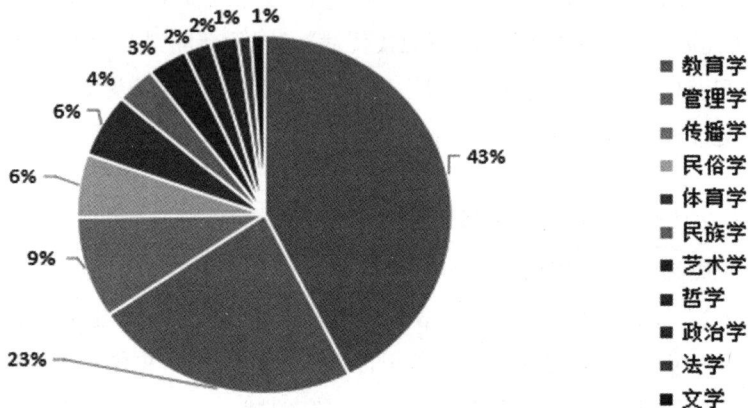

图 2 2017—2019 年华夏组织传播研究成果文献学科从属情况图

传播学、管理学、教育学、民俗学、体育学的相关研究数量均大于等于5 篇，笔者将各学科的研究数量结合年份进行交叉分析，结果如图 3。可见，在三年的研究中，传播学研究分布较为均衡，管理学、教育学、体育学相关成果数量持续递增，表现对该领域关注度的提高。民俗学相关成果数量持续递减，表现出对该领域关注度的降低。

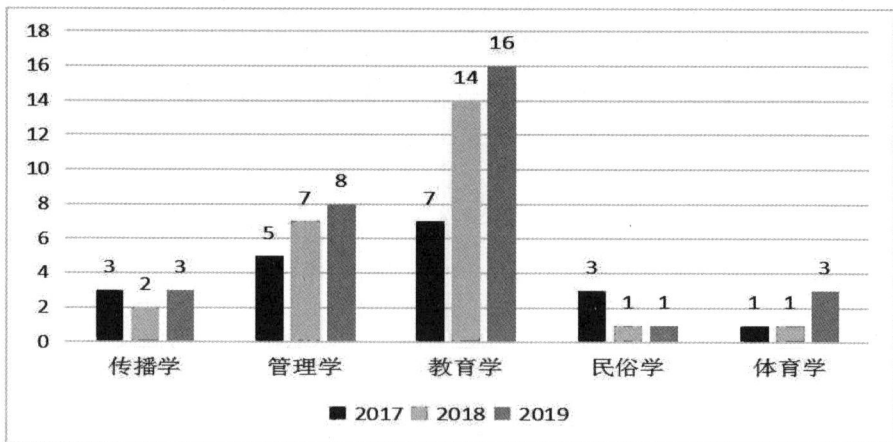

图 3 2017—2019 年华夏组织传播研究成果各学科成果数量示意图

通过对所收集学术成果的题目进行统计与筛选，笔者绘制了研究成果题目词云图，如图 4，据此可初步了解现有研究的主题热点情况。传统文化、中华优秀文化、高校、传播、教育、社区、管理、实践的词出现频率较高，表现出高校、社区等对华夏组织传播研究的关注，同时表现出研究中对有关传播及文化传承实践的关注。

图 4　2017—2019 年华夏组织传播研究成果题目词云图

为进一步了解华夏组织传播研究的特征，笔者将文献数据导入 Citespace 工具，对此领域进行计量分析，并且以科学知识图谱方式展示该领域研究主题特征、研究热点、变化趋势等。

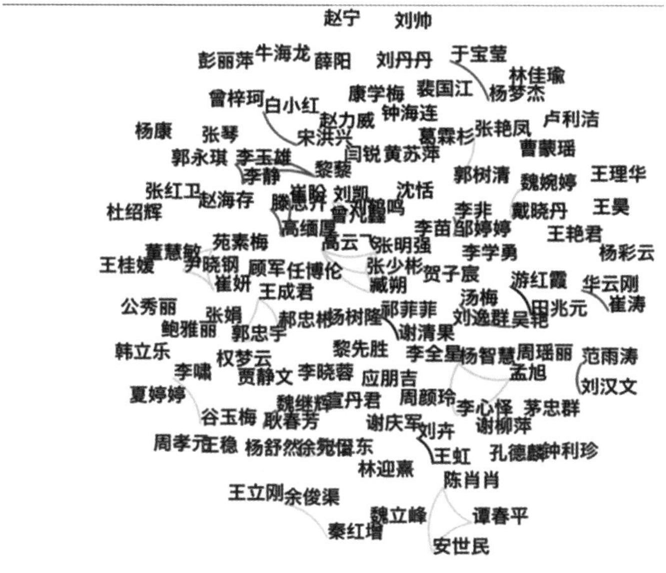

图 5　作者合作情况示意图

中山大学管理学院

广西钦州市钦北区长滩中学

吉林化工学院体育教学部　　大连理工大学城市学院外国语学院

黄河科技学院　　　　　　　　菏泽职业学院

长沙理工大学马克思主义学院工业大学　　天水市秦市区汪川中学

福建农林大学安溪茶学院　　　西南民族大学文学与新闻传播学院

贵州师范大学文学院　　方太集团　甘肃省白银市会宁县会师初级中学

甘肃省白银市会宁县头寨子镇共丰初级中学　中盐金坛盐化有限责任公司　山东农业大学体育学院

西安理工大学马克思主义学院　西民族大学马克思主义学院　华东师范大学社会发展学院民俗学研究所

　　西民族大学相思湖学院　曲阜师范大学体育科学学院

中共金塔县委党校　广西民族大学民族学与社会学学院　北京师范大学文化创新与传播研究院

佛山科学技术学院马克思主义学院龙江省五大连池市职业教育中心学校

江西经济管理干部学院　　深圳市南山茶文化研究会　浙江省余姚市社区学院

北华大学马克思主义学院　山东省马克思主义学院　　　宁波市鄞州区社区学院

吉林工业职业技术学院　山东交通学院团委　南华大学船山学院　中共泰安市委党校

江苏省金坛中等专业学校　常州工学院教育与人文学院　无锡商业职业技术学院

江西财会职业学院　武汉工商学院民族教育学院　华节医学高等专科学校　唐山学院

云南省会泽县者海镇国土和村镇规划建设服务中心　渤海大学教育科学学院

西安工业大学人文学院　山东科技大学马克思主义学院　中国科学院附属实验学校分校

辽宁对外经贸学院　郑州大学　国网山东省电力公司淄博供电公司　厦门兴才职业技术学院

河北农业大学　中泰证券股份有限公司　包头师范学院

广西中烟工业有限责任公司　石家庄信息工程职业学院　湖南省娄底市冷水江工业学校

厦门理工学院外国语学院　华电国际电力有限公司邹县电厂聊城市人力资源和社会保障局

山东省淄博市张店区兴学街小学　阿坝师范学院民研所　牡丹江师范学院　厦门大学新闻传播学院

齐齐哈尔大学　华侨大学音乐舞蹈学院　成都大学外国语学院

无锡市东林书院管理中心　兰州理工大学经济管理学院

闽南师范大学党委宣传部　　重庆工商大学派斯学院

湖北师范大学经济与管理学院　内蒙古师范大学文学院　西安财经大学

江苏泗阳县众兴镇小学　　邹城市文化馆

华东师范大学职业教育与成人教育研究所

郑州市教育局　沈阳工学院

江苏理工学院体育部

图 6　作者所属机构合作情况示意图

　　笔者对文献数据进行分析后发现，华夏组织传播领域属于较为新兴的研究领域，故并未出现明显的高产作者与高产机构，如图 5 所示，该领域的作者结构松散，少部分的学者进行了合作，如高云飞与张明强、张少彬、臧朔，杨智慧和孟旭、李心怿、陈肖肖和谭春平、安世民等等。而从作者所属科研机构来看，从图 6 可发现，学校是该领域最为主要的研究机构，参与研究的学校涉及小学、中学、中职、高职、大学各个层次。除学校外，主要是企事业单位和政府部门参与了相关研究，如党校、教育局、各类型企业等。最后还有少量的社区机构与民间研究所参与研究，如茶文化研究会、社区学院等。研究机构地域分布广泛，表现出该领域逐渐引起各方的关注。

　　利用软件对华夏组织传播相关文献进行研究主题的时序分析，结果如图 7。2017—2019 年该领域的研究呈现阶段性特征。一方面，有关传统文化在校园内的传播研究贯穿三年，但研究的主题在发生变化，从研究以具体课堂教学传播传承传统文化，演变为传统文化的传承教育，进而再演变为讨论传统文化传播与校园文化建设以及传统文化传承传播路径，研究的层次进一步提升，出发点进一步拔高，关注点更为宏观。除此外，有关传统文化传承传播与企业文化关联的研究较为集中于 2017 至 2018 年，有关传统文化与社区教育、社区建设的研究较为集中于 2018 年。

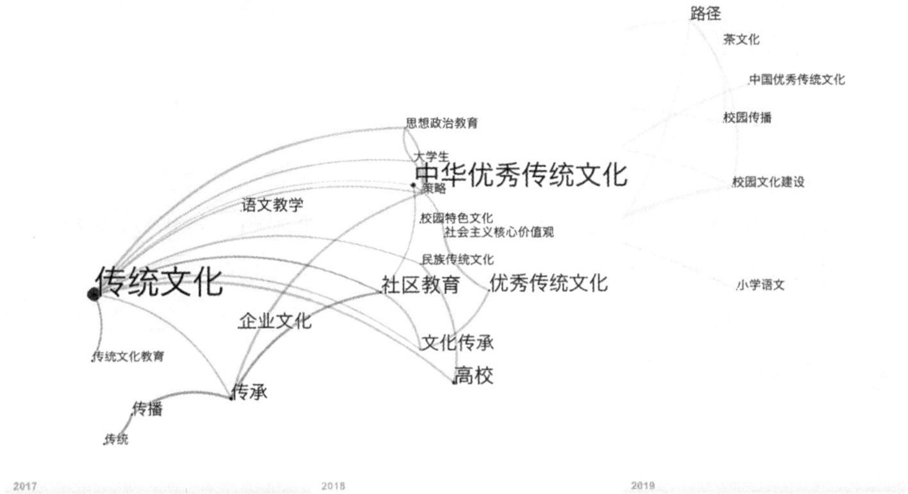

图 7　研究主题时序变化示意图

图 8　研究关键词聚类示意图

对该领域的研究结果进行聚类后，结果如图 8，结合聚类图和文献收集所得，经分析，华夏组织传播研究主要可分为三大主题：企业对传统文化的传承传播；社区对传统文化的传承传播；学校对传统文化的传承传播。此外，还有学者在分析个案的基础上，对家风、民俗的组织传播进行了研究。个别学者运用理论思辨、实地调研等方法，分析了组织传播的内涵特征，展望了华夏传播的未来趋势。

三、2018 年华夏组织传播研究的观点深描

根据上述对 2018 年前后华夏组织传播研究学术样态的整体勾勒，可以发现在近年，学者们结合管理学、教育学、社会学等视角，对华夏组织传播提出了很多新观点和新见解。为了对这些新观点形成清晰的掌握，本文分别从企业、学校、社区等角度，对主要学术成果进行类型划分和观点深描，以期描绘出华夏组织传播研究的学术坐标。

（一）华夏组织传播与企业管理

由于组织传播不仅蕴含传播活动，而且涉及组织行为，因此企业作为现代社会最常见的人类组织，其所蕴含的传播实践相当普遍，并且关于企业组织传播的理论非常值得探讨。考察近年已有的研究成果可以发现，很多学者都认识到这一点，他们积极运用各种方法分析中国企业的组织传播实务，进而努力归纳其中的华夏组织传播理论。

在此领域较新的研究成果中，比较典型的是钟海连博士的诸多见解。例如 2017 年，具有丰富企管经验的钟海连博士发表《传统文化在现代企业传播的形态和效果——中盐金坛贤文化个案解读》一文。该文指出，在具有浓厚儒家特征的中盐金坛公司，以尚贤文化为核心的传统精神，对企业的组织管理工作形成极大贡献。[①] 在文中，钟海连不仅对中盐金坛贤文化的传播形态、传播效果作了深度的解读，而且分析了其传播历程和传播途径，可以说，此文为中华传统文化在现代企业的组织传播研究提供了一个典型案例。

除了研讨"贤文化"在现代企业组织传播中的功效以外，也有学者从"孝文化"的角度入手，探究其对组织传播、企业发展的贡献。谢庆军的文章《"孝文化"推动企业发展——以山东京博公司为例》[②] 便是这一领域的优秀研

---

① 钟海连:《统文化在现代企业传播的形态和效果——中盐金坛贤文化个案解读》,《中华文化与传播研究》2017 年第 1 期。

② 谢庆军:《"孝文化"推动企业发展——以山东京博公司为例》,《中外企业家》2017 年第 16 期。

究成果。与钟海连的研究方法类似,该文也体现了作者立足于中国企业现实情况对组织传播的本土化再探索。与上一篇文章略有不同的是,这篇论文的主要分析对象是"孝文化"及其在企业组织的传播形式与传播效果。

该文认为,京博公司的普通员工的父母每个月可以领到两百元的"仁孝金",主管以上员工的父母每个月可以领到四百元的"仁孝金",随着职级的提升,"仁孝金"也在不断增长。① 对于京博公司这种设置"仁孝金"的"孝文化",该文认为,企业组织为员工提供福利,不仅能减轻员工的负担,让员工事业健康双平衡,而且可用真切的行动传播孝文化,以组织制度使老有所依成为现实。

近年的学界不仅研究过组织传播中的"贤文化""孝文化",而且对"家文化""忠爱文化"也有一些关注。对于"家文化"的组织传播,李非、邹婷婷、彭丽萍等人陆续发表过各自的观点。李非和邹婷婷在结合民生公司这种个案分析的基础上提出,民生公司以传统"家文化"为根基,结合先进的企业管理思想,塑造了"和谐合作""仁义诚信""以人为本""多方共赢"的企业文化。在《基于民生公司的传统"家文化"思想研究》一文看来,民生公司以现代商业视角重新诠释了传统"家文化",把"家文化"的核心内涵融入现代企业文化之中,创造了独具特色的民生企业文化。这不仅是泛化了的"家文化",而且是对"家文化"的扬弃和超越。②

关于民生公司在企业组织内传播家文化的效果,著名学者厉以宁也曾予以高度曾评价。厉以宁认为:"民生公司有理由被认定为 21 世纪 20 年代至 40 年代内企业文化建设卓有成效的一个范例。"③ 与李非、邹婷婷的个案研究不同,彭丽萍在《简述传统家族文化对小微企业管理的影响》中,分析归纳了小型企业在组织传播"家文化"过程中的普遍规律和常见问题。该文认为,在传统家族文化的影响下,小微企业管理呈现出"关系治理""信任治理"等特征,这既有利于低成本战略的实施,也有利于应对复杂多变的市场环境。不过传统家族文化影响的小微企业同样存在任人唯亲、大权独揽等问题,长此以往必然会影响企业的健康发展。④

---

① 谢庆军:《"孝文化"推动企业发展——以山东京博公司为例》,《中外企业家》2017 年第 16 期。

② 李非、邹婷婷:《基于民生公司的传统"家文化"思想研究》,《管理学报》2018 年第 10 期。

③ 厉以宁:《卢作孚文集》,北京:中华书局,2001 年,"序言",第 1 页。

④ 彭丽萍:《简述传统家族文化对小微企业管理的影响》,《商场现代化》2019 年第 5 期。

　　至于"忠爱文化"，刘丹丹曾研究过广西中烟对"忠爱"文化的组织传播。经过深入研究后她发现，广西中烟十分重视且非常善于在企业组织中传播"忠爱"文化，将其积极融入生产、融入管理、融入科技、融入品牌、融入服务，努力凝聚一切有利于发展的正能量，使广西中烟在很多方面取得了重大进步。[1] 刘丹丹认为，广西中烟在组织传播过程中为其他企业组织探索了有效的成功经验：它不仅关注组织传播的深度，努力使"忠爱"理念融入员工心灵，而且重视组织传播的广度，积极向社会播撒忠爱文化。

　　此外，有学者注意到邹城市电厂在企业组织内传播传统文化、打造企业文化的成功经验。华电国际电力有限公司邹城市电厂管理层在组织运营的过程中日益发现："立足地域文化，积极探索优秀传统文化与企业文化建设融合的路径，是国有企业实现文化强企的必由之路……"[2] 于是邹城市电厂在企业组织中开展弘扬传统文化的探索与实践，他们通过实施"三大工程"，努力将"竞和"文化打造成富含孔孟之道、深谙儒家精髓的现代企业文化体系。一方面，在企业管理中，它提出"以制度人，以文化心"，高度重视人的价值和人格，追求企业与职工同成长、共发展，营造了"得道多助，天下顺之"的良好氛围。另一方面，在文化传播中，它注重多媒体传播，融合报纸、书刊、广播、电视、网站、微信等多媒体资源，组织开展"书香邹电""经典诵读"等活动，将仁义礼智信的价值观融入生产现场和生活区建设，润物无声地用优秀传统文化熏陶干部职工。[3] 基于组织传播的成功实践，邹城市电厂认为，运用互联网技术和数字技术，丰富传播手段，提升传播速度，进一步增强传统文化的影响力和生命力，能为企业发展注入源源不断的动力源泉。基于上述六篇研究论文，大致可以概括出当前学界对华夏组织传播与企业管理这一交叉领域的探讨情况。

（二）华夏组织传播与学校教育

　　除了着眼于企业组织传播的研究外，华夏组织传播也高度重视学校等教育机构与组织传播的各种关系。在现代社会，因为学校等机构也是普遍存在

---

[1] 刘丹丹：《打好企业文化"落地生根"攻坚战广西中烟推动"忠爱"文化落地生根的实践与思考》，《广西经济》2017年第7期。
[2] 华电国际电力有限公司邹城市电厂：《"三大工程"弘扬优秀传统文化》，《当代电力文化》2019年第4期。
[3] 华电国际电力有限公司邹城市电厂：《"三大工程"弘扬优秀传统文化》，《当代电力文化》2019年第4期。

的人类组织，而且学校教育也是组织传播的典型形式，所以其所蕴含的传播理论与实践也值得探讨。考察近年已有的研究成果可以发现，学术界对校园传播投入过较多的注意力。从研究趋势来看，由于中华传统文化、地域民族文化在近年日益受到人们的重视，因而很多学者重点探讨了传统文化、民族文化在学校的组织传播。

在此领域较新的研究成果中，比较典型的是林佳瑜的文章《以优秀传统文化涵养校园文化的传播模式研究》，该文从总体上对传统文化在校园的传播模式进行了深入研析。林佳瑜认为，优秀传统文化是中华民族智慧的结晶，将其有效融入学生思想和生活教育中，在学校立德树人建设和涵养社会主义核心价值观具有重要作用……学校应该主动靠前行动，在传承和创新优秀传统文化中实现更大作为，为培育社会主义各类优秀人才做准备。

该文指出："传统文化在过去漫长的岁月主要表现为文字、图画或口头的传播方式，在当下数字和影像移动传播时代，若依然只限于过往的传播路径，就会尴尬陷入'好酒还怕巷子深'，成为口头上的'阳春白雪''高不可攀'。"① 由于网络和移动传媒的结合开启了新一代的媒介传播模式，因而在新形势下，创新传统文化的传播形式，不拘一格地将之与流行文化时尚元素和新技术新媒体相嫁接，将是当下发展弘扬和传承优秀传统文化的重要途径。

除了总体型研究之外，很多学者纷纷结合各级学校的传播实践，对传统文化在中小学、职业院校、大学高校等各级组织中的传播情况开展了研究。首先，在《浅谈如何在语文课堂中传播传统文化》一文中，王桂媛探讨了小学语文课堂旧有的不足与应有的改进。她认为："学校是现代社会中最重要的一种社会组织，与文化有着千丝万缕的联系。学校的校园文化具有潜移默化、不可替代的教育作用。就学校物质文化方面来说，想要在小学语文课堂上传播传统文化顺畅，可以在校园的文化建设中增添一些传统文化因素。在校园文化建设中有机地渗透传统文化，既能发挥学校建筑的教育功能，让学生置身其中，感受和感悟学校物质文化中蕴含的传统文化，进而对传统文化感兴趣。又能够增添学校的文化气息，使校园的文化氛围浓厚。"②

就学校制度文化方面而言，要想在校园文化建设中渗透传统文化，学校应采用多样化的形式来安排一些仪式或活动向小学生有机地渗透优秀的传统

---

① 林佳瑜：《以优秀传统文化涵养校园文化的传播模式研究》，《教书育人》（高教论坛）2018 年第 27 期。

② 王桂媛：《浅谈如何在语文课堂中传播传统文化》，《文学教育》（上）2019 年第 3 期。

文化。比如，学校每周举行升旗仪式唱国歌，来激发小学生的爱国情怀。或者，学校可以组织举办传统文化知识问答大赛、我爱背古诗、以我眼中的传统文化为主题的演讲比赛等活动来调动全校师生对传统文化的热情与兴趣。通过加强校园文化建设，让学生在校园生活里潜移默化地感受传统文化的魅力所在，增强学生对传统文化的兴趣和热爱程度。

在中学层面，闫锐对于如何促进中华优秀传统文化在高中思想政治教育中的传播进行了探讨。他认为："中华优秀传统文化是我们取之不尽、用之不竭的智慧宝库，影响着每一代人。在高中思想政治教育中，向学生传播传统文化，能够使学生树立民族自信心，培养学生的爱国情怀，促进学生良好道德观念的形成……在互联网时代下，教师要积极利用信息技术，善于搜集网上的热点事件进行导入，这样能够有效激发学生的学习兴趣。"①

其次，对于传统文化在职业院校中的组织传播，也有学者做过研究。卢利洁、刘珊琪等人分别结合自身在中职、高职院校中的经历，探讨了传统文化在职业院校中的传播策略。刘珊琪认为，职业院校所面对的学生即将进入职场，他们正处于一个对于优秀文化和人类历史中的经典极度渴求的阶段。她指出："中华优秀传统文化在如今的高职院校中仍然具有旺盛的生命力和肥沃的传播土壤，只要我们的教学方法得当，激发学生的兴趣、引导学生进行自主探究和合作学习，学生是能够掌握其中的精髓的。通过构建学生感兴趣的教学形式、为学生构建知识交流平台、举办校园文化主题活动等模式，中华优秀传统文化必将在我们的高职院校中良好发扬。"②

再次，更多学者的关注重点是，传统文化在大学高校中的组织传播。杨慧从自己的专业出发，结合古代文学课程的教学经验，探讨了高校古代文学课程教学与传承中华传统文化的关系。她指出："古代文学课程乃是我国高等院校中文系学生的基础课程和必修课程，然而，因为古代文学课程内容稳定，授课方式呆板，因此这门课程显得过于老套，从而处于比较微妙的境地，往往并不受到众多学生的喜欢。"③杨慧认为，随着中华传统文化的弘扬，全国人民对中华传统文化有着越来越强烈的认可度和积极饱满的热情……古代文

---

① 闫锐:《如何促进中华优秀传统文化在高中思想政治教育中的传播》,《甘肃教育》2018年第 22 期。

② 刘珊琪:《高职院校中华优秀传统文化教育模式研究》,《科学咨询》(科技·管理) 2018年第 10 期。

③ 杨慧:《论高校古代文学课程教学中应如何传承中华传统文化》,《才智》2018 年第 1 期。

学老师应该顺应这一潮流,利用自己的学术优势大力在课堂中宣扬中华传统文化,弘扬民族精神,为中华民族的伟大复兴贡献力量。

学界不仅关注着公办高校对传统文化的组织传播,而且也对民办高校的相关情况进行了研讨,例如,徐宛怡、张卫东曾分析过传统文化在民办高校校园传播中存在的问题及对策。他们指出:"由于受到资金等诸多因素的制约,传统文化在民办高校校园传播中还面临着诸多的不足和制约。如何进一步地优化民办高校传统文化的传播力量,为传统文化提供更好的传播媒介,优化传播环境应该是今后民办高校在传统文化校园传播中需要重视的一个主要问题。"[①]学界对此除了总体型研究之外,还有个案型研究,比较典型的是,康学梅以福建农林大学安溪校区为例,探讨过中国传统文化融入高校心育的路径。在结合当地特色的基础上,他主张将茶文化融入高校心理健康教育路径,形成课堂载体层面、环境氛围层面与师生主体层面等三位一体的融合体系。[②]

值得注意的是,由于华夏民族是多个民族的融合体,因此虽然传统文化在各级院校的组织传播固然值得研究,但民族文化、地域文化的校园传播也值得重视。在此领域,不少学者已经做出了探索,例如,牛海龙曾以内蒙古师范大学为例,研究过民族地区高校对少数民族文化的传播。[③]他认为:"民族地区高校校园文化有着少数民族文化的多元性和冲突性,加大民族文化在校园文化中的传播力度和宣传手段,有着深远的重大意义。民族地区高校要立足自身、长远布局,要在校园文化建设中创造民族特色、打造民族品牌、加强民族文化在少数民族高校校园中的传播,从而使少数民族文化以崭新的、生机勃勃的姿态呈现在新时期的校园文化建设当中。"

李静、黎藜、李玉雄曾以基于南宁市武鸣区庆乐小学为例,探讨过壮族优秀传统文化进校园的有益探索。他们认为壮族优秀传统文化进校园是一项庞大而复杂的文化工程,也是民族教育与民族文化结合的落脚点。教育部长陈宝生提出优秀传统文化进校园的三条路径:覆盖教育的各个阶段,即固本工程;渗入教材体系中,即铸魂工程;贯穿在人才培养全过程,即打底色工程。为了形成良好的效果,庆乐小学将壮族优秀传统文化教育从学校扩大到

---

① 徐宛怡、张卫东:《传统文化在民办高校校园传播中存在的问题及对策》,《农家参谋》2019 年第 5 期。

② 康学梅:《中国传统文化融入高校心育的路径探析——以福建农林大学安溪校区为例》,《传播与版权》2018 年第 7 期。

③ 牛海龙:《民族地区高校少数民族文化的传播——以内蒙古师范大学为例》,《内蒙古农业大学学报》(社会科学版)2017 年第 4 期。

家庭、社区这一文化传承场所，变家庭、社区为资源教室，推动学校、家庭、社会的有机结合，实现文化良性循环，力促壮族优秀传统文化进校园。[①]

此外，还有一些学者对其他少数民族及地区文化的校园传播，做过个案性的研讨。例如，孔德麟[②]曾研究过甘肃永靖傩文化在学校教育中的应用，权梦云[③]曾以云南丽江市纳西族、广西巴马县瑶族为例，对民族传统文化的学校传承和校园传播做过调查及思考。习近平总书记指出，我们要善于把弘扬优秀传统文化和发展现实文化有机统一起来，在继承中发展，在发展中继承。由于青年学子正是传播继承传统文化的使者及基因，因而发掘"藏在深闺"的地方文化瑰宝，应在学校积极带领青年学生一起研究探索。

（三）华夏组织传播与社区建设

一直为学者们所关注的还有社区建设过程中的组织传播，因为在现代社会，人们除了到企业工作、到学校学习之外，更多的时间是在社区生活，所以华夏组织传播也高度重视社区发展和组织传播的关系。考察近年已有的研究成果可以发现，学术界对社区传播的研究成果不多，这是因为虽然人们大多数时间生活于社区，但社区在本质是一个相对松散的社会组织。不过，随着科技的进步、管理的规范以及新媒体的发展，中国各地逐渐开始进行社区建设，于是，组织传播在社区建设进程中，日益受到人们的重视。

目前学界对此领域的研究主要包括两大方面，一方面是总体性研究，另一方面是个案性研究，其中总体性研究不多。在总体性研究中，比较典型的是华云刚、崔涛二人，他们曾发表过《论中华优秀传统文化在社区教育中的传播》一文。该文认为："社区教育是传播与弘扬中华优秀传统文化的重要平台，如何认识社区教育在传播中华优秀传统文化方面的意义和价值，以及发挥社区教育在弘扬中华优秀传统文化方面的重要作用，是当下需要关注并深入研究的问题。"[④]在研究过程中，华云刚和崔涛指出："在社区建设的组织传

① 李静，黎藜，李玉雄：《壮族优秀传统文化进校园的有益探索——基于南宁市武鸣区庆乐小学实践的讨论与思考》，《广西教育学院学报》2018年第4期。

② 孔德麟：《基于高校与基础教育学校合作研究项目的教育叙事研究》，《山东师范大学外国语学院学报》（基础英语教育）2015年第2期。

③ 权梦云：《民族传统文化在学校传承的调查及思考——以云南丽江市纳西族、广西巴马县瑶族为例》，《中国民族教育》2019年第5期。

④ 华云刚，崔涛：《论中华优秀传统文化在社区教育中的传播》，《连云港师范高等专科学校学报》2018年第1期。

播环节，一些社区基本设施不完备，缺乏合作单位以及必要的师资力量，社区教育工作缺乏科学规划，优秀传统文化教育的主题和内容均不突出。针对上述问题，可以采取以下措施发挥社区传播中华优秀传统文化的功能：建立社区教育管理与评价机制；加强社区教育平台建设；关注社区青少年的传统文化教育；激发居民学习传统文化的兴趣。"①

成果更多的是个案性研究。首先，黄苏萍以上海市为例，对社区教育促进传统文化传承的实践做出过细致的研究。她总结了上海市社区教育促进传统文化传承的实践经验，包括创建文化学习品牌、打造学习体验基地、培育民间团队、优化信息技术来推动传统文化与社区教育的结合，增强传统文化的影响力和生命力，满足居民的精神文化需求，推动社区教育的可持续性发展。

其文章指出："随着移动互联网的普及，社区教育的课程形式走进了网络化的阶段，社区学校通过构建数字化终身学习平台，丰富了课程资源。作为全国社区教育的示范街镇之一，漕河泾镇的数字化学习平台建设水平走在前列。利用数字媒体，向居民普及传统文化小知识，学习资源丰富，可获得性强。从传统讲座模式到做中学，再到线上自学和线下互动，转变了居民的学习方式。而且，社区学校的信息技术类课程，以传统文化为素材，课程内容的融合和交叉增加了丰富性，提高了学习成果的转化率。"②

其次，钟利珍以深圳市为例，对社区教育活动中的组织传播做出过细致的研究。她发现，在深圳"每个社区都有一个居民议事会制度，专门讨论民生实事项目和资金的使用，其中一部分资金可用于社区的文化建设，聘请有资质或有影响力的专业队伍，为辖区居民服务。每个社区根据社区人员结构的不同，举办不同的活动，一般由社区工作站、居委会、居民议事会、物业管理处等进行讨论设计，开展丰富多彩的文化活动。如书法、国画、插花、舞龙、舞狮、舞蹈、音乐、茶艺等项目"③。她指出："通过茶文化进社区，让参与的社区居民端起茶杯，了解了茶文化的起源、兴起和发展，知道了六大茶类，认识到茶叶的保健功效，学会了如何评价一款茶。"④ 她认为这种组织

---

① 华云刚，崔涛：《论中华优秀传统文化在社区教育中的传播》，《连云港师范高等专科学校学报》2018 年第 1 期。

② 黄苏萍：《社区教育促进传统文化传承的实践研究——以上海市为例》，《职教通讯》2018 年第 3 期。

③ 钟利珍：《深圳社区茶文化推广活动实践》，《中国茶叶加工》2017 年第 1 期。

④ 钟利珍：《深圳社区茶文化推广活动实践》，《中国茶叶加工》2017 年第 1 期。

传播不仅传承了我国优秀的传统文化，而且提升了社区居民的个人修养，具有重要的意义。

再次，张红卫以宁波市为例，研究了地方传统文化与推进社区教育发展的实践。其论文针对宁波地方传统文化知晓度低的问题，提出构建从读本到课程、从学校到社会、从自发到统筹的教育路径，全方位实施宁波优秀地方文化教育普及工程。为满足社区居民对传统文化的多样化需求，实现地方传统文化与社区教育的无缝对接，该文建议通过上下联动，专家引领与市民普及协同步推进；突出主题系列，开发传统文化特色课程；发挥老年人作用，组建地方传统文化志愿宣讲员队伍。①

此外，还有学者结合其他地区的案例，对华夏组织传播与社区建设做出过调研、探究。例如，王理华以常州金坛为例，分析过非遗文化传承视域下社区教育课程的开发途径。他指出，相对学校教育和家庭教育而言，社区教育在非遗文化传承、保护方面承担着更多的历史使命。金坛区高度重视非遗文化的挖掘、研究、保护和传承，开发形式多样的社区教育非遗课程，激励更多的人参与非遗保护，让非遗文化更好地传承并发扬光大。②

宣丹君以余姚市为例，探讨过"先贤文化"传承的现状与策略。他指出，余姚市社区教育学院从社区教育的办学功能出发，对当地"先贤文化"的传承现状进行分析，提出了"开发文化资源、创新教育范式、搭建传播平台、开展特色行动"等策略，从而拓展先贤文化的学习路径，使"先贤文化"不断得以传承和发展，发挥以文化人、以德育人的作用。③

（四）关于华夏组织传播的其他成果

总体而言，近年关于华夏组织传播的研究，主要可以根据企业、学校、社区分为以上三大主题。除此之外，还有学者开展了更加微观、细致的研究，例如，对家风、民俗的组织传播进行探讨。比较有代表性的是王昊的文章《喇叭、旗语、口哨：民俗传播方式的承传与发展——基于陕西省关中地区的乡村田野调查》，该文认为在陕西关中平原上，喇叭、旗语和口哨，融合着大众

---

① 张红卫：《以宁波地方传统文化推进社区教育发展的实践与思考》，《宁波教育学院学报》2018 年第 3 期。

② 王理华：《非遗文化传承视阈下社区教育课程的开发途径——以常州金坛为例》，《江苏教育研究》2017 年第 3 期。

③ 宣丹君：《"先贤文化"传承的现状与策略研究——以余姚市为例》，《教学月刊小学版》（综合）2018 年第 6 期。

传播与组织传播的功能，并展示出乡村传播的独特方式和属性。[①]

至于家庭组织中的家风传播，贺子宸以《记住乡愁》节目为例，对组织传播中的中华家风文化做过细致分析。贺子宸认为："中华家风文化五千年不间断的流传，除了靠其自身文化体系的优秀，也离不开其传播方式和传承载体。家风就是反映了一个家族的规章制度行为组织，在家族这个大组织中，依靠血缘亲疏远近，进行这种文化的传承，不但具有道德教化、文化传承的作用，也有利于社会和家族的稳定。家风的传播不仅能记载家里的仪式活动，在新媒体盛行的当下，也有了新的传播方式。"[②]

最后，值得关注的是，个别学者运用理论思辨、实地调研等方法，分析了组织传播的内涵特征，展望了华夏传播的未来趋势。极为典型的是，谢清果与祁菲菲在《华夏传播理论的内涵、特征及其未来展望》一文中，提出了不少很有启发的观点。该文着重从内向传播、人际传播、组织传播三个维度出发，力图勾勒出华夏传播理论的主要内涵，进而总结出其主要特征，最后基于历史与现实考量，提出拓展华夏传播理论的相关建议与对策。[③]该文的思路、见解为华夏组织传播研究指出了新方向。

余论：华夏组织传播研究的未来展望

从上述华夏组织传播研究的知识图谱来看，2018 年前后，华夏组织传播研究成果丰厚，主题多样，学者们或通过传播的新视角重新解读历史，或通过对历史的阐述再次更新理论，实现了在与前人对话的基础上的学术创新。但是，有些研究成果或多或少地存在有待商榷抑或提高的地方，本文认为，在接下来的研究工作中，有必要努力实现研究工作的改善。

一方面，由于组织传播的学术理论和大量概念由西方学界率先提出，因而在华夏组织传播研究中，目前的许多研究工作，存在着西方概念与本土经验之间的张力。因为西方文明与华夏文明存在差异，相应地，西方学界的大量概念并不能完全适用于中国的具体国情，所以在开展关于华夏组织传播的研究工作中，如果一味地将产生于西方的概念直接搬用至中国情境中解释中

---

① 王昊：《喇叭、旗语、口哨：民俗传播方式的承传与发展——基于陕西省关中地区的乡村田野调查》，《中华文化与传播研究》2017 年第 1 期。

② 贺子宸：《组织传播中的中华家风文化分析——以〈记住乡愁〉节目为例》，《传播力研究》2019 年第 11 期。

③ 谢清果、祁菲菲：《华夏传播理论的内涵、特征及其未来展望》，《今传媒》2017 年第 1 期。

国现象，就会衍生一些牵强附会的研究成果。比较明智的做法是，参考西方的概念、理论，根据当前中国的实际情况，努力提炼出华夏组织传播的基本概念和主要理论。

另一方面，虽然组织传播的本质是组织成员间、组织内部机构间、组织与外部社会间的信息交流和沟通，这种传播活动普遍存在于古今中外的各种人类组织中，但应注意的是，组织传播研究中存在着现代观念与古代实践之间的张力。随着时世变迁，人们的思想观念和价值判断也会随之发生变化。特别是在当今时代，信息技术的快速发展，使得媒介更新换代的速度随之加快，不同代际的媒介也使人们的思维结构与时空观念不断被打破、重组。于是，中国古代文明体系与价值观念毋庸置疑是迥然于西方，也是迥然于现代的。这就使华夏组织传播研究，必须注意到现代观念与古代实践之间的张力，因此，今后的研究工作，不能戴着现代价值观的滤镜来审视中国古代组织传播的实践，也不能用大众传播时代的思维来思索古代的传播行为。有学者就曾提出要警惕用大众传播的思维去切割古代传播的观念与实践[1]，这是因为大众传播思维的固有范式会限制人们的思考方向。

总而言之，华夏组织传播明显具有中国特色，而且现代及未来的华夏组织传播与古代的华夏组织传播也存在差异。在社会阶层、传播工具、文化氛围等方面，现代的华夏组织传播具有不同于西方组织传播的特点，并与古代的华夏组织传播存在差异性。近年来，随着习近平总书记提出要"高度重视中华优秀传统文化，并将其作为治国理政的重要思想文化资源"[2]，深耕华夏组织传播研究便成为这一倡议的题中之义。于是，华夏组织传播作为一项对中国社会组织中的信息流动现象和观念的研究，值得学界的投入更多的关注。一旦能够把握好中国—西方、古代—现代之间的关系，也就找到了华夏组织传播研究的正确方向。华夏组织传播研究的拓展工作，将会为华夏民族的企业、学校、社区等社会组织，探索出有效的传播路径、高效的沟通方式，助力中华民族的伟大复兴。

（原载于《华夏传播学年鉴·2019 卷》，九州出版社，2020 年）

---

[1] 姚锦云、邵培仁：《华夏传播理论建构试探：从"传播的传递观"到"传播的接受观"》，《浙江社会科学》2018 年第 8 期。

[2] 中共中央宣传部：《习近平总书记系列重要讲话读本》，第 201 页。

走出华夏文明传播的现代困境

摘要： 近年来，学界围绕"华夏文明传播"的诸多问题展开热烈讨论。一方面，这源于华夏文明自身所具有的历久弥新的巨大魅力；另一方面，信息时代里，传播学对于各个学科、各个领域的涉足，正引起人们越来越多的关注、重视和思考。在广泛阅读整理先贤时彦真知灼见基础之上，本文结合华夏文明的特质，集中思考了其面临的"理"与"相"的困境；进而指出，科学传承、平等对话是走出其困境的可行途径。

关键词： 华夏文明传播；困境；人文精神

泱泱中华，文明古国。党的十八大以来，在国家的大力支持和倡导下，中华大地涌现学习、研究、传播中华优秀传统文化的新热潮。特别是随着现代传播技术的快度发展，人们走出了信息传播的不对称时期，自主性、开放性、交互性成为现代人类文明传播的新特点，五千年古老的华夏文明传播也由此进入了一个全新的时代。但在这看似"传播无碍"的新时代，华夏文明传播依然面临诸多困境，学界、业界为此展开热烈讨论，甚至争论不休。

一、华夏文明传播的两大困境

通观讨论中的各方观点，关于华夏文明的现代传播，其面临的困境有"理""相"之分。首先是华夏文明现代传播的困境之"相"，要言之，不外乎"为何""何为""如何"等维度，分别涉及华夏文明现代传播的目标定位、价值意义和有效路径。其一，"为何"之困。如华夏文明为农耕文明，它适合工业或者后工业社会吗？其跨时空的传播价值何在？其二，"何为"之困。华夏文明如有现代传播的价值与意义，传什么？道乎？理乎？文乎？术乎？其三，

"如何"之困。五千年华夏文明浩瀚无涯，如何创造性传承发展？从何入手？其次是华夏文明现代传播的困境之理，而这一困境又分为两个层面，一是支撑华夏文明传播的理论基础——华夏传播学这一学科是否成立？其学科使命何在？二是科学无国界，所谓传播学的本土化及华夏传播学理论的研究和建构有实际意义吗？

如果说走出华夏文明传播的现代困境之"相"是实践问题，那么，走出华夏文明传播的现代困境之理则是更深层次的基础性问题，有必要对此做一番厘清。只有有了清晰的理论认识和指导，走出华夏文明传播的现代困境之路才会有明确的方向。而解决此一难题的思路，正如孟子所提倡的"行有不得者皆反求诸己"①，还得从华夏文明自身去寻找历史智慧的启迪。

二、传播华夏文明要紧紧把握其独特的人文精神

众所周知，华夏文明是世界历史上少有的未曾中断过的人类文明体系，这个事实本身就足以说明华夏文明有着跨时空的传播价值和传播生命力，否则很难解释其历久弥新的原因。但我们在新时代如何传播这一历史悠久的文明成果，以及如何以创造性传承发展为目标展开传播实践呢？结合个人学习研究中华文化的体会，笔者认为，应当紧紧抓住华夏文明的"人文精神"这个关键，并由此入手。因为每一种文明都是内容丰富、结构复杂的体系，而"人文精神"则是贯穿体系的生命线，不同文明的这根生命线有着不同的特色成分，把握了"人文精神"就把握了文明的生命力。

然而，华夏文明的"人文精神"是什么？能否概而言之？这是个仁者见仁、知者见知的问题，在此谈谈笔者个人的思考和主要观点。

综观历史，文化是人类脱离动物生存状态而走向文明的独特标志，有了文化，人区别于动物的德性才得以彰显。按照《易经·系辞传》的解释，"物相杂曰文"，然而，"物不可以苟合"②，故《易经》有"贲"卦以及孔子对贲卦的卦义、卦象做释读的《彖》《象》，此三者共同构成"贲"卦的思想体系。它从天地人相通的角度对何为"文"做了深刻的阐述，提出了"文明以止，人文也。观乎天文，以察时变；观乎人文，以化成天下"的深刻思想。句中"文明以止"的"止"字，一直未得到我们的注意和重视。《大学》提出，人

---

① 《孟子·离娄上》。
② 《周易·序卦传》。

类的行为应归依于五个"止":"为人君止于仁,为人臣止于敬,为人父止于慈,为人子止于孝,与国人交止于信。"只有做到这五个"止",人类的生存发展行为才能称得上"文",也只有做到这五个"止",人类才能走向光明的未来,这是"文明"两字连用的本义。孟子的"几希"论与此一脉相承:"人之所以异于禽兽者几希,庶民去之,君子存之。舜明于庶物,察于人伦,由仁义行,非行仁义也。"① 因此,所谓"人文"就是人类区别于动物的行为表现及在相应道德规则指导下创造的物质成果和精神成果,其精华则是"礼"。《礼记·曲礼》言:"使人以有礼,知自别于禽兽。"荀子也说:"故人无礼则不生,事无礼则不成,国家无礼则不宁。"②

如果说在华夏文明体系中,"人文"是指如上所言的人类之所以异于禽兽而应当依止的"礼"(五个"止"),也就是人与人"不可苟合"而应当遵循的秩序,其重要性达到了关乎人类生死存亡的程度,故孔子言:"夫礼,先王以承天之道,以治人之情,故失之则死,得之则生。"③ 孔子曾试图通过观杞、宋两国的旧典遗俗而求二代先王之礼,但因旧典文献不足而无法完全见其原貌,发出"杞、宋不足征"④ 的遗憾之叹。然值得欣慰的是,作为群经之首的《易经》有"观"卦,从另一角度阐述"观乎人文"之"观"法,可助我们理解作为华夏文明之标识的"礼"的内涵,且其思想之深刻,至今仍有其重要的启发作用。

《易经》"观"卦之大义,阐述的是通过上观祭祀宗庙呈现出来的礼仪之美而心生信敬之情,转而下观民风而以礼感化万民,达至天下服的光辉盛治。《易经》观卦卦辞曰:"观,盥而不荐,有孚颙若。"何为观?朱熹《周易本义》言:"观者有以示人,而为人所仰者。"孔颖达认为,人类各种行为中最可观的是"王者道德之美"⑤,在观仰王者的道德之美的过程中,可以使人受到感化并达到教化天下的效果,"观人文以教化天下,天下成其礼俗"。⑥ 故"观"卦主要讲观仰之道,其《彖》曰:"大观在上,顺而巽,中正以观天下。观,……下观而化也。……圣人以神道设教,而天下服矣。"《象》曰:"风行地上,观;先王以省方观民设教。"王者省视万方,示民以教,使百姓有所观

---

① 《孟子·离娄下》。
② 《荀子·修身》。
③ 《礼记·礼运》。
④ 《论语·八佾》。
⑤ 孔颖达:《周易正义》。
⑥ 程颐:《周易程氏传》。

仰而顺从教化。如果从传播角度来理解观卦，此卦提出了文明传播的主体——圣人（先王）；提出了传播主体的修养要求——中正；提出了文明传播的方法——观；提出了文明传播的对象——天下万民；提出了文明传播的媒介——祭祀礼仪（即观卦卦辞所说的"盥""荐"）；提出了文明传播的目标——观民设教；提出了文明传播的内容——王者道德之美，其外在表现就是礼（《礼记》言"道德仁义，非礼不成"）。"观"作为华夏文明传播的重要范畴，它对文明传播的主要命题都有涉及。由此可见，通过"观"礼而体会华夏文明的道德之美和化育天下之功，进而把握华夏文明的人文精神，这是观卦给予我们的最重要启迪。

从《易经》的贲卦和观卦对人文、文化、文明的解读可以看出，华夏文明的核心内容是以礼为外在表现、以道德之美为主要内涵的人文精神，通过观仰（传播）它而达成化民、化天下之目的。《易经》对华夏文明的标识性内涵的"观仰"，与孔颖达《春秋左传正义·定公十年》将"华夏"解释为"夏，大也。中国有礼仪之大，故称夏；有服章之美，谓之华"，二者若合符契。

更为重要的是，观卦和贲卦启示我们，在当下构建人类命运共同体的倡议得到全球有识之士的积极响应之背景下，古老的华夏文明的现代传播价值，就在于其"可为天下服"的道德之美，其表达形式就是自古至今受到其他文明称誉的"礼"，这是泱泱华夏被世界称为"文明古国，礼仪之邦"的缘由所在。《易经》贲卦和观卦对"文明"内涵的阐述和关于文明传播的原创性思想，不但有力地证明了华夏文明的跨时空传播价值，并对新时代华夏文明如何传播、传播什么也做出了很好的启示性回答，这就是：从传播华夏文明以礼为表现、以道德之美为内核的人文精神入手，用符合新时代接受形式的传播手段加以创造性传承和创新性发展。

三、传播华夏文明要有学科理论的指导

关于华夏传播学这一门学科能否成立、华夏传播研究是否有学术价值或实际意义的问题，学界讨论热烈但观点不一甚至相反、相对。从推进华夏传播的理论研究和实践进展出发，首先要放下学术优劣、真伪之争辩。在理性对待不同学术、文化之异同方面，华夏古典哲学名著《庄子》关于道与术的区别之睿智态度值得我们借鉴。其《天下》篇言："天下之治方术者，皆以其有为不可加矣。""天下大乱，道德不一，天下多得一察焉以自好。譬如耳目鼻口，皆有所明，不能相通。犹百家众技也，皆有所长，时有所用。虽然，

不该不偏，一曲之士也。""后世之学者，不幸不见天地之纯，古人之大体，道术将为天下裂。"春秋战国时期"道"已为天下一曲之士所裂，何况学科林立、理论层出不穷的今日，无论哪一门具体科学，皆为术而非道。传播学亦如此，与其他人文、社会科学一样，皆为术也，非道也。同为术的层面，只要有社会需求、时代所需，且能成一家之言，皆当以平等心相待。何况《庄子·天下》同时也指出："古之所谓道术者，果恶乎在？曰：无乎不在。"虽然术非道，然术中有道，术可弘道。既然"道"无处不在，当然华夏传播学中有"道"，"道"亦可通过华夏文明传播而彰显。因此，传播学本身完全可以根据不同的术的需要细分，形成更为具体的学科分支，如华夏传播学。正如谢清果教授所指出的："华夏传播学的使命正在于整理中国传统的传播理念、传播理论、传播制度，这不仅是理解当下中国诸社会现象的重要依据，也是反思中国传统，构建未来和谐社会所需要的传播资源；还是丰富世界传播理论的必由之路。基于此，华夏传播学是华夏传播研究的终极指向，是在对中国传统社会中的传播活动和传播观念进行发掘、整理、研究和扬弃的基础上建构起来的能够阐释和推进中华文明可持续发展的传播机制、机理和思想方法的学说。"[①]

此外，科学研究虽无国界之分，科学研究成果也有一定的普适性，但科学研究也需要开展中外、东西的对话交流与互鉴。毕竟，不同国度、不同民族、不同文化背景的科学研究者总会多少带上各自的标识文化印记，在研究中或多或少有世界观和方法论的差异，特别是人文、社会科学的研究更是如此。从历史经验看，传播学源于西方，但传播学进入中国后的本土化过程不可避免，如佛教源于印度，流布中国后很快就走上中国化进程并产生诸如天台宗、净土宗、禅宗等中国化佛教宗派。任何一种外来的学术、文化只有本土化方能有长久的生命力和传播力。因此，可以预见，作为传播学本土化重要成果的华夏传播学，不但将为传播学的发展贡献华夏文明的思想智慧和理论成果，而且，这也是中国传播学科研工作者的使命和责任。"传播研究的本土化应当是一个多元化的学术自觉，它总体来说可以被形容为中国学者在与西方学术对话过程中的那种批判意识。这种学术自觉恐怕是不能被丢弃的，它决定了我们这些非主流学术话语国学者的独特研究立场。它可以警醒我们

[①] 谢清果：《2011—2016：华夏传播研究的使命、进展及其展望》，《国际新闻界》2017年第 1 期。

不要落入西方话语霸权的圈套，要将学术研究与本土问题的复杂性和鲜活性紧密结合起来。"① 早在1988年，75位诺贝尔奖获得者在巴黎发表了如下宣言："如果人类要在21世纪生存下去，必须回到2500年前去吸取孔子的智慧。"从人类历史的、理性的角度审视华夏传播，其理论研究价值和传播实践的意义，在新时代人类命运共同体的构建中将日益彰显。

最后，简析华夏传播学的理论构建和华夏文明传播实践之间的关系，及辩证处理二者之关系以走出华夏文明传播现代困境之"理"与"相"的问题。如果说华夏文明传播的学术研究和学科建立为"理"，华夏文明传播的具体实践为"事"，按照中国传统哲学"理在事中、理事圆融"的思维方式，理与事两者之间是圆融无碍的关系，明代哲学家王阳明的"知行合一"思想亦与之有异曲同工之处。因此，若要从理与事（相）两个层面同时走出华夏文明传播的现代困境，王阳明"知行合一"具有方法论的意义。王阳明认为，知中有行，行中有知，"圣学只一个工夫，知行不可分作两事"②。"知是行的主意，行是知的工夫；知是行之始，行是知之成。"③ "知之真切笃实处即是行，行之明觉精察处即是知，知行工夫本不可离。"④ 华夏传播学与华夏文明传播实践是同体殊相的关系，不可分开对待；华夏文明传播的理论研究功夫做得真切笃实本身就是传播实践，传播实践做得明觉精察也是传播学理论的新认知，两者在时空、逻辑上本无先后次序之别。若能做如是观，则关于华夏传播学的学术优劣、真伪之争，以及理论与实践先后次第之辨，皆可以止息矣。依此华夏文明自身的方法论，则华夏文明传播将走出当下诸般困境，进入《易经》所揭示的"生生不息"之光明前景。

（原载于《教育传媒研究》2019年第6期）

---

① 胡翼青：《传播研究本土化路径的迷失》，《现代传播》2011年第4期。
② 吴光等编：《王阳明全集》卷一《传习录上·陆澄录》，上海：上海古籍出版社，2012年，第12页。（下引同书只注页码）
③ 吴光等编：《王阳明全集》卷一《传习录上·徐爱录》，第4页。
④ 吴光等编：《王阳明全集》卷二《传习录中·答顾东桥书》，第37页。

文化育贤——贤文化建设五周年的述与思 ①

摘要：解读中盐金坛贤文化的内涵、贤文化建设的历程、贤文化的传播途径、贤才培养的措施，总结分析贤文化建设与贤才培养的成效。

关键词：中盐金坛；贤文化；贤才培养

一、企业文化与贤文化

中国制盐业历史悠久，盐的生产、运输、销售曾经是封建时代各个王朝经济的重要命脉，盐业的繁荣与国家、民族、文化的兴盛息息相关。历史上盐行业的先民在生产盐的同时，也创造了丰富多彩的盐文化，为中华传统文化的形成和积淀做出了重要贡献；同时，盐文化也成为中华文化的重要组成部分。正是基于传承中国盐文化并在新时代弘扬发展这一特殊行业文化的责任感，培育融现代科技精神与人文传统于一体的优秀企业文化，在国际上振兴中国盐业，实现盐业人的"中国梦"，中盐金坛公司总结自身 20 多年的发展经验，提出了以"敬天尊道，尚贤慧物"为核心价值观的贤文化，为培育贤才、奠定受人尊敬的百年基业提供精神动力和智力支持。

（一）对企业文化的理解

企业文化是对企业这一社会组织之文化个性的一种理解和诠释。在企业工作的成员，都会在实践中形成自己对企业的理解或体悟，他们各有不同的认识和思考，形成不完全相同的思想观点。但在同一个企业，在长期的磨合中，不管是有意还是无意，人们总会产生一些共识，形成一些共同的价值理

---

① 本文由钟海连执笔，郑明阳、刘晓民、刘聪参与资料搜集和部分引文注释。

念，遵循相同的行为准则，表现近似的思维特征，追求共同的发展目标。这些共同点，抽象至思想理念层面，便是这一企业独特的文化。

企业文化的概念很宽泛，既有思想理论或曰哲学层面的，还有思维方式层面的，也有制度层面的，当然也包括外在表现层面的，比如企业的内外环境、员工的行为表现、企业的各种公共活动等。如果把企业视为有生命力的拟人化社会组织，那么，企业文化体现了此一生命体的文化素养和发展潜质，是此一组织生命境界与层次的表现。

有业内专家指出，企业文化是企业的第一竞争力。任何稀有资源都可用钱买到，唯有企业文化用钱买不来。就如同成功难以复制一样，企业文化也无法复制。

企业文化是一种精神力量，优秀的企业文化一旦形成，就会产生从精神到物质的飞跃。

（二）贤文化要义

盐，自古以来即被视为"百味之祖""食肴之将"，其最本质的特性就是"咸"。正是这一独特的"咸"味，使盐成为人类"开门七件事"之一。从字面和读音上看，"贤"通"咸"，贤文化之名，较为形象地体现了盐业的行业特点。中盐金坛公司的企业文化——贤文化，立足于几千年的盐文化传统，汲取了儒家文化的思想智慧，同时融入了现代科技文明的新元素，是中盐金坛人20多年发展历程中对企业文化思考、创造成果的高度概括和总结。贤文化的个性，首先就体现在中盐金坛人对贤的诠释上。

1. 何为贤？何为贤者？

贤，是儒家文化的一个重要名词和概念，兼具道德和价值观两重意义。儒家从道德修养论角度，将人生的价值追求分为圣、贤、君子等多种层次，贤介于圣与君子之间。北宋著名思想家周敦颐在《通书·志学》中提出："圣希天，贤希圣，士希贤"的"三希真修"思想，其意是说，圣人修养的方向是与天道相契合，贤人修养的方向是成为圣人，士的修养目标是成为贤者。中盐金坛人认为，现代企业员工大都是受过高等教育、学有专长的知识分子，类似于古代"士"的阶层，以成就贤德贤才为人生目标，既有历史的理论依据，也有着现实的可能性；若有更高的愿力，还可以向"圣"的方向努力，只是这样的人毕竟是少数，而成就贤人则可以成为大多数人的人生目标，故将企业追求的境界定位在"贤"，名其企业文化为"贤文化"。

中盐金坛的贤文化首先从"贤"的字义入手诠释了他们对于何为"贤"的理解。据许慎《说文解字》,贤字从贝,其本义是"多财也"。段玉裁《说文解字注》在注解"贤"字时说:"贤,本多财之称,引申之凡多皆曰贤。人称贤能,因习其引申之义而废其本义矣。"如《左传·文公六年》:"使贤者佐仁者。"范宁《集解》注释道:"贤者多才也。"随着时代的变迁,贤的本义用得越来越少,而其引申义则渐成通义。引申义在使用的过程中,也有了多重衍变:一是超过义。韩愈《师说》:"弟子不必不如师,师不必贤于弟子。"二是意为"善"。《礼记·内则》:"若富,则具二牲,献其贤者于宗子。"郑玄注:"贤,犹善也。"三是"尊重"义。《论语·学而》:"贤贤易色。"贤文化之贤,取"德才兼备、德才过人"之义,同时兼具"善、尊重、超过"之意。

要言之,中盐金坛人心目中的贤者,是德才兼备、德才过人、博学厚德、知行合一的人格典范,是浸润了中国优秀传统文化风骨、同时又兼具现代文明素养的时代精英。正如中盐金坛公司《贤文化纲要》之《尚贤》所言:"知之不易,行之亦艰,惟贤者可通知行。如是则知中有行,行中有知,知则真切笃实,行则明觉精察,知行合一方为贤才。贤者内修其身,博学厚德,达者外建其功,修己安人。"

2.《贤文化纲要》

2013 年 8 月,中盐金坛公司发布《贤文化纲要》,正式将公司企业文化定名为"贤文化"。贤文化的核心理念为"敬天尊道,尚贤慧物"八个字,此为中盐金坛人的主流价值观,亦为中盐金坛人对"贤"的现代解读。

3. 贤文化的两大思维特征

贤文化不但在思想内容上传承中国传统文化,而且在思维特点上也延续了国学道统,其思维方式一是"反求诸己",二是"三才相通"。

贤文化继承了中国文化这一独特的思维方式,认为若想成就贤德贤才,必须从找出自己的不足入手,而不能反过来先找他人的过错,只有首先发现自己的不足并诚心地改正和完善自己,才能促成问题的圆满解决,概言之即"贤于内,王于外"。个人如此,作为社会组织的企业也应当如此。例如,当接到客户的投诉时,按照贤文化的思维方式,企业首先应当认真检查生产、质量、服务等各个环节可能存在的问题,找出导致客户投诉的直接和间接原因,相关的员工也应当"反求诸己",看看自己在其中应当承担什么责任,有什么差错。问题找出后勇于担当,立即解决,并借此改正和完善生产经营管理中的短板,员工个人也在修正企业短板的同时,完善自己的不足,不断地向"贤者"目标接近。

在不断地"反求诸己"的过程中，中盐金坛在市场建设中创造了与客户"耦合"的合作方式。按照这一方式，中盐金坛不但为客户提供产品服务，同时提供售后的环保服务和科技服务，使客户能放心地使用中盐金坛公司的盐产品。为此，中盐金坛科技人员攻关解决了高硝淡盐水的循环利用技术，用户不再为高硝盐水的处理而烦恼；初步解决盐泥回收利用的难题，大大降低用户的环保成本；与客户共同研究解决淡盐水浓缩方案以实现全卤制碱，迈向盐水革命的新时代——低碳、节能、循环。这些与客户深度"耦合"的举措，使中盐金坛与客户之间建立起了牢固的合作双赢关系和互相信任，这是中盐金坛人在贤文化"反求诸己"思维的引领下，市场建设开拓的新天地。

其次是"三才相通"。"三才"，指的是天、地、人，"三才相通"，与科学发展观提倡的人与自然和谐发展有异曲同工之处。

"三才相通"的思维，亦源自中国传统文化。《周易》提出天道、地道、人道的观念，认为"立天之道曰阴与阳，立地之道曰柔与刚，立人之道曰仁与义"。老子则提出"人法地，地法天，天法道，道法自然"的思想，道教经典《太平经》则提出天地人"三合相通"的理念。不管如何表述，中国传统文化在提倡天地人和谐共存、协调发展的理念上是高度一致的。

中盐金坛主要领导的诠释，立足于天地大道，把公司的生产经营与资源、环境、人才的协调发展圆融地结合为一体，成为开发利用金坛盐盆资源的指导思想，这是如何在现代企业中实践中国传统文化"三才相通"思维做出的探索和思考。现在，以中盐金坛为核心的金坛盐盆经济共同体成员企业，在谋划工作、思考企业发展时，人与自然协调发展、企业与天地和谐共存的价值追求已成为自然而然的习惯，"三才相通"把中盐金坛的事业推向了与天地大道相契的坦途。

（三）贤文化建设的三个层次

中盐金坛把科技与人文视为企业发展的两大动力，如鸟之双翼，车之两轮，协同用力，共同构筑金盐人的百年基业，实现盐业人的强国梦。正是基于此认识，中盐金坛把贤文化建设摆在极其重要的位置，并且把培育企业贤才、厚实企业道德资本、建立贤文化管理模式作为贤文化建设的三个层次的目标。

二、贤文化建设的历程

事物的发展总是一个过程，"贤"文化不是凭空出现的，它也有着一段关于成长、成熟、发展、完善的故事。

（一）贤文化确立的三个阶段

纵观中盐金坛企业文化建设史，有两个重要的转折点值得关注：一是2006公司总经理管国兴提出"公司比拟于人"和做"全球最受尊重企业"的观点，他说，"一、公司治理比拟于人的行为规范；二、企业战略比拟于人的理想；三、企业公民比拟于人的社会责任；四、企业文化比拟于人的习惯行为；五、企业的内部管理比拟于人的修身养性"[①]，同时提出"一个人要不断提升和完善人格，最终实现完美的理想人格，用'成贤作圣'或者是'内圣外王'来形容，一个企业也必须有所追求，实现完美的人格化，达到最高境界——'全球最受尊重企业'"。另一个转折点是2012年12月出台《贤文化纲要》（征求意见稿），提出贤文化十个条目，这标志着贤文化的初步成型。因此，中盐金坛的贤文化建设过程分可为三个时期：1988—2006年为积蕴期，2007—2012年为成长期，2012年末至今为成熟期。各个阶段的内容及其特点如下：

（二）知贤修贤之路

2013年8月，中盐金坛公司《贤文化纲要》正式发布，这标志着公司二十多年的创业精神得到提炼和升华，也标志着中盐金坛人有了更明确统一的价值取向。中盐金坛贤文化的核心理念是"敬天尊道，尚贤慧物"八个字，在二十多年的创业、改革、创新、发展历程中，几代金盐人以勤劳的汗水写下了对这八字核心理念的注释，为我们解读八字核心理念的内涵提供了生动的案例。这八字中，"敬天尊道"是贤文化之"体"，"尚贤慧物"是贤文化之"用"，体用一如，圆融无间。

1. 敬天尊道

在《贤文化纲要》中，敬天，表达的是金盐人对人类生存环境和自然资源的敬畏、感恩与珍惜；尊道，指的是对发展规律的遵循与把握。金盐人是这样以实践诠释他们的"敬天尊道"发展之路：

---

① 管国兴：《现代公司越来越趋向人格化》，《中盐人》2006年第12期6月15日，第1版。

打开金盐人的发展史，"敬天尊道"一直是我们发展路上的指针："有限资源，无限循环"的发展理念、"三个一体化"的循环经济格局，特别是以"盐穴一体化"为切入点，探索岩盐资源的可持续开发利用，为我国盐行业的发展闯出一条新路。这些无疑是"敬天尊道"思想的生动诠释。

金盐人充满"敬天"思想特征的"盐穴一体化"发展之路，始于 2003 年。

那一年，中石油西气东输工程在长三角地区选址，建设起调峰填谷作用的天然气储备库，金坛以其独特的地理优势和丰富的盐穴资源吸引了专家的目光。

中盐金坛公司年轻的领导团队敏锐地抓住这一难得的机遇，顺势而为，积极主动配合开展盐穴的声呐测量工作，分析和判断金坛盐穴是否适合储存天然气。测量结果表明，金坛盐盆地质条件优越，盐层埋深适中，是存储天然气的最佳地下仓库。

公司领导当即拍板：配合中石油西气东输工程，开工建设盐穴储气库。

2005 年，工程破土动工。

2007 年，亚洲第一座盐穴储气库在金坛建成投运。

秉持"敬天尊道"的情怀，金盐人的探索和努力没有止步。利用盐穴储油，利用盐穴储气库建设压气蓄能电站发电，一个又一个的创新思路从企业领导人头脑中涌出。经过多年努力争取，盐穴储油的发展思路得到了国家能源局的认可，并写入了国家能源储备三期规划中，金盐人将再次书写我国岩盐资源可持续利用的新篇章。

2011 年 3 月，在中盐金坛主办的国内首届盐穴综合利用国际学术研讨会上，公司总经理、党委书记管国兴提出：我国盐业发展必须转变观念，从单纯采卤制盐转向采卤造腔并重，实现盐穴一体化发展。

两年后的 2013 年 5 月，第二届盐穴综合利用国际学术研讨会在金坛举行。管国兴再次向国内同行和科技界呼吁：加大盐穴资源综合利用的研究步伐，把盐穴由隐患变成资源，继续为人类的生存发展做贡献。

与会专家对我们的探索和实践成绩给予了这样的评价：中盐金坛公司作为中国盐行业的优秀代表，在探索岩盐资源可持续发展方面，为中国盐行业起到了很好的引领示范作用。专家们指出：由于盐穴的密封性和安全性好，是储存天然气、石油、氰化钾、二氧化碳、压缩空气等的理想选择，利用盐穴宝库为人类服务，中国盐业大有可为！

国家对我们的探索和实践成绩也给予了充分肯定，先后授予公司"首批国家绿色矿山"和"全国矿产资源开发整合开发先进矿山"的殊荣。

《经济日报》《科技日报》《中国能源报》《中国经济时报》《中国国土资源报》《中国企业报》《中国石油报》等中央媒体专题报道了金坛"盐穴一体化"发展的成果和经验。

21世纪,江苏金坛将成中国盐穴储气库的中心。

孔子说:"德不孤,必有邻。"在我们的带动下,湖北、河南、云南等地盐穴储库建设正加紧推进,全国多家井矿盐生产企业也正在积极探索盐穴资源循环利用和可持续发展的新路径。中石油、中石化、香港中华煤气、德国搜空公司,这些国内外志同道合者在共同推动这项有益人与自然和谐发展的事,坚守一份责任,知行合一,持之以恒。

金盐人选择了贤文化,选择了"敬天"的发展道路。这条路虽然艰难曲折,却有光明的前程。因为,敬天就是敬畏自然,就是敬畏生命和人类自身。

所谓"尊道",就是尊重和遵循事物的发展规律,推动事物向健康的方向发展。

天地万物能立于宇宙中并充满生机,必有其所据、所依。《道德经》曰:"人法地,地法天,天法道,道法自然。"天、地、人的存在,皆有其效法的对象,但均以"道"为依据,以自然为归宿。换言之,天、地、人的活动须遵循一定的法则、方式和规律,尊道而行方可长久。

《周易·说卦传》告诉我们:"立天之道曰阴与阳,立地之道曰柔与刚,立人之道曰仁与义。"天地之道、人道皆是道,都是人类必须敬畏和遵循的法则。故《周易·系辞传上》说:"一阴一阳之谓道,继之者善也,成之者性也。"但"道"看不见摸不着,"仁者见之谓之仁,知者见之谓之知,百姓日用而不知",如何尊道而行呢?《道德经》给我们以提示:"道生之,德蓄之,物形之,势成之",这就是说,万物生于"道",依靠"德"来养成,因此,抽象的"道",落实到现实的层面就是具象的"德",尊道者从贵德入手,以遵循人道为出发点,则思想行为可契合于天地大道。

为人处世应遵循什么"道"?这个"道"的具体表述就是道德规范。重德而能不断积德,就会成为德高望重之人,众望所归,为天下人所敬重。没有道德的人,为众人所不容;没有道德的社会,必然混乱、腐朽、堕落。可见,道德与人类幸福息息相关。悠悠中华文化五千载,道德一线贯穿,"尊道贵德"是历史的经验和古圣先贤的启迪。

"尊道贵德"这条线同样贯穿在中盐金坛发展的历程中,是金盐人事业成功的秘诀，这条历史足迹值得我们仔细回顾与思考。

金盐人对"道"的尊重和遵循，迈出的第一步是"多矿归一"，使金坛盐盆经济步入有序化发展的路径。

20 世纪 60 年代末，金坛发现了优质、丰富的岩盐资源。这座江南小城沸腾了，——贫穷的茅山脚下居然埋藏着"金坛子"！从 1988 年第一口采卤井在茅兴开掘，短短几年，方圆十几平方公里就布满了 9 家盐矿，采卤井达 26 口，岩盐资源的开发利用处于无序状态。更可怕的是，为了生存，盐矿间开始了持续的压价竞争，一时间，盐盆经济危机四伏，宝贵的资源反而成了矛盾的导火线。

在利益的驱动下，乡镇小矿对岩盐资源滥采乱挖，置资源的可持续利用于不顾，不符合"道"；肆意压价竞争，导致区域经济混乱，也不符合"道"。金盐人清醒地认识到，如果不珍惜资源、不尊重市场规律、不敬畏企业伦理，金坛盐盆经济将走入死胡同；对"道"的不敬，必将承受"道"的惩罚。

1998 年，中国的改革进入企业产权改革的攻坚时期。刚刚上任不久的金坛盐业化学工业公司总经理管国兴决定借助改革的东风，在金坛市政府的支持下，实行"资源整合、联合开发"的新路子，使盐矿开采走出无序和内部恶性竞争的状态，找到可持续发展的模式。1999 年初，公司首先和原登冠镇的金冠盐矿及省地质调查研究院的陈家庄盐矿，联合组成新金冠盐矿有限公司，迈开了资源整合、联合开发的第一步。2001 年 9 月，中盐金坛盐化有限责任公司成立，"多矿归一"进一步提速。2002 年 4 月 20 日，中盐金坛公司分别与西旸盐矿、岗龙盐矿、茅麓盐矿、直溪盐矿签订了采矿权转让协议，成功收购西旸、直溪、茅麓、登冠的乡镇盐矿，实现盐矿的统一管理，有序开采。

2002 年 9 月，中盐金坛公司、中盐上海盐业运销处、镇江市丹徒区荣炳盐矿共同组建盐卤销售有限公司，实现了金坛盐盆统一市场、统一质量、统一价格、统一结算的经营模式。

金盐人在"尊道"而行的过程中，开始收获"道"的回报：盐盆经济由无序走向有序，环境和生态得到保护，经济效益不断提高，发展态势进入佳境。2010 年，中盐金坛公司金坛盐矿被评为江苏省首家绿色矿山企业，并获得首批"国家级绿色矿山试点单位"殊荣。

2014 年，金坛盐矿进入首批"国家级绿色矿山"行列。

如何才能使企业具备长久的生命力，这是每一个有责任感的企业家苦苦追寻的答案。《道德经》在两千多年前告诉我们："天长地久。天地之所以能长且久者，以其不自生，故能长生。"无私，是天地能长久不灭的奥秘，对于企业而言，不为私利，勇担责任，则可永续经营。这就是企业伦理，也是企业发展之道，尊道而行方能长久。金盐人研发"一次盐水"，一次又一次地推动盐水革命，为节能减排尽一己之力，所秉持的亦是无私的"尊道"情怀。

2006年，太湖蓝藻事件爆发，企业对经济利益的追逐与国家节能减排政策的博弈成为国人关注的焦点。随着国家环保门槛的提高，因"三高"（高污染、高耗能、高耗水）而举步维艰的化工企业，尤其是氯碱企业，面临着关停并转的选择，要么转型发展以求生，要么等待消亡。

同年，中盐金坛公司在第一届全国氯碱行业盐水技术专题研讨会上，提出"一次盐水"的概念并介绍最新研究成果，呼吁氯碱行业适应隔膜制碱技术向离子膜制碱技术的转型，由使用固体盐向使用一次盐水转向，既节能又减排，可助推氯碱企业获得新生。

2007年，曾经是氯碱行业明星的常州化工厂搬迁到金坛。此时中盐金坛一次盐水生产工艺技术已完全成熟，双方达成共识：筹建金东精制盐水公司，通过管道把一次盐水直接送至常州化工厂。从此，由制盐企业生产的一次盐水，慢慢成为长三角氯碱企业的新宠儿，悄悄地推进氯碱企业原料的"革命"。

截至2014年，金东精制盐水已走过了七年的历程。七年来，金东公司先后进行过六次技术改造，一次盐水品质不断提升。从CN过滤器、膜法脱硝到第三代陶瓷膜过滤器，从淡盐水脱硝到精卤直接脱硝，金东"尊道"发展的每一步都铿锵有力。中国工程院院士高从堦在鉴定会上指出：中盐金坛公司"双膜法液体盐制备技术"为国内首创，填补了国内该技术的空白，且处于世界先进水平，一定要加大对其推广力度，促进我国盐业发展，为两碱产业提供更多优质的产品。金东公司直接对卤水进行加工处理，减少了由卤水到固体盐的蒸发环节，节约了能源，七年来，累计节约标煤60多万吨。

节能减排，这是企业对社会责任的担当，也是敬天尊道的体现。在勇担社会责任的道路上，镌刻着中盐金坛一批又一批志贤之士的努力和成绩。

"道"的体现就是"德"。有史以来，无论是在哪一个朝代，"德"盛则国兴，"德"衰则国亡，企业亦如是。节约能耗，减少排放，积极构建资源节约型、环境友好型的和谐社会，这是中盐金坛公司立志追求的"大德"，也是金盐人立身处世的根本准则。

由"贵德"而"尊道"，一路走来，虽然有艰难、有曲折，但更多的是收获和欣慰。未来的路还很长，但金盐人愿持知行合一之志，从修身做起，继续行走在"尊道贵德"之路上，代代相传，止于至善。[①]

2. 尚贤慧物

在中盐金坛的贤文化体系中，"尚贤慧物"表达的是金盐人对事功的追求。"尚贤"，表达了金盐人唯才是举、选贤任能的人才观，同时也指明了企业人才的成长方向——贤；而金盐人所尚之"贤"有两大特点，一是知行合一，二是修己安人。"慧物"之"慧"，则包涵智慧、惠益之意，"物"者"事"也，指事物、社会、国家、民族等不同层次的组织，也指个体的人乃至人类之整体。因此，"尚贤慧物"所指向的方面，涵盖了天地人"三才"，与作为本体的"敬天尊道"互相呼应，其中国文化的体用思维特征和"三才相通"的价值追求十分明显。如何从具体的事例中理解"尚贤慧物"？以下是金盐人的生动案例：

中国自古就有修贤育贤、选贤任能的治国理政之道，孔子将"先有司，赦小过，举贤才"作为治政的三方法；文王访姜尚于渭水，刘备三顾茅庐请孔明，这些求贤若渴的故事流传千年。企业作为现代社会组织，其治理之方亦离不开贤才，传统的尚贤智慧，同样有益于企业的发展和基业长青。

中盐金坛在走过 20 多年的成长过程后，对于"尚贤"的理解和思考，已超出了管理的层面，进入了文化价值观的高度，一方面以"尚贤慧物"为企业之责，另一方面通过"尚贤慧物"实现企业的价值。2013 年 9 月 18 日，公司领导在"高层次人才座谈会"上说：在志贤的道路上，我们一直倡导"为天地立心，为生民立命，为往圣继绝学，为万世开太平"，虽然目标很高远，但这并不意味着我们无法达到，关键是我们要脚踏实地一点点做起。[②]

"脚踏实地"，这四个字很贴切地形容了中盐金坛"尚贤"之路的特点。

2003 年 7 月，23 名年轻的大学生从高校毕业加盟中盐金坛，刚放下行装，他们就接受了参与建设一期 60 万吨真空制盐项目的任务。当时的一切——装置设备、工艺图纸、生产技术，对他们来说全是陌生的，更让他们想不到的是，这些从国外引进的成套设备，文字说明全是密密麻麻的英文。

23 名大学生由公司党政办公室负责人带队，奔赴湖北、江西等地进行技术培训。

---

① 金哲、郑明阳：《贤文化关键词解读》，《贤文化管理》2015 年第 1 辑，第 70—77 页，部分字词有修改。

② 麻婷：《公司领导期望人才变得有"贤"味》，《中盐人》2013 年 9 月 30 日，第 1 版。

两个月的异地培训，他们特别用功，休息时间都泡在培训现场反复揣摩。接着，公司又选派其中 8 名优异者远赴瑞士学习。

2004 年 4 月，试车开始了。从点到面，试车过程既紧张又琐碎。卤水净化、蒸发系统、脱水系统、干燥系统等，每一个设备、每一个阀门都需要进行现场调试，大学生们忙起来没日没夜，有的虽然家近在咫尺，却两个月时间没空回家，吃住在试车现场。

2004 年 6 月 20 日，经过两个多月的紧张调试，金盐人开工建设的国内首个年产 60 万吨真空制盐项目一次性开车成功。

初出茅庐便立下首功的大学生们并没有沉醉在开车成功的喜悦中，他们继续摸索攻关，硬是把一期制盐刷罐频率从一个月延长到三四个月，有效生产时间达到一年 358 天，年产量从 60 万吨逐步提高到 95 万吨，创下了业内佳绩。

2010 年 11 月，在国内尚无成功先例的情况下，这批年轻骨干又一次担当起开车主力，将公司引进的二期热泵制盐项目一次性开车成功并顺利实现达产、节能的目标，带动中国真空制盐向热泵制盐的转变。从这时起，热泵制盐成为国家认可的新技术，在中国制盐行业中逐渐"热"了起来。

经过多年脚踏实地的创业磨炼，这批年轻的大学生，有的走上了中层管理岗位，有的成长为技术骨干、生产主管，他们中获得金盐之星、贤德贤才荣誉的更是不在少数。他们在"知之真切笃实处即是行，行之明觉精察处即是知"的实践过程中，不知不觉地向知行合一的"贤才"目标靠近。

在中盐金坛志贤者的团队中，既有充满朝气的年轻人，也有业绩卓著的专家型长者，张根祥便是其中的代表。

张根祥，高级工程师，1937 年生，毕业于原轻工业部上海机械学校化学工程装备专业。1958 年分配至湖北省轻工业厅，1960 年进入湖北省盐业系统，历任湖北应城盐矿技术员、湖北盐业公司总工程师。

1997 年 5 月退休前，他主持引进瑞士盐硝联产生产设备，改进卤水净化技术，从而使我国真空制盐在高产、优质、低耗等主要指标上可与国外先进水平一比高下，在产能上也达到了近 90 万吨 / 年。而在此之前，国内真空制盐技术水平还比较低，也没有形成规模效益。

2002 年，因中盐金坛盐建设一期真空制盐项目的需要，经中盐总公司推荐，已退休在家的张根祥再返盐业战线，而这一干就是 9 年。

中盐金坛公司党委书记、总经理管国兴这样评价张根祥：工作上，他是一位"智者",是站在世界制盐技术前沿的一个经验丰富的专家,一期项目之所以进展顺利,没有走弯路,与张老对世界制盐技术的了如指掌有着密切的关系,可以说,张老的指导为一期项目的发展奠定了良好的基础。二期项目引进热泵技术,这在国内制盐领域是一种创新,这也是源于张老带领的技术团队,站在世界盐行业发展的前沿,对我国的能源结构发生重大变化这一新形势进行客观评估后提出的建议。今天,中盐金坛公司已经进入世界制盐企业的先进行列,这个成绩的取得与张老的突出贡献分不开。生活上,张老是一位"老者"。在金坛工作的9年间,张老一直延续着他淡泊名利、生活简单的作风,从不向公司提任何要求,每天坚持步行上下班,为我们树立了学习的典范。①

在张根祥即将第二次"退休"的2011年1月16日下午,中盐金坛公司隆重举行"张根祥同志从事盐业工作五十周年座谈会"。座谈会上,盐厂一位青年员工说,要学习张老对新技术不断学习钻研的精神,学习他五十年如一日,为推动我国制盐技术进步无私奉献的优良品德,为打造金盐人的百年基业,争做世界同行最受尊敬企业做出应有的贡献,实现自己的人生价值。②

张根祥,将自己的一生奉献给了制盐事业,他不仅是"内修其身,博学厚德"的贤者楷模,同时也引领一批又一批志贤者继续在这条道路上与时偕行。

中盐金坛的尚贤者在为企业的发展默默地奉献着,他们的奉献凝聚成一股正能量,服务社会,惠及民生,推动着中国从盐业大国向盐业强国跨越。

金盐人由"尚贤"而"慧物",不能不提及其所属加怡热电厂的社会责任管理经验与不凡业绩。

加怡热电厂的社会责任管理从节能减排、建设现代化环保型热电厂入手,取得了显著的效果。

2008年下半年,加怡热电厂投资800余万元对#2、#3锅炉烟气进行脱硫处理。2007年和2010年先后斥资2000多万元,将两台抽凝机组改为背压机组,供热量和供热稳定性都有较大幅度上升;同时,还提高了机组的运行效率,每年可节约标煤38138吨,减少二氧化硫排放350吨。

---

① 管国兴:《在张根祥同志从事盐业工作五十周年座谈会上的讲话》,《中盐人》2011年1月25日,第1版。
② 马建军:《学习和弘扬老一辈技术专家的职业精神》,《中盐人》2011年1月25日,第1版。

2010 年，加怡热电厂投资 500 余万元，引进石灰—烟道气工艺对卤水净化进行彻底改造。工程采用热电厂排出的烟道气进行卤水净化，不仅能有效减少电厂产生的二氧化碳废气排放，而且能提高产品的质量，降低卤水净化成本，保护环境。该项目每年可减少 CO_2 排放 11550 吨。

2009 年 4 月始，加怡热电有限公司和南京中电联环保股份有限公司合作，处理盐厂制盐生产过程中产生的制盐冷凝水，通过处理后的产品水达到市政饮用水标准，实现了金赛盐厂冷凝水的零排放。该项目通过水资源的闭路有效循环，大大降低了水的消耗。

2012 年，加怡热电完成集控改造，新建 #5 锅炉。

2014 年，完成脱硫、脱硝改造，二氧化硫排放浓度控制在 $5mg/Nm^3$ 以下，远低于国家要求的 $50mg/Nm^3$ 排放限值。按此计算，每年可减少二氧化硫排放量约 400 吨。电厂运行锅炉的氮氧化物排放浓度为 $75mg/Nm^3$，粉尘含量低于 $20mg/Nm^3$，每年将减少氮氧化物排放量约 1000 吨，减少粉尘排放量约 700 吨。

上述环保技改项目和工程建设，皆出于"义"的考量，而非"利"的驱动，在金盐人的文化理念中，企业不仅仅是为利存在，企业更是道义积聚的场所，企业的社会责任履行程度，决定企业的生命力和价值。

建设金坛区域能源供应中心是加怡热电厂造福当地的另一大惠民工程。金坛是服装加工业重镇，全市共有包括服装等企业 1800 余家。长期以来，这些企业一直自建锅炉供热，资源消耗大，环境污染严重，同时也给企业增加了负担。为保护一方碧水蓝天，2012 年，加怡热电厂提出建设金坛区域能源供应中心的计划，通过扩建供热管网，将热能源源不断地输送到客户企业，帮助小企业降低生产成本，解决资源消耗、环境污染等问题。经过多年努力，加怡热电厂的供热管网由 10 公里扩展到 28 公里，供热量由最初的每年 5 万吨增加到 2014 年的 170 多万吨，取代地方分散锅炉 105 座，取代锅炉容量 350t/h。目前，加怡热电的供热量已居常州市之首。实现集中供热后，每年可为金坛市节约标煤 2.5 万吨。

"上善若水。水善利万物而不争，处众人之所恶，故几于道。"中盐金坛的志贤者们推崇水的品德——奉献自己，助益他人，惠及社会。这是中盐金坛贤文化"义重于利"的必然选择，它为中盐金坛的未来积累了厚实的"道德资本"，激励着一代代金盐人在"尚贤慧物"之路上义无反顾地向前，向前。①

（三）贤文化与企业发展之关系

古今中外，人类任何一种事业的发展，都存在短视的发展和可持续发展两种方式并生的状态，企业界亦不例外。而这两种发展状态的出现，又是与两种发展观相应：一为急功近利的发展观，一为科学的发展观。两种发展观的背后，则是不同的企业文化使然。

《日本企业长寿的秘密及启示》一文显示，日本拥有 3146 家历史超过 200 年的企业，其中 7 家企业历史超过 1000 年。这些企业多依靠"仁""贵和"等原则，将修身（员工终身培训）、齐家（单子继承与终身雇佣）、治国（对社会负责）三者紧密联系起来，形成了企业"慈"、员工"忠"的长寿企业特点。日本长寿企业的历史经验表明，道德、责任、财富并非水火不相容，而是相互支撑，可以共生共长。中国自古有"道德传家，十代以上，耕读传家次之，诗书传家又次之，富贵传家，不过三代"的说法，若将此古训移至企业，单向追求物质利益者，其发展不可长久，此为短视的发展；而可持续发展需要通过建设充满人文精神的企业文化以注入思想力量，导航发展方向，凝聚发展共识，激活员工创造力。

放眼全球，中西方企业都经历过唯利润是举的发展道路，对企业利益的理解，往往局限于物质层面，忽视精神层面，忽视资源与环境的保护，忽视人这个发展之根本，最终导致企业发展危机重重，陷入困境，使人类饱尝诸如沙尘暴、洪水、暴雪、雾霾、地震，以及土地、食物、水污染等苦果。这是工业时代发展观缺少人文关怀导致的。因此，要纠正企业短视的发展行为，必须从重建充满正能量的企业文化入手，确立科学发展观。

自 1988 年开基立业以来，中盐金坛的前身金坛盐业化学工业总公司一直走在快速发展的路上。进入 21 世纪后，金坛市盐业化学工业总公司抓住历史机遇，进入盐行业的国家队，成为今日的国有中央企业——中盐金坛盐化有限责任公司。自那时起，中盐金坛人开始思考综合利用岩盐资源，实现循环、可持续发展的问题。此后，随着"三个一体化"发展格局的建立，中盐金坛人更加清醒地意识到，没有文化的企业不可能走得久远。中盐金坛公司总经理管国兴在《江南雨》一文写道："在知识经济时代的今天，对于一个企业来

---

① 《贤文化纲要》解读资料，部分字词有修改。

说，真正有价值、有魅力，同时能够流传下来的东西不是产品，而是它的企业文化。就好比一个历史名人，留给后世的，绝不是他的身体，而是他的理念、业绩或作品。"①

也就是从那时起，中盐金坛人把企业文化建设提到关系企业"长生久视"之道的高度，提出科技与人文如鸟之两翼、车之双轮，平衡用力，共同助推企业协调、持久发展的观点。多年来，无论处于经济形势之顺境还是逆境，中盐金坛人在贤文化的引领下，以一颗平常心冷静应对瞬息万变的经济生态，企业一直行进在健康平稳的发展之路上，没有大起大落，如日常生活一般，平实但持久。中盐金坛的企业发展史表明，企业文化的力量虽然看不见摸不着，但一旦失去了它，企业的发展将陷入短视和混乱，百年企业的理想只能是镜中月、水中花。因此，企业如人，其物质与精神的平衡至为重要，失衡的发展终将车倾人亡。这是古今中外人类文明史昭示的至理。

中盐金坛人总结20多年的成长历程，认为正确理解和对待企业文化与企业发展的关系，需要处理好以下三个问题：

1. 人文与科技的关系

"以人为本，科技兴盐"，是中盐金坛人对人文与科技的鲜明态度，也是对企业管理中定性与定量关系的诠释。

人之所以是万物之灵，就在于它有道德，有自己独特的文化精神。人文精神是一种普遍的人类自我关怀，表现为对人的尊严、价值、命运的维护、追求和关切，对人类遗留下来的各种精神文化现象的珍视，对一种全面发展的理想人格的肯定和塑造。

中盐金坛贤文化强调"以人为本"，将"人"置于一切企业行为之本体的地位。公司不仅关心职工的工作、生活条件的改善，为职工个人价值的实现和家庭生活的幸福创造良好的条件，同时引导和培育职工成为一个超越低级趣味的人，成为对社会、对国家、对民族有贡献的人，更高的目标是成为一个贤者。

"以人为本"，对职工的要求，就是希望企业员工一是要脚踏实地，对自己负责，对他人负责；二是要修身养性，提升职业境界，从每一项细小的工作中，能悟到做人的根本，能悟出人的价值。因此，"以人为本"不仅仅是经济意义上的话语，同时更具有道德层面的意义。

---

① 管国兴：《江南雨》，《中盐人》2010年9月25日，第4版。

"科技兴盐"，关注的是如何运用人类的科技手段来发展企业。盐矿是大自然赐给我们的宝贵财富，但也是一种消耗式资源。中盐金坛倡导"有限资源，无限循环"，依靠引进先进科技和集成式的技术创新，建立绿色循环发展模式，把这一珍贵的资源开发好、利用好，造福人类，造福社会。同时，要成为受尊敬的制盐企业，为中国在世界制盐领域建立应有的地位，科技是根本保障，只有依靠先进科技，才能把金坛盐盆资源开发利用到极致。

"以人为本，科技兴盐"是一种定性和定量相结合的理念，如果说"以人为本"更多地体现定性，那么"科技兴盐"体现的是定量，定性与定量有机结合，人文与科技相得益彰，如车之两轮，推动企业不断向前发展。

2. 品行与事业的关系

"贤于内，王于外"是中盐金坛人对于个人品行修养与成就事功的辩证理解，同时也是"以人为本，科技兴盐"这一文化理念的具体化，体现了中盐金坛人对传承和弘扬中国传统盐文化的鲜明态度。中国历代圣贤皆极为重视和强调人的品德修养为建功立业的根本，这是实现企业愿景的思想动力和智慧源泉。

"贤于内"，就是要求员工通过修身养性，养成良好的品德，成为君子，向贤者的目标努力；"王于外"，就是要秉持高尚的品德，努力践行自己的理想，推己及人，在社会上有所建树。换言之，"贤于内，王于外"要先修其德，再立其功。富而有德，众望所归，就能受到社会的尊重，真正做到"王于外"。

"贤于内，王于外"，还要求员工博学厚德。博学，即通过积累专业知识和磨炼岗位技能，提升专业素养和职业境界。厚德，即思想、品行如大地般厚重起来，勇担社会组织赋予的责任。

3. 德治与法治的关系

治企者以德为先，以德治企，富而有德。儒家认为"人之所以为人"，是因为人是有道德的。孔子言："为政以德，譬如北辰居其所而众星共之。"① 昌明道德必先富民兴业，富民兴业是企业的基本职责。管子曰："仓廪实则知礼节，衣食足则知荣辱。"② 但"甚富不可使，甚贫不知耻"③，故富而不可不宣德，富而有德，众望所盼。而法治，强调以制度管人，按制度办事，法治是德治

---

① 《论语·为政》。
② 《管子·牧民》。
③ 《管子·侈靡》。

的必要辅助。二者的关系是，德治为根本，法治为辅助。

　　企业都有其自身的发展历程，然而不同的企业在发展的过程中，所经历的情况可能会有天壤之别。每一个企业的管理都是从"人治"开始的，只是不同的企业，其所持续的时间不一样而已。企业在不断的发展过程中会慢慢地迈向"法治"时期，当各种规章制度得到不断的完善，企业员工都能完全执行好的时候，企业管理开始走向新的高度——"德治"，在这个阶段，企业员工基本能够严格的约束自己，并利用企业文化去影响进入公司的新员工。

　　文化管理是企业管理的最高境界，文化管理是通向无为而治的途径。当"德治"深入人心的时候，企业文化就能使企业在激烈的市场竞争中越走越远。

三、贤文化传播的途径

　　企业文化确立后，如何使员工理解、认同、融入，实现企业文化由精神向生产力和人的素质的转化，是企业文化建设的重要阶段，也是企业文化建设的主要任务。在传播媒介发达的网络时代，可供利用的传播渠道很多，但培训这一传统方法，仍然是企业文化传播的最有效的途径。中盐金坛的贤文化传播，采用的主要途径是最为传统的方法——培训，包括新员工入职培训、管理人员贤文化专题培训、行知班建设等。

　　兹摘录一段《中盐人》的报道，以体会中盐金坛新员工培训的特色和成效。

　　对于贤文化，学员们以开放的心态接纳。在这一个月里，他们同时在思考，同时在进步，都在为做更好的自己追求着。

　　赵婕回过头来看这一个月，发现通过每日左手抄经、诵读经典、艺术欣赏，慢慢内心少了些浮躁，多了些淡然。她在五行表里这么写道："在短短一个月里，一直都在做着一件有意义的事——修身养性。"

　　通过对《论语》的不断阅读，张晓林不仅有了新的认识，还内化到行动中去。读到"三人行，必有我师焉"，他意识到在今后岗位中，多向老师傅、同事学习的重要意义，每天总有几句警言让他有醍醐灌顶之感。

　　学化工的陈伟，对贤文化培训感触良多，听了朱馥艺老师《中国文化在美国》的课之后，对中国文化的现状有些不能接受，"中国人对自己的了解还没外国人懂得多"，冷静下来思考后，他决定以后要多多关注中国文化。

"老年人才喜欢"，这是王创业对戏曲的第一印象。听了郝屿老师的戏曲课后，他喜欢上了戏曲。通过这件事，他也在反思："做事要深入了解再做判断，不然会显得很武断，就像我对戏曲一样。"

行动派的胡玲，这一个月领悟到了很多，这些会指导她落实在日常的具体行为上。正如她说的："虽不能说立马改变，但是我有很深的感触，我就会去做。我不愿意放在嘴上说，喜欢去做。"

眼看着培训接近尾声，高露心里有点不舍，"培训的时光美好而短暂"，但她更明白，去一线为公司发展发挥自己的力量，实现自身价值才是此行的目的，"在倒班生活中，我仍然会坚持践行培训中学到的贤文化、国学经典、礼仪"。对贤文化相见恨晚的曹笑认为，一个月的培训，我们或许不能成为古人所说的君子，但有了往君子靠近的思想，培训就像授予我们的"渔"一样。①

《中盐人》对培训的效果作了采访专题报道，以下内容是部分学员的培训心得。

公司党委副书记、纪委书记冯良华也是此次参训学员，能重回校园，静心学习，让他感到无比的快乐和享受。在 9 天的培训中，冯良华体悟最深的就是"存心养性"四个字。他认为，什么该做什么不该做，古代圣贤已经教导我们了，为我们提供了一个为人处世的标尺。有了这样的标尺，我们应该做出正确的价值判断，主动拒绝和远离负能量，而不会人云亦云。②

公司总会计师周蓉美进一步理解了义利之辩和诚信的重要性。她说，我们企业的行为，在动机方面无不以"义"为主，与社会相适宜，但在尽好社会责任的同时，我们企业也要追求经济效益。在做好诚信方面，身为财务人员，我们一定要继续坚持以诚信为本，不做假账，始终如实反映生产经营情况，为公司决策提供准确依据。

在学习中，换位思考和"致良知"令加怡热电厂厂长王网留印象颇深。如今，在工作中，他会经常反思：这样布置工作是否合适？如果下属完成得不好，是不是由于我布置得不够细致、不够好才导致的？王网留对"致良知"的理解也较为独到，他认为"知"是指人的良心、本质状态，"致良知"也就

---

① 周小丽等：《入职培训："志贤"之路第一站》，《中盐人》2014 年 8 月 30 日，第 3 版。
② 麻婷、蒋红翠：《第三期贤文化培训让学员志贤的步伐更加坚定》，《中盐人》2014 年 5 月 15 日，第 3 版。

是让我们按照自己的良心去做事，用良心指导自己的行为。①

贤文化同样增强了公司总工程师、技术部部长陈留平的信心。他坦言，曾经也为客户对技术与产品不断提出新要求而感到困惑。此次培训，他从传统文化中找到了答案，理解了世间万物永远处于新老交替、不断发展的过程，自然我们也需要不断推出新技术与新产品，如此才符合天地之道，才会使企业不断壮大发展。

关铁琴悟到了"贤"的根本在于"修德"，每个人都有成贤的可能性。她认为，要做到"贤"其实也很简单，只要我们注重个人修为，立足于本职工作，大处着眼，小事着手，在公司这艘前行的大船上，每位员工扮演好各自的角色，努力完善自我，做到知行合一，成贤将不是遥不可及的事。②

综合部青年员工刘会祥难掩心中的激动。他说，"贤文化"以成就贤人为目标，跳出了企业一己的私意而出于公心，这样的文化必能保持长久旺盛的生命力。平时我们的工作繁忙、生活节奏快，令人心烦意乱，"贤文化"告诉我"静而后安，安而后虑，虑而后得"，为我解决各种难题提供了一种智慧。刘会祥还举例说，我们对从国外引进的盐硝生产工艺进行改进，体现的就是一种贤文化智慧，而不仅仅是知识的学习。

另选登一名参加过贤文化专题培训员工的学习心得文章如下，供读者了解培训效果时参考：

做上达的自己③

圣贤对生民而言是些很超然的偶像，佛对于众生而言是个很高妙的境界，神仙对凡人而言是个很玄虚的概念。许多人便认为这些对仅仅数十年人生的我们来说似乎没多少值得追求的意义，但宇宙万物所包含的自然大道，却始终在冥冥之中影响我们所经历的一切，决定着我们的喜怒和哀乐。

或许我们永远无法达到至圣的境界，但这并非是放弃追求真理的理由，人皆可为圣贤，只有找准自己的位置、定准自己的方向，方能与世界和谐共存，

---

① 麻婷、蒋红翠：《第三期贤文化培训让学员志贤的步伐更加坚定》，《中盐人》2014年5月15日，第3版。

② 麻婷、蒋红翠：《第三期贤文化培训让学员志贤的步伐更加坚定》，《中盐人》2014年5月15日，第3版。

③ 谢宁武：《做上达的自己》，《中盐人》2013年7月25日，第3版。

让短暂的人生也能绽放别样的光芒。

人生苦短，韶华易逝。对自己的认识，迷失，再认识，再迷失……一直贯穿于我们的成长历程，许多人在这个过程中因迷失了自己，认知归于偏执、狭隘，与世界的共存失和，反过来使自己的存在失去了积极的意义。

自我的迷失皆因成长历程中的种种诱惑，唯有格致明辨，明白自己追求的事物是否是自己真实的需求，权衡得失时常能扪心自问，方能守住心中的善性，做上达的自己。

上达的自己并非完人，甚至可以不是通常概念中的好人，上达的自己也会接受诱惑，也会膨胀自我，也会冲动粗鲁，也会趣味低级，但对天地大道的向往是心中不灭的火苗，对真理的探索，对世界的认知，往往从对自己的再认识开始，道法自然首先从改造自己开始，上达者可立地成佛。

认识自己的过程会经历许多痛苦的煎熬，会令人产生更多的迷茫，但涅槃的灵魂会赋予我们一双隐形的翅膀，翱翔于纷乱的世界，追逐真理的光亮。

冲破迷茫后的开朗心境，是对先前煎熬苦痛的抚慰，对世界和自己的更高层次的认识，是对探索真理艰难付出的奖赏，而这种不断积累的认识和经历，才是我们真正引以为豪、需要珍惜、值得传承的财富。

四、贤才培养[①]

中盐金坛以德才兼备且德才过人为贤的标志，贤文化建设的最高目标就是培育贤才。从"人才强企"战略的制定，到人才的引进、培养、选拔、使用，中盐金坛围绕贤才培养，形成了一套颇具个性化的体系。

（一）人才强企战略：培养贤才的保障

一是人才强企战略立足于"人才是第一资源"的理念。"人才强企"的第一原则就是坚持"人才是第一资源"。中盐金坛公司将人力资源视为核心竞争力，公司总经理管国兴说："企业拥有资源只是一方面，真正发展好，还要靠人来做。在中盐金坛，最大的资源不是自然资源，而是人力资源。"[②]本着"人才强企"的战略，从 2003 年开始，中盐金坛公司开始招录高学历人员，到 2014 年已持续 11 年，这 11 年是中盐金坛公司企业人力资源跨越式发展的十

---

① 本节内容参考了冯良华主持、刘晓民等参与完成的国资委党建课题《国有企业青年员工成才机制研究：以中盐金坛盐化有限责任公司为例》成果。

② 管国兴：《在 2012 年国资委加快转变经济发展方式监督检查会上的汇报发言》。

年。没有这 11 年的积累，中盐金坛公司的人才结构不会发生根本改变，效益也不会提高那么快，高新技术企业也不可能申报成功。引进人才是"人才强企"，培训人才也是"人才强企"，中盐金坛公司十分重视对员工的培训，公司的新员工培训即是在"人力资源是第一资源"的理念下展开。

二是人才强企战略基于"成就人先于成就事业"的认识。中盐金坛《贤文化纲要》言："员工为企业之本，本立则企业固……人成则事成，事成则业兴"，成就"德才兼备，知行合一"的人才是成就事业的基础。为此，中盐金坛公司以"教育人、培养人、成就人"为目标，积极探索企业的人文管理模式——贤文化管理。

人文管理作为一种管理模式，与传统的西式管理相比有更高的追求。中盐金坛公司一直在走一条转型升级的发展之路，在转型的过程中，"除了市场、科研、管理等方面的举措外，最终还是要回归到人，这是一切转型的基础"。"其实无论是做企业也好，还是做其他方面的工作也好，最为关键的是要正确地理解和实践'以人为本'。推行人文管理，主要在两方面：一是价值观的转型，一是思维方式的转型。"[1] 以贤文化为引领，中盐金坛正在全力探索一条人文兴企的新路子。

以人为本，首先应该成就人，只有成就了人，才能成就企业。成就人不可或缺地包括两个维度：一是从人文入手，用尚贤、修贤统一员工的价值观，养成贤文化的思维方式，健全员工的人格，这就是教育人；一是从科技入手，培养员工的科技素养，提高员工的职业技能，锻炼员工的经营管理能力，这就是培养人。

（二）招生不招工：引进人才的措施

中盐金坛的贤才培养从新员工的招聘抓起，严格把握入口关。

2003 年，中盐金坛因建设一期真空制盐项目之需，首开招生不招工的人才引进先例。这一年，中盐金坛从高校招收 23 名应届大学毕业生，全部分配在盐厂项目建设一线。此后，公司每年都会从全国各地招录一批高校毕业生充实到生产、技术、市场、管理部门，而且新员工的学历、专业、地域结构不断优化。

---

① 万斯琴、麻婷：《中盐金坛：转型改革打造百年老店》，《中国企业报》2014 年 1 月 21 日，第 24 版。

2012 年公司成为中国制盐行业首家高新技术企业，并设立"江苏省博士后创新实践基地"；2013 年建成"国家级博士后科研工作站"，为吸纳高层次人才搭建了更好的平台，公司逐步实现由主要招聘应届大学毕业生向"引进高层次人才"的转变。2014 年，中盐金坛公司引进人才 23 人，其中博士 2 人，硕士 10 人，本科 10 人，另有 1 名进站博士后。2003 年至 2014 年 11 年间，中盐金坛公司共引进各类人才 204 人，其中"211"高校毕业生 74 人，从根本上改变了企业的人才结构。2003 年，公司只有 1 名硕士，而至 2014 年，公司有 43 名硕士，6 名博士，4 名在站博士后。

正是在大批青年才俊的强力推动下，中盐金坛始终站在行业前沿，以连续多年的快速发展之势，引领国内制盐业的前进方向，在国际同行中备受瞩目。2011 年 7 月 12 日，时任中国盐业总公司总经理、党委书记茆庆国考察中盐金坛时指出，中盐金坛这面大旗依然要继续高扬[①]。

（三）五条跑道：培育贤才的平台

人才红利，是中盐金坛快速成长发展的奥秘。公司经营班子认识到，人才是企业的第一资源，是成就企业各项事业的动力源泉。因此，企业管理的首要职能和职责是教育人、培养人，要把主要精力放在培养新生力量上。

中盐金坛公司《贤文化纲要》这样论述道："治企之道，选贤任能，贤者在位，赏罚有制，见贤思齐。"中盐金坛根据现代管理科学理论，吸收传统文化中的管理智慧，立足于企业实际情况，将青年员工的性格特点、专业特长、职业取向和企业的业务板块相结合，提出了建设青年人才成长跑道的设想。

从 2003 年起，为了培养青年员工，中盐金坛公司为引进人才准备了技术、市场、管理三条跑道，此种人才管理模式一直持续到 2011 年。公司总经理管国兴曾说："公司一直倡导'以德治企'，德行是第一位的。人是期望成功，实现晋升的，所以我们也为员工实现自我价值设置了'三条跑道'——技术、市场、管理。"[②]

随着公司人力资源建设的推进，原有的工厂岗位模式不能满足引进大学毕业生发展自我的需求，另外，让大学生定岗操作也是一种对人才的浪费。2012 年始，中盐金坛公司在巡岗制基础上试行"工厂工程师"制度，成为青

---

① 麻婷：《中盐金坛这面旗帜还要继续高扬》，《中盐人》2011 年 7 月 25 日，第 1 版。

② 管国兴：《在 2011 年中盐金坛公司新员工培训总结大会上的讲话》。

年人才培养的第四条跑道——生产工程师。每年新引进的高校毕业生，先在生产一线锻炼，熟悉整条生产线，通过不断的培训、考核，评定为不同层级的工程师，给予相应的工程师待遇。

如此，中盐金坛公司的人才成长有了四条跑道，这四条跑道分别是技术研发、市场建设、生产管理和综合管理。为了完善青年员工的成才通道，适应公司的长远发展和扁平化管理要求，公司于 2013 年制定了专业主管岗位聘用制度，专业主管成为了第五条跑道。

根据青年员工的特点建立的五条成长成才跑道，对于青年员工将工作、兴趣和特长结合起来思考和选择发展平台有着重要的意义，企业也可以根据自己的业务板块选择不同的青年人才，这是一种员工和企业的双向互动，是"以人为本"的体现。青年员工根据兴趣和性格规划自己的职业生涯，这让他们有了明确的努力方向，也让他们能够最大程度发挥积极性和创造性；对于企业来说根据业务板块选择人才，有利于人尽其才，实现企业自身的发展目标。

中盐金坛每年新引进的高校毕业生，均让其先在生产一线锻炼数年，在劳其筋骨苦其心志的过程中，熟悉企业和读懂企业，进而融入企业，然后再双向选择，分流到上述五条跑道上定向培养。中盐金坛公司五条成长成才通道的创新之处在于提出并实施"工厂工程师"的人才管理制度，把人才从传统的固定岗位中解脱出来，不再受制于定岗制，工厂工程师既是生产者同时又是管理者，打破了管理者与被管理者严格区分的局限，转为向全能型、复合型方向培养人、锻炼人，同时，这种管理制度也使生产一线的工作变得丰富和更具创造性，增强了在生产一线工作的成就感和受尊重感。

（四）绩效评估：人才的考核与激励

培训是帮助员工适应企业快速发展的必要手段，考核则是检验员工绩效的重要措施。一个成熟的企业，必须建立完善的培训和考核体系。只有培训没有考核，培训效果会随着时间的流逝而递减，同时培训也会缺乏动力；而只有考核没有培训，员工不可能有持续的进步。因此，培训和考核是紧密相连、缺一不可的。作为评定工厂工程师、专业主管等内部职称的基础，中盐金坛的考核本着公平、公正、公开的原则，采用三层考核法，考核内容有：日常工作考核、理论知识考核、员工互相评分考核，由于这种考核制度能够全面考核员工，促进员工成长成才，被称为"360 度考核"。

第一层考核为日常考核，采用加减分考核法。中盐金坛公司在分析所有工作内容之后，把应该进行考核的项目一一列出，是加分还是减分、加减多少分，都有明文规定，并形成一个考核标准文件。同时，公司为每个班组、每个员工制定考核档案，记录每一天的具体情况，到月底，根据一个月以来的考核数据，对照考核标准文件进行加减分，以此来确定这一个月的奖金分配。在碰到特殊情况的时候，如果考核文件上没有列出，则通过协商制定分数，并相应增入考核标准文件，让下次考核有文件可依。考核对事不对人，客观地记录发生的事情，让一切加减分都有理有据。

第二层考核为理论知识，采用考试的方式，主要检查班组员工的理论知识提高、进步情况。班组在培训学习一段时间之后，必须对大家的培训效果进行检查，一般每半年进行一次理论知识的考试。中盐金坛公司根据培训资料的内容建立一个题库，并不断地根据培训资料的变化扩充题库，每半年从题库中抽题进行考试，成绩计入员工考核档案。

第三层考核为评分，采用360度评分法。考核的数据主要用于对员工的工作表现进行全方位评价，故采用360度评分的方式。领导可以给员工评分，员工也可以给领导评分，员工之间还能互相平分。

如何科学地使用考核结果，建立对员工的激励机制？中盐金坛公司采用绩效评估法。绩效评估是指在每年年底进行一次以上述三层考核为主要数据支撑的评估，此评估被作为资源分配、人才选拔的重要依据（不是唯一依据，还要兼顾学历，专业等因素）。最后的总分数在同专业范围内进行排名，以此确定来年的绩效工资，同时跟第二年的月奖金基础系数挂钩。

除了绩效评估，公司还设置了各种奖项，奖励优秀人才。如："金盐之星""宿沙奖章""贤才奖""贤德奖"等。设置奖项，既激励优秀人才，又让优秀人才起带头作用。其中"金盐之星"获得者可以有公派出国学习的机会，开阔视野，增提升素质。

（原载于《贤文化管理》2015年第2期，有删节）

附录：学界对作者专著的书评

多向互动视野下金元全真道研究的新成果

——评钟海连博士新著《金元之际全真道兴盛研究——以丘处机为中心》

张义生 [①]

全真教是金元时期崛起的新道派，而丘处机又是使全真教走向兴盛的关键人物，对他的研究自然成为学者关注的焦点。进入 21 世纪以来，伴随着全真道研究的发展，对光大全真教门的丘处机的研究专著也逐渐增多。较早的有唐代剑的《王嚞丘处机评传》（南京大学出版社，2000 年）、赵卫东的《丘处机与全真道》（山东文艺出版社，2004 年）赵益的《丘处机：一个人与一个教派的传奇》（凤凰出版社，2009 年）等著作，近年则有郭武的《丘处机学案》（齐鲁书社，2011 年）、杨讷的《丘处机"一言止杀"考》（上海古籍出版社，2018 年）等著作。以上著作，从丘处机的生平、思想和影响等多个角度展开研究，对于推进丘处机及全真道的研究具有重要意义。因此，要继续将丘处机及金元之际全真道的研究推向深入，必须通过新的视角，运用多种方法，全面对此进行梳理和分析。钟海连博士的专著《金元之际全真道兴盛探究——以丘处机为中心》（下文皆简称钟著），力图更全面地探讨金元之际的宗教政策、丘处机的入世转向、道教思想和三教合一理论之间的多向互动，展现丘处机对金元之际全真道兴盛的贡献和影响，对研究丘处机及金元之际全真道做出了新的贡献。本文拟从三个方面评析该书。

---

① 张义生（1981—），男，南京大学哲学博士，青岛大学哲学与历史学院副教授，研究方向：中国哲学、宋明理学、中国思想史等。

一、金元宗教政策与全真教兴衰的互动

钟著在叙述丘处机的生平时，结合全真道从王重阳胶东传教到全真道进入全盛的大历史背景分析，其着眼点并不仅仅落在丘处机一人身上，而是从全真教逐步发展壮大的教史中去探讨丘处机如何从一个修道弟子转变成全真大师。

首先，丘处机是王重阳在胶东最早收入门下的弟子，他见证了从王重阳创教到自己掌教前全真教的发展变化。在早期，王重阳主要忙于创教和授徒，还未受到金廷的关注。在马钰掌政期间，由金朝遣送无度牒的僧道还乡，全真教受到了一定的影响。谭处端掌教时间很短，全真教依然没有获得朝廷的注意和认可。钟著注意到，在刘处玄掌教期间，王处一和丘处机先后被金世宗召见，金廷"间接承认全真道的合法性，这无疑为全真道的传播发展开创了新的机遇"①。但金章宗继位后，对宗教加强了管束，全真教又受到冲击。后刘处玄入京觐见章宗，获得了朝廷的认可，全真教也逐渐发展成为遍布北方的大教团。

其次，从丘处机掌教到谒见成吉思汗前全真教的兴衰起伏。刘处玄去世后，丘处机继任掌教，他在山东继续传播全真教，结交地方官吏贵族。金宣宗时，他劝降在登州及宁海州起义的红袄军，受到朝廷的赐封。金宣宗亦诏请丘处机赴汴梁，但丘处机在研判天下局势后，最终做出了不应诏的决定，这是丘处机自觉洞察时局，做出的有利于全真道未来发展的决策。

最后，从丘处机西行宣道到去世。在成吉思汗宣请丘处机西行的诏书送至莱州后，他毅然决定以古稀之年，不远万里，面见成吉思汗。钟著对丘处机西行宣道所述颇详，将之分为燕京候旨、西行历险、雪山讲道和东归燕京四个阶段，在雪山讲道后，成吉思汗赐丘处机"神仙"称号，并下旨蠲免全真道士的差役赋税；在东归燕京后，又得到"教神仙好田地内爱住处住"和"朕所有之地，爱愿处即住"的旨意，这为全真道修建宫观、广收门徒创立了极好的政策环境，真正"推动全真教走向全面兴盛，实现了教祖王重阳'四海教风为一家'的遗愿"（65 页）。由上可以看出，丘处机之前的全真教掌教，基本是被动适应金朝的宗教政策。丘处机则是面临南宋、金、元朝廷的诏请，自主自觉地根据情势做出抉择，并最终西行宣道，面见成吉思汗，受到其赏

---

① 钟海连：《金元之际全真道兴盛研究——以丘处机为中心》，南京：江苏人民出版社，2018 年，第 50 页。

赐，主动为全真道的发展争取到了皇权支持。因此，丘处机与金元朝廷宗教政策的互动，促使全真教在教团组织上真正走向了全盛。

二、丘处机入世转向与全真教兴衰的互动

宗教是具有神圣性的，但同时又必须具有一定的世俗性，如何在保持神圣性的同时，又适度地参与世俗社会，是宗教能否获得更多信众的重要影响因素。钟著探讨了丘处机把握时机，创造有利的宗教政策使全真教兴盛，在于他实现了全真道从出世向入世的转向。

首先，政府宗教政策等影响了全真教的出世与入世。钟著对全真道入世转向的成因进行了分析，认为在王重阳时期，金朝对宗教控制较严，因此只能走上一条出世修仙的道路。在丘处机时期，时势变化，金朝的宗教政策较为开明，全真道的发展获得了新的机遇，丘处机等适应这一变化，主动地将全真道的出世转变为积极入世。另外，在三教合一的大背景下，丘处机吸取了儒家济世救民的入世倾向，完成了自身社会思想的转向。又通过加强与社会各阶层的交往，尤其是万里西行，获得了成吉思汗的支持和信任，使统治者和官僚阶层成为推动全真教入世的重要力量。

其次，丘处机适时提出治国理论和伦理思想以适应入世转向。丘处机改变了全真道早期不关心世事的特点，转而向帝王献策治国。如提出了"恭己无为，治世之本""天道好生、珍视生命"等抚民止杀的治国思想。在伦理思想方面，较之王重阳，丘处机努力从形而上的理论角度，对儒家的忠孝之道进行融摄，如提出了"存无为而行有为"，既保持全真道的出世宗教性，又能吸取儒家经世致用的世俗性，缓和儒道矛盾，获得儒家的认同。丘处机又提出了"修人道以助仙道"的思想，一改王重阳、马钰等否定世俗生活的传统，努力地调和行孝与出家、人道与仙道间的矛盾，主张出家人也要行忠孝、尽人道，缓和全真道出家与儒家忠孝间的矛盾，这也是从理论上推动全真教转向入世。

最后，丘处机将弘道兴教作为全真道士积累功行、全真证道的重要功夫。在王重阳时期，主要采取诗词劝喻、异行吸引、长生激励等手段弘扬全真教，使全真教初步站稳了脚跟。但他还没有将弘扬全真教门作为门徒的功夫，而主要关注于个人的苦修苦行。丘处机则从弘扬全真是致福之基、不弘教门则不受供养、立观设教乃修道职份角度阐发弘道阐教对道士日用功夫的重要性，从而使弟子们投入到修建宫观、扩大影响、弘扬全真的活动中去，实现了全

真入世弘教的目的，真正使全真教在元初迅速兴盛起来。

三、丘处机道教思想与儒佛二教的互动。

最终决定丘处机能够推动全真教走向兴盛的，是他精深博大的思想。有严密完善的思想体系，才能吸引芸芸众生，弘扬全真教。钟著在研究丘处机思想时，除了叙述他对王重阳思想的继承和发展，更突出其三教合一的特点，深入分析丘处机全真思想到底具体融摄吸收了儒家和佛教的哪一点。这种具体而微的剖析，对于推进丘处机及全真道的理论教义研究具有创新意义。

首先，关于丘处机的仙学理论，总结出养气存神的特点，具体表现为"道生万物，失道无命""身假神真，人生虚幻""养气存神、全真而仙"三个方面，钟著并不局限于直述其思想，而是分析其仙学思想形成中对佛教因素的吸收，如谈到丘处机在其"身假性真"的生命观论证中借用了佛教的"四生说"，吸收了佛教"一切有为法，如梦幻泡影，如露亦如电"的空假思想，发展了传统道教的形神观和仙学理论。

其次，在丘处机的修道论方面，钟著总结出其内外兼修的特点，具体表现为"神仙实有、长生可求""内固精神，外修福行""圣贤提挈，教分三乘"三个方面，同时分析了其三教合一的特点。如在论述"长生可求"的思想时，认为丘处机借鉴了佛教一切众生皆有佛性的思想，提出了人人皆可成仙之说；在劝人修行时，用佛教的业报轮回说警醒世人；在论及"外修福行"时，对"外日用"的三重解释，其中第一层的"克己复礼"是对儒家礼教的融摄。第三层的"修仁蕴德"之"德"是儒家之德，即老子所说之"下德"，而"苦己利人"也有大乘佛教自利利他、普度众生的菩萨精神；在论及"圣贤提挈"时，认为圣贤提挈观借鉴吸收了佛教的因果报应论和净土宗的他力救度说，体现了三教融合的大势；在论及丘处机将修道之法分为三乘时，认为中下二乘与佛教的劝善之言相通，显然吸取了佛教业报轮回思想。

最后，在丘处机的内丹心性论上，总结出了"以性统命"的特点，具体包括"炼心与养性""性命双修与以性统命"两个方面，在论及"炼心与养性"时，认为心与性属于同一层次的概念，而修炼的目的在于去除情欲的障蔽，使性复归于道，与儒家的"去情复性"说和禅宗北宗的"息妄修心"观相近相通；在论及性学与命功关系时，又分析丘处机引用佛教徒为何以"能仁"来称呼释迦，阐明二者的体用关系。除此之外，钟著还叙述了丘处机的丹道思想和功法要点，认为丘处机在融摄三教思想资源的基础上，对王重阳的思想做了重要发展和创新，奠定了全真教走向兴盛的理论基础。

在此基础上，钟著总结了金元时期全真道教门兴盛的表现，探讨了丘处机在其中的贡献，并探讨了丘处机对龙门派、明清道教内丹养生学、道教"三教合一"思潮和阳明心学的历史影响，又综合教内、教外两方面人士的立场，来评价丘处机。

总之，钟著对金元之际全真道和丘处机的研究，实际上蕴含着金元时期宗教政策与全真教兴衰的互动、丘处机入世转向与全真教兴衰的互动、丘处机道教思想与儒佛二教的互动等多向互动。钟著在金元之际全真教从弱小走向全盛的大视野下，关注丘处机、全真教、金元宗教政策、儒佛二教多层次的交融影响，将金元之际全真道和丘处机研究都推向了一个更高、更深、更广的境界。

（原载于《世界宗教研究》2019 年第 1 期）

学在会通，力在拓新

——《金元之际全真道兴盛探究——以丘处机为中心》评介

孙　鹏[①]

在中国道教文化中，融合儒释道思想的全真道可谓后起之异秀。全真道创立于金朝统治时期的山东半岛，至金元之际，由民间走向官方，遂独盛于全真道这一重要的发展转折期，有一关键性的人物通过革新全真道，为全真道的发展做出了历史性的贡献，那就是号称长春真人的丘处机。2018 年 7 月，由江苏人民出版社出版的《金元之际全真道兴盛探究——以丘处机为中心》（钟海连著，以下简称钟著），即是以丘处机为中心，针对转折时期的全真道进行研究的一部力作。作者从哲学、历史学、宗教学、经济学、伦理学、传播学等多学科视角，对全真道的教理教义、教团组织、经济形态、传播方法及其演变等做了系统、全面的探讨，深刻地揭示了全真道由兴而盛的原因，客观评价了全真道第五任掌教宗师、长春真人丘处机的历史贡献。全书引用了大量的碑刻资料，分析和论述建立在扎实、丰富的文献基础上，对过往众多学术问题提出了独到的见解。洪修平教授对此书颇为重视，并为之作序道："通过对全真道的兴起做全面而深入的研究，有助于更深刻地了解宋辽金元时期的中国社会，更好地把握中国道教的曲折发展，更加全面地认识全真道的功行特点及其历史价值。钟海连的《金元之际全真道兴盛探究——以丘处机为中心》一书正是在这方面做出了新的开拓。"

---

① 孙鹏（1977—），男，南京大学哲学博士，常州市社会科学院盐文化研究中心副主任（兼），研究方向：传统文化、道学、盐文化、养生学等。

一、从多学科视角深度揭示全真道兴盛的原因

历史上任何一种宗教或教派从创立到兴盛都有其内在的因素和外在的原因。在民族矛盾尖锐、战争不断、社会动荡、中原汉文化传承面临严重危机的金元时期，全真道是如何从创立走向兴盛的？该书在充分占有各种史料并经梳理分析后认为，全真道在短短的几十年间（从 1168 年王重阳在山东建立民间教团组织"三州五会"至 1227 年成吉思汗赐丘处机金虎牌，将天下出家人交其管理），能开创出"虽十庐之聚，必有香火一席之奉"的全盛局面，最根本的原因在于：全真道能够不断地调整自己的教义教规、教团组织、经济形态、宗教伦理、弘道方法等宗教因素，以适应金、蒙先后入主中原引起的社会结构变迁，认同和维护世俗社会忠孝伦理，尽力协助统治者重建和维护社会秩序，展示其服务王权政治和世俗社会的独特作用，从而获得了当政者的信任重视与权贵、官民的认同，不但摆脱了初创时的民间非法宗教身份，还进一步取得官方合法宗教的地位，并迎来全面兴盛。

全真道之所以能兴盛一时，与它在诸多重要问题上处理得很成功有密切的关系。钟著总结了六个重要方面：第一，全真道从宗教伦理上维护儒家的忠孝，要求出家道徒和在家信众恪守孝道，缓和了来自儒士"败国、亡家、倾天下"的批评指责；宗教经济上，自丘处机掌教后，全真道改变云游乞食的传统，开始兴建道观，耕田自凿，创建独立的道观经济，实现了自给自足，有的道观还有余力赡急济困，改变了"浮食"的形象，减少了经济上对国家、社会的依赖，缓解了与世俗经济之间的利益冲突。第二，丘处机对全真道创教祖师王重阳的修道思想做了革新，一方面把弘道阐教、兴盛教门的尘劳之事神圣化，充分肯定其在实现宗教超越目标上的价值，为全真道徒致力于教门事业提供了信仰支撑；另一方面，丘处机圆融了无为与有为、出世与入世的关系，拓展了全真道宗教思想的涵盖面，增强了它与世俗社会的适应性，为振兴全真道准备了充分的理论依据，提供了信仰动力。第三，从王重阳至丘处机，全真道在处理与王权的关系方面是比较成功的，其表现是不管受压还是宠遇，它都有没有任何过激的行为，相反，历代掌教宗师都强调忠君王遵国法，而丘处机在金、元之际朝代更替的特殊历史时期，带领全真道徒在饱经战争创伤的北方社会劝善止恶、教化风俗、祈福禳灾，践行慈善济世的道训，充分展示了全真道的济世佐治功能，赢得了元政权和社会各方的认同，拓展了全真道的发展空间。另外，全真道在教化社会风俗的过程中，对遭受

战争重创的儒家伦理道德的提倡、维护、恢复，也赢得了不少儒士的好评。第四，全真道教团领袖皆有兴盛教门的自觉性和责任担当意识，且能顺时而为，审时度势，创造并抓住机遇。教祖王重阳曾建立民间教团组织——"三州五会"，发展了不少信众，甚至名动朝阙。丘处机主持教务时，他面对不利的政治环境并没有消极等待，而是以积极的心态顺时而动，在兴教事业上"下十分功，十分志"。特别是丘处机审时度势，以 73 岁高龄应成吉思汗之诏西行，冒险宣道西域，为全真道走向全面兴盛创造了有利的政治条件，但这个有利条件绝不是等来的，而是通过以丘处机为教团领袖的众多全真道士尽力争取到的。第五，重视教门弘道骨干力量的培养，是全真道得以持续传承并一度兴盛于世的重要原因。丘处机在培养教内弘道骨干的同时，还颇为用心地培育了得力的护教功德主群体，他们中有皇室贵胄、朝廷权臣，也有汉地世侯、地方官吏，甚至起义军首领也成了全真道的信奉者或护持功德主。全真道的兴盛，实际是社会各方力量共同推动的结果。第六，重视传道方法的不断变化革新，是全真道走向兴盛的重要原因之一。丘处机西行东归留居燕京，以天长观为中心，建起了平等、长春、灵宝、长生、明真、平安、消灾、万莲"八会"，还开创了"夜谈"这种新的传道方法，并在后来形成了固定的玄学讲坛，由专职人员担任玄学讲师，不定期开讲道教经史，吸引道俗参与，增强了传播效果。

正如著名道教学者、南京大学哲学系博士生导师孙亦平教授在本书的序言中所说："以丘处机革新道教的思想与实践为中心，来探讨金元之际全真道为何能够从一个传播一地的民间宗教发展成独盛一时的官方宗教，寻求与诠释全真道兴盛的'原因'是该书选题的创新性之所在，反映了作者所具有的问题意识与思考进路。"作者紧紧围绕全真道兴盛这一问题，从多学科的视角进入并加以条分缕析，如此系统、全面且有深度地剖析全真道兴盛的原因，是该书的重要学术贡献。

二、深入分析全真道思想的演变与"三教合一"之特色

修道证真是历代道教徒的最高追求。全真道创立之初，王重阳提倡的"全真"之路基本上是不恋俗务的出世修炼，其出世的宗教色彩比较突出。但到了丘处机掌教时期，全真道开始出现由完全出世向积极入世的转向。该书分析了丘处机推动全真道修道思想发生这一转向的三大原因：弘道兴教时机的变化、三教合一的思想大势、社会政治力量的推动。书中对丘处机与全真道

顺应三教合一的思想大势、主动推行全真道宗教思想与实践的革新做了深入的分析论述。

钟著认为，全真道自创教者王重阳始就提倡"三教合一"，王重阳本人"凡接人初机，必先使读《孝经》《道德经》"，"及其立说，多引六经为证据，不主一相，不居一教"，要求信众"修仁蕴德，济贫拔苦，见人患难，常行拯救之心，或化诱善人，入道修行；所行之事，先人后己，与万物无私"。这与儒家道德教化和佛教普度众生思想异曲同工，只是换了语言表述方式。而丘处机进一步从修道思想上将全真道修炼概括为"外修福行，内固精神"八个字，并把"外修福行"放在第一位，而且丘处机将外修福行（又称外日用）解释为"舍己从人，克己复礼；先人后己，以己方人；修仁蕴德，苦己利他"，融合儒家克己复礼、佛教自利利他思想，无论是内容和形式上均有着比较明显的融摄儒释道三教的特征。书中指出，丘处机的修道思想突出强调外日用的重要性，对修道者提出了"教门用力，大起尘劳，皆为致福之基"的训诫，提倡只要在教门事业上用力，即使一世不能了道，也可为后世修道种下善根，打下基础，机缘成熟时自然有圣贤来提掣。该书认为，丘处机外日用思想中的宿世论和圣贤提掣观，从中国佛教的因果报应论和净土宗的他力救度说中吸取了思想资源，易于使信众从心理上产生亲近感，有利于全真道的推广和被接受。

丘处机经过磻溪、龙门两个阶段的苦修实践，总结出了一套完整的性命双修的内丹功法，他的内丹功法融摄三教思想，突出强调心性的磨炼是修道过程的统率，以修性统领修命，性命双修，与道相合，全真成仙。丘处机将心、性、道等同于一，认为炼心即是见性，见性即是复归于道，复归于道即是全真成仙，这和隋唐以来中国思想界由本体论转向心性论的发展大势是完全契合的。

由于心性的磨炼非一日之功可成就，故丘处机将修道之法分为三乘：上乘、中乘、下乘。上乘法，乃对于宿根深厚者言，其修道之法难，但成就的果位高；中乘法，主要指积极参与斋醮活动，阐扬大道，积累功德，虽没有经过修真养性的苦修，临命终时也会得到福报；下乘者，建宫盖观，印经造像，修桥补路，施茶奉汤，戒杀放生，舍药施财，接待往来，焚香礼圣，行此善法，下世投生于富贵之家，一生享福无穷。无论是圣贤提掣说，还是三乘教法论，皆为丘处机以融合儒道佛三教思想资源为手段，推动全真修道思想的平民化、简易化，其修道思想与实践的"三教合一"特色十分明显。

全真道修道思想与实践经丘处机顺时变革后简明扼要，易学易行，对于全真道的广泛传播起了积极作用，并且成为明清以降诸多内丹养生家借鉴、吸取、发挥的主要思想资源，对后世医学和养生学的发展产生了重大影响，明清之际全真高道伍守阳、柳华阳等大力倡导人道和仙道一致的观点，正是对全真道三教融合思想的继承发展。

三、丘处机兴盛全真道的历史功绩

《金元之际全真道兴盛探究——以丘处机为中心》一书通过大量的文献和考据，客观评价了丘处机在全真道发展兴盛过程中的重要作用及其历史贡献。为此，该书阐述了丘处机宁海投师、苦修证道、振教祖庭、弘道故里、西行宣道、燕京阐教等各个阶段的行履，并且对现存著述的种类、版本和真伪做了深入的分析。从人物思想上，该书解析了丘处机全真道思想的主要内容及特色，论述了丘处机对王重阳全真思想的继承、发展、完善及其在弘教方面的推动作用。从社会环境方面，该书论述了丘处机的政治思想、伦理思想、传播思想的主要内容，分析了丘处机推动全真道由完全出世向积极入世转变的原因。从历史影响方面，该书论述了丘处机推动龙门派的创立和道教内丹练养学的完善、推进"三教合一"趋势的深化，指出其内丹学为明清儒学的发展提供了思想资源。

在阐述丘处机发展和完善全真道思想的过程中，该书重点分析论述了丘处机如何解决王重阳全真道思想中清静无为与弘道兴教这一内在的理论矛盾。该书认为，丘处机主张存无为而行有为、修人道以助仙道，认为"存无为而行有为"就是把住清静无染之心体，身行诸种尘劳之事，即心志于道而不著于相。就如每天不能不吃饭一样，每天也不可免除尘劳之事，而且尘劳之事不但可为而且必须亲为，在尘劳百事中可以涵养心性，提升心性修炼的境界。丘处机高徒尹志平真人对此评价说："丹阳师父全行无为古道也，至长春师父，惟教人积功行，存无为而行有为，是执古道为纪纲，以御今之所有也。"丘处机"存无为而行有为"的修持指导思想，使全真道与世俗社会的融合进一步深入，淡化了全真道高不可攀的出世色彩，虽然让对全真道心怀神圣和神秘期待的人降低了敬畏感，但它令世俗之人对全真道生起一份亲近，这对于全真道走入更多常人的心里和生活世界产生了重要的推动作用。此外，丘处机存无为而行有为之说，将无为和有为之关系由对立转为相融互即，提出"有动缘无动，无为即有为"的观点，并对接待兴缘等有为之事的价值做了肯定，在一定程度上缓和了儒道之间的矛盾，减少了来自儒家的传道阻力，为全真道融入以儒家伦理为道德规范之主流的世俗社会提供了形而上的教理支持。

该书还对丘处机全真道思想对后世阳明心学产生的影响做了客观的分析：丘处机所著《大丹直指》首次将全真道原为师徒秘传的内丹修炼原理和功法整理并公之于世，使原本神秘的丹道之学进入了思想家、文学家、医学家等非教内人士的视野。王阳明出入佛老，融摄三教，最终回归儒门，自创学派，主张修道须在事上磨炼，练就静定功夫，而非独居静处，还把作为心之本体的"良知"称为"真己"，所说的"致良知"实际上就是保全真己，这些思想显然受到丘处机全真内丹心性论的影响。

由于丘处机对道教和中国政治、思想文化产生过重要影响，历代教内高道和教外名士对丘处机的历史贡献做过种种评价，对丘处机的苦志修道、传教度人、劝善止杀三大功绩做了评述，认为丘处机劝善止杀，救生灵于鼎镬之中，夺性命于刀锯之下，仅此一功，其德足可上通天意，白日飞升，根本用不着九转丹砂、七还玉液。乾隆皇帝对丘处机万里西行、劝善止杀之功也做了高度评价："万古长生，不用餐霞求秘诀；一言止杀，始知济世有奇功。"在中国古代众多的道教领袖中，像丘处机这样能赢得历代众名流如此高评价者，实为罕见。

（原载于《南京晓庄学院学报》2018年第5期）

稽古钩沉，发微抉隐

——《金元之际全真道兴盛探究——以丘处机为中心》述评

祝　涛①

引言

众所周知，全真道在中国道教史乃至中国文化史中都具有重要地位，然而，关于丘处机在全真道兴盛过程中的作用，学界之前尚缺乏一部系统探究的力作。近期，江苏人民出版社隆重出版推出钟海连先生的《金元之际全真道兴盛探究——以丘处机为中心》（2018 年 7 月第 1 版，25 万字），该书系钟海连先生完善其博士论文后的成果，是第一部系统研究全真道与丘处机之间关系的学术专著。

《金元之际全真道兴盛探究——以丘处机为中心》一书由 7 个部分组成，除了绪论、余论之外，主体部分包含 5 章。绪论首先提纲挈领地指出："由于全真道是道教中的显教，全真道研究可谓道教研究领域中的显学，因而探究丘处机在全真道兴盛过程中的作用极具意义。"其次，绪论对迄今有关全真道与丘处机的研究概况进行了综述，从专著、学术论文、学位论文、学术会议这四个方面，对已有的研究成果做出了细致的梳理、总结。再次，绪论还介绍了研究思路，强调了创新之处。

在绪论之后的五大章节中，钟著首先对丘处机的生平与著述情况予以细致考察，进而辨析了丘处机现存著述各种版本的真伪。其次钟著深入分析了

① 祝涛（1987—），男，厦门大学哲学系 2014 级博士生，厦门工商旅游学院外聘教师、武当大学堂琴箫导师（兼），研究方向：国学、贤文化、管理哲学、琴箫文化等。

丘处机全真道思想的主要内容，凸显丘处机的仙道信仰、修道方略以及内丹心性理论。在此基础上，钟著依次结合政治理念、伦理思想、传教策略、宫观经济、教团管理等视角，对丘处机兴教数十年的理论与实践，进行了全面的论述。再次，钟著参考众多教内高道和教外名士的赞誉，对丘处机于全真道兴盛过程中的历史作用及后续影响，做出了客观清晰的评判。最后，在余论部分，钟著对主要观点予以总结，并强调全真道兴盛过程的本质是，"宗教与社会不断适应、融合的发展过程"。作者认为："对全真道兴盛原因及其表现的探讨，可以为深入研究道教发展的规律，提供极具参考价值的个案。"

一、全书内容，创见迭出

钟著以丘处机的一生行迹为切入点，通过对其思想与实践的研析，探讨了全真道的兴盛缘由，进而为人们梳理出全真道崛起的关键事迹，揭示出道教发展史中的重要规律。关于全真道的兴盛原因乃至道教崛起的重要奥秘，钟著广泛搜集了相关资料、充分参考了前人成果，在此基础上，钟著从宗教、政治、经济、伦理、传播、管理等层面，进行了细致的研究。其主要观点涉及宗教创新、政治参与、经济建设乃至教团管理等多个方面，这些观点分布于钟著的各大章节中，极具启发价值。通读钟著后本人获益良多，现不揣浅陋，略述如下几点体会。

首先，钟著使人明白，对教理教义做出与时俱进的创新，是道教乃至其他宗教获得进步发展的重要内因。它指出正因为丘处机在历经坎坷、修道有成后，审时度势地根据社会现实，对全真道的教义做出过高明适当的调整完善，所以全真道能在金元之际迅速兴盛并传承至今，这种观点的确发人深省。它不仅能调动人们的兴趣、引导人们的思考，而且可使人们迫切想了解丘处机的思想与实践，进而深入探寻丘处机对全真道所做的改良创新。而且这种观点符合契理、契机的基本原则，能有效赢得人们的赞同或信赖。

其次，在细致梳理史实的基础上，钟著提出了诸多重要观点。例如，它认为："经济和伦理是决定宗教生存发展的根本因素，在经济上避免和国家、社会争利，在伦理上积极与世俗宗法相调和，是宗教获取生存发展空间的必要做法。"通过对全真道衍变过程的描述，钟著充分印证了这一观点，它指明早期创立全真教的王重阳，曾遭遇的直接阻力便是，弃家修道的教理与忠义孝悌的人伦相冲突，不事生产、云游乞食的做法损害了国家、社会的利益。于是后来的丘处机为了光大其教，在经济和伦理方面，对全真道的教理思想予以大力调适，为此他做出了诸多理论创新。

在丘处机看来，每个信众的自身情况都存在差别，因而修道的方法不能千篇一律。他认为要达成王重阳祖师所倡清静无为的解脱，不一定必须都放弃世俗功业，于是他建议信众根据自身情况，在世俗生活中积功累福、历境炼心。这一理论创新非常重要，它在扬弃继承王重阳祖师终极宗旨的基础上，充分照顾到修道个体的差异性，进而完善了全真道的修行方略。这种新思想不仅把弘道阐教的尘劳之事神圣化，为全真道徒致力于教门事业提供了信仰支撑，而且调和了出世与入世、无为与有为间的矛盾关系，增强了全真道宗教思想对世俗社会的适应性。

复次，钟著认为全真道的兴盛还具有外部的政治原因，其兴盛过程充分说明："宗教只有处理好与王权政治的关系，发挥好宗教服务王权政治、缓和社会矛盾的功能，宗教才能获得王权的支持和社会的认同。"由于全真道自金元之际的乱世中初创以来，深受金廷的猜忌与抑制，因而丘处机为了促进全真道的传承及传播，运用了各种智慧，花费了诸多精力。他不光努力与金、元等政权建立合作关系，还经常组织弟子及信众，积极从事劝善止恶、祈福禳灾等活动，充分发挥全真道的济世佐治功能。丘处机的这些做法的确颇有成效，在赢得政府与社会的认同后，全真道不仅逐渐摆脱非法民间宗教组织的不利身份，而且日益受到扶持，不断走向兴盛。

再次，钟著使人深刻认识到，对教团组织的建设管理，是道教乃至所有宗教实现日益兴盛且长远传承的重要条件。丘处机深知全真道若要扩大影响获得发展，必须坚持组织建设、人才培育以及对信众的维护管理。在他看来，经营维护好民间教团组织有利于吸引更多信众，大力培养弘教骨干有助于发展出更多兴教的人才与护教的功德主。为此，他不仅抓紧时间培养出八十多位亲传弟子、数百名再传弟子，而且还颇为用心地维护好皇亲权臣、地方官吏这类护教功德主。当富有才干的教界弟子和财势兼具的世俗权力，通过虔敬的宗教组织达成同心协力的合作后，诞生于民间的全真道，自然而然地逐渐转变为官方宗教并日益兴盛。

最后，钟著通过探究古代传教经验，进而结合现代传媒理论，在古今结合的原则中论述了传播手段在宗教发展中的重要性。它认为创新传播媒介、提升传播方法，是道教乃至所有宗教扩大影响、不断兴盛的重要手段。在梳理史料的基础上，钟著指出全真道自王重阳创教时起，就已在传播策略方面做出过"会社传教"这一重大创新。由于早期的王重阳为了传播全真道，曾积极创建三州五会这种会社式的教团组织，因而它不光是教团组织，还是传播媒介，在这种新型传教媒介中，教界信息的传播障碍很少，传播效率很高。之后的丘处机与其弟子为了发展更多信众，继续运用了会社这种高效的媒介传播全真道，在广泛采用诗文劝谕、斋醮治病等传教手段之外，他还开创了"夜谈"这种新的传教方法，并在后来发展为玄学讲坛这种固定的传统。

二、写作范式，独具一格

钟著不仅帮助读者获取大量有关丘处机和全真道的宗教思想、历史知识，而且使人们领略到严密精巧的写作技法。因为钟著以丘处机的思想、实践为研究中心，以探究全真道的兴盛缘由为研究目标，所以其问题揭秘式的论述过程展现出强大的吸引力。而且，由于作者学术实力卓著、文字功底深厚，因此钟著具有很强的可读性，人们在阅读钟著的过程中，经常能感受到晓畅的写作风格、亲切的叙述方式。通读钟著后，人们还可以发觉其清晰的论证脉络、周密的行文逻辑。可以说，钟著的选题技巧值得参考，篇章布局非常合理，遣词造句值得学习，思想结构相当严密，总之，其写作范式，颇多启发，现本人略述如下几点心得：

首先，钟著在选题方面，具备鲜明的问题意识。问题意识在学术研究中至关重要。正因为钟著高度的问题意识，因此能够选取到一个很有探索价值的研究对象：丘处机如何促成全真道的兴盛。这个研究对象实际是一个问题域，此问题域中蕴含了一些相当有趣的子问题，探究这一问题域，意味着要陆续解除人们的一系列疑惑。这种解密型的研究工作不仅应该追溯全真道的历史、厘清祖师王重阳的创教动机和经历，而且必须梳理丘处机的生平行迹、考辨其著述、提炼其思想，甚至需要将后人对丘处机与全真道的评论加以归纳总结。由于这些疑惑是很多人渴望解决而未能解决的，因此在揭秘这些疑难问题的过程中，钟著就颇能激发读者的兴趣，进而消弭人们的疑惑并对学术界的理论突破做出贡献。

其次，钟著在写作过程中，遵循了深入浅出的原则，具有很高的可读性。由于作者在宗教学领域积累了多年，并长期从事文字处理工作，因此他的写作过程，能兼顾思想理论的深邃凝练与文字表达的通俗易懂。在钟著中，全真道的很多教理，获得了言简意赅的归纳；大量复杂的史料，得到了清晰明了的梳理。这主要是因为，作者的学术经验丰富、写作水平很高，所以他能在著述过程中，驾轻就熟地运用史料，深入浅出地呈现观点。于是，在通俗的文风与亲切的叙述中，读者便能轻松领悟到丘处机的思想见解，高效认识到全真道的传播发展奥妙。

再次，钟著的写作过程运用了史论结合的方法，其论述过程强调理事并重的技巧，以致整本著作处处体现出极强的可信性。一方面，钟著始终明确，丘处机的思想创新与全真道的改革发展，都与当时的社会背景密切相关，于是为了精准把握丘处机兴盛全真道的思想实践，作者在著述过程中，始终联系金元之际的各种社会形势展开探究。尤其明显的是，钟著认为丘处机不仅在道教思想理论方面非常精通，而且擅长运用时机根据社会形势开展灵活的传教实践。另一方面，为了论述丘处机在全真道兴盛过程中的重要作用，钟著谨记理事并重的原则，既分析丘处机在理论层面对教义的革新，又凸显丘处机在实践层面对教务的贡献。通过史论结合、理事并重，钟著在夹叙夹议的撰述过程中，做到了有理有据有说服力，形成很高的可信度，进而引发读者的重视度。

最后，钟著的篇章布局相当精妙，论证脉络非常清晰，行文逻辑十分严密，值得人们深入学习。在通读钟著后，细致体悟其逻辑结构可知，钟著旨在揭示丘处机促成全真道兴盛的奥秘。为此，钟著先梳理清丘处机一生的典型事迹与言论著述，再分析出丘处机关于全真道的重要思想。然后从思想过渡到实践，论述丘处机经过入世转向后，通过对政治、经济、传播、管理等各种实践的灵活运用，逐渐实现全真道的兴盛，最后还参考前人说法对丘处机的历史功绩与后续影响予以评判。可见，钟著的篇章布局非常合理，整个论证过程做到了首尾呼应，读者能明显感受到其中清晰的脉络与严密的逻辑。总之，其选题技巧、行文风格、谋篇布局、论证逻辑组合成一种高明的写作范式，体现出明显的可借鉴性。

三、研究方法，颇有特色

除了内容翔实新颖、范式极具启发之外，钟著的研究方法也很有特色，值得人们借鉴。众所周知，研究宗教不仅会涉及相当广博的内容，而且需要细致深入的分析，不光要对一种宗教形态的历史衍变予以梳理，还要对各种宗教思想的复杂关系进行比较。此外，由于任何宗教都具备思想理论的渊源、社会历史的契机，它与文化、政治、经济、民族、管理、传播等领域都存在互动或关联，因此，研究宗教最好要结合广阔的视野、采取多元的研究方法，而在这一方面，钟著做出了极好的示范。

　　钟著以金元之际全真道的兴盛为背景，探究丘处机的道教思想、传播模式、管理方略及历史贡献，遵循了整体与个案相结合的学术方法，既呈现出宏观层面的广阔视域，又具备了微观层面的探索深度。而且钟著还结合了纵横两个维度，不光全面梳理了全真道的早期酝酿史以及后续传播史，还细致探讨了全真道对儒学、佛学的融摄。此外，特别值得人们学习的是，钟著还参考传播学、社会学、经济学、管理学的一些观点，全面探究了丘处机在全真道的兴盛过程中，所发挥的重要作用。其别具一格的研究思路，呈现出现代宗教学术研究的新气象，从学术方法层面来看，它至少对人们形成以下三点借鉴意义。

　　首先，钟著注重以小见大同时又能去粗取精，对整体与个案相结合的研究方法有着灵活运用。一方面，钟著认为丘处机的理论与实践，对全真道在金元之际的兴盛做出了重要贡献。另一方面，在以丘处机为切入点展开研究的同时，钟著也强调全真道不断发展的历史背景深刻影响到丘处机的理论突破及实践探索。这种双向互动的研讨方法，有助于全面而深入地诠释全真道的兴盛缘由与丘处机的历史贡献。在通篇的论证过程中，作者始终坚持整体与个案相结合、社会形势与个人发展相结合，努力达成历史与逻辑的相互统一，有效兼顾了宏观层面的广阔视域和微观层面的探索深度。

　　其次，钟著兼顾了纵向梳理与横向比较这两个纬度的研究方法，使得全书呈现出博大精深的气象。由于任何一种宗教现象，都不是凭空出现的，更不是孤立发展的，因而研究宗教的过程，既包括在纵向层面梳理特定宗教现象的历史衍变，又包括从横向层面比较各种宗教思想间的相互关系。这种研究方法和探讨理路，在钟著中得到了充分的体现，为了论证全真道的兴盛过程，钟著对全真道诞生、衍变的过程予以细致的梳理研究，还对三教汇通乃至文化融合的趋势进行深入的探讨分析。

　　再次，钟著值得借鉴的创新之处是尝试吸收其他学科的研究方法，这对学界极具启发，值得人们积极借鉴。由于钟著为了论述丘处机在全真道兴盛过程中的各种作用，分别对丘处机的政治理念、传教方法、经济思想、管理手段都做了细致的考察，因而在具体的探索过程中，它参考了政治学、传播学、经济学、管理学的研究方法，并得出了一些新颖的研究结论。可以说，这种研究方法的创新，为宗教研究工作探索出值得借鉴的新模式，它鼓励人们不仅要努力继承传统文化的学术理路，而且要勇于吸收相关学科的研究方法。

结语

当然，根据最新的学术动向来看，钟著也存在有待完善之处。最明显的是，目前，颇受关注的"一带一路"倡议，为钟先生的进一步研究提供了重要契机。由于在全真道的兴盛中，丘处机西行弘教的活动是一个关键原因，而且在整个道教史中，丘处机还是沿着丝绸之路西行弘教的成功典范，因此结合"一带一路"倡议对该书予以完善显得很有意义。因为丘处机西行弘扬的全真教，曾于金元之际在丝绸之路的沿线地区传播了和平理念、慈爱思想，所以在当前宣传其历史贡献，对丝路国家间的友好交往能产生重大的促进作用。

综上可知，钟著现阶段的研究成果，已是相当卓越了。从内容来看，钟著提出了诸多令人耳目一新的观点，人们通过钟著，可以快速了解全真道的历史脉络，进而充分认识到丘处机对全真道的巨大贡献；从写作范式来看，钟著极具启发价值，它使人们深刻认识到问题意识在学术研究中的重要性，并引导人们谨记著述的可读性与论证的可信性；从研究方法来看，钟著蕴含诸多值得参考借鉴的创新之处，人们通过钟著，不仅能对纵向梳理、横向比较等研究理路形成更深的认知，而且有望学到多学科互相交叉的研究方法。可以说，钟著既给人以知识的享受，又在写作范式、研究方法等层面展现出巨大的魅力。

（原载于《道学研究》2019 年第 1 期）

后记

经过半年多的筹划和编纂，在各位领导的关怀鼓励和众师友的关心支持下，拙著《传统文化与圣贤思想传播研究论集》终于付梓，心情可谓百感交集。

在整理这本论文集的过程中，我最深刻的感受是为自己能从事中华传统文化的学习与研究而深感幸运。记得有一位朋友曾对我说，当他第一次读到《大学》这部书时大为震惊：我们的传统文化中竟然有这么好的书，为什么以前老师没教？三十多年前我开始接触传统文化时与这位友人的感受是一样的。也正是传统文化的独特魅力，吸引我从理科转向文科，并选择了当时与传统文化关系最密切的学科——中国哲学史。

我深深地感恩我硕士期间的导师王友三先生，正是先生的关怀和赣南师范大学朱昌彻教授的推荐，使我十分荣幸地得以进入南京大学这所百年学府，放飞我梦寐以求的学习传统文化的理想。2018 年 5 月，先生过完九十寿辰后于春节前安然西去，愿先生在天之灵安息。

在我的学术追求之路上，我的博士导师洪修平教授、孙亦平教授慈悲接引我重返母校攻读博士学位，南京大学哲学系李书有教授、赖永海教授、徐小跃教授、王月清教授、李承贵教授给予极大的鼓励、支持和帮助，东南大学哲学系张祥浩教授多方指点和关心，正是在诸多师长的教诲下，吾虽不敏，然始终不敢懈怠。

博士毕业以后进入中盐工作，在府建明编审、管国兴研究员、黄诚教授、耿加进教授等诸位学兄弟的鼓励与支持下，我尝试将传统文化的"尚贤"思想与现代企业文化建设和管理实践汇合融通，并在中盐金坛公司党政领导班子的支持下，启动"贤文化"建设工程，幸得各方助力，成效日渐显现。今年是中盐金坛公司企业贤文化建设十周年，承蒙常州市金坛盐业化学工业总公司有限公司的资助和多方善缘的共助，此论文集得以顺利编纂成书并公开出版。

本书收录的主要是本人发表或完成于1993—2020年间的学术论文、研究报告等，正文分"儒家思想与文化研究、道家思想与文化研究、佛家文化研究、传统文化与管理研究、圣贤思想与传统文化传播研究"五大部分，"附录"收入三篇学界时贤对拙著《金元之际全真道兴盛探究——以丘处机为中心》的书评。中盐金坛公司博士后科研工作站周丽英博士、厦门大学祝涛博士为本论文集的整理、编辑付出了辛勤的劳动，协助我完成了收集论文、编校文字、核对引文注释等烦琐工作，中盐金坛公司企业文化部郑明阳、荀美子亦助力甚多，在此致以衷心的感谢。

感恩父母家人特别是我的妻子刘永红多年来为支持我的学术事业所付出的一切，感念多所母校及各位老师的培养，感激各位领导、同学、朋友的帮助与支持。九州出版社郝军启副编审为本书的出版做了许多具体工作，在此一并致谢。

论文集的出版既是对我学习研究传统文化的一次梳理和检视，同时也是学习研究心得的总结。书中收录的文章时间跨越近三十年，水平亦参差不齐，错误和问题肯定很多，敬请学界大德和各方善知识批评指正。

钟海连

2020 年 7 月 28 日